poesia completa

COORDENAÇÃO EDITORIAL
Augusto Massi
Júlio Castañon Guimarães
Murilo Marcondes de Moura

Murilo Mendes
poesia completa

Companhia Das Letras

Grafia atualizada segundo o Acordo Ortográfico da Língua Portuguesa de 1990, que entrou em vigor no Brasil em 2009.

Tradução do italiano de *Ipotesi*: Maurício Santana Dias
Tradução do francês de *Papiers*: Júlio Castañon Guimarães

CAPA E PROJETO GRÁFICO
Celso Longo

IMAGEM DE CAPA
Murilo Mendes, de Arpad Szenes, *c.* 1943, tinta sobre papel, 33 x 21,7 cm. Coleção Fundação Arpad Szenes — Vieira da Silva, Lisboa. Foto: JM Costa Alves © Arquivo FASVS; © Szenes, Arpad/ AUTVIS, Brasil, 2023

CRONOLOGIA
Érico Melo

REVISÃO
Jane Pessoa
Ana Maria Barbosa

Dados Internacionais de Catalogação na Publicação (CIP)
(Câmara Brasileira do Livro, SP, Brasil)

Mendes, Murilo, 1901-1975.
Poesia completa / Murilo Mendes ; tradução do italiano Maurício Santana Dias, tradução do francês Júlio Castañon Guimarães. — 1ª ed. — São Paulo : Companhia das Letras, 2025.

Título original: Ipotesi.
Título original: Papiers.
ISBN 978-85-359-3438-0

1. Poesia brasileira I. Título.

25-282388 CDD-B869.1

Índice para catálogo sistemático:
1. Poesia : Literatura brasileira B869.1
Cibele Maria Dias — Bibliotecária — CRB-8/9427

EDITORA SCHWARCZ S.A.
Rua Bandeira Paulista, 702, cj. 32
04532-002 — São Paulo — SP
Telefone: (11) 3707-3500
www.companhiadasletras.com.br
www.blogdacompanhia.com.br
facebook.com/companhiadasletras
instagram.com/companhiadasletras
x.com/cialetras

SUMÁRIO

NOTA EDITORIAL

Poemas (1930), *Bumba-meu-poeta* (1932), *O visionário* (1941), *Tempo e eternidade* (1935), *Os quatro elementos* (1945), *A poesia em pânico* (1937), *As metamorfoses* (1944), *Mundo enigma* (1945), *Poesia liberdade* (1947), *Contemplação de Ouro Preto* (1954), cujas primeiras publicações ocorreram nas datas entre parênteses, tiveram uma segunda e última edição, em vida do autor, no volume *Poesias* (1959), organizado pelo próprio Murilo Mendes e tomado aqui como texto-base para a edição desses livros. Vale lembrar que alguns deles não foram lançados originalmente em sequência cronológica — *O visionário* data de 1930-1933, e *Os quatro elementos* (publicado no mesmo volume que *Mundo enigma*), de 1935. A presente edição, como a de 1959, ordena os livros cronologicamente.

Sonetos brancos e *Parábola* não tiveram edição autônoma. Ambos só vieram à luz no volume *Poesias*. *Siciliana* teve uma primeira edição bilíngue (português e tradução para o italiano de Anton Angelo Chiocchio) publicada na Itália em 1959, mesmo ano de *Poesias*, em que foi republicada, sendo esta a última edição em vida do autor. No livro italiano há nota que refere tratar-se de poemas inéditos, integrantes do volume *Poesias*, que ainda estava para sair, o que permite tomar esse volume como a segunda publicação e última em vida do autor.

História do Brasil, publicado em 1933, não foi incluído em *Poesias*. Assim, só teve em vida do autor uma edição.

O sinal de Deus teve uma edição em 1936, a única em vida do autor. O livro não chegou a circular por decisão de Murilo Mendes — a obra tornou-se raridade, sem exemplares nas bibliotecas. A organizadora do volume *Poesia completa e prosa* (1994), Luciana Stegagno Picchio, teve acesso ao exemplar de propriedade do autor. O texto por ela estabelecido, portanto, é a fonte para a presente edição.

Tempo espanhol (1959) e *Convergência* (1970) só tiveram, em vida do autor, uma única edição.

O infinito íntimo nunca foi publicado pelo autor. Foi incluído apenas no volume *Poesia completa e prosa* (1994). *Quatro textos evangélicos* também é um conjunto que o autor deixou inédito, tendo sido publicado na revista *Letterature d'America* em 1984 e a seguir em *Poesia completa e prosa*, sendo esta segunda publicação a que se tomou como texto-base.

Ipotesi, escrito originalmente em italiano, só teve publicação póstuma; tomou-se aqui como base a edição de 1977. *Papiers*, tal como publicado em

Poesia completa e prosa, é uma reunião de textos de prosa e de poemas, divulgados esparsamente em periódicos e catálogos de exposições de artes plásticas em épocas muito variadas — a publicação mais antiga remonta à década de 1930. Organizado por Murilo Mendes, o conjunto como tal só veio a ser lançado no volume de 1994, tomado aqui como base. Para esta edição, foram extraídos do conjunto os textos que podem claramente ser considerados poemas.

Situação semelhante é a dos textos dos livros *A invenção do finito* e *Conversa portátil* — ambos foram preparados pelo autor mas só foram publicados no volume de 1994. São constituídos por textos em prosa, além de poemas. Nesta edição, foram incluídos os poemas integrantes desses dois livros.

Como encerramento do conjunto da poesia muriliana, este volume incorpora um texto em prosa do autor inédito em português. Trata-se de sua intervenção, em francês, no encontro "O poeta e a terra dos homens", realizado em Montreal, em 1967. Em poucos parágrafos, o poeta como que resume as grandes linhas de sua concepção da poesia.

Os textos dos livros em italiano, *Ipotesi*, e em francês, *Papiers*, estão, nesta edição, acompanhados de tradução — o primeiro por Maurício Santana Dias e o segundo por Júlio Castañon Guimarães —, sendo que até a presente edição nunca haviam sido traduzidos na íntegra. Além disso, esta edição conta com notas, sumárias e em número não exaustivo, com a tradução de palavras, expressões e frases em outras línguas que ocorrem em vários poemas de Murilo Mendes.

No preparo do texto deste volume, foram seguidas as edições acima referidas, mas levando em conta (além de erratas que acompanham a edição de 1959 e a de *Convergência*) a de 1994, por se tratar de uma edição crítica, cuja organizadora teve acesso a documentos que ainda não se tornaram acessíveis. Foram também consultadas duas antologias poéticas — a publicada em Portugal pela editora Moraes e no Brasil pela editora Agir, em 1964, com organização do próprio autor, e a publicada no Brasil pela editora Fontana em 1976, com organização de João Cabral de Melo Neto, com a indicação de que o autor havia feito modificações no texto.

A necessária atualização ortográfica foi realizada, porém foram respeitadas formas peculiares ou de época ou do autor, significativas em sua escrita. Murilo Mendes em vários momentos adotou soluções que não estavam de acordo com as normas então vigentes, assim como criou palavras por meio de diversos procedimentos e incorporou palavras de outras línguas. Assim, nesta edição, respeitando as intenções e particularidades criativas do texto, em alguns momentos julgou-se necessário não se conformar às normas atualmente em vigor.

Poemas (1925-1929)

O JOGADOR DE DIABOLÔ

Canção do exílio

Minha terra tem macieiras da Califórnia
onde cantam gaturamos de Veneza.
Os poetas da minha terra
são pretos que vivem em torres de ametista,
os sargentos do exército são monistas, cubistas,
os filósofos são polacos vendendo a prestações.
A gente não pode dormir
com os oradores e os pernilongos.
Os sururus em família têm por testemunha a Gioconda.
Eu morro sufocado
em terra estrangeira.
Nossas flores são mais bonitas
nossas frutas mais gostosas
mas custam cem mil-réis a dúzia.

Ai quem me dera chupar uma carambola de verdade
e ouvir um sabiá com certidão de idade!

Quinze de novembro

Deodoro todo nos trinques
bate na porta de Dão Pedro Segundo.
— Seu imperadô, dê o fora
que nós queremos tomar conta desta bugiganga.
Mande vir os músicos.
O imperador bocejando responde
— Pois não meus filhos não se vexem
me deixem calçar as chinelas
podem entrar à vontade:
só peço que não me bulam nas obras completas de Victor Hugo.

Cartão-postal

Domingo no jardim público pensativo.
Consciências corando ao sol nos bancos,
bebês arquivados em carrinhos alemães
esperam pacientemente o dia em que poderão ler o *Guarani*.

Passam braços e seios com um jeitão
que se Lenine visse não fazia o Soviete.
Marinheiros americanos bêbedos
fazem pipi na estátua de Barroso,
portugueses de bigode e corrente de relógio
abocanham mulatas.

O sol afunda-se no ocaso
como a cabeça daquela menina sardenta
na almofada de ramagens bordada por Dona Cocota Pereira.

O menino sem passado

Monstros complicados
não povoaram meus sonhos de criança
porque o saci-pererê não fazia mal a ninguém
limitando-se moleque a dançar maxixes desenfreados
no mundo das garotas de madeira
que meu tio habilidoso fazia para mim.

A mãe-d'água só se preocupava
em tomar banhos asseadíssima
na piscina do sítio que não tinha chuveiro.

De noite eu ia no fundo do quintal
pra ver se aparecia um gigante com trezentos anos
que ia me levar dentro dum surrão,
mas não acreditava nada.

Fiquei sem tradição sem costumes nem lendas
estou diante do mundo
deitado na rede mole
que todos os países embalançam.

Noturno resumido

A noite suspende na bruta mão
que trabalhou no circo das idades anteriores
as casas que o pessoal dorme comportadinho
atravessado na cama
comprada no turco a prestações.

A lua e os manifestos de arte moderna
brigam no poema em branco.

A vizinha sestrosa da janela em frente
tem na vida um camarada
que se atirou dum quinto andar.
Todos têm a vidinha deles.

As namoradas não namoram mais
porque nós agora somos civilizados,
andamos no automóvel gostoso pensando no cubismo.

A noite é uma soma de sambas
que eu ando ouvindo há muitos anos.

O tinteiro caindo me suja os dedos
e me aborrece tanto:
não posso escrever a obra-prima
que todos esperam do meu talento.

Xodó

O Cruzeiro do Sul não tira o pé do lugar
enquanto os dois namorados não descolam do portão.
As formas futuras esperam pacientemente no fundo dos corpos
porque eles evoluem em sentido vertical
misturando os cabelos e as respirações.

O cheiro dos jasmins bate no nariz dos dois cutuba
mas eles não sentem nada
e ficam ali a noite inteira bobos ao ar livre matutando.

Biografia do músico

O guri nasceu no morro aniquilado de sambas
bebeu leite condensado
soltou papagaio de tarde
aprendeu o nome de todos os donatários de capitania
esgotou os criouléus da Cidade Nova
bocejou anos e anos no Conservatório
não tirou medalha de ouro
coitado
porque não tinha pistolão
mais um astro que desponta no horizonte da arte nacional
botou sapato camuflagem terno de xadrez
casou com a filha do vendeiro da esquina
que parecia com Carlos Gomes
fez diversas músicas imitando o gorjeio dos pássaros
morreu vítima de pertinaz moléstia
que zombou dos recursos da ciência
ao enterro compareceram pessoas de destaque
citando palmas com sentidas dedicatórias
chegando no céu os anjinhos de calça larga e gravata-borboleta
deram um concerto de ocarina onde figurava a oitava nota
e ele desmaiou de comoção.

Marinha

A esquadra não pôde seguir pros exercícios
porque estava nas vésperas do carnaval.
Os marinheiros caíram no parati
e nos braços roliços e cheirosos
de todas as mulatas que têm aí pela cidade.

A esquadra tornou a não poder seguir
porque era depois do carnaval,
a turma se sentia mal depois do carnaval.
Dava uma preguiça tamanha na guarnição
que o almirante resolveu não fazer nada.

Depois de muita mangação a esquadra foi-se embora
com bandeirinhas, dobrados pacholas tocando no cais,
mas o pessoal caiu de repente no maxixe.
O *Minas* e o *São Paulo* pararam no alto-mar,
deu cerração, foi a conta, a esquadra voltou.

O embaixador inglês foi no palácio do governo,
engasgou, falou na aliança dos dois países amigos,
acabou oferecendo dois mil contos pela esquadra.
O governo aceitou, mandou mil pros órfãos turcos,
com o restante deu um bruto baile depois caiu na vadiagem.

Família russa no Brasil

O Soviete deu nisto,
seu Naum largou de Odessa numa chispada,
abriu vendinha em Botafogo,
logo no bairro chique.

Veio com a mulher e duas filhas,
uma delas é boa posta de carne,
a outra é garotinha mas já promete.

No fim de um ano seu Naum progrediu,
já sabe que tem Rui Barbosa, Mangue, Lampião.
Joga no bicho todo o dia, está ajuntando pro carnaval,
depois do almoço anda às turras com a mulher.

As filhas dele instalaram-se na vida nacional.
Sabem dançar o maxixe
conversam com os sargentos em bom brasileiro.

Chega de tarde a aguardente acabou,
os fregueses somem, seu Naum cai na moleza.
Nos sábados todo janota ele vai pro criouléu.
Seu Naum inda é capaz de chegar a senador.

Endereço das cinco Marias

Sou o tipo acabado do sujeito
que não arranja nada nesta vida.

Gosto de cinco Marias nesta vida.

A primeira tinha uma pinta na cara,
eu adorava aquela pinta.
Maria do Rosário jurava pela alma da mãe dela
que só havia de casar comigo.
Um belo dia apareceu um tenente
que usava polainas e dançava com muito garbo.
Foi a conta:
ela fugiu pra São Paulo com o tenente
e me deixou na mão.

A segunda,
Maria do Carmo,
era uma pequena dos bons tempos
que a gente conversava no portão de noite,
romântica de olhos pretos não gostava de bailes.

Aquela sim,
mas apanhou um resfriado de tanto conversar comigo no portão
e bateu a bota.

Lá está num cemitério em Belorizonte
onde tem muita paisagem.

As três Marias restantes estão no céu.

Perspectiva da sala de jantar

A filha do modesto funcionário público
dá um bruto interesse à natureza morta
da sala pobre no subúrbio.
O vestido amarelo de organdi
distribui cheiros apetitosos de carne morena
saindo do banho com sabonete barato.

O ambiente parado esperava mesmo aquela vibração:
papel ordinário representando florestas com tigres,
uma Ceia onde os personagens não comem nada,
a mesa com a toalha furada
a folhinha que a dona da casa segue o conselho
e o piano que eles não têm sala de visitas.

A menina olha longamente pro corpo dela
como se ele hoje estivesse diferente,
depois senta-se ao piano comprado a prestações
e o cachorro malandro do vizinho
toma nota dos sons com atenção.

A sesta

O sol bate em chapa nas casas antigas.
O mar embalança,

rede mole sem corpo de mulata,
verde azul lilás verde outra vez.
As praias espreguiçam-se malandras,
é a hora das linhas repousantes.

A buzina distante dum automóvel
chega até aqui com um som de lundu.
Um mulatinho magro com o desenho certo
chupa um pirolito devagarinho.
Dentro das casas pensativas
as meninas caem na madorna.

A música das serrarias aumenta a sonolência...
Os comerciantes torcem pra nenhum freguês entrar.

Casamento

O violão entrou pela balalaica adentro
eta palavra difícil!
e saiu uma ninhada de sons povoando a floresta da noite,
pulando mexendo nos corpos brancos e morenos.
As cores se misturam
a foice e o martelo furam a Ordem e Progresso,
Lampião e Lenine calçados de botas vermelhas
tiram o sangue do mundo e voam no caminho dos astros.
O povo deixa a revolução no meio
e toca a dançar o maxixe,
carnes morenas se esfregando pra darem poetas e operários,
dança minha gente, no criouléu, na planície, na usina e no dancingue,
que a música é gostosa, todas as mulheres saem pra rua
e os homens vão bancar o estivador pras pequenas terem vestido de seda.
Ninguém tem a cabeça no lugar.
Malazarte pegou numa tesoura e cortou o passado em mil pedaços,
o índio, o português, o africano deram o fora
mas os tártaros ainda perturbam o sono das crianças mineiras

e o poeta tem a metade do corpo enfiada na noite do Brasil e da Rússia
porque as cabeças do poeta e dos brasileiros pertencem ao pensamento de
[Deus.

ÂNGULOS

Modinha do empregado de banco

Eu sou triste como um prático de farmácia,
sou quase tão triste como um homem que usa costeletas.
Passo o dia inteiro pensando nuns carinhos de mulher
mas só ouço o tec-tec das máquinas de escrever.

Lá fora chove e a estátua de Floriano fica linda.
Quantas meninas pela vida afora!
E eu alinhando no papel as fortunas dos outros.
Se eu tivesse estes contos punha a andar
a roda da imaginação nos caminhos do mundo.
E os fregueses do Banco
que não fazem nada com estes contos!
Chocam outros contos pra não fazerem nada com eles.

Também se o Diretor tivesse a minha imaginação
O Banco já não existiria mais
e eu estaria noutro lugar.

Homem trabalhando

O inventor das máquinas que mudam a vida da terra
trabalha na bruta sala de cimento armado.
Tantos dínamos, êmbolos, cilindros mexem naquela cabeça
que ele não escuta o barulho macio
das almas penadas
esbarrando nos móveis.

Noite carioca

Noite da cidade de São Sebastião do Rio de Janeiro
tão gostosa
que os estadistas europeus lamentam ter conhecido tão tarde.
Casais grudados nos portões de jasmineiros...
A baía de Guanabara, diferente das outras baías, é camarada,
recebe na sala de visita todos os navios do mundo
e não fecha a cara.
Tudo perde o equilíbrio nesta noite,
as estrelas não são mais constelações célebres,
são lamparinas com ares domingueiros,
as sonatas de Beethoven realejadas nos pianos dos bairros distintos
não são mais obras importantes do gênio imortal,
são valsas arrebentadas...
Perfume vira cheiro,
as mulatas de brutas ancas dançam nos criouléus suarentos.

O Pão de Açúcar é um cão de fila todo especial
que nunca se lembra de latir pros inimigos que transpõem a barra
e às 10 horas apaga os olhos pra dormir.

Homem morto

Homem estendido na mesa,
a roupa preta faz ele ficar maior,
os quatro tocheiros arrumados simetricamente
constroem na sala pobre um túmulo imaginário.

Os retratos de família emoldurados em pelúcia
esfregam as mãos de alegria.

A botina polida
mostra o selo novo de consumo.
As crianças pobres do vizinho
tiram retrato na botina.

Registro civil

Repousam formas nebulosas
na penumbra do quarto entre dois sonos.
O mundo nasce com os sinos cantando a glória de Nossa Senhora,
o anjo da guarda desperta da confusão primitiva
e se inclina sobre o berço azul
desenrolando a cantiga do gigante escondido no bosque escuro
que já tão cedo vai me levar até o fundo do sonho.
A cidade se anuncia:
homens enormes com paletós de seis botões, mulheres de matinê,
meninas anêmicas passeando com um ar vaporoso no jardim de cromo,
a rua comprida, comprida,
bondes puxados a burros
e longe a cantiga pau do rio anônimo.

O mundo que subsiste no porão da minha memória.

Cantiga de Malazarte

Eu sou o olhar que penetra nas camadas do mundo,
ando debaixo da pele e sacudo os sonhos.
Não desprezo nada que tenha visto,
todas as coisas se gravam pra sempre na minha cachola.
Toco nas flores, nas almas, nos sons, nos movimentos,
destelho as casas penduradas na terra,
tiro o cheiro dos corpos das meninas sonhando.
Desloco as consciências,
a rua estala com os meus passos,
e ando nos quatro cantos da vida.
Consolo o herói vagabundo, glorifico o soldado vencido,
não posso amar ninguém porque sou o amor,
tenho me surpreendido a cumprimentar os gatos
e a pedir desculpas ao mendigo.
Sou o espírito que assiste à Criação
e que bole em todas as almas que encontra.

Múltiplo, desarticulado, longe como o diabo
nada me fixa nos caminhos do mundo.

Panorama

Uma forma elástica sacode as asas no espaço
e me infiltra a preguiça, o amor ao sonho.
Num recanto da terra uma mulher loura
enforca-se e vem no jornal.
Uma menina de peito largo e ancas finas
sai do fundo do mar,
sai daquele navio que afundou e vira uma sereia.
A filha mais moça do vizinho
lá está estendida no caixão
na sala de visita com paisagem,
um cheiro enjoado de angélica e meus sentidos pêsames.

Tudo está no seu lugar
minha namorada está sozinha na janela
o sonho está dormindo na cabeça do homem
o homem está andando na cabeça de Deus,
minha mãe está no céu em êxtase,

eu estou no meu corpo.

Os dois lados

Deste lado tem meu corpo
tem o sonho
tem a minha namorada na janela
tem as ruas gritando de luzes e movimentos
tem meu amor tão lento
tem o mundo batendo na minha memória
tem o caminho pro trabalho.

Do outro lado tem outras vidas vivendo da minha vida
tem pensamentos sérios me esperando na sala de visitas
tem minha noiva definitiva me esperando com flores na mão,
tem a morte, as colunas da ordem e da desordem.

Anjos maus

Os anjos do mal são verdes e grandes
se escondem nas nuvens nas dobras do céu
perturbam os lares destroem cidades
nem miram coitados a bola do sol.

De tarde insinuam com jeito coisas maliciosas
à mulher que passa acariciando os seios
e às meninas que ficam trancadas no quarto
o dia inteiro no espelho revirando os olhos,
namorando o corpo delas,
depois a sociedade vai por água abaixo.

São fortes e altos, não é sopa não,
têm dentes de pérola, boca de coral.

Os aviadores partem pra combatê-los e morrem.
As viúvas dos aviadores não recebem montepio.

Homem pensando

O homem solto no mundo
pensa a mulher que nasce debaixo do olhar dele
e não para nunca, não acaba,
cresce, vive com os outros seres,
é uma criança, cresce, brinca de roda,
carneirinho carneirão olha pro céu olha pro chão,
descobre o corpinho dela no colégio,
fica horas e horas esquecida no espelho,

gruda com o namorado parecido com um ator de cinema,
casa ao som da marcha alemã com flores e telegramas
desdobra-se nos filhos dela
reparte-se com as amigas e os vizinhos,
morre vendo a vida dela projetada pra trás no último instante
vai num átimo povoar o caminho dos astros
e ainda gira até agora com o corpo branco
na cabeça do homem.

Paisagem

Manhã de claridade,
sinos vibrando na alma da gente,
o amor tão calmo me leva pela mão
nas ruas alinhadas da vida,
me mostra as colunas polidas do tempo,
festões cor-de-rosa,
ritmos equilibrados.
Sons de realejo na praça onde crianças jogam malha
e o ar fino de cheiro de madressilva e jasmins lavados,
água cantando na fonte mecânica, embalando a praça.
Até minha namorada que tem o corpo sólido
e a cara tristíssima
toma uns ares de garota e o mundo entra na ordem.

Idílio unilateral

Praia de Botafogo,
acácias e colunas dóricas falsificadas.
O meu namoro no ponto mais complicado da praia
é um pretexto para vir no jornal,
seção de atropelamentos.
Minha namorada já parece até mãe,
os seios dela estão crescendo dia a dia,
que ancas largas batem no meu nariz...

Hoje fui no ônibus com ela pregado na combinação cor-de-rosa,
adivinhando a carne morena
que dia a dia vai mudando de tom.
Ai quando virá o espírito da destruição
acabar com a minha memória
e corromper para sempre
o corpo enxuto da filha do quitandeiro
surgindo, milagre moreno, dentre cenouras e couves.

Ó saxofones do último dia
soprando a música do aniquilamento.

Prelúdio

Iremos descobrindo paisagens modelares,
a luz cai direito sobre as casas amarelas,
o ar tomou banho.
Margearemos a lagoa de águas tranquilas,
saneada por um distinto engenheiro alemão.
Jardins comportados, gramas bem aparadas, morros polidos,
nenhum pássaro rompe a calma do ar com um grito agudo,
caminharemos devagar como pessoas do outro mundo...
Abafando a explosão de nossas almas despedaçadas.

Glória de Cícero Dias

O homem chega no céu que os olhos dele
acham a arquitetura muito equilibrada.
Traz ainda a lembrança da gente obscura da terra.
Os grandes querubins segurando estrelas na mão
não conseguem convencê-lo completamente.
Ele procura nos recantos da morada celeste
os poetas anônimos
jejuadores

dançarinas de café barato
quitandeiros assassinos pobretões.
Anjinhos comportados de cabelo rente
abrem sanfonas enormes que ele se baba de gozo.
Uma banda de músicos toda pachola
acolhe-o com dobrados
que aumentam o ar de festa.
Meninas convencidas
apresentam buquês de flores que formam a palavra Amor.
O poeta entra na glória definitiva
enquanto os anjinhos gritam
batendo palmas com emoção:
Meu padrinho! Meu padrinho!

Aquarela

Mulheres sólidas passeiam no jardim molhado da chuva,
o mundo parece que nasceu agora,
mulheres grandes, de coxas largas, de ancas largas,
talhadas para se unirem a homens fortes.

A montanha lavada inaugura toaletes novas
pra namorar o sol, garotos jogam bola.
A baía arfa, esperando repórteres...
Homens distraídos atropelam automóveis,
acácias enfiam chalés pensativos pra dentro das ruas,
meninas de seios estourando esperam o namorado na janela,
estão vestidas só com uma blusa, cabelos lustrosos
saídos do banho e pensam longamente na forma
do vestido de noiva: que pena não ter decote!
Arrastarão solenemente a cauda do vestido
até a alcova toda azul, que finura!
A noite grande encherá o espaço
e os corpos decotados se multiplicarão em outros.

Imparcialidade

À beira do meu corpo
a noite mostra as meninas de ancas firmes
que uma estrela acende.
O mundo se pendura no seio das lâmpadas,
acorda os personagens do ar,
estremece de agonias distantes ao som de sanfonas.
Reino das noites claras,
céu de alumínio, formas penteando os cabelos
no espelho da lua.
Os espíritos da noite fogem pelos olhos das mulheres
pra outro mundo de estrelas verdes
onde o pensamento acaba, e a sombra é vasta.

A lua depende da inocência de teus sonhos.
Dos caminhos do ar se debruçam olhares sobre teu corpo
e o mundo é bom pra quem não quer destruir a ordem.

MÁQUINA DE SOFRER

Sonata sem luar, quase uma fantasia

Das cinco regiões onde navios angulosos
sangram nos portos da loucura
vieram meninas morenas,
pancadões, com os seios empinados gritando.
          Mamãe eu quero um noivo!

Os cemitérios do ar esquentam
com o fogo saído dos sonhos da vizinha
rebolando no nariz do poeta dia e noite,
as cordas do sangue estalam.

Não pode, não pode!
É o homem que trabalha enquanto os vegetais sonham,
o mar se espreguiça,
os minerais dormem a vida inteira.
Níquel de luz.
As estrelas torram o serviço,
ninguém sabe se é o céu ou o peito duma negra.
Cadê o luar?
Gato comeu.
Greve da inteligência
e um grito deste tamanho, do homem
tentando romper os moldes do previsto.
Acabou o amor,
cadê a lógica, a resignação?
Gato comeu.

Lá onde acaba a ação, a vida curva
e o abandono começa.
Os cheiros da terra sumiram,
cemitério, fogos-fátuos, coração vazio,
as cordas da vontade estalam.
Além das fronteiras do espírito, mais além!
O olho fixo do demônio determina a paisagem.

Eu não te disse
que tu não ias pro amor, a luta, o esporte.
Adeus meus lindos conhecimentos,
adeus realidade, minha secretária.
Venham a mim, diabos, almas penadas,
venham, me arrastem!

Vida dos demônios

Demônios grandes
trabalham na planície, nas montanhas,
nos arranha-céus,

constroem o trabalho dos homens,
agitam o mar,
armam a mão dos padres e operários,
ajuntam imagens e reflexos na cabeça dos poetas,
despem as mulheres no mundo.
Os demônios vêm e vão
na terra, na água, no fogo, no ar.
Demônios de todas as cores, de outras cores que a gente não vê
movem os astros, balançam na consciência da terra.

Eles vão e vêm, sobem, descem,
debruçam-se nos olhos da gente,
no bico da minha pena.
Mundo, campo de experiência dos demônios.
Os demônios sitiam o plano inefável
onde Deus pensa a harmonia do mundo.

A Virgem Maria toda branca e fria
atravessa no caminho,
eles caem no tempo.

A luta

(Cantos virginais do mundo,
planos da inocência,
frêmito de amor puro.)

A vida asfixiou meus cantos de inocência,
sou da noite, da assombração
e dos ritmos desesperados.
Tardes calmas, vida lânguida nas varandas cariocas
olhando o mar, nunca mais.
Nunca mais vibrarão cantos de noivas nos meus terraços,
nem vestidos suspensos lembrarão a forma da coisa amada,
nem eu dançarei.
Nem olharei pras rosas nem me banharei na luz das madrugadas.

Sou a luta entre um homem acabado
e um outro homem que está andando no ar.

Serão

A sombra; e a noite do século passado,
gemendo; e a lança no flanco do mártir;
e a implacável mão da humanidade
pesando sobre o dorso da estátua...
Violência!
Rosas de fogo ardendo no céu plano!
E os cactos da violência, e a sombra
dos desertos futuros, e o magnetismo
dos olhares guardados através de gerações...

A bola noturna do mundo
roda no deserto da memória de Deus.
A árvore vermelha coberta de noivos
e de assassinos
estende a sombra até ainda o século futuro.
Estende a sombra
para lá da memória e das vontades pensantes,
sem o som das aves idiotas,
até que se possa ouvir um dia
as notas do último clarim.

Vida de mármore

A estátua muda a camisa na praça deserta.
Arcanjos violentos surgem do fundo dos minutos,
carregam tua vontade para o outro lado do mundo.
Amor preguiça deserto revolução amor,
tudo passa tudo se reduz a eternidade de olhares,
tudo passa menos a memória da bem-amada.

Tudo se reduz a uma eternidade de contactos.
O amor passa menos a memória da bem-amada.
Meus pensamentos eternos ficaram à superfície do teu corpo.
Toda a realidade do mundo é provisória, o mundo é provisório.
Tudo se reduz a eternidade de preguiça e de olhares.
A estátua mudou de camisa e se acalma na praça deserta.

O poeta na igreja

Entre a tua eternidade e o meu espírito
se balança o mundo das formas.
Não consigo ultrapassar a linha dos vitrais
pra repousar nos teus caminhos perfeitos.
Meu pensamento esbarra nos seios, nas coxas e ancas das mulheres,
pronto.
Estou aqui, nu, paralelo à tua vontade,
sitiado pelas imagens exteriores.
Todo o meu ser procura romper o seu próprio molde
em vão! noite do espírito
onde os círculos da minha vontade se esgotam.
Talhado pra eternidade das ideias
ai quem virá povoar o vazio da minha alma?

Vestidos suarentos, cabeças virando de repente,
pernas rompendo a penumbra, sovacos mornos,
seios decotados não me deixam ver a cruz.

Me desliguem do mundo das formas!

Vidas opostas de Cristo e dum homem

Senhor do mundo,
cada vez que ressuscitas um homem, me destruo a mim mesmo.
Enquanto o demônio te tenta no deserto
eu sonho com os corpos que a terra criou.

Enquanto passas fome e sede quarenta dias
os meus sentidos se desalteram.

Cada vez que cais ao peso da tua cruz
eu caio com uma mulher de última classe.

Enquanto te multiplicas na humanidade
não saio dos limites da minha pessoa.

Depois da morte voltas pra absolver o justo e o pecador,
eu antes da morte já condenei o pecador, o justo e eu mesmo.

Senhor do mundo,
me tira de mim pra que eu possa olhar os outros e eu mesmo.

Alma numerosa

Nascerei em outras terras, com olhos novos.
Deixarei minhas partes inferiores, a parte do diabo.
Não me perseguirão mais visões complicadas,
nem eu serei a luta entre as construções do meu espírito.
Pra subir tenho que largar esta pele multicor,
feiticeiro de mim mesmo, alma penada,
presa das formas exteriores, do cheiro, do movimento.
Me desdobrarei em planos infinitos, estarei nos olhos da criança nascendo,
na cabeça dos amantes, nos degraus do espaço,
na última luz dos velhos morrendo, no sonho do místico,
e em todos os lugares onde existir alguém sofrendo e amando.

Aqui não posso fazer o que penso. Me livrarei de mim mesmo
quando a luz enorme se anunciar pelos círios vacilantes
e a minha alma penetrar nos espaços futuros.

O homem, a luta e a eternidade

Adivinho nos planos da consciência
dois guerreiros lutando com esferas e pensamentos
mundo de planetas em fogo
vertigem
desequilíbrio de forças,
matéria em convulsão ardendo pra se definir.
Alma que não conhece todas as suas possibilidades,
o mundo ainda é pequeno pra te encher.

Abala as colunas da realidade,
desperta os ritmos que estão dormindo.
À luta! Olha os guerreiros se esfacelando!

Um dia a morte devolverá meu corpo,
estes olhos verão a luz da perfeição
e não haverá mais tempo.

O MUNDO INIMIGO

Alegoria

Sombras movendo o sonho
onde uma densa cabeleira cheirosa
aparece entre dois raios de pensamento
no quarto pendurado na terra morena;
de repente desloca-se a bruta massa do corpo dum santo, estátua me
[invocando,
e um diabo verde me levando pro aniquilamento.

Nos jardins claros
gramados geométricos
a árvore dum vestido amarelo deixando adivinhar a forma
que nenhum sovaco úmido complica no gesto de apanhar uma bola,
um resto de som de seresta

agarra-se nas orelhas do cavalo mecânico
que rompe o espaço,
lá vai até o oco do mundo onde as mesmas mulheres deste lado
afagam o seio pensando no cavaleiro amado,
doce meditação debaixo das lâmpadas elétricas
sentindo a aproximação dos cheiros e dos sons do carnaval,
convidando ao sono
numa cama que mal dá pra um homem de estatura mediana.

Limites da razão

1

Atrás do meu pensamento
os demônios destroem as meninas que eu gostei,
fazem com o movimento e o espírito delas
um samba pros outros dançarem.

2

O manequim vermelho do espaço
que de noite eu levanto a mão para tocar
chega perto de mim
tem um ritmo próprio
um andar quase humano.
Já vi há muitos anos numa cidade do interior
uma professora inglesa que andava assim.
De tanto as costureiras do ateliê de Dona Laura
se esfregarem no manequim de tarde
ele já quer sair das camadas primitivas
daqui a mil anos será uma grande dançarina
dançará sobre minha cova diante do cartaz dos astros
quando eu mesmo dançar minha vida realizada
no terraço dos astros.

3

Alongamento:
tudo foge na hora extrema

banhado na neblina da agonia
as constelações me abrem a porta
e montado no cavalo mecânico do gênio do tempo
atinjo a região proibida aos humanos,
mas nunca poderei ser totalmente outro.
Alguma coisa me fica do mundo antigo.
Desenvolvo-me em planos harmoniosos
distingo a iluminação dos pensamentos,
amparado pelas formas que moram no espaço
realizo a perfeição da minha unidade,
penetro a vida das cores novas, dos sons definitivos
e enlaço a forma do amor
vivendo pra sempre dentro de mim.

Ritmos alternados

Um cheiro de angélicas
brota dos cemitérios do espaço.
Noite, cruzes no mundo, as idades voltam, não sei onde estou.
Os relâmpagos iluminam os corpos flexíveis no outro mundo, o som
do saxofone dos anjos previne o tempo, as famílias tremem
dentro das casas,
a terra molhada explode em formas novas, é o princípio e o fim.
Homens e mulheres
se arrependem de não ter realizado
todo o amor,
chegam mais perto uns dos outros... o gosto
da noite me leva aos teus seios.

Evocações simultâneas

A noite curva...
Seios pendurados nas janelas da terra.
Uma larga mão vermelha
me chama em alguma parte.

Mensagem do tacto dum espírito do ar,
cheiro das namoradas, noite curva.
Minha cabeça levanta-se acima do abismo e do pensamento,
o espírito do ano de 1917 revive em mim.
Deem lugar aos mortos, nivelados no tempo...
Relâmpagos, me abracem no quarto nupcial que é um túmulo,
o olho da morta é um seio, a asa do vento desligou-se da noite,
entrou em mim e desanda a bater. Abismos,
pontes da noite, estrelas escarlates vagamente entrevistas
num delírio perpendicular ao sonho, existo somente
pras sombras acima de mim e da miragem da morte,
sono das imagens... cortam-me a cabeça.

Vertigem

Venho do ar, da multiplicação de sombras,
cheiros se cruzando.
A noite se espreguiça elástica, em todos os pontos da terra
movem-se desejos,
uma outra vida transparece no azul, danças.
Coros de meninas de quinze anos em igrejas do interior,
namorados pressentindo o aviso dos sentidos,
um morto cruzou o espaço, treme o céu, a lua
penteia os cabelos, todas as coisas se comunicam,
as crianças chegam mais perto do seio materno,
os chefes de família veem no espaço a projeção da vida deles.
Ritmos lânguidos, cadeiras de balanço, tudo no seu lugar.
Eu intervenho, chego da viagem nas almas,
tonto, vários planos me invocam, estou em relação
com as estátuas andando na terra,
mulheres que voltam pra trás sentindo o meu olhar,
um barulho vem do fundo da terra, estrelas caindo,
vidas rodando, os sete arcanjos tardam, estou vendo
minha vida pra trás e eu balançando na asa do vento.
Me socorram, me levem pra outro mundo

onde as mulheres sejam tão bonitas como aqui
e o desânimo ainda maior.

Atmosfera desesperada

Uma escada lateral por onde as formas descem,
os sonhos sobem, vidas
entrevistas num relâmpago... Noite
molhada, noite de fim do dilúvio, mundo suspenso,
luz difusa de astros que mal aparecem num
ângulo do céu,
vertigem. Há qualquer
coisa esperando no ar, pressentimento de outras
distâncias, realidades paralelas a esta,
espíritos puros nascendo, o amor
aproximando as formas. O mar
balança, desligado da praia, cabeça cortada.
Mundo iluminado a gás, curvas do pensamento,
nós somos outros. Alguém
está andando dentro de mim, me segurando pelos cabelos,
não sinto mais o meu peso,
me perdi...

O mundo inimigo

O cavalo mecânico arrebata o manequim pensativo
que invade a sombra das casas no espaço elástico.
Ao sinal do sonho a vida move direitinho as estátuas
que retomam seu lugar na série do planeta.
Os homens largam a ação na paisagem elementar
e invocam os pesadelos de mármore na beira do infinito.
Os fantasmas vibram mensagens de outra luz nos olhos,
expulsam o sol do espaço e se instalam no mundo.

Canto do desânimo

Dorme, mundo!
Estrela, deita-te a meus pés,
tempo, some da minha memória,
infância, famílias aparvalhadas olhando pra mim,
sumi.

Desaparece, gravura da primeira comunhão,
some, primeiro olhar da namorada,
corpo da prostituta na cidade sibilante,
noite do crime, vida de amor, sombra do santo.

Desaparece,
bruma da criação anterior,
manequim da nebulosa vermelha ardendo no quarto em febre,
vestido e sombra da mulher primitiva me tomando nos braços,
apaga-te, mão de Deus me formando na manhã remota,
som, movimento, vontade, tempo, energia, desaparecei.

A CABEÇA DECOTADA

Saudação a Ismael Nery

Acima dos cubos verdes e das esferas azuis
um Ente magnético sopra o espírito da vida.
Depois de fixar os contornos dos corpos
transpõe a região que nasceu sob o signo do amor
e reúne num abraço as partes desconhecidas do mundo.
Apelo dos ritmos movendo as figuras humanas,
solicitação das matérias do sonho, espírito que nunca descansa.
Ele pensa desligado do tempo,
as formas futuras dormem nos seus olhos.
Recebe diretamente do Espírito
a visão instantânea das coisas, ó vertigem!

penetra o sentido das ideias, das cores, a totalidade da Criação,
olho do mundo,
zona livre de corrupção, música que não para nunca,
forma e transparência.

História sobrenatural

Ele desmancha a sombra das estátuas
pensa no próprio olhar
ressuscita os mortos na lembrança dos outros
descola o som da boca dos saxofones
levanta o mundo um centímetro acima da pele,
agarra nos sonhos da namorada
anda no ar
debruçado à visão instantânea do fim do tempo.

Corte transversal do poema

A música do espaço para, a noite se divide em dois pedaços.
Uma menina grande, morena, que andava na minha cabeça,
fica com um braço de fora.

Alguém anda a construir uma escada pros meus sonhos.
Um anjo cinzento bate as asas
em torno da lâmpada.
Meu pensamento desloca uma perna,
o ouvido esquerdo do céu não ouve a queixa dos namorados.

Eu sou o olho dum marinheiro morto na Índia,
um olho andando, com duas pernas.

O sexo da vizinha espera a noite se dilatar, a força do homem.
A outra metade da noite foge do mundo, empinando os seios.
Só tenho o outro lado da energia,
me dissolvem no tempo que virá, não me lembro mais quem sou.

Mapa

A Jorge Burlamaqui

Me colaram no tempo, me puseram
uma alma viva e um corpo desconjuntado. Estou
limitado ao norte pelos sentidos, ao sul pelo medo,
a leste pelo Apóstolo São Paulo, a oeste pela minha educação.
Me vejo numa nebulosa, rodando, sou um fluido,
depois chego à consciência da terra, ando como os outros,
me pregam numa cruz, numa única vida.
Colégio. Indignado, me chamam pelo número, detesto a hierarquia.
Me puseram o rótulo de homem, vou rindo, vou andando, aos solavancos.
Danço. Rio e choro, estou aqui, estou ali, desarticulado,
gosto de todos, não gosto de ninguém, batalho com os espíritos do ar,
alguém da terra me faz sinais, não sei mais o que é o bem
nem o mal.
Minha cabeça voou acima da baía, estou suspenso, angustiado, no éter,
tonto de vidas, de cheiros, de movimentos, de pensamentos,
não acredito em nenhuma técnica.
Estou com os meus antepassados, me balanço em arenas espanholas,
é por isso que saio às vezes pra rua combatendo personagens imaginários,
depois estou com os meus tios doidos, às gargalhadas,
na fazenda do interior, olhando os girassóis do jardim.
Estou no outro lado do mundo, daqui a cem anos, levantando populações...
Me desespero porque não posso estar presente a todos os atos da vida.
Onde esconder minha cara? O mundo samba na minha cabeça.
Triângulos, estrelas, noite, mulheres andando,
presságios brotando no ar, diversos pesos e movimentos me
chamam a atenção,
o mundo vai mudar a cara,
a morte revelará o sentido verdadeiro das coisas.

Andarei no ar.
Estarei em todos os nascimentos e em todas as agonias,
me aninharei nos recantos do corpo da noiva,
na cabeça dos artistas doentes, dos revolucionários.
Tudo transparecerá:

vulcões de ódio, explosões de amor, outras caras aparecerão na terra,
o vento que vem da eternidade suspenderá os passos,
dançarei na luz dos relâmpagos, beijarei sete mulheres,
vibrarei nos canjerês do mar, abraçarei as almas no ar,
me insinuarei nos quatro cantos do mundo.

Almas desesperadas eu vos amo. Almas insatisfeitas, ardentes.
Detesto os que se tapeiam,
os que brincam de cabra-cega com a vida, os homens "práticos"...
Viva São Francisco e vários suicidas e amantes suicidas,
e os soldados que perderam a batalha, as mães bem mães,
as fêmeas bem fêmeas, os doidos bem doidos.
Vivam os transfigurados, ou porque eram perfeitos ou porque
jejuavam muito...
viva eu, que inauguro no mundo o estado de bagunça transcendente.
Sou a presa do homem que fui há vinte anos passados,
dos amores raros que tive,
vida de planos ardentes, desertos vibrando sob os dedos do amor,
tudo é ritmo do cérebro do poeta. Não me inscrevo em nenhuma teoria,
estou no ar,
na alma dos criminosos, dos amantes desesperados,
no meu quarto modesto da praia de Botafogo,
no pensamento dos homens que movem o mundo,
nem triste nem alegre, chama com dois olhos andando,
sempre em transformação.

Canto do noivo

Eu verei tuas formas crescerem pouco a pouco,
verei tuas formas mudarem a cor, o peso, o ritmo,
teus seios se dilatarem na noite quente,
os olhos se transformarem quando brotar a ideia do primeiro filho.

Assistirei ao desenvolver das tuas idades,
guardando todos os teus movimentos.
Já está na minha memória a menina mãe de bonecas,

depois a que ficava de tarde na janela,
e a que se alterou quando me conheceu,
e a que está perto da união das almas e dos corpos.
As outras virão. Tuas ancas hão de se alargar,
e os seios caídos, o olhar apagado, os cabelos sem brilho
hão de te arrastar pra mais perto do sentido do amor,
ó minha mártir, forma que eu destruí, integrada em mim.

Reflexão e convite

Nós todos estamos na beira da agonia
caminhando sobre pedras angulosas e abismos.
Ninguém ouve o barulho da banda de música
que está ali firme do outro lado do século.

Encontramos o sonho e o pusemos no altar.
Incenso e adoração, culto ardente pra servir.
Saímos dos planos múltiplos do sonho,
não nos integramos na ciência da total realidade.

Vamos colher as flores grandes que crescem nos abismos
e apreciar as explosões de luz de dois universos.
Apressando o passo estaremos do outro lado do século
ouvindo o barulho da banda de música que não para nunca.

POEMAS SEM TEMPO

A Ismael Nery

Equilíbrio

Maria do Rosário,
há cinco anos que outro homem te levou ao altar.
Há cinco anos
que a vida espera no fundo do teu ventre bem desenhado.

Tua beleza definitiva
depende da sombra do filho que ainda não tens.

Relatividade da mulher amada

Eu gosto de você com uma força bruta que não entendo bem.
Gosto quase tanto como de mim.

Mas que pena você não ser também minha filha.
Que pena você não ser minha filha, minha irmã e minha mãe, tudo ao
[mesmo tempo.

Dilatação

Minha filha,
o meu corpo ficou maior do teu corpo.
A minha alma ficou maior da tua alma.
Nasci outra vez com o teu nascimento.

O avô descobre analogias

A cabeça da minha nora que morreu
está no corpo da minha neta.
Às vezes meu filho olha pro corpo da sua filha
e revê a cabeça da mulher,
pensa na morte da mulher,
na vida dos dois,
no nascimento da filha,
na noite do casamento,
na marcha nupcial
e no primeiro encontro.

O mediador

A família se reúne.

Estão discutindo, conversando asperamente.

O ventre da mãe cresce na sombra.
Todos esperam o nascimento da criança
que repartirá os ritmos entre eles.
(Depois do seu nascimento não haverá mais lugar pra lutas.)

Transformações paralelas

Ele separou-se da mulher
porque notou que as formas dela se alteram pouco a pouco:
Mas as formas dele também se alteram pouco a pouco.

Afinidades

A costureira, moça, alta, bonita,
ancas largas,
os seios estourando debaixo do vestido,
(os olhos profundos faziam a sombra na cara),
morreu.
Desde então o viúvo passa os dias no quarto olhando pro manequim.

Integral

Me casei com a minha mulher
e com todo o passado dela.
Sou pai dos meus filhos,
do filho que ela teve com o amante antigo
e dos filhos que eu já vejo andando no ar.

Declaração do criminoso

Matei minha mulher.
Matei.
(O ódio com que a odiava
era maior que o amor com que a amava).
Mas não matei a mãe de meus filhos.
É por isso que o retrato dela está sempre comigo.

Tentações paralelas

O Espírito me transporta a um lugar muito alto,
me mostra teu corpo decotado.
Matar aquele homem,
caminhar na extensão morena do teu corpo!
Os anjos me transportam ao lugar mais alto do mundo
e me mostram só tua cabeça decotada pensando em mim.

Bumba-meu-poeta (1930-1931)

A FAMÍLIA DO POETA:
Salve, salve, seu poeta.
Você hoje anunciou
que vai dar uma função
na praia do Acaba-mundo.
Juntou-se a família toda
para visitar você,
trouxemos alguns vizinhos
para engrossar a função.

O POETA:
Se sentem sem cerimônia,
sejam bem-vindos, merci.
Os mais malucos na frente
— não têm medo de aplaudir —,
os ajuizados, no fundo.

O PROFESSOR:
Seu moço me dê licença
de vir arejar um pouco:
Estou com a cabeça quente
de tantas aulas que dei.

O POETA:
Muito obrigado ao senhor,
não me ensinou coisa alguma.
Sendo assim caí no mundo,
aprendi foi por mim mesmo
sem o método Decrolly.
Louvada seja a burrice,
não tentou meu professor
a me ensinar coisa errada
no deserto do colégio,
coisa alguma me ensinou.

A PRIMEIRA NAMORADA:
Também eu vim te rever...
Você se lembra de mim?

O POETA:
Como não! Se hoje mesmo
seguro nesta caneta
para um poema dançar,
é porque há quinze anos
você levantava os olhos,
olhou com força pra mim,
depois levantou os braços,
me abraçou tão carinhosa.
Como não... se nem um dia
pude esquecer-te, Isabel.
Se a função sair batuta
deveremos a você.
Se assente aqui, faz favor,
neste lugar destinado
às pessoas de destaque...
No lugar de honra mesmo.

CORO DE VITROLAS:
Tem uma pinta na cara,
o olhar moreno e quieto.
Antigamente seria
uma das nove inspiradoras
que sopravam nos ouvidos
tal qual o Espírito Santo...
no tempo em que os poetas
inda usavam cabeleira.
Tem uma pinta na cara.

O ARLEQUIM:
Sou personagem da estranja,
me transportaram pra cá.
Para falar com franqueza

embora me chamem gringo
me sinto melhor aqui
do que me sentia lá.
Não permita Deus que eu morra
tendo voltado pra lá.
Eu aqui tenho prestígio,
uso pencinê de ouro,
empresto dinheiro a juros,
sou ouvido na eleição.

O POETA:
Seu diplomata da estranja,
você manda como diz.
Quer um pedaço do reino?

O JAZBANDE:
Seu dono da festa, aqui
chegamos meio atrasados.
Encontramos no caminho
um povão em desatino,
vai derrubar o governo.
Ao povo nos ajuntamos,
demos concerto pra ele.
Este povo não faz nada
sem auxílio musical.

O POETA:
Chegaram já meio tarde,
a festa está começando.
Precisamos de uma música
mais infernal, violenta,
para sacudir o povo.
Enquanto não se fabrica,
vão tomando seus lugares,
não deve o povo tardar.

O DEPUTADO:
(Que multidão oportuna!
Arranjarei mil votos,
vou ganhar as eleições.)
Meus amigos, vim trazer
uma esplêndida notícia:
as últimas leis sociais
exigem que o povo mande.
Derrubemos os tiranos,
transformemos este mundo
num paraíso ideal.
Eu trago instrução de graça,
remédios aos pontapés,
um grande auxílio à lavoura,
protejo a indústria, o comércio,
só faço o que o povo quer.
É claro que meu rival
não tem competência alguma.
Levarei todos de táxi
pela estrada do porvir.
Em troca somente exijo
que um votinho aqui me deem.

O POETA:
Passa fora: esta cantiga
não pega mais pro pessoal.
Abaixo a demagogia.
Tome cheiro da festança,
seu deputado de fraque,
depois vá embora daqui
cantar noutra freguesia.
Conosco não violão.

O DEPUTADO:
(Felizmente neste mundo
nem todos têm vergonha.
Vou falar com o imperador,

vou falar com o relequim;
providências se darão
pra minha vitória em regra.
Esperem um pouco, canalhas.)
Minha gente, até a volta
se divirtam, minhas flores.

CORO:
Sujeito pra falar mal!
Conosco não violão.

O JORNALISTA:
Seu poeta, será possível
se gozar umas casquinhas
de tão celebrada festa?

O POETA:
Faça o favor de chegar,
você é persona grata.
Talvez uns trinta por cento
do que o poeta magina
foi você que o forneceu.
Você traz algum suicídio,
caso de amor cabeludo,
revolução fracassada,
desastre na lua, o quê?

O JORNALISTA:
Tudo isto que o senhor disse
mais o resto que pensou.

O RANCHO LIRA DO AMOR:
Ó abre alas que eu quero passar,
eu sou da lira do meu natural.
Não devo pedir licença,
povo é quem tem que pedir
Pra mim poder funcionar.

Meu rancho já está chegando,
estão afinando as flautas,
os violões e os cavaquinhos
ali no clube da esquina.

O POETA:
Entre, que a casa é sua!
Todos nós te desejamos,
ai vem nosso amigo, vem!

CORO:
Entre que a casa é sua!
Todos nós te desejamos,
ai vem nosso amigo, vem!

O DOUTOR:
Desculpem, que sou penetra!...
Não creio que fui chamado.
Mas estejam descansados:
também sou meio poeta.
Mas estejam descansados:
não vim fazer poesia.
Vi o poeta na praia,
me pareceu assim doente.
Poeta, incline a cabeça:
abra os olhos bem, assim.
O diagnóstico sibilino,
esferoidal, apocalíptico,
acusa sintomas graves
de loucura neste poeta.
Este poeta, já o declaro,
não me cheira muito bem.
Anda meio hipocondríaco,
inquieto, mefistofélico.
Mas aplico já o remédio:
leia, hoje, os meus tratados,
que ficará logo bom.

O AGITADOR:
Poetas de todos os planetas,
uni-vos, senão vocês
nunca mais se aguentarão,
com o primado econômico
do nosso mundo atual.
Já trabalhei muito hoje,
camaradas, quero entrar.

O POETA:
Por minha parte consinto
que entres nesta função.
Quanto ao resto do pessoal
não sei se concordará.

CORO:
Qual o quê, o coro serve
é só pra dizer amém,
tem mesmo que concordar.

O SUBMARINO:
Eu sou cavalo-marinho,
danço muito bem no mar.
Eu vim do fundo do mar
trazer aqui a mãe-d'água
para neste baile entrar.

A MÃE-D'ÁGUA:
Pelas teorias modernas
o homem provém do mar.
É por isso que você
prestava tanta atenção
aos contos que te contei
nos teus tempos de menino.
Prestavas mais atenção
aos meus cabelos cacheados.
Hoje estão cortados curto,

me vestiram de maiô,
não me reconheces mais.

O POETA:
Ó mãe-d'água de maiô,
de cabelos aparados,
inda mais bonita estás.

O AVIÃO:
Urgente das nebulosas
parti com nevoeiro denso
trazer esta alma penada
pra concorrer à função.

A NAMORADA MORTA:
Não sou mais alma penada...
alguém se lembra de mim.

O RANCHO LIRA DO AMOR:
Em garridos movimentos
em lindas evoluções
com escolhidos pensamentos
viemos saudar o poeta
cantor de tantas paixões
salve, salve, vate ilustre
alma rara de safira
que o segredo da harmonia
guardastes na tua lira
de tão divinal poesia
a ti nossas emoções
tão amigos corações.

O POETA:
Obrigado minha gente!
Vocês ajudam um pedaço
o brilho desta função.

SÃO FRANCISCO DE ASSIS:
Aproveitei uma folga
que o inspetor do céu me deu,
também vim aqui dançar
pra me lembrar do meu tempo.
Louvado pra sempre o vento
que nas suas asas me trouxe.
Louvada seja esta gente
que de vez em quando esquece
as tristezas desta vida,
cai na farra, que nem eu
na minha primeira fase.

CORO:
Este falar contamina
até quem vem do outro mundo,
ninguém lhe pode escapar.

O POETA:
Caia tudo ajoelhado
pra louvar o bruto poeta,
nosso amigo, nosso irmão.
Quero às vezes imitar
outro poeta neste mundo,
escolho então São Francisco:
mas não consigo imitar,
nem de longe, tal poeta.
Meu consolo é que não imito,
afinal, poeta algum.
De qualquer forma pareço
com São Francisco, senhores:
não há dúvida que sou,
ai, São Francisco às avessas.
Louvemos o bruto poeta,
nosso amigo, nosso irmão.

CORO:
Louvemos o bruto poeta,
nosso amigo, nosso irmão.

A RIMA:
Eu sou órfã, ninguém mais
me dá atenção no mundo.
O meu dó é bem profundo.
Deixem-me entrar... não escutais?

A MULHER DA VIDA:
Se a turma aí tem escrúpulos,
não faço questão de entrar:
eu sou reserva do rancho.

O POETA:
Pode entrar, que nesta casa
todo o mundo lhe quer bem.

O ANJO DA GUARDA:
Mas que festa extraordinária,
nem lá no céu é assim.

O POETA:
No tempo que eu precisava
dum anjo pra me guardar,
você estava tentando
as garotas mais sublimes
que nasceram da mulher.
Agora que me tornei
um sujeito tão importante,
um poeta-matriculado
com poder discricionário,
é que você me aparece.
És o tipo do adesista.
Em todo o caso, consinto
tome parte na festança,

mas dobre as asas direito,
se comporte muito bem.

O ANJO DA GUARDA:
Que sujeito pretensioso,
não sou seu anjo da guarda,
você nunca teve tal.
Sou o anjo de São Francisco,
trago aqui um radiograma
pra ele voltar pro céu.

SÃO FRANCISCO:
Meus amigos até à volta,
esmola para uma igreja
que estou construindo no céu.

O POETA:
Meu santo, sentimos muito,
nossa pobreza é bem grande,
nem mesmo o senhor é assim.
Temos crise do café.

CORO:
Temos crise do café.

O POETA:
(Tantas pessoas declaram
que vão embora da festa,
que esta festa não está boa...
Acabam todos ficando,
com exceção do deputado.
Aliás, o prazer é meu.)

O DEPUTADO:
Senhores, o povo evém,
ganhou a revolução.
Saudemos o arrebol

dos novos tempos pro reino.
Chega aí o ditador
com seu luzido cortejo,
precedido de clarins.

CORO:
Sujeito pra falar bem!
Esta turma é que nos serve,
o resto só tem garganta.
Conosco sim bandolim,
Conosco sim bandolim,
Conosco sim bandolim.

DITADOR, MASCATES, BACHARÉIS, SOLDADOS, POVO:
Tomemos conta depressa
deste reino universal
antes que alguém mais esperto
passe na frente da gente.
Tomemos conta depressa
deste reino universal.
Eletrifiquemos o reino;
distribuiremos chuchus
aos pobres e torcedores,
bananas aos discordantes.

O DEPUTADO:
Esta casa está se enchendo
de gente a mais não poder.
Que calor, que confusão.
Não há dúvida, não sobra
uma casquinha pro poeta.

CORO:
Não tem lugar pro poeta!
Não tem lugar pro poeta!

O POETA:

Fiquem quietos, vou sair.
Estão todos na sua casa!
Me acostumei há bem tempo
a ceder o melhor quarto
pro relequim repousar.
Só me admiro do coro
a quem ensinei o abecê!...
Eu que voluntariamente
até adotei agora
o seu modo de falar,
não estabeleci distinção
pra maior facilidade
desta festa universal!
... Mas que sujeitos ingratos.
Tirei-os desta cachola,
é natural que se zanguem,
acabo me conformando.
Vou-me embora pra folhinha.
Recorrerei ao Senhor,
meu Supremo Tribunal.
Mas antes de dar o fora
faço questão de avisar:
este assobio que agora
vocês usaram para mim,
eu vou usá-lo também.
Vocês me apupam, maltratam,
mas acabam me elevando
um busto na praça pública,
inda precisarão de mim.
Pois bem, apurem os ouvidos:
desde já estou vaiando
meu busto que se erguerá
na posteridade remota.

O DOUTOR:

Este poeta adstringente

continua, meus senhores,
a não me cheirar muito bem.
Incline a cabeça, moço,
deixe-me ver a esclerótica...
É mesmo um caso perdido.
O diagnóstico, pelo menos,
se salvou, é o principal.

CORO:
O meu poeta morreu!
Que será feito de mim?
Vamos buscar outro poeta
em qualquer lugar — aqui!

História do Brasil (1933)

I
Prefácio de Pinzón

Quem descobriu a fazenda,
Por San Tiago, fomos nós.
Não pensem que sou garganta.
Se quiserem calo a boca,
Mando o Amazonas falar.
Mas como sempre acontece
Nós tomamos na cabeça,
Pois não tínhamos jornal.
A colônia portuguesa
Mandou para o jornalista
Um saquinho de cruzados.
Ele botou no jornal
Que o arquimedes da terra
Foi um grande português.

II
1500

A imaginação do Senhor
Flutua sobre a baía.
As pitangas e os cajus
Descansam o dia inteiro.
O céu, de manhã à tarde,
Faz pinturas de baú.
O Pão de Açúcar sonhou
Que um carro saiu da Urca
Transportando com amor
Meninas muito dengosas,
Umas, nuinhas da silva,
Outras, vestidas de tanga,
E mais outras, de maillot.
Chega um índio na piroga,
Tira uma gaita do cinto,

Desfia um lundu tão bom
Que uma índia sai da onda,
Suspende o corpo no mar.
Nasce ali mesmo um garoto
Do corpo moreno dela,
No dia seguinte mesmo
O indiozinho já está
De arco e flecha na mão,
Olhando pro fim do mar.
De repente uma fragata
Brotou do chão da baía,
Sai um velho de tamancos,
Fica em pé no portaló,
Dá um grito: "Bofé, vilões!
Descobrimos um riacho
E a fruta aqui é bem boa."
No mesmo instante o garoto
Lhe respondeu: "Sai, azar!"
Despede uma flecha no velho
Que olha pro índio mais velho
Cheiinho de barbas brancas,
Pensa que é Dão Sebastião,
Dá um tremor no seu corpo
E zarpou para Lisboa.

III
O farrista

Quando o almirante Cabral
Pôs as patas no Brasil
O anjo da guarda dos índios
Estava passeando em Paris.
Quando ele voltou da viagem
O holandês já está aqui.
O anjo respira alegre:

“Não faz mal, isto é boa gente,
Vou arejar outra vez.”
O anjo transpôs a barra,
Diz adeus a Pernambuco,
Faz barulho, vuco-vuco,
Tal e qual o zepelim
Mas deu um vento no anjo,
Ele perdeu a memória...
E não voltou nunca mais.

IV
Carta de Pero Vaz

A terra é mui graciosa,
Tão fértil eu nunca vi.
A gente vai passear,
No chão espeta um caniço,
No dia seguinte nasce
Bengala de castão de oiro.
Tem goiabas, melancias.
Banana que nem chuchu.
Quanto aos bichos, tem-nos muitos.
De plumagens mui vistosas.
Tem macaco até demais.
Diamantes tem à vontade,
Esmeralda é para os trouxas.
Reforçai, Senhor, a arca.
Cruzados não faltarão,
Vossa perna encanareis,
Salvo o devido respeito.
Ficarei muito saudoso
Se for embora daqui.

V
Testamento do Sumé

Saí do seio de Jaci,
Nas asas me pendurei
Do grande, temível Tupã;
Caí direito no mar,
Entrei na igara veloz,
Depois alcancei a terra,
Atravessei o sertão
Comendo bichos do mato;
Caaporas me ajudavam;
Curupiras vão na frente
Pra me mostrar o caminho;
Entrei na taba dos homens,
Na minha cabeça pus
Um gracioso canitar,
Minha cintura cobri
Com enduape de mil cores,
Furei beiço, pus botoque,
O maracá agitei
Que nem um homem qualquer;
Na poracê tomei parte,
Dançaram em roda de mim
Soltando uivos e gritos.

Depois ao homem ensinei
A cuidar da terra dele,
Conforme boa receita
Que me deram lá na lua;
Plantei a boa mandioca
Que se transforma em farinha.
As fazendas prosperavam.
Quem fez tudo aquilo, eh!
Não foi ninguém, foi Sumé.
Pensam que me nomearam
Cacique supremo deles?

Qual nada, me desprezaram,
Ficaram com muita inveja,
Me pegaram distraído,
Me expuseram na maloca,
Fatal muçurana prenderam
Na cintura e no pescoço
De quem sempre os ajudou.
Por um triz eu não morri;
Mas Tupã naquele instante
Mandou um golpe de vento,
Leva a maloca nos ares,
Eles então se ajoelham.
Desamarram a muçurana
Me dão cauim a beber.

Mas eu perdi a confiança,
Sumi pra sempre no mar;
Pra eles não se esquecerem
Do avô a quem maltrataram
Deixei na laje da costa
As impressões de meus pés.

O país é mesmo agrícola,
Não tenham dúvida não:
Antes de fazerem a máquina
Para a mandioca moer,
Tratem de plantar mandioca,
Senão acaba a fazenda.
Adeus, vão plantar batatas.

VI
O alvo de Caramuru

Eu era magro, era assim.
Cheguei a ficar quase assim.
Os índios esperam um pouco

Até que eu possa engordar,
Me dão vinho de caju,
Janto e almoço bacalhau.
Ontem uma pomba voava
A vinte metros de mim,
Pego a espingarda Flaubert,
Joguei a pomba no chão.
Os índios bestificados
Se ajoelharam a meus pés.
Disseram que vim do fogo.

Eu atirei no que vi
Eu acertei no que vi
E também no que não vi:
Apontei pra uma pomba
E acertei em duas pombas:
A linda Paraguaçu
Vem arrulhando pra mim,
Levanta o seio, gentil,
Melhor que uma pomba-rola.
Também nela passo fogo,
Que eu não nego fogo não.

Desde então mudei de vida,
Me tratam a vela de libra,
Não sou capitão, sou rei.
Toda índia que me avista
Me pega pra gigolô.

Paraguaçu ficou triste.
Resolvo então arejar,
Levei ela na fragata
Ver a rainha da Europa
E lhe tomar a benção,
O bota-fora foi grande.
Os índios foram à estação
Fazendo grande alarido

De inúbias e maracás.
As índias me acompanharam
Até no meio do oceano,
Agitam lenços de espuma.
Foi nesse dia que Moema,
O meu flirt mais puxado,
Bateu o recórd de amor
Combinado com o recórd
Mundial de natação.

VII
Divisão das capitanias

A primeira pros londrinos,
Pra assentarem telefones,
Bondes puxados a burros
Naturais deste país;
Cruzados nos emprestaram
A cinco por cento ao mês.

A segunda aos holandeses,
Pra ensinarem a fazer queijo,
Lidar direito com moinhos
E algumas regras de asseio.

A terceira pros franceses,
Que trouxeram nas fragatas
Muitos vidros de perfume,
Mulheres muito excitantes,
Maneiras finas, distintas
E romances de adultério.
Quem falou francês foi nós.

A quarta foi para os turcos,
Pra vender chitas, miçangas
Na porta das mamelucas.

Compraram a capitania
Em diversas prestações.

A quinta aos italianos,
Ajudam a lavrar a terra,
Engraxam as botas da gente;
Nas sacolas de emigrante
Trouxeram discos de canto
Que amenizam a nossa vida
Na hora do inglês chegar.

A sexta aos americanos,
Trazem fitas de cowboy.
Os colonos veem a fita,
Ficam logo entusiasmados,
Fazem negócio com eles.

A sétima, aos alemães
Trouxeram cerveja loura,
Fazem grande concorrência
À cachaça nacional.

As outras cinco fazendas,
Pra fazer conta redonda,
Entregaram aos lisboetas
Que fornecem mantimento
Às capitanias restantes.

VIII
Pena de Anchieta

O padre era mesmo bom,
Não era padre, era santo.
Mandava na tempestade;
Um morto ressuscitou,
Um dia, pra batizar.

O índio levanta as armas
Para matar um cristão,
O padre está longe dele,
O vento vem lhe avisar,
O padre se concentrou,
Pensa com força no índio,
As armas dele caíram.

O padre era mesmo bom,
Deu a mão a muita gente,
Deu a luz a muita gente,
Muitos colégios fundou.
Escreveu poema na areia,
Não ligou para os leitores;
Só a Virgem poude ler.

Tenho uma pena bem grande
De saber que ele ensinou
Somente aos índios espertos;
Que não estendeu o ensino
À colônia portuguesa.

Fizeram mal de botar
Este padre tão notável
Servindo de manequim
Na estátua positivista.

IX
Fadistas versus Nassau

Vamos botar para fora
Este gajo convencido.
Não queremos aqui dentro
Gentinha assim desta ordem.
Passa horas e mais horas
Dentro da tina d'aiágua,

Ou lendo livros difíceis,
Ou mexendo em porcelanas.
Vilão como este não há.
Será que o gajo não tenha
Saudades da sua Holanda?
Às armas, ó João Vieira!
À morte o alfacinha! vamos!
No dia que nossas facas
Se espetarem na sua gorja,
Nas adegas não haverá
Pipa de vinho que chegue;
E as guitarras do Orfeão
As cordas vão rebentaire.

x
Viagem do traído

Calabar tinha estado na Holanda,
Por isto gostava de tomar banho
Quando os exercícios de tiro davam folga.
Coincidia sempre com o banho das índias.

Calabar indicava aos estrangeiros
O endereço direitinho das mamelucas,
Principalmente as que davam confiança.
Os estrangeiros o enchiam de gorjetas.
A colônia portuguesa ficou indignada,
Fez correr num instante uma subscrição,
Comprou passagem de 3ª na fragata
E mandou ele pra Bahia tomar banho
Com uma toalha de cordas no pescoço.

XI
O índio invisível

O índio fica no escuro,
O índio não sai do escuro
Mas o inimigo ele vê.

Tem o inimigo um sentido,
Tem o sentido do tacto,
Só sabe as armas pegar.

Camarão tem todos eles
Bem aguçados, treinados;
Ninguém tem um faro assim.

O inimigo se aproxima,
Não vê ninguém na sua frente,
Nem de lado, nem atrás.

De repente um tiro canta,
Ou então seta certeira,
Cai o inimigo no chão.

Os inimigos arriscam:
Aqui tem mas é macumba,
Aqui tem assombração.

Mal acabam de falar,
Parte outra seta do escuro,
Ninguém sabe de onde vem.

Fica tudo desnorteado,
Não sabe pra onde atiram,
Acabam então dando o fora.

Camarão sumiu no escuro.
Ninguém o pega, não vê.
Sumiu debaixo da terra.

Depois Camarão morreu,
Desaparece no escuro,
Mas já está acostumado.
Sumiu, sumiu para sempre,
Ninguém viu ele morrer.

XII
O herói e a frase

Como é que poderia
Aquele almirante holandês
Na atrapalhação da hora da morte
Gritar abraçado com as ondas,
E, pior, alguém ouvir:
"O oceano é a única sepultura digna de um almirante batavo."

XIII
Cantiga dos Palmares

Seu branco, dê o fora,
Deixe os nego em pais.
Nóis tem cachacinha,
Tem coco de sobra,
Nóis tem iaiá preta,
Nóis dança de noite;
Nóis reza com fé.
Seu branco é demais.
Praquê que vancêis
Foi rúim pros escravo,
Jogou no porão
Pra gente morrê
Com falta de ar?

Seu branco dê o fora,
Sinão toma pau

Aqui no quilombo
Quem manda primero
Deus nosso sinhô,
Depois é São Cosme
Mais São Damião,
A Virge Maria,
Depois semo nóis.
Ezerço de branco
Não vale um real,
Zumbi aparece,
Mostrou o penacho,
Vai branco sumiu
Crúiz credo no inferno.
Seu branco, dê o fora,
Não volte mais não.

XIV
A bandeira

Durante meses e anos
Nós furamos o sertão,
Atravessamos florestas,
Desviamos o curso dos rios;
Nossas famílias também
Vão resolutas com a gente,
Galinhas, carneiros, porcos,
Tudo aprende geografia.
Num só tempo procuramos
As esmeraldas enormes
E traçamos, fatigados,
O mapa deste país.

Esmeraldas não achamos,
Ou achamos, mas sloper.
Não achamos esmeraldas,
Mas o tempo não perdemos:

No fim deste pic-nic
Desenrolamos no céu
A bandeira do país.

XV
O café dos emboabas

Os emboabas entraram
Na fazenda dos paulistas.
Os paulistas, de sabidos,
Mandam servir o café.

Não é café que eles querem,
Eles querem, mas gemada
Batida com gema de ouro.
Tornaram a pedir gemada,
De novo lhes dão café,
De novo eles recusaram.
Os emboabas se danam,
Puxam o revólver do cinto,
Vão recuando, recuando,
Até nas margens do rio.
O dia inteiro lutaram.
Descansam de noite um pouco,
Pros paulistas vem café,
Os emboabas avançam,
Pedem um pouco de café.
Os paulistas recusaram,
Não lhes dão café agora
— Agora é tarde demais. —
Os emboabas, furiosos,
Avançam para os paulistas,
Gritam: "Depois do café
Se costuma beber água",
Se embolaram com os paulistas,
Atiraram eles no rio,

Lhes dão água pra beber,
Toda vermelha de sangue,
Na cuia do rio das Mortes.

XVI
O mercado dos mascates

Os olindenses entraram
Na barraca dos mascates.
Querem comprar espingardas.
Os mascates dão o preço.
Os olindenses declaram:
"Por preço muito menor
Nós vendemos, seus piratas,
Até quantas dúzias queiram."

Os mascates se danaram,
Não suportam concorrência.
Lá na Olinda o pessoal
Vende quase pelo custo,
Mas mesmo assim progrediu,
O seu mercado já impôs.

Então os mascates pegam
Nas espingardas compridas,
Saíram atrás, gritando:
"Agora damos de graça."
E tocam a disparar tiros.

Os olindenses se reúnem,
Desbarataram os mascates,
Nem as barracas ficaram,
Nem uma etiqueta ao menos.
Nem um tamanco ficou.
Depois dão um grande baile,
Na saída então do baile

Vão com a charanga na frente;
Os sons das flautas vibrando
Jogam no chão da cidade
O pelourinho infamante,
O único artigo, só,
Que os mascates portugueses
Não conseguem colocar
No mercado de Recife.

XVII
Os pombos do pombal

O dono do pombal soltou diversos pombos
Pra levarem recados à sucursal.
Os pombos despertaram, voaram,
Chegaram ao destino, os bicos abriram,
Veneno deixaram dos bicos cair;
Os jesuítas morreram todos duma vez,
Os pombos depois voltam satisfeitos,
Trazendo nos bicos rosados e finos
Materiais pra reconstrução do pombal.

XVIII
O alferes na cadeira

Antes eu fosse Dirceu,
Vivesse aos pés da mulata
Desfiando o lundu do amor,
Fazendo crochet de noite,
Do que estar como estou:
Os dentes me arrancaram,
Incendeiam meu chalet;
Não pude livrar ninguém
Da escravidão atual;
Arranjei foi mais um escravo,

Eu mesmo, entrei na cadeia;
Tirei retrato de herói,
Mostrei a mestre Silvério
Os planos desta revolta;
Pareço com aviador
Que faz viagem no polo,
Queria mesmo morrer;
Sentei na cadeira elétrica,
Morro, inda mesmo que tarde
A morte que sempre sonhei,
— Não essa morte vulgar,
Apagada, clandestina:
Eu quero morrer de herói,
Eu amo a posteridade;
Comecei me lamentando
De não ser como Dirceu,
Mas é só pra tapear;
Acabei me convencendo
Que não há nada melhor
Do que a gente ser herói;
Eu amo a posteridade,
Quero nome no jornal,
Estátua na praça pública,
Vejam a minha vocação!...
Vamos, apertem o botão.

XIX
A estátua do alferes

Eu sou o supremo herói.
Choquei a revolução...
Há mais de cem anos guardo
No meu ventre generoso
Uma turma de poetas
Que vivem o dia inteirinho
Tangendo as cordas da lira,

Em vez de atirarem bombas
No marquês de Barbacena
E no rei de Portugal.
Quem dorme mais é Dirceu.
No meu corpo cabe tudo,
Cabe passado e presente,
Mais do que tudo o futuro.
Senadores, deputados,
Se arrancham na minha sombra,
E outros, dentro de mim.
Se eu não tivesse sofrido
— Por iniciativa própria —
Eles nunca poderiam
Viver nesta pagodeira.
Sou como o cavalo troiano,
Aqui dentro cabe o mundo,
O avô da farra sou eu.

XX
Força do Aleijadinho

A mão doente parou,
Fica suspensa no ar,
Inutilizada no ar.

Lá fora os lundus dos escravos
Acordam a lua do sono.
A escultura bem que pede
Uma força bem maior.
— Homem homem se me acabas
Eu acabo te abraçando. —

E a mão nunca que chega
Até o fim do caminho,
Ela está presa, bem presa,
Desde o princípio do mundo.

Então de dentro do corpo
Do homem disforme e triste
Sai uma boca de fogo,
Sopra no corpo da estátua
Que respira já prontinha,
Dá um abraço no escultor.

XXI
Embarque do papagaio real

Je suis pobre, pobre, pobre,
Je m'en vais daqui.
Esse tal de Napoleão
Vem tomar conta de minha quinta,
Vem tomar minhas pipas de vinho,
Vem tomar meus p'rus,
Meus frangos,
Minhas galinhas-d'angola.
Tô fraco, tô fraco, tô fraco.

Vou-me embora, vou-me embora,
Vou chupar laranjas,
Vou comer minhas papas,
Vou gozar no Rio de pijama...
Se Carlota minha mulher deixar.

XXII
A mão de Domingos José Martins

O rei português mandou
Cortar sem pena as cabeças
De cem brasileiros bons,
Gente decente, sem medo,
Sabendo ler e escrever,
Costumando tomar banho,
Sem jeito pra ser escrava.

O carrasco decepou
A cabeça dos heróis,
As pernas mandou cortar,
Em seguida as mãos também;
As cabeças se pregaram
No poste da praça pública,
Depois as pernas suspendem
Nas janelas do quartel;
As mãos enormes, inchadas,
Despacharam pra Guiana.
O resto do corpo deles
Atam com força nos rabos
Dos cavalos furiosos,
Então chamam a ventania,
Tocaram pro cemitério.

O rei português mandou
Vir mulatas escolhidas,
Comprou uns tamancos novos,
Um fato mandou buscar
Que lhe fica muito bem;
Mandou preparar a ceia,
Fez levantar uma cama
Num dos cantos do salão,
Chamou sete guitarristas,
Dançou a dança do umbigo
Com uma cachopa real,
Entrou nas papas, no vinho,
Nos retratos vomitou
Da família de Bragança,
Depois, bufando, recolhe,
Ao leito, de borzeguins.

O rei português mandou
Fazer silêncio completo.
Ali no meio da noite
O rei acorda, tremendo.

Uma vasta mão inchada
Os dedos calca na toalha;
As gotas pingando sangue
Estas palavras imprimem:

"Teu reino será dividido,
Terás que sair daqui;
Teus descendentes, ô rei,
Serão sempre desgraçados,
Nenhum sossego terão;
As cabeças que você
Mandou agora cortar
Renascerão com mais força
Em outros corpos, ô rei,
Teus filhos perseguirão.
Vá buscar sua coroa,
Chame o príncipe seu filho,
Ponha na cabeça dele
Antes que te cortem a tua."

O rei português mandou
Buscar um frasco de sais
Depois um padre chamou
Pra decifrar a mensagem;
Logo que ficou sabendo
Dá com a cabeça no chão,
Depois desanda a arrotar.

XXIII
Relíquias de Frei Caneca

O carrasco avançava.
A cabeça de Maria
Surge das rendas do céu,
Pisca os olhos pro carrasco,
O carrasco recuou.

Pensa que foi ilusão,
Avança firme outra vez,
Abre os olhos bem abertos.
A cabeça reaparece,
O carrasco recuou,
Não poude o frade enforcar.
Um preso então se adianta,
Pegou na espingarda fiel,
Fez pontaria no frade,
O frade caiu no chão.
Da mão esquerda do frade
Surge a bandeira vermelha
Da Confederação do Equador,
Da mão direita do frade
Um retratinho da Virgem,
Daqueles de 1$500.

XXIV
Fico

Eu fico, pois não,
Se a todos dou bem.
Preparem as mulatas,
Recheiem os p'rus,
Avisem os banqueiros,
Suprimam os chuveiros,
Me comprem mercúrio,
Afinem as guitarras,
Previnam o Chalaça,
Aprontem o troley,
Eu fico, mas vou
Falar com a Marquesa,
Já volto pra ceia.
Falando em comidas
Eu fico, pois não.

XXV
Preparativos da pescaria

Qualquer dia eu dou um grito,
Mando às favas Portugal,
Toda a corte de Bragança.
Qualquer dia dou um cascudo
No tal de ministro inglês.

Meu pai não fez coisa alguma
Por vocês, ó vrazileiros.
Se meu pai disse que fez
Ele mente pela gorja.
O que fez o rei de bom
Não foi ele, meus meninos,
Foi o conde de Linhares.

XXVI
Serenata da dependência

— Pedrinho, meu bem, vem cá.
Ai que frio está fazendo!
Hoje não deixo você
Gastar a sua guitarra
Com a filha do capitão,
A serenata é pra mim.
Além disto o furriel
Hoje não pode vir não.

— Cala a boca, minha nega
Hoje não posso cantar,
A guitarra está doente,
As cordas arrebentou.

Chove muito, minha rica;
E as gotas d'água, pingando,

Me perturbam a digestão.
Além disto lá em Lisvoa
Estão safados comigo
Porque não mando um real
Há muito tempo pra lá.
Mas que tenham paciência:
Escreverei pra Inglaterra.

— Ai Pedrinho, és um ingrato.

Vá chamar um afinador
Pra concertar a guitarra.
Que vontade, ó meu galante,
De ouvir agora um lundu...
Se não me atendes, meu bem,
Saio pra rua danada,
Vou buscar um marinheiro,
Ou soldado, ou estudante,
Que me cante a serenata
Com a guitarra afinadinha.
— Titila, minha Titila,
Me esperam no Ipiranga
Pra fazer uma pescaria.
Tem uma vista bonita,
Só tem o inconveniente
De ter muita água demais.
Adeus, minha pomba, adeus...
Está pingando demais.

XXVII
A pescaria

Foi nas margens do Ipiranga,
Em meio a uma pescaria.
Sentindo-se mal, d. Pedro
— Comera demais cuscuz —

Desaperta a barriguilha
E grita, roxo de raiva:
"Ou me livro desta cólica
Ou morro logo d'ua vez!"
O príncipe se aliviou,
Sai no caminho cantando:
"Já me sinto independente.
Safa! vi perto a morte!
Vamos cair no fadinho
Pra celebrar o sucesso."
A Tuna de Coimbra surge
Com as guitarras afiadas,
Mas as mulatas dengosas
Do Club Flor do Abacate
Entram, firmes, no maxixe,
Abafam o fado com a voz,
Levantam, sorrindo, as pernas...
E a colônia brasileira
Toma a direção da farra.

XXVIII
O padre de ferro

Este homem não entendeu
O caráter brasileiro.
Quis deitar muita energia,
Acabou se dando mal.
Antes deixar como está
Para ver como é que fica!...

XXIX
O brasileiro D. Pedro II
ou
No Brasil não há pressa

Uma vasta sonolência
Invade toda a fazenda.
Sucedem-se os ministérios,
As guerrilhas se sucedem
Pro povo se divertir.
A Corte faz pic-nics,
Ou organiza quadrilhas
Nos bailaricos reais.
A Inglaterra intervém
No mercado das finanças,
Todos acham muito bom.
Houve entrudos famosíssimos...
O imperador, de pijama,
Lê o Larousse na rede.
O fato é que com essa calma
Cinquenta anos se aguentou.

XXX
Tango de Solano López

Jô estava en el cabaré,
No hacía mal a ninguém.
Até pensaba em mi madre,
Tres muchachos me pegáron
Pelas orelhas, bandidos,
Macaquitos vão na frente
Batendo o rabo, guinchando,
Jô não consigo pegáos,
A guerra me declaráron,
Perdi milhares de heróis,
A guerra era contra mi,

Atrás daqueles heróis
Só procuravam a mi;
Telegrafei para Londres,
Precisava desse apoio
Para ser imperador,
Não só me pegam na orelha,
As orelhas me cortaram,
Mas meu rincão defendi;
Em castigo de mis farras
Ao Brasil deixé a orelha
Em testamento, olaré;
Mas deixei ao Paraguai
Mi amante corazón.

XXXI
A boca de Marcílio Dias

Esta guerra não acaba,
Tem tanto combate, tanto,
Que se custa a decorar:
Ai! que será desta guerra
Se acabarem com a folhinha?
Quem lembra de tantos nomes?
Vejam, o almirante Barroso
Lá na praia do Flamengo
Tira hoje, eternamente,
Uma bruta barretada
Sem ninguém lhe responder.

Em todo o caso resumo
As qualidades, defeitos
De tantos heróis barbudos,
De Osório, Tamandaré.
Cada um cumpriu seu dever,
Conforme Nelson pediu.

Resisti até o final,
Tive duas mãos no começo,
No meio tive uma só,
Não tive nenhuma no fim:
Mas combatia com os pés,
Com a cabeça, com a boca;
Até agora combato,
O meu fantasma combate
Na proa dos couraçados...
Minha boca não morreu,
Pois dá gritos de canhão;
Nas noites de tempestade
O marinheiro anuncia:
— Luta o mar, bravo, zangado,
Coitado de meu navio —,
Vocês se enganam, sou eu.

XXXII
Marcha em retirada

Os homens caminham no escuro do mato,
Os homens caminham debaixo do fogo,
Ninguém sabe ao certo de onde ele vem.
Nem ao menos conhecem o trilho do mato;
Facão vai cortando cipós, samambaias,
Os homens não enxergam no escuro do mato,
Mas o fogo enxerga, os homens persegue.

Mergulham, coitados, nos pântanos largos,
Comendo ervas podres, já nus, sem ação.
O fogo inimigo não para um instante.
Ao menos um instante não olham pra trás
Não enxergam o inimigo, têm falta de ar.
Taquaras enormes brotaram do chão,
A carne dos homens maltrata, sem dó.
Nem podem se olhar, fumaça não deixa.

A praga peior espera-os num canto,
O cólera-mórbus ataca a coluna,
Subiu para cima, desceu para baixo,
O cólera-mórbus com a força acabou
Da parte mais firme da altiva coluna,
O cólera-mórbus é amigo de López.
Enquanto ele ataca, o amigo descansa,
— O cólera-mórbus piedade não tem —,
Então a coluna a folga aproveita,
Deixou atrás dela um troço de doentes
Pra ir tapeando o cólera-mórbus,
Depois a coluna pra casa voltou.

XXXIII
Proclamação de Deodoro

Ó que belo movimento!
Ouro Preto não estrilou.
Foi tudo feito com rosas
E salva de 21 tiros.

Apenas quase matamos
O pobre Barão do Ladário.

XXXIV
Soneto do dia 15

Seu Deodoro, tem gente,
Mas já sai agora mesmo.
Pensa que não tenho sangue?
Eu tenho sangue, mas frio.

Cedo o império brasileiro
Ao dito das circunstâncias.

Só levo daqui saudades.
Justiça aguardo de Deus.

Pensão não quero, obrigado.
Tratem bem de meus moleques.
Estou fazendo um soneto:

O papel está acabando,
Chego já no último verso,
Já lhe cedo o meu lugar.

XXXV
Elegia do dia 16

Ó amigos do coração,
Muito obrigado a vocês,
Me tiraram duma encrenca.
Isto aqui não dá mais nada.
Quem não foi imperador
Não avalia o que é pau.
A herança que lhes deixei
Muito mal poderá dar
Para o buraco dum dente.
Não fica um rato nos cofres.
Isabel minha filha leu
"A choça do Pai Tomás",
Teve uma pena do escravo;
Nabuco queria mostrar
Que tinha estatura mesmo,
Patrocínio precisava
Provar que tinha garganta;
Fui dar um giro na Europa;
Caiu a sopa no mel.
Num átimo abrem as senzalas,
Foi tudo por água abaixo.
Ninguém sustenta a fazenda:

Quem há de plantar café
Quem há de colher café,
Quem catará cafuné
Pro fazendeiro indolente?
Mas fizeram muito bem!...
O navio está apitando,
Enfeitado com a bandeira
Formosa que o vento beija.
Vou passear em Paris,
Todo ancho na sobrecasaca,
Vou visitar a Sorbonne;
Ô meus filhos brasileiros,
Saúde e fraternidade,
Não quero saber de encrencas,
Comigo não violão.

XXXVI
O herói sai da estátua

Não posso mais aguentar,
Aqui faz calor demais.
A gente vira solene,
Todo mundo fica olhando.
Não gosto de exibições.
Vou me pôr bem à vontade,
Vou me meter no pijama,
Vou calçar os meus chinelos.
Nunca sofri tirania,
Também tirano não fui.
Violei a Constituição,
Foi a única mulher
Que nesta vida violei.
Expulsei governadores
Porque roubavam demais,
Porque mandavam demais;
Vivi abafando revoltas,

Até a revolta do mar;
Sou amigo da unidade,
O país consolidei.
Quem vive a lidar com ferro,
Quem os navios amansa,
Não pode mais ficar preso
Nesta estátua de latão.
Mulher, não quero esta rosa,
Não gosto de flores não.

XXXVII
Milagre de Antônio Conselheiro

O homem não sai
De dentro da igreja.
Há mais de seis meses
Que ele está ali.
O homem não sai.
O exército avança,
O fogo dispara,
A igreja está firme,
O fogo redobra,
O homem não sai,
Não sai nem a pau.
— Demônio de home,
Está com o demônio. —
Atiram água benta
Na porta da igreja,
O homem não sai.
O homem se ajoelha
No altar lateral
Do arcanjo Miguel.
O santo pegou,
Na torre subiu,
Mostrou a espingarda
Que tem dois canudos,

O exército volta,
Faz pelo-sinal,
O fogo apagou,
O santo respira...
O homem não sai.

XXXVIII
O chicote de João Cândido

Seu marechal, dê o fora,
Senão leva chibatada.
Meu chicote é sem piedade,
Sabe responder ao seu.
Seu chicote é de chicote.
Você fez o seu chicote
Foi com crina de cavalo,
Mas não deu no seu cavalo,
Deu foi no lombo da gente.
Nos chamou com seu chicote,
Nós agora respondemos.
Você zuniu seu chicote,
Com força, na direção
Da ilha das Cobras, ai!
Nós agora respondemos
Pela voz deste chicote
Que não é feito de crina
Mas que é feito de mar;
Quem zune o chicote é o vento,
Cai no lombo do navio
Onde você se escondeu.
Responda a este assobio,
Depressa, seu marechal.

XXXIX
Homenagem ao gênio francês

Santos Dumont contornou
A torre Eiffel de avião.
O povo francês lhe rende
Homenagens especiais,
Até uma estátua lhe ergueu.
Mas comeu gato por lebre,
Inda até hoje eles pensam
Que Santos Dumont é francês.

XL
Dois cabos eleitorais

O candidato mais forte
A presidente do Estado
Precisa, de qualquer jeito
De ganhar nas eleições.
No interior ele ganha.
Mas o outro, na capital,
Talvez lhe passe na frente;
E ele faz questão fechada
De nada deixar pro outro.

Telegrafa ao padre Cícero,
Promete empenhar a vida,
Lhe ser fiel até à morte.
O padre responde: "Sim,
Não tenha medo, descanse."
Então o padre assobia,
Faz um sinal pra São Jorge,
O santo desce da lua
Todo ancho no seu cavalo.
— O santo sabe o caminho,
Pois que já leu Júlio Verne. —

O padre lhe dá um abraço,
Lhe dá notícias de Deus.
O santo se põe ao par
Desse negócio bem urgente.
O padre reveste o santo
Das insígnias de jagunço,
Lhe entrega um chapéu de couro,
Botas de couro, garrucha,
Esconde a lança na arca
— Só serve pra atrapalhar —;
De cavalo não precisa,
Que cavalo ele já tem.
Abraça o santo dizendo:
— Tenha fé em mim e em Deus. —

Os papagaios do padre
Tocam dobrados festivos,
Batem a charanga dos bicos:
— Seu santo, boa viagem,
Tenha fé em meu padim,
Também tenha fé em Deus! —

São Jorge parte a galope.
Maria Araújo, a santa
Amiga do padre Cícero,
Agita o lenço de renda.
O santo vara o sertão,
Mas de repente parou.
Mal pode ver o caminho,
A noite está mesmo escura.
Finalmente a lua surge,
Diz ao santo: “Meu amigo,
Bem que eu te procurava,
Não te deixo, pode andar.” —

O santo varou a noite,
De manhã vê a capital.

É no dia da eleição,
Chegam os homens pra votar.
Na hora de darem o voto
Os eleitores tremendo
Sentem o peso de uma mão
Que desvia, poderosa,
O caminho da caneta.
Também sentem inspiração,
Um sopro dentro do ouvido;
Sem querer todos votaram
No candidato do padre.

São Jorge, atrás da cortina,
Nem precisa de garrucha;
Os caboclos não resistem,
O santo volta pra trás
— Já é hora de dormir. —
Apenas quando saiu
Os habitantes sentiram
Um vento forte passar
Nas ruas da capital,
Parece também que a lua
Está vermelha e agitada,
Querendo sair do céu.

O padre mandou fazer
Pra igreja do Juazeiro
Uma estátua de São Jorge
Todo ancho no seu cavalo,
Com uma garrucha na mão.

XLI
O banquete

O vereador conseguiu ganhar as eleições.
Os chefes e aliados políticos

Promoveram um banquete
Que deveria contar cem talheres.
Depois foram ver,
Na cidade só tinha, vejam só,
Quarenta pessoas de destaque.
Afinal chegou o dia do banquete.
Quem comia mais era o promotor
Ao som da banda de música.
Todo o mundo comentava
O brilhante futuro do vereador.
Na hora do champagne
O promotor se levantou
Para fazer o brinde de honra
Ao presidente da República.
O promotor deu um estouro tão grande
Que os convidados, os talheres
E as galinhas que sobravam
Fugiram a toda velocidade
Com o fotógrafo atrás.
Só ficou um repórter
Que telegrafou pra capital
Afirmando que o banquete
Foi mais uma bruta prova de apoio
Ao nosso glorioso presidente.

XLII
O neto do Marquês de Maricá

O país precisa calma,
De muita reflexão;
Sejam prudentes, honestos,
Parcimônia nos seus gastos,
Andem quietinhos, sozinhos;
É melhor andar sozinho
Do que mal acompanhado.

Nem tudo que luz é ouro,
Às vezes pensam que é ouro,
Vão ver, é gema de ovo.
Também uma coisa verde
De longe parece esmeralda,
Vão ver, é uma folha verde.
Carlos Gomes não é Gomes,
É apenas Carlos Verdi.
Este país auriverde
É muito, muito mais verde,
Do que auri o país é.
As aparências enganam.
Pensam que tem cachoeira,
Não há dúvida que tem,
Mas quase tudo é do inglês.
Às vezes nem é cachoeira,
Não passa de água benta,
Cada um toma o que quer.

Menino entra para a escola,
Botam tais fantasmagorias
Na cachola do coitado
— Este país é um colosso,
Tem muita mina por aí,
Não precisa trabalhar —,
Sai o inocente da escola
Pensando que é rei do mundo,
Depois vê que lhe mentiram,
Então fica atrapalhado,
Não sabe o que há de fazer,
Vai ser gigolô da nação.

Se deitam cedo, meninos,
Também se levantem cedo:
Deus ajuda a quem madruga
Com uma pomba na mão.
Mais vale uma pomba na mão

Do que duas a voar.
Cultivem a caça, a pesca,
Cultivem, repito, a paz;
Só deve a esquadra servir
Pra recolher pescarias.
O país é mesmo agrícola,
Sumé já disse uma vez,
Torno agora a repetir.
Portanto, rumo à lavoura.

São cinco horas da manhã.
Observo a tradição,
Vou para o trabalho já:
Meu anzol já está prontinho,
Até logo, vou pescar.

XLIII
Hino do deputado

Chora, meu filho, chora.
Ai, quem não chora não mama,
Quem não mama fica fraco,
Fica sem força pra vida,
A vida é luta renhida,
Não é sopa, é um buraco.

Se eu não tivesse chorado
Nunca teria mamado,
Não estava agora cantando,
Não teria um automóvel,
Estaria caceteado,
Assinando promissória,
Quem sabe vendendo móvel
A prestação ou sem ela,
Ou esperando algum tigre
Que talvez desse amanhã,

Ou dando um tiro no ouvido,
Ou sem olho, sem ouvido,
Sem perna, braço, nariz.

Chora, meu filho, chora,
Anteontem, ontem, hoje,
Depois de amanhã, amanhã.
Não dorme, filho, não dorme,
Se você toca a dormir
Outro passa na tua frente,
Carrega com a mamadeira.
Abre o olho bem aberto,
Abre a boca bem aberta,
Chore até não poder mais.

XLIV
O bacharel de Haia

Ele era o tenor supremo.
Amanhecia cantando,
Cantava o dia inteirinho,
Adormecia a cantar.
Como cantava bonito!
Os homens extasiados
Esquecem as ocupações,
Vão pros cafés, pras esquinas
Apreciar as vocalises
Do incomparável cantor.
O país esfrega as mãos,
Incha-lhe o peito de orgulho.
Exclama: "Não somos sopa!
Temos prestígio político
Desde que o gênio cantou
Na capital da Holanda;
O mundo d'agora em diante
Terá respeito de nós."

Qual era o seu estribilho?
O culto à democracia,
A soberania das leis,
A majestade da toga,
O civismo, a liberdade
E a grandeza inabalável
Da carta de 91.

Um dia, velho, morreu.
O país chorou a perda
De seu filho amado e ilustre;
A consternação foi geral.
Sobretudo entre os bicheiros:
No dia da sua morte
Deu a águia, todo o mundo
Jogara nela... Que azar!

XLV
Teorema das compensações

O bicheiro é vereador.
Depende do presidente
Da Câmara Municipal.
O presidente é meio pobre,
Arrisca sempre na sorte,
Ai! depende do bicheiro.

O bicheiro ganha sempre
Na eleição pra vereador.
E "seu" presidente acerta
Muitas vezes na centena.

XLVI
A máquina d'água

No céu é tempo de entrudo,
Prenderam a água no céu.
Não tem água para o milho,
Nem água para o animal,
Nem para a moça morena
Lavar o corpo dengoso,
Nem para a criança beber.
O nordeste está esperando.
Telegrafam pra Lisboa,
Ficaram todos com inveja.
As ladainhas choviam.
O nordeste está esperando.
Então o bom presidente
Manda chamar o alemão,
Encomenda um maquinismo
Que custa, em ouro sonante,
Seiscentos mil contos de réis.
Parte gente pro nordeste,
Acamparam, faz cidades;
O nordeste está esperando
A água cair da máquina,
Já que do céu não caiu.
O nordeste está esperando.
Famílias já se mudaram
Para o sul, para o Japão
E muitas pro cemitério.
O nordeste está esperando.
O alemão não tem pressa.
— Os chops que apareciam
Nem davam pras encomendas. —
Mas o nordeste resolve
Esperar inda uma vez.
A máquina está se fazendo,
Está mas é caprichando.

A máquina já se aprontou,
O nordeste inclina o corpo;
Mas toda a água que tem
No maquinismo engenhoso
Cai em cima de um navio
Onde o rei Alberto vem,
Se transforma num repuxo
Luxuoso e multicor,
O rei achou muito lindo,
A rainha achou também;
Chegaram na capital
Bem limpinhos e lavados,
Ficaram aqui no bem-bom,
Caíam libras do céu;
Depois voltaram pra Europa,
Quando passam no nordeste
O nordeste já secou.

XLVII
A revolução gorada

Coitado, o major gritava
"— Vamos ter dó desta gente,
Praquê matar tanta gente.
Tenho medo dos canhões.
Hoje é dia de mafuá;
Vamos deixar pra amanhã.
Não atiro no Catete
Porque minha prima Lulu
Mora perto do Catete.
Tenho dó do presidente.
Meu Deus, pra onde levaram
A família do presidente?
Há dois dias que não jogo,
Tenho uma bruta saudade
Da mulata, pessoal." —

Na noite seguinte a esta,
Naquele crioléu chamado
"Cravinas de Cascadura"
Nem uma crioula ficou.

XLVIII
Canção do soldado

Eu sou a guarda da pátria.
Sou amado pela pátria.
Mas não correspondo não.
Tenho um rabicho febril
Pela bandeira auriverde.
Se as cores desta bandeira
Não fossem tão bonitinhas
Eu não teria coragem.
O meu kaki é bem-feitinho;
No alto do meu bonet
A glória se empoleirou,
Não há meio de sair.
Eu quero paz e mais paz,
Quero acertar na centena,
Me espalhar no carnaval.
Não quero fazer exercício,
Senão o estrangeiro pensa
Que a gente está ameaçando,
Declara guerra ao Brasil.
Quero paz a vida inteira,
A guerra produz a dor,
Dor de barriga e outras mais.
Quero paz e quero amor.
Chega dia de parada
Já estou caindo de sono
No fim de duzentos metros:
Fico olhando pras mulatas,
Esqueci, saí da linha,

Felizmente não faz mal,
O major também saiu.
Se algum dia a pátria amada
Precisar de meus serviços,
Trepo lá em cima do morro
Carregando os meus valores
— A minha boa espingarda
E um vidro de parati —
Ou me escondo na floresta;
O estrangeiro não descobre,
Desanimou, foi-se embora.
E a paz reinou outra vez
Em nosso gentil Brasil
Que Deus tenha sempre em paz.

XLIX
Marcha final do Guarani

Ninguém mais vive quieto na terra.
Outros deuses povoam o país
Ando agora vestido de fraque,
Pus no prego a gentil açoiaba.

O tacape enferruja num canto,
A bengala não largo da mão.
Sons agudos de inúbia não ouço,
Na vitrola só tangos escuto.

Já não tarda o final desta raça.
Manitôs abandonam as tabas.
Meus irmãos, azulemos pra Europa:
O inimigo já chega bufando,
Na maloca já fogo tocaram...
Ó desgraça! ó ruína! ó Rondon!

L
O iluminado

Os inimigos diziam:
"— Ninguém até hoje viu,
Ninguém não viu esse homem.
Além disto ele é malvado,
É rancoroso, tirano.
Joga gente pela janela;
No palácio do governo
Tem esquemas de suplícios,
Tem alçapões complicados.
Mata homem que nem formiga.
Mandou para a Clevelândia
Seiscentos bons cidadãos
Num navio envenenado.
Este homem não é homem,
É um punhal de pince-nez."

LI
Marcha da coluna

A coluna vai na frente
Dos homens, das mulheres, das crianças,
A coluna deita no leito dos rios,
A coluna se levanta, rasga matas,
A coluna vai na frente,
Vai mostrar o caminho ao país,
A coluna marcha,
O povo diz que ela é de fogo,
A coluna vai sempre na frente,
Nem sabe direito o que vai mostrar,
A coluna marcha,
O povo conta com a coluna,
A coluna conta com céu.

O governo faz promessa
Para a coluna desaparecer.
Populações inteiras se penduram nela,
A coluna vira coluna de homens,
A coluna cresce, cria uma barba enorme,
A coluna marcha
Na frente dos cavalos, das cidades, dos sertões,
Na frente das ondas, do fogo, das promessas.
A coluna vai, a coluna vai, a coluna vai,
Não dá mais notícias
— Perdem a esperança —,
Nunca mais que volta,
Nunca mais que vem.

LII
Linhas paralelas

Um presidente resolve
Construir uma boa escola
Numa vila bem distante.
Mas ninguém vai nessa escola:
Não tem estrada pra lá.

Depois ele resolveu
Construir uma estrada boa
Numa outra vila do Estado.
Ninguém se muda pra lá
Porque lá não tem escola.

LIII
Amostra da poesia local

Tenho duas rosas na face,
Nenhuma no coração.
No lado esquerdo da face

Costuma também dar alface,
No lado direito não.

LIV
Amostra da ciência local

O homem vivia tranquilo,
Em paz com a vida e com ele.
Um belo dia, entretanto,
Resolve escrever um artigo
Sobre o Brasil, bem cuidado.
Mas Brasil se escreverá
Com "s" mesmo, ou com "z"?
Ele vai no dicionário:
Dá com "s" e dá com "z".
Telefona à Academia:
"Ninguém sabe não senhor,
Talvez com "s", ou com "z".
Tira dinheiro do bolso,
Numas notas vem escrito
Com "s" a palavra Brasil,
Noutras vem mas é com "z".
O homem vai ao vizinho,
Sujeito modesto e sábio
"Não sei dizer não senhor,
Só sei que meu filho Pedro
Esteve um ano no Hospício
Porque queria saber
Justamente o que você
Quer saber e não consegue."
O homem perde a paciência,
Tira uma faca do bolso,
Boa faca pernambucana.
— Não quero mais me amolar,
Aqui deve estar escrito
"Fabricado no Brasil."

Conforme estiver aqui,
D'agora em diante, afinal,
Mesmo que seja com "s"
(Prefiro que seja com "z")
Escreverei a palavra;
A faca será juiz. —
O homem olha pra faca,
Meu Deus! era made in Germany.
Segura o homem na faca,
A faca enterrou no corpo
E o filólogo morreu.

LV
Glória de D. Pedro II

Um anjo de sobrecasaca, de chinelas,
Passou matutando no ar:
A terra não é mais uma colônia,
Os estadistas caem que nem cocos,
As máquinas serão soltas em 1988,
O homem ficará lendo seus livrinhos
No jardim onde os tanks
Já terão passado.
Os soldados serão presos pra sempre
Num cavalo de aço, não é de pau.
Aos domingos terá retreta para eles,
Começando pela protofonia do *Guarani*.
Os ditadores de pijama
Virão comer pé de moleque
Com o povo.

LVI
Homo brasiliensis

O homem
É o único animal que joga no bicho.

LVII
Fuga

Lampião fugiu, Lampião.
Quem é que prende Lampião?
Aviador nem dinamite
Não liquida Lampião.
Nem polícia nem marinha,
Nem os “secretas” de Deus,
Ninguém segura Lampião.
Quem te viu e quem te vê?
Lampião corre que corre,
Lampião nunca que morre
— Nem ao menos no jornal. —
Lampião rouba tesouros,
Oferece aos jejuadores
Lá na ponta do sertão.
Lampião faz aliança
Com bispos e generais.
Lampião pega toda virgem
E solta as velhas que vê.
Lampião clareou, sumiu,
Relampejou, estourou,
Lampião virou é cometa,
Só volta daqui três anos
Com o rabo do seu cavalo
Zunindo que nem o vento.
Eu sei, Lampião não é home,
Nem demônio, lobisome,
Nem mesmo ele é Lampião,

Corre, gira, salta, pula,
Lampião é isto, é pião.

LVIII
Discurso do filho do Jeca

Modesto assim como sou,
Vou cultivando a fazenda;
O sacrifício é bem grande
Mas a sorte é bem maior.

A tradição não me pesa.
Quem foi mesmo meu avô?
A obrigação não me pesa
De ser nacional demais.

Se quiser, banco o francês
Quase tão bem como ele.
Sou brasileiro, bem sei,
Mas sou mais universal.

Não sou convencido assim.
Não penso que sou gigante,
Colosso impávido e belo.
Mas também não sou minhoca.

Não fico assim assombrado
Com o progresso dos outros.
Eles são muito mais ricos,
Mas trabalham muito mais.

Se eles têm arranha-céu
Também eu tenho, quer ver?
As casas de meus colonos,
Juntinhas umas nas outras,

Bem que formam arranha-céu
Em sentido horizontal.
Eles têm mundos e fundos
Mas se mudam para aqui.

Nem só de pão vive o homem,
Vive de mágoas também.
Pra distrair minhas mágoas
Namoro e toco vitrola.

Vamos tocando assim mesmo,
Nosso dia há de chegar.
A terra e a gente são boas...
Deus até nasceu aqui.

LIX
1930

1) O Clemenceau das montanhas

No dia 3 de outubro de tardinha
O doutor Olegário Maciel
Em vez de um fuzil
Tinha um relógio na mão.

2) Festa familiar

Em outubro de 1930
Nós fizemos — que animação! —
Um pic-nic com carabinas.

3) Coração do povo

O povo há muitos anos que sofria,
Vai daí resolveu pôr abaixo o papão.
Chamou o cardeal,

Lá se foi o papão
Comer paisagens de queijo na Suíça
E arejar o cavaignac.

Mas na hora do navio sair
O povo ficou com muita pena,
Contratou banda de música
Pra tocar dobrados,
Mandou um bouquet de flores ao papão.
Quase que botou ele
No governo outra vez.

4) Itararé

1

A maior batalha da América do Sul
Não houve.

2

Soldado desconhecido
Não falta em Itararé.

3

Um padre meu conhecido
Mal chegou no Itararé
Fez o sinal da cruz,
Regimento caiu no chão.

Ninguém poderá negar,
De alma limpa e boa-fé,
Que esta revolução representa
A vitória do "pelo-sinal".

4

No meio do caminho
Me atacou um delírio patriótico,
Resolvi embarcar pra Itararé.

No meio do caminho
Entrei num botequim,
Tomei um bruto pifão.
Quando acordei
O papão já estava deposto
E eu já era major.

LX
O avô princês

A família Pitangueira
Era mais pobre que Jó
Na segunda fase dele.
A família Pitangueira
Dera muitos titulares,
Ministros e senadores.
Tinha tido muito luxo.
Mas agora essa família
Estava sem um tostão.

O pecúlio da família
Consistia nas molduras
Dos retratos dos avós.
Molduras ricas, pesadas,
Que protegiam os retratos
Dos heróis dessa família.
Tinha avô e bisavô,
Tataras e quarto avós.
Quanto às pinturas, coitadas,
Não tinham valor nenhum,
Ai! Não tinham assinatura.

A família Pitangueira
Jejuava noite e dia
Mas não vendia a ninguém

Os retratos dos avós.
Somente o filho mais moço
Que tem dezessete anos,
Dança bem, chama-se Lúcio,
Acha que aquilo dá peso.
Tem um alemão ricaço
Que cobiçava as molduras.
A família Pitangueira
Não decide até agora.

Neste ano essa família
Não conseguiu um vintém
Pra fazer o carnaval.
Nem ao menos pra confetti.
O alemão bem que sabia,
Aproveita a ocasião,
Renova a proposta dele.

A família Pitangueira
Reúne um conselho em casa,
Mas tem pena de vender.
Lúcio dá um murro na mesa:
"Meu Deus praquê tanto avô!"
Lá fora passava um rancho
Cantando o samba da moda.
A família Pitangueira
Diz que sim ao alemão.
Alemão tomou dez chops,
Família pegou nas notas,
Alugou um automóvel,
Azularam pra cidade.

As pinturas enroladas
No fundo de uma gaveta
Se sentiram abandonadas
Sem o calor da moldura.

Então se desenrolaram,
Retomam seus movimentos,
Entram na cozinha adentro,
Seguram nas baterias
E vão pelo bairro afora
Fazendo uma barulhada.
Se incorporaram no rancho
“Arrepiados de Bangu”.
Tomam emprestado pandeiros,
Reco-reco e dois violões.
Saltou o pires em cena,
Cai nickel que nem chuchu.
Improvisam fantasias
De baiana e dominó.
O mais metido era o avô,
Fantasiado de princês.
Dançava com muito garbo,
Evolui com harmonia,
Ao mesmo tempo com dengue
E com grande majestade.
Até no chalet das Águias
Se comentou o princês.

Acabando o carnaval
O grupo foi no alemão,
Propõe comprar as molduras.
O alemão está na chuva,
Então a proposta aceita,
Quarenta chops tomou.

O grupo volta pra casa,
Carregando com as molduras.
Amanhece a quarta-feira.
A família Pitangueira
Inda em casa não chegou.
Os avós e os bisavós

Retomaram o lugar deles,
Lá do fundo das molduras.

Parece que o olho deles
Esticou, ficou maior...
É claro, estão esperando
A volta do carnaval.

O visionário (1930-1933)

LIVRO PRIMEIRO

Mulher em todos os tempos

O anjo cresce na sombra,
A sombra também cresceu.
Ele tira o saxofone,
O som também aumentou.
Então acorda a agonia
Que se escondera no escuro,
Cresce a agonia também.
A moça cresce um pouquinho,
Também em compensação
Já é hora de decrescer.
O anjo torna a assoprar.
No avião do sopro vem
A mãe da moça, coitada,
Vestida de rendas brancas,
Com o pai de pencinê;
Vem um quarto vaporoso
Com um berço navegando
E uma criança chorando
No vestidinho de rendas;
Vem o canto de outro anjo
Chamando outros anjos distantes
Que fazem a criança dormir;
Vem a criança crescendo,
Caminhando para a escola
Com o primo pela mão;
Vem a criança menina,
Na mesa da comunhão;
Vem a menina já moça,
Com os seios palpitando
— O primo também cresceu —;
Vem a moça já bem moça,
Namorando no portão;

Vem a moça — é uma mulher —
Caminhando para o altar;
Vem a mulher segurando
Um menino pela mão,
Depois vem ela chorando,
Enterra a mãe no vestido
De rendas pretas, coitada,
Depois enterra o pai dela,
Coitado, sem pencinê;
Vem ela quando adoece
De paixão, já piorou;
Vem ela no mês passado,
Depois na semana passada,
Sem vibração, já sem cor,
Depois no instante recente;
O sopro do anjo vai traz
O instante que está nascendo:
O marido deu um grito,
O filho os braços levanta,
Sopra o anjo com mais força,
A moça não vê mais nada,
Mas Deus a viu, e levou.
No outro mundo já estão
Julgando a moça morena.

A mãe do primeiro filho

Carmem fica matutando
No seu corpo já passado.
— Até à volta, meu seio
De mil novecentos e doze.
Adeus, minha perna linda
De mil novecentos e quinze.
Quando eu estava no colégio
Meu corpo era bem diferente.
Quando namorei João

Meu corpo era bem diferente.
Quando um dia me casei
Meu corpo era bem diferente.
Nunca mais eu hei de ver
Meus quadris do ano passado... —

A tarde já madurou
E Carmem fica pensando.

Mulher em três tempos

Minha boca está no presente,
O meu olhar, no passado,
Meu ventre está no futuro.
Minha boca toda a noite
Está na boca amorosa
Do meu marido atual,
Meu olhar está no olho
Do meu namorado antigo,
Meu ventre está no futuro
Do corpinho do meu filho.

Dilatação da poesia

Nas formas da filha o pai
Vê sua mulher ressurgir
No viço da mocidade.
Inda há pouco ele subia
Uma escada com sua filha,
Pareceu-lhe que levava
Sua mulher pela mão,
Comovida, para o altar.

Menina em quatro idades

Alguém te contempla
Desde antes do tempo começar.
Mais tarde a Virgem Maria
Navegava nas ondas do céu
Para ver teu rosto.
Eu te olhava com ternura
Através das grades do internato
Onde choram órfãs de uniforme azul.

Eu te conheço desde antes tu nasceres...
Vi tua mãe caminhando para o altar.

O amor separa

Não estou contigo mesma.
Até hoje não te vi.
Te penetrei toda,
Conheci o retrato de tua mãe,
Tua infância, tua vontade,
Te vi crescendo na rua, no colégio,
Vi teu sangue, entrei no teu corpo,
Mas não estou ligado a ti mesma.
Meu espírito não soprou no teu corpo,
Não te fez renascer.

Não posso te julgar,
Nosso amor nos separou.

Moral do tacto

"A mão do meu namorado
Segura nos meus quadris.
Tem a forma parecida

Com uma outra mão que já vi.
Parece com a do meu pai:
Essa mão há tantos anos
Faz parte da minha vida
— Desde sete anos me lembro
Do seu afago e carinho —
Que sei toda ela de cor.”

Formas alternadas

Vi a menina crescendo
Na sombra de sua mãe.
Vi a mãe dela sumindo,
O corpo da outra aumentando,
Vi a posição dos corpos
Mudando sempre no espaço,
O tempo desenrolando
Olhares e movimentos,
Vontades, curvas e cheiros,
Ora da filha bonita,
Ora da mãe consumida,
Com tantas afinidades
Vindas, sem se perceber,
De formas bem semelhantes:
Não sei onde a mãe acaba
Nem onde a filha começa.

O namorado e o tempo

O namorado contempla
O corpo da namorada,
Vê o corpo como está,
Não vê como o corpo foi
Nem como o corpo será.

Se aquele corpo amanhã
Mudar de peso, de forma,
Mudar de ritmo e de cor,
O namorado, infeliz,
Vai sofrer mesmo demais:
Não calculou o futuro,
A mulher quebrou o encanto,
Ele só vê a mulher
No momento em que a vê.

A reveladora

1

Eu nunca vi tua mãe.
Como será tua mãe?
Nem ao menos vi seu retrato.
Para te conhecer melhor
Preciso aprender tua mãe.

2

A mãe dela finalmente
Apareceu hoje de tarde na varanda.
Tem os cabelos ruivos que nem a filha,
Os quadris largos que nem a filha,
O mesmo jeito de andar.

Olhei para Maria,
Reconstituí sua mãe
No tempo em que a conheci.
Olhei para a mãe dela,
Pude avaliar direito
O que será Maria no futuro.

3

Louvada seja a mãe da minha namorada
Que levou nove meses para fazer

Todo aquele mundo de ternura
E não descansou até agora
Nem ao menos um dia;
Que a tirou do seu ventre
Enquanto seu marido não estava dormindo.
Que lhe emprestou
Seus cabelos, olhos e quadris;
Que a deixou no jardim de noite
A fim de eu aprender com ela
A ciência do amor e do mal.

Duas irmãs

Uma mulher conta de noite
À sua irmãzinha menor
A história de seus amores.
Conta o último namorado,
Descreve o físico dele
Nos seus mínimos detalhes,
Depois narra com ternura
O que se passara entre os dois.
A outra escuta cismando,
Não dormiu a noite inteira,
Até a amizade entre as duas
Daí para diante cresceu.

Jandira

O mundo começava nos seios de Jandira.

Depois surgiram outras peças da criação:
Surgiram os cabelos para cobrir o corpo,
(Às vezes o braço esquerdo desaparecia no caos).
E surgiram os olhos para vigiar o resto do corpo.
E surgiram sereias da garganta de Jandira:

O ar inteirinho ficou rodeado de sons
Mais palpáveis do que pássaros.
E as antenas das mãos de Jandira
Captavam objetos animados, inanimados,
Dominavam a rosa, o peixe, a máquina.
E os mortos acordavam nos caminhos visíveis do ar
Quando Jandira penteava a cabeleira...

Depois o mundo desvendou-se completamente,
Foi-se levantando, armado de anúncios luminosos.
E Jandira apareceu inteiriça,
Da cabeça aos pés.
Todas as partes do mecanismo tinham importância.
E a moça apareceu com o cortejo do seu pai,
De sua mãe, de seus irmãos.
Eles é que obedeciam aos sinais de Jandira
Crescendo na vida em graça, beleza, violência.
Os namorados passavam, cheiravam os seios de Jandira
E eram precipitados nas delícias do inferno.
Eles jogavam por causa de Jandira,
Deixavam noivas, esposas, mães, irmãs
Por causa de Jandira.
E Jandira não tinha pedido coisa alguma.
E vieram retratos no jornal
E apareceram cadáveres boiando por causa de Jandira.
Certos namorados viviam e morriam
Por causa de um detalhe de Jandira.
Um deles suicidou-se por causa da boca de Jandira.
Outro, por causa de uma pinta na face esquerda de Jandira.

E seus cabelos cresciam furiosamente com a força das máquinas;
Não caía nem um fio,
Nem ela os aparava.
E sua boca era um disco vermelho
Tal qual um sol mirim.
Em roda do cheiro de Jandira
A família andava tonta.

As visitas tropeçavam nas conversações
Por causa de Jandira.
E um padre na missa
Esqueceu de fazer o sinal da cruz por causa de Jandira.

E Jandira se casou.
E seu corpo inaugurou uma vida nova,
Apareceram ritmos que estavam de reserva,
Combinações de movimento entre as ancas e os seios.
À sombra do seu corpo nasceram quatro meninas que repetem
As formas e os sestros de Jandira desde o princípio do tempo.

E o marido de Jandira
Morreu na epidemia de gripe espanhola.
E Jandira cobriu a sepultura com os cabelos dela.
Desde o terceiro dia o marido
Fez um grande esforço para ressuscitar:
Não se conforma, no quarto escuro onde está,
Que Jandira viva sozinha,
Que os seios, a cabeleira dela transtornem a cidade
E que ele fique ali à toa.

E as filhas de Jandira
Inda parecem mais velhas do que ela.
E Jandira não morre,
Espera que os clarins do juízo final
Venham chamar seu corpo,
Mas eles não vêm.
E mesmo que venham, o corpo de Jandira
Ressuscitará inda mais belo, mais ágil e transparente.

Uma órfã adota a humanidade

Vejam só meus quinze anos.
Eu não tenho mãe nem pai,
Nem ao menos um irmão.

Quero mãe para meu beijo,
Um pai para o meu olhar,
Irmã para o meu abraço
E um noivo pro corpo todo.
Enquanto não acho família
Adoto a quem conhecer:
Bem pode o mundo dormir
Na sombra de uma mulher.

Juízo final dos olhos

Teus olhos vão ser julgados
Com clemência bem menor
Do que o resto do teu corpo.
Teus olhos pousaram demais
Nos seios e nos quadris,
Eles pousaram de menos
Nos outros olhos que existem
Aqui neste mundo de Deus.
Eles pousaram bem pouco
Nas mãos dos pobres daqui
E nos corpos dos doentes.
Teus olhos irão sofrer
Mais que o resto do teu corpo:
Eles não poderão ver
As criaturas mais puras
Que no outro mundo se vê.

Olhar sem tempo

Quem sou mesmo eu?
Sou um retrato de antepassado.
Sou aquela camisola que vesti
Há muitos anos atrás.
Sou o companheiro quase apagado

De uma menina que me bolinou
Há muitos anos atrás.
Sou uma valsa lenta
Brotando nos meus ouvidos.
Sou um cadáver, uma visagem
Que alguns sujeitos rindo
Levam sem flores num automóvel.
Sou um réprobo esperando a sentença final.

Solidariedade

Sou ligado pela herança do espírito e do sangue
Ao mártir, ao assassino, ao anarquista,
Sou ligado
Aos casais na terra e no ar,
Ao vendeiro da esquina,
Ao padre, ao mendigo, à mulher da vida,
Ao mecânico, ao poeta, ao soldado,
Ao santo e ao demônio,
Construídos a minha imagem e semelhança.

Biografia da cabeleira

Esta cabeleira nasceu
No corpo das nebulosas,
Depois renasceu em Eva,
Atravessou muitos túneis
De corpos grandes, morenos,
Mais uma vez aparece
Neste mundo, exatamente
Na cabeleira de Dulce,
No dia cinco de abril
De mil novecentos e três.
E renasceu imperiosa:
Era preciso uma vida,

Todo um corpo, uma desgraça,
Pra alimentar a faminta.
Vinham os amantes de Dulce,
À sombra da cabeleira
Passavam dias e noites,
Alguns deles nem lembravam
Que além dos cabelos havia
Outras belezas no corpo.

E o marido de Dulce
Matou a pobre coitada,
Mais o amante de Dulce,
Com dois tiros de revólver.
Mas o tonto do marido
Não sabe que a cabeleira
Já renasceu, furiosa,
Na filha da pobre Dulce.
O marido matou Dulce,
Não matou a cabeleira:
Vai dar muito que fazer.
A filha de Dulce tem
Só dez anos, mas parece
Que já tem quinze, porque
A cabeleira pesada
Passa na frente do corpo,
Atrai os adolescentes,
Tem vida própria, não morre.

Choro do poeta atual

Deram-me um corpo, só um!
Para suportar calado
Tantas almas desunidas
Que esbarram umas nas outras,
De tantas idades diversas;
Uma nasceu muito antes

De eu aparecer no mundo,
Outra nasceu com este corpo,
Outra está nascendo agora,
Há outras, nem sei direito,
São minhas filhas naturais,
Deliram dentro de mim,
Querem mudar de lugar,
Cada uma quer uma coisa,
Nunca mais tenho sossego.
Ó Deus, se existis, juntai
Minhas almas desencontradas.

Canto da pobreza

Sentas-te à beira da noite
Para fazer este poema,
Este poema não é teu,
É da tinta e do papel.
Mas o que é teu, afinal?
Ideia de propriedade!
Nada é teu, nem de ninguém.
Teu passado não é teu,
Nem sabes o que ele é.
Na neblina do passado
Quase cego tu navegas,
Mas um braço te pegou,
Te agarra, não larga mais.
— Este braço não é teu. —
O presente não é teu,
Presente já é passado,
Tu falaste, voz sumiu,
Ah! nem o eco ficou.
Mas o futuro? é de Deus,
E Deus não é de ninguém.
Também não és de ninguém.
Tudo vês e tudo tocas,

Tudo cheiras, tudo ouves,
Nada fica nos teus olhos,
Nada fica na tua mão,
No teu ouvido, nariz.
Levaste a noiva ao altar,
Sei que a noiva não é tua,
Sei que ela também não é
Do noivo que a possuiu,
Ela não é de ninguém;
Nem é de ti que conheces
Os encantos dessa noiva
Muito melhor que seu noivo.
Coisa alguma te pertence,
Também não és de ninguém,
Viste o mundo do telhado,
Cheiraste o mundo, viraste
O namorado do mundo,
Namorado eternamente:
É melhor ficar assim,
Casar dá muito trabalho,
Põe um número na gente,
Põe um título na gente,
Não se pode mais andar
Desenvolto como dantes,
A gente tem que prender
Toda atenção num objeto,
A gente fica pensando
Que é dono dalguma coisa,
Que possui móvel de carne...
Mas eu não sou de ninguém.

Mulher vista do alto de uma pirâmide

Eu vejo em ti as épocas que já viveste
E as épocas que ainda tens para viver.
Minha ternura é feita de todas as ternuras

Que descem sobre nós desde o começo de Adão.
Estás engrenada nas formas
Que se engrenam em outras desde a corrente dos séculos.
E outras formas estão ansiosas por despontarem em ti.
Quando eu te contemplo
Vejo tatuada no teu corpo
A história de todas as gerações.
Encerras em ti teus ascendentes até o primeiro par,
Encerras teu filho, tua neta e a neta de tua neta.
Mulher, tu és a convergência de dois mundos.
Quando te olho a extensão do tempo se desdobra ante mim.

Pré-história

Mamãe vestida de rendas
Tocava piano no caos.
Uma noite abriu as asas
Cansada de tanto som,
Equilibrou-se no azul,
De tonta não mais olhou
Para mim, para ninguém:
Cai no álbum de retratos.

LIVRO SEGUNDO

O concerto

Então o santo chegou
Nos arredores de Assis,
Tira uma gaita do bolso,
Leva na boca ferida,
As flores vêm caminhando
Com os besouros nas corolas
Fazendo um grande zum-zum;

Os rouxinóis escutaram
O convite pro concerto,
Chegaram já na estação,
Trazendo flautas a bordo;
Das profundezas do bosque
As feras que estão mamando
Vêm penduradas nas mães,
Na frente delas o lobo,
Fazem barulho de bombos,
De baixos, de bombardinos;
Moças e crianças passeando
Na avenida principal
Chegam bem perto do santo,
Com Santa Clara na frente,
Dilacerando violões;
Os olhos da santa mexem
Com tanta graça e expressão,
Que o poder do santo aumenta,
Ele sopra com mais jeito
Na sua gaita encantada,
Trabalhadores do campo
Carregam com as baterias,
Também adotam o concerto;
Vai um leproso na frente,
O santo tem uma pena,
A força dele cresceu,
O sopro tocou na lepra,
Então a lepra sumiu;
A multidão vai andando
Com o santo sempre na frente
E a gaita na frente dele;
De repente um serafim
Com o corpo crucificado
Desprega os braços da cruz,
Toca com os braços no tronco,
Sai um som de violoncelo
Que vai arrastando a turma.

O santo olhou pra mão dele,
A mão do santo já sangra
Bem assim como seus pés,
Mas o santo continua,
Aperta a gaita com força,
Olha mais pro serafim,
Vem o som do violoncelo
Mais ondulante, mais doce,
A multidão vai subindo,
Subiram, subiram mais,
Uma estrela vai passando,
Se incorporou ao concerto,
O santo aperta na gaita,
Os raios da estrela viram
Em clarins e saxofones,
O santo sopra com força,
O sopro da gaita abriu
Então as portas do céu.
O serafim vai na frente,
Os anjos sopram vibrantes
Nas trombetas, nos pistões;
Uma pomba triangular
Solta um cântico tão puro
Que os rouxinóis baixam a voz;
O Pai então manda um grito
Tão na distância, tão longe,
Um grito com raio X,
Que o corpo do mundo treme,
Até os ossos transparecem,
Que todos ficam de pé,
Até os mortos levantam;
Os que estão para nascer
Já nasceram, se levantam,
Os inimigos se abraçam,
Os maus mudaram de cor,
Crianças mamando no seio
De repente estão de pé;

Parou a roda da terra,
Todos escutam o concerto,
Mas no meio do concerto
Se ouvia a gaita apitar
Chamando os mortos — bom dia! —
Chamando a lua — minha irmã! —,
Chamando os que estão nascendo,
Que crescem, viraram monges,
Foram à procura do santo,
Mas quando chegam no céu
O santo não é mais homem,
Mudou-se num serafim.

A Anunciação

O anjo pousa de leve
No quarto onde a moça pura
Remenda a roupa dos pobres.
Nasceu uma claridade
Naquele quarto modesto:
A máquina de costurar
Costura raios de luz;
Não se sabe mais se o anjo
É ele mesmo, ou Maria.

A tarde levanta o corpo,
Suspende a respiração,
E o espírito murmurou:
— O Senhor manda saudar
A mais pura das mulheres,
Formosa entre as criaturas,
Mais santa do que mulher.
Deus te escolheu pra nascer
No teu seio o Salvador.
Serás recebida um dia
Na frente dos serafins,

Também serás traspassada
Com espada de sete dores.
A noite já está nascendo,
Adeus, minha amiga, adeus. —

Maria não se perturba,
Inclina o corpo sereno:
— Espere um pouco, meu anjo,
Não esqueça deste recado.
Eu sou a ancila de Deus,
Tudo o que Ele ordenar
Me esforçarei por cumprir.

Meu corpo nas mãos de Deus,
Minha alma nas mãos de Deus
São menos do que a costura
Aqui nestas pobres mãos. —

O anjo levanta os braços,
Vai a moça estremeceu:
A sombra dele sumindo
Desenha uma cruz no chão.

Lázaro

Levantei-me com toda a força do meu sangue
Do oco da sepultura onde estava.
Estendo os braços pra pentear as flores,
Pra acarinhar os corpos das mulheres
Dançando em torno da minha sepultura.

Percebo as coisas do mundo uma por uma,
Tudo está direitinho como outrora,
Não se alterou a vida dos elementos.
Até mesmo eu estou firme nos pedais,

Como antigamente, e reconheço
Os sofrimentos que já vão chegando.

As estrelas continuam a dança, obedientes,
Tudo está no seu lugar, a mulher à toa,
A pedra, a mãe, o irmão, todos enfim.
Só não vejo, até agora inda não vi,
O Deus que me mandou ressuscitar.

A namorada de Lázaro

Aqui na terra eu deixei
Uma mulher carinhosa
Que rezava dia e noite
Para eu ressuscitar.

Tanto tempo ela rezou,
Com tanta fé, tanto ardor,
Com força no pensamento,
Que os espaços tremeram,
Os santos se concentraram,
A música desse pedido
Não deixava eles dormirem...
E um dia ressuscitei.

A pobre da namorada
De tanto rezar por mim,
Coitada, perdeu a força,
Levaram num carro azul
Com três coroas bem pobres,
Mas de flores naturais.
Que adiantou me levantarem
Se minha amada morreu?
Ressuscitem-na também,
Senão dispenso milagre,

Dou um tiro na cabeça,
Dispenso ressurreição.

A noiva

Clotilde, moça morena e sacudida,
Fica a tarde inteira na janela
Olhando a reta interminável da rua.

Todas as irmãs dela se casaram.
Clotilde fica esperando,
Esperando não sei quem.

Quando alguma moça se casa no bairro
Clotilde vai à igreja espiar,
Volta com os olhos maiores.
Nesse dia
Ela não fala com ninguém.
Quando nasce um sobrinho de Clotilde
Ela estremece da cabeça aos pés.

A noite chega
Remexendo os quadris.
Os casais passam na rua
Engolindo sombras, tontos de calor e de amor.
O cheiro das magnólias
Abafa debaixo do cheiro dos sovacos.
A curva do mar balança.
Uns sons de maxixe violento
Vêm do clube "Jasmim do Amor".
A moça morena cisma na cama.

De repente
Um golpe de vento brusco
Entra com força no quarto,
Suspende árvores lá fora, quebra a vidraça.

Um ruído vem rodando vem rodando.
E uma visagem
Sem cheiro nem cor nem peso
Planta-se em frente de Clotilde.
As meias caem das pernas da moça,
A combinação de rendas cai do seu corpo.
A visagem fala.

"Mulher eu vim te buscar
Para as núpcias do fogo.
Haverias de ficar
Toda a vida na janela
Consumindo tua beleza?
O volume do teu seio
Pede o ímã de outros dedos...
O cheiro do teu cabelo
Não é feito pro travesseiro.
A noite do teu sovaco
Não é feita pra amanhecer.
O sangue de tuas veias
Noutro corpo há de ferver.
O teu hálito cheiroso
Outro tem que o respirar.
A luz grande de teus olhos
Vai nascer em outros olhos.
Vou te levar pro teu noivo
Que há muito tempo te espera
Desde antes tu nasceres.
Ele é forte e bonitão,
A mulher que olhou pra ele
Sente logo um arrepio.
Há muito tempo teu corpo
Pede alguém que te complete,
Venha do mar ou da terra,
Venha do fogo ou do céu.
Isto muito bem se lê
Na reza do teu olhar.

Dize adeus a Botafogo,
Ao retrato da tua mãe,
Que eu vou te levar agora
Para as núpcias do fogo."

Houve um silêncio maior
Do que o existente no mundo
Antes da invenção das radiolas.
E nunca mais ninguém viu
Clotilde nem a visagem.

Estudo quase patético

O vento em ré maior
Prepara o temporal,
Desfolha as estátuas,
Parte as hélices dos anjos.

Ah! quem é que namora
As filhas dos açougueiros?
Sempre que passo
Diante de um açougue
Vejo a filha do açougueiro
De olhos baixos, tão triste.

O temporal arranca os postes do lugar,
Os peixes pulam na atmosfera,
A luz elétrica protesta no caos.
As ondas com trabalho
Avançam contra o farol,
Os quatro elementos em itálico
Anunciam a vinda do Anticristo
— Um som de piano
Se mantém na desordem —,
Em vez do reclamo KODAK
Se lê JUÍZO FINAL,

Mas eu não posso esquecer
As filhas dos açougueiros.

Evocação da morta

Eu vi três anjos distintos
Rodando num carrossel.
E como eram bem-vestidos!
Que camisas vaporosas!
Que vestidos bem talhados!
Depois vi o corpo deles.
Que perna firme, que mãos!
Eta cabelos pesados,
Caras feitas a compasso.
Têm o ar de quem não sofre,
Têm o ar de quem não pensa.
Nunca vi anjos assim.
Não eram anjos, nem sei!
Acho até que eram mulheres.
Rodavam no carrossel,
Giravam no carrossel,
Voavam no carrossel,
Saíram do carrossel,
O globo de luz caiu,
Os cavalos não pararam
De tão tontos que ficaram,
O mar de repente chega
Na porta do carrossel,
Perguntou-me pelos anjos.
"Me desculpe está na hora,
Já vamos subir pro céu";
Os anjos me procuraram,
Me levaram na garupa,
Já transpusemos o mar,
— Suspende o corpo, coitado,
Parece que vai nos seguir.

A luz súbito levanta,
Segue no rasto dos três,
Um dos anjos assoprou
No seio dela, apagou;
O anjo maior dos três
Respira, faz um sinal,
Os anjos dão um galeio,
Transpuseram o firmamento,
Bem que uma estrela apitou,
Me arrancam na ventania,
Já não sei mais onde estamos,
Um rosto vem nos abrir.
O anjo maior me disse:
"Como tiveste paciência
Durante a longa viagem,
Vamos alguém te mostrar,
Olhe bem para este anjo."
Olhei pro ente sublime,
Quase despenco do céu.
Que corpo, que maravilha!
Que linhas harmoniosas!
Andando, o ritmo nasce.
Não tem vaga pra um senão.
Só tem um resto no olhar
Da mulher que ele já foi...
— Anjos, me levem pra trás,
Prefiro não ver mais nada,
Me deixem morto no chão,
Prefiro não ver mais nada.
Se não tivesse um vestígio
Do que ela foi, inda vá.
Mas inda tem esse olhar!
Mas inda tem esse olhar!
Largou-me a força do corpo,
Me levem pro carrossel. —

Voltei com o anjo da noite,
Não quero mais viajar.

A madrugada

1

Dorme o gigante dos ventos
Enquanto a lua trabalha.
Beija teus seios devagar.
Vem por aqui, meu amor,
Os cavalos voadores são amigos,
Nos levarão para o deserto branco.

2

Quem foi que colocou
Uma pedra no meu sonho
E os maiôs não puderam sair?
Minha mão direita virou árvore,
Vêm aves da estratosfera me visitar.

3

Maria acorda, namorada morta,
Os clarins do Clube "Flor do Amor"
Estão chamando nós dois:
Que luzes, que flores, jazbande excelente!
Que corpos suados de tanto dançarem.

4

A guerra passou, passou a Razão,
Já podemos conversar com a Virgem Maria;
Convidemos Judas e o Máscara de Ferro
A passear de táxi à beira-mar.
Podem-se tirar retratos elétricos
Que serão enviados a Saturno.

5

Estou esquecido das determinações do século.
Adeus máquina que móis minha tristeza:
Vou voltar para o seio da minha mulher pedra,
Ou então para mamãe água.

A palavra lisol

A letra L fornece pensamentos às pedras
Enquanto os anjos da Assistência
Pensam em parar o automóvel.
Quem virá na curva da rua?
Pode vir o gigante da Guatemala,
Pode saltar das órbitas do vestido
O seio de uma doente.
Posso eu mesmo parar na esquina da rua,
Entrar subitamente no automóvel
Aos gritos
E, derrubando os anjos da Assistência,
Boxear com a eternidade.

A bela adormecida na baía

A transparência das águas
Deixa ver uma mulher
Descansando na baía.
Ao longo da praia o mar,
Os ônibus e automóveis
Tocam hinos de sirenes
Chamando pela mulher.
Até as figuras de pedra
Acordaram para ver,
Tomam o carrinho do ar,
Se misturam à multidão
Que pede pela mulher.

Os homens gritam, as crianças
Assobiam, as mulheres
Cantarolam, reclamando
O corpo dessa mulher.
De longe vem muita gente,
Vêm navios, trazem gente
Pra descobrir a mulher,
Chamam a mulher, tristemente,
Com o apito das chaminés.
Mas a mulher, distraída,
Dorme um sono de mil anos:
Ninguém, nem mesmo o jazbande,
Nem mesmo Deus! até hoje
A conseguiu despertar.

A mulher do deserto

A mulher de areia
Penteia os cabelos de folhas de palmeira,
Estende as mãos de cardo
Pedindo água,
Depois descansa as mãos de cardo
Na humildade da pedra.

A mulher do deserto
Pensa nos seus amores infelizes,
Pensa nos seus amores
Que se evaporam quando o sol nasceu.
Depois não pode mais pensar
Porque o tempo é pouco para pedir água.

A filha do caos

O rio da noite banha
O alicerce das tuas pernas;

Andam brutos e assobios
Na curva, pra te cercarem;
Levanta o arco do corpo,
Sacode a aura sublime
Dos teus sovacos molhados,
Muda o rumo das estátuas,
Manda a criação se deitar...

Das nuvens do teu passado
Quem teus seios deslocou?
Quando surgiste na onda
Teu corpo logo assumiu
Uma feição quase eterna;
Os braços quando se movem
Chamam o juízo final,
Os mortos te obedeceram,
Vêm no cortejo do vento,
Mas a música reclama;
Para a consciência do som
Fizeste a ponte azulada,
Até os próprios gigantes
Palpitaram, desmaiaram,
Transformaram-se em meninos
Pra poderem te abraçar.

Que tens o peso da pedra
E a transparência da onda,
A fremência do cavalo
E o cheiro... que nenhuma tem;
Negra floresta, profunda,
Adormece em teus pentelhos;
Assisto em ti à alvorada,
À tempestade e ao crepúsculo,
Ao movimento e ao repouso...
Que nem Deus terá coragem
De penetrar em teus sonhos!
Cuspirás no meu cadáver,

Do cuspo saem rajadas
De granizo, que destroem
Este mundo e a Criação.

Metade pássaro

A mulher do fim do mundo
Dá de comer às roseiras,
Dá de beber às estátuas,
Dá de sonhar aos poetas.

A mulher do fim do mundo
Chama a luz com um assobio,
Faz a virgem virar pedra,
Cura a tempestade,
Desvia o curso dos sonhos,
Escreve cartas ao rio,
Me puxa do sono eterno
Para os seus braços que cantam.

Apresentação do recém-nascido

A pedra abre os olhos mansos de novilha
Quando a criança nasce no mundo da foice e do martelo.
Deus não sorri nas dobras azuis do quarto
Porque o vento que vem das usinas
Impede que a eternidade passe.
Criança, que vens fazer no mundo soluçante,
Se a luz não é mais luz, a alma não é mais alma,
Se a cor branca sumiu nos hinos de protesto?
Some, criança, desfaze-te em mar, em tango, em ventania;
Faze a pedra calar; as pedras que te trazem
São palmas de aço, o homem chorou para fazê-las;
Um corpo elétrico te espera numa curva do mundo
Para te derrubar quando tiveres dezoito anos,

Como já derrubou teu pai e tua mãe
Que são a fotografia inanimada do que foram.

Miragens do século

As máquinas atiram hélices no espaço
Onde os deuses futuros
Nascem num tropel de raios e de ancas.
O anúncio luminoso guia todos
Para adorarem a filha do operário
Morta esta noite.

Gênese pessoal

1

Então eu nasci na onda aérea,
Na idade mais recente do ar,
Me desliguei das camadas de ar,
Caí na escrivaninha do meu tio.

Uma serpente de pano levantou-se,
Apertei uma mola no seu ventre,
Saiu uma cantiga assim:

"Aprenda a engatinhar,
Meu menino. Qual o quê,
Aprenda a andar muito bem,
Que tua tia te dará
Aquela maçã tão bonita.
Se aprenderes a andar
Saberás o que se passa
Aqui neste mundo de Deus."

A cantiga me embalou.
Acordei depois

Nos braços do meu anjo da guarda
Que esteve preso muitos anos,
Foi solto por uma rainha chamada Isabel.

Só mais tarde
Ouvi meu tio gritar no corredor:
Abram a luz.

2

Quando me debrucei na janela
O dilúvio já tinha passado,
Foi recolhido nos tanques, nos moringues.
Alguns gatos e cachorros
Davam um concerto pra saudar o arco-íris.
Minha tia enfiou a cabeça dentro da arca,
Depois vestiu vestido de seda,
Calçou luvas de camurça
Pra ir ver a aliança de Deus.

Uma pomba pousou a hélice no telhado,
A criada abriu a porta:
Era Lili de Oliveira que entrava
Toda fogosa
Atraída pelo cheiro de maçã.

Naveguei muito tempo
Nas ondas do seio dela.
A chaminé da fábrica alemã apitou,
Estávamos chegando.

A pomba-rola voou.
Meu tio pegou na espingarda do Paraguai
Que nunca negava fogo.

Azulei para a casa do vizinho,
Lili me levando pela mão,
Com os olhos fora das órbitas,
Vestida com a própria pele.

1913, ou a corrente de ar

Lembro-me às vezes com amor
Daqueles dias fagueiros
Onde a gente deslizava,
Sem receio, no universo:
Eu respirava bom ar,
Nos dias de grande festa
Trajava uma roupa inglesa
De veludo, minhas primas
Assobiavam a "Caraboo",
Tocavam "La Valse Bleue";

Dulce, a filha do vizinho,
Ia comigo ao colégio,
Pelo que não se aprendia
Nem geometria, nem história.

Meus parentes me cuidavam,
Faziam recomendações:
"Ande sempre penteadinho,
Evite as correntes de ar!"

A vamp

A camisinha de rendas
Que usava
A irmã que morreu de amor.
Ligas misturadas
Antes da paixão
Com uma lata de talco
E um retrato de Nossa Senhora
Construído com borboletas.
Uma flauta no cabide
Fez a guerra do Paraguai
Quando não havia petróleo

— Pertenceu a meu avô —.
A dama chegou no tufão,
Vestida de dominó,
Sem mensagem para os mortos
Que dormem atrás da cortina.
A dama de dominó
Despe o dominó
Tem quatro braços
Traz a vertigem
Está com febre
Me pega o amor
Tem quatro braços
Não posso mais
Quatro sovacos
Aí vem a manhã
Clareia o quarto
Allegro aleluia
Allegro da Aurora
O sol ilumina
O mundo sem amor.

Fim e princípio

Espírito pavoroso do século,
Não te dedicaria pianos
Nem harmonias de sirenes
Se os demônios não quisessem.
Entretanto chora o mar,
Choram noivas, peixes, mães,
Desde o princípio do mundo:
Apitos de máquinas levarão
Desde o polo ao equador
Até o final dos tempos
Lamentações de novilhas,
De cegos, órfãos e plantas.

História futura do Cravo e da Rosa

Puseram sinais semafóricos
Puseram guardas aduaneiros
Na estratosfera.

O Cravo de letra grande
E a Rosa de letra grande
Brigaram uma bela tarde
No aparelho de televisão.
Então uma tempestade
Que desde o instante do FIAT
Se concentrara, esperando,
Lá nas gavetas do céu,
Levou as sementes do Cravo e da Rosa
Para os jardins do caos
Onde eles cresceram
Brincaram de roda
— Papai e mamãe —
Vestidos de rendas,
Sonhando pra sempre.

A pomba da lancha

Quando a rainha Locusta chegar
— Não é mais rainha, é a névoa —
As estrelas formarão a palavra ÓDIO.
Não haverá mais nem um capitalista,
Não haverá mais nem um operário,
Não haverá mais nem uma rosa.
Eu mesma estarei sepultada
Debaixo de pedra e dilúvio.
Em cima das pedras, sozinho,
Um urubu vestido com as cores do arco-íris
Dará milho ao fantasma de Deus.

LIVRO TERCEIRO

O filho pródigo

Serenamente? A alma insatisfeita
Viemos cortando as águas tenebrosas,
Impulsionados pelos ventos largos.
Meu pai me espera na varanda amena.
("Digo sim ao meu filho
Que volta para sugar meu sangue,
Acompanhado dos pássaros do meio-dia
Voando entre as arcadas tristes.
Solto na frente a estátua número três.
Se ouvem os clarins das vitrolas.")

E todos me felicitam vivamente.
Tenho uma grande ação a cumprir:
Falta-me coragem...
O peso desta ação a cumprir
Pesa demais sobre mim.
Além disto preciso eliminar
O céu, o inferno, o purgatório.
Serei talhado à imagem e semelhança da pedra.

Girândolas, foguetes, abraços.
Meu irmão:
"Não te comoves ao ver
A cara da tua antiga namorada?"
Então olho de fato pra Maria:
"O movimento atual de tuas ancas..."
Nos retratos da sala de espera
Flutuam cabeleiras de amadas dos outros.
Os outros: tios-minerais, primos-cactos...
"Sim! Nunca mais nos veremos,
Ó primas e tias de outrora;
E as que temos agora

Estão na frente de nós
Não as podemos ver direito."

Os vizinhos me conduzem até a varanda.
"Meu pai,
Ao mesmo tempo meu filho e meu irmão,
Levei teu nome ao mundo inteiro,
Espalhei teu sangue,
Tomei éter,
Dei teu dinheiro aos sem-trabalho,
Não dormi, para construir as netas que não conheces...
Divulguei a raça do demônio,
O ódio, o mal, a desesperança.
Mas não quero continuar minha tarefa.
Dá tua herança aos urubus,
Joga teus mantimentos
Aos aviadores perdidos nas ilhas;
Enforquem minha namorada!"

Sacudo as asas,
Parto para o empíreo da cozinha,
Não me mato, estou cansado demais.

Tédio na varanda

Hesito entre as ancas da morena
Deslocando a rua,
E o mistério do fim do homem, por exemplo.
Dormir!

As camélias lambem
O sexo de teus lábios.
Os pássaros da vertigem
Bicam estátuas de pano.
O mar fala a língua de p
Enquanto eu não tenho

Pés de vento,
Mãos de metal.

As botas de sete pedras
Comem léguas de aborrecimento.

O poeta assassina a musa

Há dez dias que Clotilde
— Uma das musas queridas —
Anda aborrecendo o poeta.
Aparece carinhosa,
De repente vira as costas,
Diz várias coisas amargas,
Bate impaciente com o pé.
Então o poeta aporrinhado
Joga álcool e ateia fogo
Nas vestes da musa.
A musa descabelada
Sai cantando pela rua.
Súbito o corpo grande se estende no chão.

Diversas musas sobressalentes
Desandam a entoar meus cânticos de dor.
Clotilde ressuscitará no terceiro dia,
Clotilde e o poeta farão as pazes.
Música! Bebidas! Venham todos à função.

A visibilidade

Passar ignorado dos homens, das palavras,
Ignorado das águas, do demônio,
Ignorado dos personagens da história,
Ignorado até de Deus,
Até dos pássaros, das pedras.

Mas a luz se desfaz em vaia.
Os demônios mostram os seios em arco
— Arco de sua vitória exclusiva —,
As águas exigem um carinho,
Do contrário te afogarão.
As pedras exigem teu amor
— Vives em cima delas —
Do contrário te apedrejarão,
Apedrejarão
Quem quiser viver no ar.

Mas

As ondas amarguradas
Encostam a cabeça na pedra do cais.
Até as ondas possuem
Uma pedra para descansar a cabeça.
Eu na verdade possuo
Todas as pedras que há no mundo,
Mas não descanso.
As mulheres me dão corda
Mas somem nas alturas.
Eu apalpei aquele seio,
Minhas mãos ficaram boquiabertas.
Aqueles olhos gritaram na minha direção
Mas depois desfaleceram.
O mundo se desfaz em pedra
Na minha direção,
Mas as pedras marcham, não param,
Não poderei descansar.
A poesia é muito grande,
Mas o alfabeto é bem curto
E a preguiça, bem comprida.
O amor é muito grande
Mas não é puro, as mulheres
Toda a hora humilham a gente

Com golpes fundos de olhares,
Com arrancadas de seios...
Mas assim mesmo inda é bom.

Poema no bonde-camelo

Sou firme que nem areia
Em noite de tempestade.

Meu desânimo afinal
Me segura neste mundo.
Estou farto de saber
Que só piso no deserto.

As máquinas aperfeiçoadas
Do cruzamento das raças,
Aeroplanos de braços,
Globos de seios cheirosos
Não deixam o deserto afinal
Ficar tão vazio assim.

Cabeleiras de palmeiras
Morenas vermelhas louras
Se agitam neste deserto.
Água não falta, cerveja,
Uísques e aguardentes
Poemas fazendo lembrar
Que se deve rezar um pouco.

Às vezes a noiva morta
Passa no vento chorando,
Arrisco dois olhos grandes:
É a miragem nossa irmã.

Arte de desamar

Meu amor é disponível,
A qualquer hora ele fecha;
A crise de convicção
É mesmo muito grande.

As pernas do meu amor
Distraem da metafísica,
O corpo do meu amor
Tem a vantagem sublime
De disfarçar o horizonte.

Eu não amo meu amor,
Para que tapeação.
Não amo ninguém no mundo,
Nem eu mesmo, nem me odeio.

Meu amor é uma rede
Onde descanso da vadiação.
Os olhos do meu amor
São bastante distraídos,
Não veem meu desamor.

Com o porta-seios moderno
Os seios do meu amor
Aparados à la garçonne
Ocupam lugar pequeno
No espaço do seu corpo.

Se meu amor qualquer dia
Me abandonar, ai de mim!
Eu não me suicidarei...
Escreverei mais poemas.

O doente do século

Meu coração vai sangrando,
Se desfazendo aos pedaços,
Mas assim mesmo inda tem
Uns pedacinhos de pedra
Que resistem duramente:
A pedra resiste ao vento
De aridez, que vai passando,
Vem rolando, traiçoeiro,
Dos desertos da cabeça.
O vento insinua então:
"Siga firme para a frente,
Deixe a luz à sua direita,
Tome o rumo de Moscou,
Se inebrie com este coro
Que sai vibrante das máquinas,
Fuzile a palavra amém."
Mas quem sou eu neste mundo
Pra anular a tradição?
Venham, filhas da esperança,
Me levem na padiola
Para o chalé da ternura,
Acendam-me a luz do amor,
Desenrolem seus cabelos
Sobre o meu corpo, senão
Não terei culpa nenhuma
Se me matar amanhã.

A cadeira elétrica

Uma noite — talvez avisem no jornal —
Apertarei um botão no rochedo da carne,
O mar jorrará assim, aos borbotões,
Das minhas veias onde desliza
Modesto e manso, sem fazer barulho.

Alguém oferecerá o socorro das padiolas
Da terra vermelha, talvez não atenderei.
Várias figueiras murcharão de inveja,
Os clarins das vitrolas anunciarão inutilmente
Que estou morre não morre, ninguém escutará.

As árvores — noivas que eu nunca amei dia nenhum
Torcerão a cabeleira, as filhas do relâmpago
Virão me buscar — o noivo está chegando —,
Mas eu preferia que num canto anônimo do mundo
Alguma menina meiga e pensativa
Desfolhasse um malmequer em minha intenção.

Novíssimo Prometeu

Eu quis acender o espírito da vida,
Quis refundir meu próprio molde,
Quis conhecer a verdade dos seres, dos elementos;
Me rebelei contra Deus,
Contra o papa, os banqueiros, a escola antiga,
Contra minha família, contra meu amor,
Depois contra o trabalho,
Depois contra a preguiça,
Depois contra mim mesmo,
Contra minhas três dimensões:

Então o ditador do mundo
Mandou me prender no Pão de Açúcar:
Vêm esquadrilhas de aviões
Bicar o meu pobre fígado.
Vomito bílis em quantidade,
Contemplo lá embaixo as filhas do mar
Vestidas de maiô, cantando sambas,
Vejo madrugadas e tardes nascerem
— Pureza e simplicidade da vida! —
Mas não posso pedir perdão.

Alta tensão

Salve mundo de amanhã
Que possuirás meus ossos,
Fuzilarás talvez meus sobrinhos:
Espero não te legar filhos
Para massacrares na guerra.

Os sem-trabalho vão visitar o ditador,
Recebem presentes de granadas.
Os banqueiros protegidos
Por máscaras contra gases asfixiantes
Montam guarda à porta dos palácios.
Meu anjo da guarda não aparece,
Os aviões inimigos
Estabelecem uma forte cortina de cerração
Em torno do seu corpo.
Minha mãe num delírio
Sai do arco-íris tocando piano
Que só eu escuto na desordem geral.

A tarde nasce com cuidados de manhã.
As órfãs vão passear de uniforme na praia
Enquanto as filhas dos capitalistas
Jogam bola diante delas,
Deslizam na bicicleta,
Voam na lancha azul.
Os elementos não me pertencem,
Não posso consolar
Nem ser consolado;
Não posso soprar em ninguém
O espírito da vida
Nem ordenar o crescimento das crianças
Nem oferecer uma aurora boreal à minha amada
Nem mudar a direção do seu olhar,
Nem mudar — ai de mim! — a direção do mundo.

Gog

Vem um espírito furioso
Correndo a todo vapor,
Abala as colunas do ar,
Depois se senta nas nuvens.
"— Porei anzóis nos teus queixos,
Levantarei contra ti
Legiões do vento e do ar;
Sai daí, ó tempestade,
Vem do norte, vem do sul,
Minha filha ventania,
Onde estás, ó meu amor?
Cavalos da ventania
Venham correndo, bufando,
Cavalos que andais no ar,
Depressa alcançai a terra,
Capitães da raiva, oi!
Venham depressa, tornados,
Com a bruta velocidade
De mil léguas por segundo,
Tudo que sopra, soprai!
Subvertei os elementos,
O amor, o tempo, o espaço,
Um país é uma formiga,
Um século vale um minuto;
Praquê guardar nossa força?
Vamos à nova Criação,
Façamos um mundo azul,
Tempestade venha andando,
Cabeleiras do ciclone
Agitai-vos com furor,
Meu secretário, vem cá,
Desencadeia o tufão...
Façamos um mundo novo
Fora do bem e do mal. —"

O filho do século

Nunca mais andarei de bicicleta
Nem conversarei no portão
Com meninas de cabelos cacheados
Adeus valsa "Danúbio Azul"
Adeus tardes preguiçosas
Adeus cheiros do mundo sambas
Adeus puro amor
Atirei ao fogo a medalhinha da Virgem
Não tenho forças para gritar um grande grito
Cairei no chão do século vinte
Aguardam-me lá fora
As multidões famintas justiceiras
Sujeitos com gases venenosos
É a hora das barricadas
É a hora do fuzilamento, da raiva maior
Os vivos pedem vingança
Os mortos minerais vegetais pedem vingança
É a hora do protesto geral
É a hora dos voos destruidores
É a hora das barricadas, dos fuzilamentos
Fomes desejos ânsias sonhos perdidos
Misérias de todos os países uni-vos
Fogem a galope os anjos-aviões
Carregando o cálice da esperança
Tempo espaço firmes porque me abandonastes.

O poeta nocaute

Rompe a magnólia do seio:
Acabou, pronto, acabou,
O mundo rola nas minhas pestanas,
Teu sorriso é um intervalo na eternidade,
Suspendo a criação às avessas
Nos meus dedos fraquíssimos

O mundo telegrafa em vão
Para um Deus em tipo nove.
Que iremos fazer no mundo de amanhã:
Porque não escapar pelos teus olhos,
Sumir na ventania
Agarrado à tua cabeleira!

A noite é um resumo de cios,
De soluços de mártires anônimos,
De choros, vitrolas na sombra.
Eu não fui feito para pensar depois de amanhã,
Fui feito para acabar,
Não posso mais, me socorram:
Quem falou que tem muita gente no mundo?
Os demônios esconderam teu porta-seios
Os demônios mostram o mundo
Numa neblina de peça de teatro
Iluminado a gás.

Esconder o mundo é a pior tentação
Os demônios indicam a vida muito além
Mas nem ao menos me oferecem
Um plano definitivo para eu me danar
Os demônios me mostram
Uma arquitetura de almas penadas
Colunas de suspiros
Janelas de vazio
Nem ao menos a Criação me vaia mais
Noite do mundo de quatro metros
Os aviadores tomam extrema-unção de gelo
Minha namorada tem vinte anos
E um riso de criança de onze anos
Que desconcerto

Assassinam chineses meus irmãos
Fuzilam russos meus irmãos
Impedem o menino Jesus meu pai

De nascer na Rússia
Os brasileiros tomam pileques de futuro
Não sou brasileiro nem russo nem chinês
Sou da terra que me diz NÃO eternamente
As ondas suspendem a respiração por um minuto
Em homenagem a um peixe que morreu
O Soviete suspende a respiração das locomotivas por um minuto
Em homenagem ao menino Jesus não ter nascido
Eu sou terrivelmente do mundo
Meus demônios são daqui
As estrelas não me consolam
Não me falam da harmonia do universo
Não me transformarei em cidades
Em cânticos
Em multidões
Não serei nem uma placa
Não tenho força para cavar a ordem
Meu avô deveria ter agido mais
Minha forma
Vive dando tapas na minha essência
Simulo acomodações
Teu sorriso é um intervalo
Na eternidade da tristeza
Para que estudar
Virão sistemas técnicos aperfeiçoadíssimos
Mesmo morrer é uma ideia muito rigorosa
(Morrer simplesmente
Porque morrer com planos e aviso prévio
Deixando esperanças à posteridade
É incrível)
Solução solução solução qual o quê
Não tem saúde nenhuma
Não tem saída nenhuma
Não durmo nem sonho mais
Procurarei não acreditar em mim
Talvez eu não exista
Esteja atropelando meninas, poemas, automóveis

Porque sou um sinaleiro.
Represento os desânimos espalhados duma geração
Muita coisa sofro pelos outros
Eu mesmo nem sofro às vezes
Os transatlânticos são belíssimos
Mas não distraem o homem da preocupação da eternidade.
Talvez liquidaremos a eternidade
Com gritos colt excelentes
Fuzilaremos todos os santos mártires
Prenderemos a lua
Intimaremos nossa forma busca-pé
A se comportar com maior decência
Que fazer mais
Intimaremos Deus
A não repetir a piada da Criação
Salvaremos os que deviam nascer depois
E se Deus ficar firme
Anunciaremos à Virgem Maria
Que nunca mais deverá nascer ninguém.

Tempo e eternidade (1934)

À memória de Ismael Nery

Novíssimo Job

— Eu fui criado à tua imagem e semelhança.
Mas não me deixaste o poder de multiplicar o pão do pobre,
Nem a neta de Madalena para me amar,
O segredo que faz andar o morto e faz o cego ver.
Deixaste-me de ti somente o escárnio que te deram,
Deixaste-me o demônio que te tentou no deserto,
Deixaste-me a fraqueza que sentiste no horto,
E o eco do teu grande grito de abandono:
Por isso serei angustiado e só até a consumação dos meus dias.

Por que não me fizeste morrer pelo gládio de Herodes,
Ou por que não me fizeste morrer no ventre da minha mãe?
Não me liguei ao mundo, nem venci o mundo.
Já me julguei muito antes do teu julgamento.
E já estou salvo porque me deste a poeira por herança.

Até há pouco tempo atrás no meu país
Ninguém sabia que a vida é a luta entre classes
E eu já era, desde cedo, inconformado e triste.
Antes da separação entre os homens
Existe a separação entre o homem e Deus.
É doce te encarar como poeta e amigo,
É duro te encarar como criador e juiz.
Tu me guardas como instrumento de teus desígnios,
Tu és o Grande Inquisidor perante mim.
Por que me queres vivo? Mata-me desde já.
Cria outras almas, outros universos,
Sonda-os, explora-os com tua lente enorme.
Mas faze cessar um instante o meu suplício.

Prefiro o inferno definitivo à dúvida provisória.
Falaste-me pelos teus profetas e pelo Espírito Santo,
Mas a última e essencial palavra está contigo.
Todas as tuas obras dão testemunho de ti,
Mas ninguém sabe o que tu queres de nós.

(Ó Virgem Maria, levanta-te da estrela da manhã
E faze o sinal da cruz sobre minha alma golpeada.)

Tu também não terás teus filhos renegados?
Aqueles que criaste e entregaste ao demônio
Para satisfazer tua cólera e paixão?
Ó Deus, tua justiça é maior que tua misericórdia.
Por que me deixaste assim sem abrigo no mundo?
Por que me deste passado, presente e futuro?
Manda a tempestade de fogo destruir minha existência.

— Estou contigo mesmo e não me queres ter
Sou tua herança desde toda a eternidade.

A graça

Desaba uma chuva de pedras, uma enxurrada de estátuas de ídolos caindo, manequins descoloridos, figuras vermelhas se desencarnando dos livros que encerram as ações dos humanos.

E o meu corpo espera sereno o fim deste acontecimento, mas a minha alma se debate porque o tempo rola, rola.

Até que tu, impaciente, rebentas a grade do sacrário; e me estendes os braços: e posso atravessar contigo o mundo em pânico.

E o arco de Deus se levanta sobre mim, criação transformada.

Natal

Meu outro eu angustiado desloca o curso dos astros, atravessa os espaços de fogo e toca a orla do manto divino.

O Ser dos seres envia seu Filho para mim, para os outros que O pedem e para os que O esquecem.

Uma criança dançando segura uma esfera azul com a cruz:

Vêm adorá-la brancos, pretos, portugueses, turcos, alemães, russos, chineses, banhistas, beatas, cachorros e bandas de música.

A presença da criança transmite aos homens uma paz inefável que eles comunicam nos seus lares a todos os amigos e parentes.

Anjos morenos sobrevoam o mar, os morros e arranha-céus, desenrolando, em combinação com a rosa dos ventos, grandes letreiros onde se lê: GLÓRIA A DEUS NAS ALTURAS E PAZ NA TERRA AOS HOMENS DE BOA VONTADE.

Meu novo olhar

Meu novo olhar é o de quem já sabe
Que alegria e ventura não permanecem.
Meu novo olhar é o de quem desvendou os tempos futuros
E viu neles a separação entre os homens,
O filho contra o pai, a irmã contra o irmão, o esposo contra a esposa,
As igrejas dinamitadas, depois reconstruídas com maior fervor;
Meu novo olhar é o de quem penetra a massa
E sabe que, depois dela ter obtido pão e cinema,
Guerreará outra vez para não se entediar.
Meu novo olhar é o de quem observa um casal belo e forte
E sabe que, sozinhos, se amam os dois com nojo.
Meu novo olhar é o de quem lúcido vê a dançarina
Que, para conseguir um movimento gracioso da perna,
Durante anos sacrificou o resto do seu ser.
Meu novo olhar é o de quem adivinha na criança
O futuro doente, o louco, a órfã, a perdida.
Meu novo olhar é o de quem transpõe as musas de passagem
E não se detém mais nas ancas, nas nucas e nas coxas,
Mas se dilata à vista da musa bela e serena,
A que me conduzirá ao amor essencial.
Meu novo olhar é o de quem assistiu à paixão e morte do Amigo,
Poeta para toda a eternidade segundo a ordem de Jesus Cristo,
E aquele que mudou a direção do meu olhar;
É o de quem já vê se desenrolar sua própria paixão e morte,
Esperando a integração do próprio ser definitivo
Sob o olhar fixo e incompreensível de Deus.

A musa

Estás sozinha desde o princípio,
Foste imaginada na época da formação das pedras.
Um violento temporal lavou a terra antes que nascesses,
E muitas estrelas de perfil se inclinaram sobre teu berço.
Atravessas desertos de areia e mares vermelhos
Sem que sujes teu corpo,
Sem que ninguém penetre tua essência.
Os poetas te sacrificam suas amadas retrospectivas, atuais e futuras.
Tua cabeça triste e serena
Recortada num céu de convulsões desencadeia o mito:
Distribuis ao mesmo tempo consolo e desespero.
Aos olhos do homem és acima do sexo como uma deusa,
Aos olhos da mulher és masculina: um guerreiro.
Anulas o movimento de quem soube te decifrar,
E não te perturbas nem ao menos ante a ideia de Deus.

Epifania

Eu te procurei tal qual os três reis magos
Que caminhavam através de mares e desertos,
Até que um dia uma estrela enviada por ti mesmo
Me trouxe até a tua inefável presença.
Não posso te ofertar o ouro, o incenso e a mirra:
Ofereço-te a minha alma que tu mesmo criaste,
Ofereço-te a minha aridez e o meu pecado.
Ilumina agora e sempre todos os que te procuram
E todos aqueles que acreditam no teu fim.
Angústia e escuridão dominam o homem
Porque tu ainda não deste a volta ao mundo.

Vocação do poeta

Não nasci no começo deste século:
Nasci no plano do eterno,
Nasci de mil vidas superpostas,
Nasci de mil ternuras desdobradas.
Vim para conhecer o mal e o bem
E para separar o mal do bem.
Vim para amar e ser desamado.
Vim para ignorar os grandes e consolar os pequenos.
Não vim para construir minha própria riqueza
Nem para destruir a riqueza dos outros.
Vim para reprimir o choro formidável
Que as gerações anteriores me transmitiram.
Vim para experimentar dúvidas e contradições.

Vim para sofrer as influências do tempo
E para afirmar o princípio eterno de onde vim.
Vim para distribuir inspiração às musas.
Vim para anunciar que a voz dos homens
Abafará a voz da sirene e da máquina,
E que a palavra essencial de Jesus Cristo
Dominará as palavras do patrão e do operário.
Vim para conhecer Deus meu criador, pouco a pouco,
Pois se O visse de repente, sem preparo, morreria.

O poeta e a musa

Vens da eternidade e voltas para a eternidade.
Não tens ódio.
Não tens amor.
Não tens fome nem sede.

Tens o ar frio de quem ultrapassou o mundo sensível e resolve lhe dar um sinal da sua condescendência.

A linha das montanhas, a linha do horizonte e a linha da tua alma se desdobram diante de ti como um anteprojeto da eternidade.

Estás desligada da geração que te trouxe ao mundo.

Anulas meu interesse pelo espetáculo da existência.

Olhas-me serenamente, passas a mão pelos meus cabelos e me chamas de tua grande criança.

Esperas que eu diminua minha humanidade para ficar junto de ti, sem ação, sem impulsos, observando apenas o desenrolar do tempo, o ciclo das estações, o curso dos astros, as cambiantes da cor do céu e do oceano...

Seremos duas estátuas confabulando.

Então os acontecimentos não agirão mais sobre mim.

E eu sobrevoarei a vida física.

E tocarei o espírito da musa.

Salmo nº 1

Meu espírito anseia pela vinda da esposa,
Meu espírito anseia pela glória da Igreja,
Meu espírito anseia pelas núpcias eternas
Com a musa preparada por mil gerações.
Eu hei de me precipitar em Deus como um rio,
Porque não me contenho nos limites do mundo.
Dai-me pão em excesso e eu ficarei triste,
Dai-me luxo, riqueza, ficarei mais triste.
Para que resolver o problema da máquina
Se minha alma sobrevoa a própria poesia?
Só quero repousar na imensidade de Deus.

Filiação

Eu sou da raça do Eterno.
Fui criado no princípio
E desdobrado em muitas gerações
Através do espaço e do tempo.
Sinto-me acima das bandeiras,
Tropeçando em cabeças de chefes.
Caminho no mar, na terra e no ar.

Eu sou da raça do Eterno,
Do amor que unirá todos os homens:
Vinde a mim, órfãos da poesia,
Choremos sobre o mundo mutilado.

O profeta

A Dante Milano

A Virgem deverá gerar o Filho
Que é seu Pai desde toda a eternidade.
A sombra de Deus se alastrará pelas eras futuras.
O homem caminhará guiado por uma estrela de fogo.
Haverá música para o pobre e açoites para o rico.
O poeta celebrará sua relação com o Eterno.
Muitos mecânicos sentirão nostalgia do Egito.
A serpente de asas será desterrada na lua.
A última mulher será igual a Eva.
E o Julgador, arrastando na sua marcha as constelações,
Reverterá todas as coisas ao seu princípio.

Salmo nº 2

Ó Deus meu e de todos,
Que tenho feito até hoje no mundo,
Senão te invocar para que surjas,
Senão me desesperar porque sou pó?
Dilata minha visão,
Dilata poderosamente minha alma,
Faze-me referir todas as coisas ao teu centro,
Faze-me apreciar formas vis e desprezíveis,
Faze-me amar o que não amo.
Tudo o que criaste no universo
É a divisão de uma vasta unidade
Em espaços e épocas diferentes.
Liga-me a todas as coisas em ti

E ilumina-nos fora do tempo, a todos nós
Que esperamos tua divina Parusia.

Novíssimo Jacob

Antes de eu nascer tu velavas sobre mim
E mandaste teu anjo substituir minha mãe morta.
Ele me continha quando eu corria à beira-mar
Ou quando me debruçava sobre o abismo,
Cantava serestas e acalantos
Para aplacar minhas horas de pedra.
Às vezes uma vasta sombra atravessava os dias:
E de noite eu ouvia claramente os passos do serafim
Perderem-se nas estradas do céu.
Mais tarde uma mulher ao meu lado
Tinha um esboço de asas nas espáduas.
E na minha alma diminuíam os cuidados do tempo.

Manda-me de novo teu anjo
A fim de lavar as minhas chagas,
A fim de refrescar a minha boca:
Há dias em que nem mesmo tua palavra nos sustém.
É preciso que eu te veja nos menores detalhes,
É preciso que eu seja não só eu, também tu.
E que encare o sofrimento como um céu aberto,
E tua luz descendo e subindo sobre mim.

Salmo nº 3

Eu te proclamo grande, admirável,
Não porque fizeste o sol para presidir o dia
E as estrelas para presidirem a noite;
Não porque fizeste a terra e tudo que se contém nela,
Frutos do campo, flores, cinemas e locomotivas;
Não porque fizeste o mar e tudo que se contém nele,

Seus animais, suas plantas, seus submarinos, suas sereias:
Eu te proclamo grande e admirável eternamente
Porque te fazes minúsculo na eucaristia,
Tanto assim que qualquer um, mesmo frágil, te contém.

O justificador

Teu espírito se dilata para abraçar a criação.
Chegam famílias das pirâmides para te verem,
Outras chegam dos confins dos mares.
A noite te anuncia pelos seus astrônomos e suas estrelas,
O dia te proclama pelos seus sinos e pelos seus jornais.
Gerações inumeráveis crescem à sombra da tua Igreja.
Atravessas campo e deserto, sobes em arranha-céus,
Voas no aeroplano, desces no submarino,
Abalas a alma do cego, do criminoso e da perdida.
Presides ao casamento, ao nascimento, à morte e à ressurreição.
Os homens te dividem em mil imagens falsas:
Mesmo assim, mutilado, esquartejado, sujo,
Dás a todos o único, o insubstituível consolo.
Tuas parábolas publicadas em edições de engraxate
Comovem ao mesmo tempo o ignorante e o poeta.
Os maus sacerdotes em vão procuram te ocultar:
Tu os convertes na última hora, como ao bom ladrão.
Espalhas pela terra teu corpo e tua alma em pedaços,
E cada alma, mesmo ruim, é uma relíquia tua.
Diariamente o mundo te persegue e te mata,
Diariamente ressuscitas e atrais o mundo a ti.

Angústia e reação

Há noites intransponíveis,
Há dias em que para nosso movimento em Deus.
Há tardes em que qualquer vagabunda
Parece mais alta do que a própria musa.

Há instantes em que um avião
Nos parece mais belo que um mistério de fé,
Em que uma teoria política
Tem mais realidade que o Evangelho.
Em que Jesus foge de nós, foi para o Egito:
O tempo sobrepõe-se à ideia do eterno.
É necessário morrer de tristeza e de nojo
Por viver num mundo aparentemente abandonado por Deus,
E ressuscitar pela força da prece, da poesia e do amor.
É necessário multiplicar-se em dez, em cinco mil.
É necessário chicotear os que profanam as igrejas.
É necessário caminhar sobre as ondas!

URSS

URSS URSS
Virgem imprudente
Por que não compras azeite para tua lâmpada,
Por que só pensas no imediato e no finito?
URSS URSS
Um dia o Esposo há de vir,
Dará um grito agudo e será tarde.
Estavas fabricando teus tratores
Só te ocupavas com a produção dos kolkozes
E não reparaste que o Esposo já vem
Trancou-se no quarto vermelho com tuas irmãs
URSS

URSS URSS
Varre tuas casas teus parques de cultura
Solta no espaço teus aviões acende teus refletores
Chama teus vizinhos porque achaste o rublo perdido
A Palavra eterna que te alimenta sem que o saibas
URSS URSS
URSS
Já dispersaste teus bens

Para procurar o que existe em ti desde o princípio.
Volta ao lar do teu Pai onde há muitas moradas
Volta para a comunidade dos filhos de Deus
Ó pródiga ó generosa

Ouvirás a sinfonia complexa dos órgãos, dos sinos
Misturados com os apitos de sirenes das fábricas
E verás a dança múltipla dos irmãos que te aclamam
Ó irmã transviada
URSS URSS URSS.

À musa

Tu és a relação entre o poeta e Deus.
Tu prefiguras uma imagem do Eterno
Porque a todo o instante organizas o mundo.
Sem ti minha poesia se extinguirá,
Sem ti eu ficaria mirando as construções do tempo.
Tu assistes aos movimentos da minha alma,
E aumentas minha sede do ilimitado.
Um dia, quando o Eterno me der a grande força,
Prenderei tua cabeça entre as constelações
A fim de orientar os poetas futuros.

Antecipação

Os outros que lutem para possuir o mundo.
Quanto a mim, quero te ver face a face.
Aguardo tua última vinda,
Minha forma definitiva e perfeita,
Minha justificação na tua unidade.
Estás em mim, mas ainda não te vejo:
Só vejo com os olhos do sangue.
Cai, mundo que herdei segundo a carne!
No fim de tudo abraçarei o Verbo

Que contém minhas formosas ascendentes,
Que me contém, contém a musa
E todas as gerações da musa, desde o princípio.

Comunicantes

Eu amo minha família sobrenatural,
Aquela que não herdei,
Aquela que ama o Eterno.
São poetas, são musas, são iluminados
Que vivem mirando os seus fins transcendentes.
Ó mundo, minha família sobrenatural não te possuiu.
Minha angústia vive nela e com ela,
E eu formarei poetas no futuro
À sua imagem e semelhança.
E todos ajuntando novos membros ao corpo
De que o Cristo Jesus é a cabeça
Irradiarão as palavras do Eterno.

Eternidade do homem

Abandonarei as formas de expressões finitas,
Abandonarei a música dos dias e das noites,
Abandonarei os amores improvisados e fáceis,
Abandonarei a procura da ciência imediata,
Serei a testemunha de um mundo que caiu,
Até que te manifestes na tua Parusia.

Aceitarei a pobreza para que me dês a plenitude,
Aceitarei a simplicidade para que me dês a multiplicidade,
Descerei até o fundo da mina do sofrimento
Para que um dia me apontes o céu da paz.

Minha história se desdobrará em poemas:
Assim outros homens compreenderão

Que sou apenas um elo da universal corrente
Começada em Adão e a terminar no último homem.

Eloah

O mar, a flor, a lua não me falam de ti.

Nem as manhãs, nem as tardes, nem as noites.

Uma noite sem desenho, sem montanhas, sem estrelas, ainda é mais expressiva do que tua configuração física.

Nada que se refere à natureza me fala de ti.

Não sei mais da cor da tua pele nem do ritmo do teu andar, nem da linha do teu nariz, nem do tom da tua voz, nem do volume dos teus seios.

Tu és uma criação que Deus continua a cada instante.

Pronuncias de vez em quando meu nome ou me escreves uma carta como se fosses responder a um anúncio ou falar a um estrangeiro, enquanto pensas no capítulo primeiro do gênese, no temporal que submergiu a raça dos gigantes, ou no fim do mundo pelo congelamento.

Tens a tristeza de uma sobrevivente que se expande dentro de si mesma com a força que lhe sobrou da catástrofe de uma cidade em chamas.

E, vigilante, esperas que o Eterno te arrebate.

Minha essência imortal refloresce à simples vista do teu ser, animada pelo sopro que lhe advém de um princípio divino.

E possui, pelo amor, a onivisão.

A morta-viva

Maria do Rosário estendida no caixão
Toda vestida de branco aos vinte anos
Está cercada de angélicas e de moscas.
Seu rosto é inviolavelmente puro e simples.
Telefonam telefonam telefonam.

Inclino-me sem chorar sobre seu corpo.
Só agora lhe digo a palavra de ternura
Que ela nunca pôde conseguir de mim,

A palavra que talvez justificasse uma vida,
A palavra que eu nunca tive a força de dizer.

Só agora sei que a amo, de um amor definitivo.
Só agora me descobri seu companheiro para sempre.
A eternidade irrompeu no tempo, violentíssima.

A ceia do poeta

Diante do prato em que apenas toquei
Medito no dia em que multiplicaste pães e peixes,
Tu que sacias a fome e a sede do universo.
Aquele milagre anunciava outro muito maior:
Tu te repartes em milhões de seres
Que se consolam e se consolarão em ti eternamente.
Continuas a nascer todo o dia entre os homens,
Nos quatro cantos do mundo, mal se ergue o sol.
E estou unido a ti pela meditação e o rito,
Como se te conhecera em tua vida terrestre.

A irmã sobrenatural

Esperei-te desde o princípio,
Desde antes da vinda do dilúvio,
Desde o mundo dos manequins e dos bilboquês.
Uma noite o cometa de Halley apareceu
E eu pensei que tu viesses nele.
Os desertos se desdobravam ante meus olhos
Até que um enviado revelou-te a mim.

E eu dou testemunho de ti:
És bela, sábia e casta,
Um misto de colegial, de madona e de sibila.
És minha irmã escolhida
Não pela herança do sangue.

E nossas almas se abraçam harmonicamente
Sem a sucessão dos tempos.

Fim e princípio

Cairá a grande Babilônia, meu corpo,
Cairá ao peso de suas taras,
Cairá ao peso de seus erros e visões no tempo.
Cairá porque Satã soprou sobre ele.
Cairá porque sustentou a esfera sobre si.
Contemplarei ainda um pouco o mundo efêmero
Até que Deus faça volver tudo à poeira primitiva.

E seja transformada a face da Criação.
Ouçamos os clarins e oboés da eterna música.
Entremos na cidade do amor
Que para nos receber se preparou: uma noiva,
Sem a herança das ascendências carnais e do tempo.
Não há mais lua nem sol.
Vem, Cristo Jesus, todos te esperam. Sim!

Pentecostes

Um vento impetuoso que ninguém sabe de onde vem
Penetra na sala rústica onde estão os apóstolos,
Sopra sobre todos, entra neles de alto abaixo;
Há uma transfusão de almas inesperada.
O vento sopra mais, divide-se em línguas de fogo,
Abre o espírito dos homens, renovando a terra.
O vento continua implacável a soprar,
Sai da sala, percorre cidades, desertos e planícies,
Levanta igrejas, conventos, hospitais,
Cura leprosos, ressuscita agonizantes e mortos,
Inspira a todos um desejo essencial de amor,
Atravessa os tempos, continua soprando, circular,

Move minha alma que move meu corpo que move minha pena,
Impele de novo os homens ao seu fim supremo
E continuará amanhã e até a consumação das eras
Levando a todos o espírito de luz consolador.

Dupla louvação

Santo, santo, santo és tu
Que me fizeste para te conhecer;
Que fizeste minha musa para te conhecer
E para que eu a conhecesse.
As suas perfeições se ligam à tua grandeza:
Por seu intermédio me transmites a poesia.
E louvando agora e sempre minha musa
Que foi criada à tua imagem, eu te louvo.

Poetas, louvai minha musa.
Descendentes dos poetas, crescei para louvá-la.
E acima de tudo louvai seu criador,
Pai de todas as musas que existem e existirão.

Ismael Nery

1

Não é do homem que recebes a glória.
O Verbo te criou desde o princípio
Para transmitires palavras de vida
E para que O mostrasses a outros homens.
Em poucos anos percorreste os séculos
Que medeiam entre o Gênese e o Apocalipse.
O germe da poesia, essencial ao teu ser,
Se prolongará através das gerações.
Eras sábio, vidente, harmonioso e forte:
Mas atrás de ti, que visavas o eterno,
Se erguiam o tempo e as muralhas da China.

Morres lúcido aos trinta e três anos,
Quando se fecha uma idade e se abre outra.
Morres porque nada mais tens que aprender.

É a manhã. Teu corpo jaz na urna.
Mas erguendo os olhos para o céu diviso
Um poderoso Ente que gira sobre si mesmo
Se levantar com o nascimento do sol.

2

Também eu vi aquele
Que vem precedendo a nova era.
Também eu vi aquele
Que foi criado para glória de Deus.
Também eu passeei com ele
Sob as arcadas do templo e à beira do mar.
A sabedoria se manifestava pelos seus lábios
E a plenitude da arte pelas suas mãos.
O homem não recebendo sua mensagem,
A eternidade impaciente o reclamou.
Também eu vi os céus se abrirem súbito
E o Julgador lhe atribuir a estrela.

Marta Maria

Tu és a que trabalha e contempla ao mesmo tempo:
Ainda bem não terminas de arrumar a casa,
Já voaste para a leitura do Evangelho.
Há momentos em que Alguém te separa da terra.
E teu olhar luminoso e obscuro,
Vindo da Palestina, já parece eterno.
Preparas tua alma para a visita do Esposo.
Insatisfeita e triste, não te equilibras no mundo,
Mas disfarças tua vocação transcendente
Cuidando com doçura dos arranjos temporais.

Abstração da perspectiva

Já estou sentindo meu fim se aproximar:
Adivinho os passos da musa, do médico e do padre.
Ouço os sinos dobrarem sobre meu corpo decomposto,
Vejo uma árvore estender a sombra preguiçosa sobre minha sepultura.
Diviso ao longe um Anjo carregando minha alma para o purgatório.
Desde já o terribilíssimo clarim do último tempo soa,
E meu corpo ressuscita glorioso e incorruptível.

Calendário do poeta

O Amigo e a Musa
Sucedem-se alternativamente no meu espírito
Assim como o dia e a noite para outros.
E, sobre os três, o sol que não se deita,
O sol de Jesus Cristo, meu poeta e meu Deus,
Ilumina sem perspectiva
Nossas almas formadas para a eternidade.

Salmo nº 4

Ó tu que mandaste um serafim
Purificar os lábios de Isaías com um carvão ardente,
Limpa meu coração de todo desejo impuro.
Imprime em mim tua cruz que desconhece limites.
Faze com que eu renegue a ciência do mundo.
Apaga em mim o encanto pelas conquistas do tempo,
Inspira-me para que eu possa inspirar os outros.
Digna-te descer a todo o instante na minha alma.
Cairão fábricas, palácios e choupanas,
Cairão museus, teatros, igrejas, bibliotecas,
Os poetas e os falsos salvadores do mundo, chefes e empregados;
Mas um anjo de asas unindo o universo de ponta a ponta
Levará tuas palavras até o fim do tempo e por toda eternidade.

Poema essencialista

A Aníbal Machado

A madrugada de amor do primeiro homem
O retrato da minha mãe com um ano de idade
O filme descritivo do meu nascimento
A tarde da morte da última mulher
O desabamento das montanhas, o estancar dos rios
O descerrar das cortinas da eternidade
O encontro com Eva penteando os cabelos
O aperto de mão aos meus ascendentes
O fim da ideia de propriedade, carne e tempo
E a permanência no absoluto e no imutável.

Salmo nº 5

Desde o princípio nunca me espantei
Diante da grandeza exterior da massa:
Um arranha-céu é igual a um tijolo.
Toda a máquina termina enferrujada.
As invenções do homem se transformam e se perdem.

Só me extasio diante das criações divinas,
Diante de Seus mistérios, Sua lucidez e Seus poemas.
Ó alma imortal, sede e essência do amor!
Ó eucaristia, multiplicação de um Deus!
Ó carne ressuscitada para a vida eterna!
Ó comunicação sobrenatural dos fiéis!
Ó tangência do invisível
E pressentimento obscuro das Pessoas divinas!
Poetas, assimilai a substância que preside as eras.

A testemunha

O céu se retira como um livro que se enrola.
Um anjo blindado solta os sete pecados mortais.
Mulheres-cavalos galopam furiosamente nas ruas,
Homens ajoelham-se diante do sexo duma fêmea,
Outros diante dum ídolo de ouro e prata.
Poderosos refletores iluminam milhares de sovacos.
Quem passeia no mar, quem sonha no mar
Se o mar está tinto do sangue derramado das virgens.
Mil fanáticos fuzilam o coração de Jesus.
Chacais hienas e urtigas invadem a alma dos ditadores.

Crianças nascem nos tanks ao som de um clarim.
As cidades transbordam de famintos,
Famintos de comida e da palavra de consolo.

Poeta, cobre-te de cinzas, volta à inocência,
Impede que se derrame o cálice da ira de Deus,
Tu que és a testemunha sustenta o candelabro,
Monta o cavalo branco e reconstrói o altar
Onde se transforma pão e vinho,
Indica à turba as profecias que se hão de cumprir,
Revela aos presos olhando através das grades
Que o mundo será mudado pelo fogo do Espírito Santo,
Descerra os véus da Criação, mostra a face do Cristo.

Os quatro elementos (1935)

Pirâmide

Sozinho no monumento dos séculos
Consulto meu cérebro
Eu sou tudo que foi, que é e que será.
Da minha cabeça a vida sai armada
Todas as coisas pensam em mim por mim contra mim
Meus olhos convergem para todas as coisas
Que de todos os lados convergem para mim.
Personagem de enigma
Assisto às idades desfilarem
Bebo a vida e a morte ao mesmo tempo
Personagem de enigma
Sou eu quem segura a água a terra o fogo e o ar
Julgando tudo e todos eu me julgarei.

Anonimato

Uma mulher na varanda
Se debruça sobre o mar
Contempla as gaivotas gêmeas
Espera uma carta de amor

Brilha o cemitério aéreo
As nuvens jogam boxe

Passam meninas cantando

Não sabem que sou poeta
E o amor que existe em mim.

Antielegia nº 1

O dia e a noite são ligados pelo prazer
E pelas ondas do ar
A vida e a morte são ligadas pelas flores
E pelos túneis futuros
Deus e o demônio são ligados pelo homem.

O poeta marítimo

A noite vem de Bornéu
Clotilde se enrola no astracã
A tempestade lava os ombros da pedra
O grande navio ancora nos peixes dourados
Um menino serve-se da história de Robinson
Alguém grita
Pedindo uma outra vida um outro sonho
Um outro crime
Entre o amor e o álcool
Entre o amor e o mar.
Ouve-se distintamente
O respirar das hélices
O céu inventou o vento
A sereia enrola o mar com o rabo.

A virgem de Lourdes

O maior milagre
É o desaparecimento da Virgem:
Quem me dera estar em Lourdes
Quando a Virgem desapareceu.
A "implacável" consciência do abandono
A solidão "infinita"
O desespero "absoluto"
E a saudade d'Ela me salvariam para sempre.

Reflexão nº 1

Ninguém sonha duas vezes o mesmo sonho
Ninguém se banha duas vezes no mesmo rio
Nem ama duas vezes a mesma mulher.
Deus de onde tudo deriva
É a circulação e o movimento infinito.

Ainda não estamos habituados com o mundo
Nascer é muito comprido.

A noite de setembro

O céu revestiu uma couraça branca
Estrelas dançarinas de quinze anos
A lua orienta o navio
A pena do poeta
O coração e a cor das amadas
A lua é virgem
Lua abstrata
Ela participa do grande segredo

Aparece no céu inesperada mulher
Talvez a musa
Em outra idade em outra posição em outra dimensão.
Amemos.

Mozart

Manhã da vida
Asas no céu translúcido
Jardins de nuvens
Movidos pelo som,
Mozart aeroamigo!
Poeta sem véspera

Sem remorso
Nem sombra do crime
O mundo lavado
Se levanta com quatro anos cantando
Ó piano violino viola nuvem azul
Ó flauta e paz.

Antielegia nº 2

Olho para tudo
Com o olhar ambíguo
De quem vai se despedir do mundo
Eis a última curva o último filme
Eis o último gole a última mulher
Eis o último fox-blue

Já estou sentindo
As violetas crescerem sobre mim.

A Anunciação

A Virgem levanta o véu.
entre ela e o anunciador
Que conjunção de estrelas
De onde nasce a fé
Que terra de poesia
Que palmas de esperança
Que amor de Deus
Que frio branco e puro
Que sombras do infinito
Que diálogo de asas
Que amor de Deus.

A enseada de Botafogo

Há uma mulher na pedra
Que desafia a eternidade
Deus pensa a eternidade na pedra
A eternidade é mulher
A pedra desafiada pelas nuvens
E pelo mar que pretende miná-la pouco a pouco
É consolada pelas gaivotas.

A lua

Lua mulher:
Há uma grande afinidade
Entre as musas a Virgem Maria e a lua
Talvez o demônio não tenha penetrado na lua
Talvez que a lua não seja tão bela
Como é vista da terra

Não é possível ser poeta sem a lua
A lua influi sobre a afetividade
Não é possível haver amor sem lua:
Sem a lua o mundo acabaria.

Que brancura de lua sobre a pedra.

Estrelas

Há estrelas brancas, azuis, verdes, vermelhas.
Há estrelas-peixes, estrelas-pianos, estrelas-meninas,
Estrelas-voadoras, estrelas-flores, estrelas-sabiás.
Há estrelas que veem, que ouvem,
Outras surdas e outras cegas.
Há muito mais estrelas que máquinas, burgueses e operários:
Quase que só há estrelas.

Carta marítima

A gaivota-correio chega pontualmente:
"Corre tudo em ordem no meu corpo
Os peixes passam o pente fino nas ondas
Espera-se uma forte tempestade
O monumento de areia foi inaugurado
Com grande afluência de siris e conchas
Os meninos soltaram um barco-papagaio
O farol rodou uma nova cor
Achei uma fotografia linda
Do veleiro em que papai viajava."

O poeta

Tudo existe para os eleitos
Tenho constelações para me servirem
E gaivotas que levam minhas cartas
Mais depressa do que aviões
Nascem musas de minuto em minuto

Escovam o outro mundo para mim.

Parábola

É muito difícil esconder o amor
A poesia sopra onde quer

O poeta no meio da revolução
Para aponta uma mulher branca
E diz alguma coisa sobre o Grande enigma

Os sábios sonham
Que estão mudando Deus de lugar.

O homem e a água

As mãos têm hélice, tempestade e bússola.
Os pés guardam navios
Aparelham para o Oriente
O olho tem peixes,
A boca, recifes de coral;
Os ouvidos têm noites polos e lamento de ondas.

A vida é muito marítima.

A pitonisa

A grande pitonisa Madame Oriental
Vê o futuro numa bola de cristal
Vê personagens esquisitos
O Imperador da China numa bicicleta
A Virgem Maria — uma menina de treze anos —,
Vê Santa Teresinha soltando papagaio
A dama das camélias ninando uma boneca
E aviões delirantes destruindo o mundo.

A grande pitonisa não pode evitar
Que para o futuro sua filha bem-amada
Se mate por amor.

O observador marítimo

Em pé no monumento das nuvens
Registo os crimes do horizonte
A submersão dos navios
O mau tratamento aos clandestinos
A angústia das gaivotas e dos afogados
O suicídio da filha do faroleiro
O transporte das escravas brancas

O transporte de armas para o massacre dos coloniais
A fragmentação de Leviatã em mil pedaços
O frio e a fome dos passageiros de terceira
O assassínio dos peixes indefesos
A confusão do alfabeto das conchas
E o inexplicável desaparecimento da sereia sueca.

O fogo

1

O fogo vem do espírito de Deus
Atravessa as cavernas
Guia lutas, idades, gerações; fiel.
Homens e mulheres dançam em torno do fogo
Que derruba lares templos e florestas
Consome tesouros navios e cidades,
Mata os homens:
Outros homens nascem do fogo e pelo fogo.

2

Esperamos o dia da cólera maior
Quando, ó Cristo, vieres julgar o mundo pelo fogo,
Quando o céu e a terra descolarem suas bases.
O dia da calamidade e da miséria
Quando surgir nas nuvens o sinal da cruz,
Quando vieres julgar o mundo pelo fogo.
Anula desde já minha angústia e meu pecado,
Manda o fogo me destruir nesta vida não na outra,
Livra-me da morte eterna nesse dia maior
Quando vieres julgar o mundo pelo fogo.

Matinada

Bom dia! Em nome de Deusa
Cultivemos magnólias,

Cuidemos de pianolas,
Garantia das nações.
Vivam as mulheres bonitas,
Os arlequins da poesia,
Vivam os astros serenos
E Vênus ovo do mar.

Solicitude

É preciso orientar as notas musicais
E cuidar do asilo das flores.
A criatura menos órfã do universo é a estrela
E a mais indiscreta, o homem.

O poeta guia a música.
A morte atrai o tempo,
O demônio atrai a guerra.

Tenho pena dos que vão nascer.

Poesia de tempestade

Um veleiro achado em alto mar
Vindo desde as fábulas e as sereias

Lançaram a âncora no ciclone

Deus faz o sinal da cruz
relâmpago
Nascem mulheres geladas despenteadas
O vento sopra onde quer
Desfolha as magnólias do mar
As estátuas ingressam na segunda vida

Passou a tempestade
O cheiro de terra molhada violento
Sobe às narinas domina o mar
... Procuro em vão a filha do faroleiro.

Radiograma

O gigante despenteia o mar das Antilhas
A lua se levanta pálida como a musa
Não há notícias do fogo
Dormem algumas constelações
Passam ao largo netas de ondas cascos de sereias

É difícil ficar sozinho.

Descanso

1

Brinco facilmente com as esfinges,
Com o oráculo, a sibila e o turbilhão.
Também as costureiras me comovem
E o trabalhador que voltando da oficina
Senta-se à soleira da porta
Enquanto os filhos fazem uma roda e cantam:
"Eu sou pobre, pobre, pobre..."

2

Vejo as horas numa camélia.
Pintei um quadro no escuro.

Meninos

Sentado à soleira da porta
Menino triste
Que nunca leu Júlio Verne

Menino que não joga bilboquê
Menino das brotoejas e da tosse eterna

Contempla o menino rico na varanda
Rodando na bicicleta
O mar autônomo sem fim

É triste a luta de classes.

Pedra e água

1

Esta mulher sem fim e a noite sobre a noite
E esta fome de ti, meu Deus, — talvez de mim.
Quem sabe eu já morri, meu esqueleto eterno
Em pé nos séculos e nas ondas me reveste.

2

O mar a escuridão esta fome de amor
Esta noite sem fim e o x de Deus
Que em nós todos vive morre e renasce
Espuma do mar eternamente e a pedra.

Bar

A mariposa atrai a lâmpada
Um violinista manifesta saudades
De uma mulher que se matou na Escandinávia
Um garoto pede um copo d'água
Que nunca vem
Imaginemos a água
Com suas povoações, animais e venenos

A menina da caixa oxigenou o cabelo
(Os homens preferem as louras)

A garçonete com sede de amor
Serve os que têm sede de chope

Ouve-se um canto de guerra.

Amantes

Os dois amantes sentados num banco
Já se cansaram, nem se olham mais,
Esgotando os beijos e os abraços.
Pensaram um dia que o carinho fosse eterno:
Estão ligados somente pela falta de assunto
E pelo murmúrio das ondas
A luz da tarde é febril
E triste o final do amor.

Panorama

Os ventos galopam são asas de Deus
Circulação universal tremor de Deus
Amor
Eu te pertenço tu me pertences que mistério
Um menino segura com sobrenatural elegância
O fio que conduz do Pão de Açúcar ao Gólgota.

Reflexão nº 2

As meninas que morreram no começo do amor
Voltam para as flores, para o mar,
Para os altares da igreja ou das constelações.
A filha do sem-trabalho terá um manto fabuloso.
A filha do poeta, Maria morta aos quinze anos
Há de contemplar o poema do pai.

Marinha

As gaivotas carregam um navio no bico.
As ondas atiram retratos de sereias na praia.
Aparecem no mar especiosas mulheres.
Musas brancas no mar: Eu soletro os maiôs.

Os amantes marítimos

1

O mar põe familiarmente os braços na amurada
A amorosa Maria senta-se no banco de coral
Soletra estrelas de quatro folhas
Lança a âncora do carinho
No coração de Pedro, o imediato.

2

Vai cair uma tempestade!
A força da tempestade, Maria a correr,
Esperando o namorado que vem no navio.
A sua cabeleira solta na chuva...
Como é belo o amor que nasce.

A uma gaivota

Gaivota aviadora de que mundo vens
Para que mundo vais?
O demônio a qualquer hora te pega
Dize-me se viste minha amada na eternidade
Dize-me se a Virgem Maria te acolheu
Ou se minha amada escreveu meu nome
Na areia da eternidade.

Bola de cristal

Uma tarde do fim do mundo
Jogarás o baralho no abismo
A Grande Ursa te dará uma ordem
Os aeromoços desencadearão tempestades de reserva
As mulheres grávidas sofrerão mais que todos
Procurarás o teu nome e o nome da tua amada
No monumental livro da vida
Uma criança de cinco anos
Soltará um barco de papel no turbilhão.

No cais

Este peso de viver
Se renova como as ondas,
O amor é muito pequeno
— Só se fosse todo o amor.

Quem disse mesmo que o amor
É eterno?

Marinha nº 2

Os peixes correm a toda velocidade
Perseguidos por uma esquadrilha de gaivotas.
Há um maiô boiando no mar:
É o último resto da história da mulher
Que apaixonada se atirou do Pão de Açúcar.

Manhã

As estátuas sem mim não podem mover os braços
Minhas antigas namoradas sem mim não podem amar seus maridos
Muitos versos sem mim não poderão existir.

É inútil deter as aparições da musa
É difícil não amar a vida
Mesmo explorado pelos outros homens
É absurdo achar mais realidade na lei que nas estrelas
Sou poeta irrevogavelmente.

Oito horas

É a hora do vulcão, é a hora da mazurca,
É a hora da Abissínia, é a hora do bordel,
É a hora de Solange, é a hora do dentista,
É a hora da explosão, é a hora do relógio.

A Imaculada Conceição

A Virgem Maria sempre apareceu
A Virgem Maria sempre figurou nos planos divinos
Desde a mais remota antiguidade.
Deus e o homem sempre conceberam a pureza e a inocência
Antes do rio antes do polo antes do abismo.
Nas horas mais duras impossíveis de explicar
A Virgem Maria sempre apareceu e aparecerá.

O operador

Uma mulher corre no jardim
Despenteando as flores
Alguém desmonta o tempo
Édipo propõe um enigma às constelações
O mar muda provisoriamente de lugar
Se assobiarem um foxtrote
A ordem se fará outra vez.

Muros

1

O pintor de olho vertical
Olha fixamente para o muro
Descobre pouco a pouco
Uma perna um braço um tronco
A cara de uma mulher
Uma floresta um peixe uma cidade
Uma constelação um navio.

Muro, nuvem do pintor

2

O muro é um álbum em pé
Política poesia
Desordem sonhos projetos
Anseios e desabafos
Um coração atravessado por uma flecha
"Gravo aqui neste muro
O amor de João Ventania por Madalena"
Datas de crimes, de encontros e de idílios
VIVA O COMONISMO

3

(escrito na parede de uma igreja)

Pedra úmida
Altar frio imagens ignóbeis
Flores de papel ímã de moscas
Ó lugar triste e árido
O contrário do arco-íris.
Baixará o Cristo aqui?
Ele baixou num estábulo
Baixou mesmo até em mim.

A luz e a vida

A filha da tua filha verá o cometa de Halley
Que viu a mãe da tua mãe
A filha da tua filha verá o cometa de Halley
Que eu vi, desde então me dá
Esta nostalgia do céu
Este peso de viver
Esta saudade do amor.

Botafogo

Desfilam algas sereias peixes e galeras
E legiões de homens desde a pré-história
Diante do Pão de Açúcar impassível.
Um aeroplano bica a pedra amorosamente
A filha do português debruçou-se à janela
Os anúncios luminosos leem seu busto
A enseada encerrou-se num arranha-céu.

O utopista

Ele acredita que o chão é duro
Que todos os homens estão presos
Que há limites para a poesia
Que não há sorrisos nas crianças
Nem amor nas mulheres
Que só de pão vive o homem
Que não há um outro mundo.

Jogo

Cara ou coroa?
Deus ou o demônio

O amor ou o abandono
Atividade ou solidão.

Abre-se a mão, coroa
Deus e o demônio
O amor e o abandono
Atividade e solidão.

Antielegia nº 3

As magnólias avançam com um ímpeto inesperado
São ombros nus é o luar o vidro de veneno
Deve haver um homicídio uma pergunta à esfinge
Um ultimato ao sonho um arroubo do universo.
À meia-noite em ponto bate o mar na varanda
É impossível deixar de acontecer alguma coisa
Há uma espera vã — raptaram as nebulosas.

Canção

Vejo as nuvens decotadas
Ouço o murmúrio do mar
Palpo a matéria de pedra
Espero a amada voltar.

Desespero... espero em vão.
Este céu que não acaba
E esta amargura que me faz viver,
Que vem soprando desde a eternidade.

Delírio divino

O lirismo de Deus aumenta súbito
Oscila o infinito nas bases

Metafísica da física
Brota uma violeta nos anéis de Saturno
Alguém desfolha um ciclone
Os aeromoços corteses
Penteiam a cabeleira das filhas do demônio
Deus com fome
Mata um homem e come.

A revolução e o tempo

Nasce uma árvore do crucifixo-estrela
Que jogaram no abismo
Cresce fazem dela uma mesa
Onde os filhos do ateu
Virão se reunir em torno de Jesus.

Fim e princípio

Todas as musas que existiram desde o princípio do mundo aparecem.
O Senhor com um sopro ressuscita Eva.
As montanhas fogem a todo o galope,
A lua é acorrentada por mil anos.
Um outro elemento nos envolve:
O lirismo de Deus crescendo violentamente
Ilumina por si mesmo o novo céu e a nova terra.

O sinal de Deus (1935-1936)

LIVRO PRIMEIRO

O homem e a mulher

Desde Adão que as gerações se sucedem para te trazerem a mim.
Eu sou teu pai — teu filho — teu esposo — teu amante.
Sou teu oráculo e teu enigma.
Sou teu sacerdote e tua vítima.
Sou teu tirano e teu escravo.
Dedico-te templos, guerras, vinganças, a história e o ideal.
Eu te domino e tu me esmagas.
E por ti sou capaz de abjurar meu Deus.

Dulce

Bendita seja a hora em que conheci o pai de meu filho!
Foi ele quem pelo tato me demonstrou meu corpo — e me fazendo sofrer me revelou minha alma.
Eu não existia antes de o conhecer.
Ele sabia mais de mim do que meu pai.
Ele explorou todos os átomos da minha pele, e atravessou todos os meus segredos.
Assistindo-o viver eu tive a ideia do poder divino: atrás daquele homem deve haver uma força maior que criou tudo.
Bendita seja a hora em que conheci o pai de meu filho!

Stella

Eu quisera ser teu irmão gêmeo — quisera ser teu xifópago — quisera ser teu filho único — e ficar órfão de ti afim de te chorar continuamente e ter a tua doce sombra me acompanhando; nela eu me enrolaria esquecendo minha infância, minha adolescência, minha mocidade, meus deveres, minhas greves, meus sonhos, minha volúpia, meu ódio e meu amor a Deus — e desprezaria todas as outras mulheres, pela fidelidade à única e esquisita amada.

Quisera te encontrar no Paraíso, impassível e serena, cercada do resplendor da Glória — e que me fosse dado te amar sem ciúme e sem a angústia da carne, por toda a eternidade.

Ruth

Tu estás para mim como eu estou para Deus.
Esperas que eu te absorva e te revele o esplendor do Princípio eterno.
Vida! vida sem véus — grandeza e fragilidade do mundo.
Contemplação e volúpia. Vida! Força! Veneno!

Tu te apoias confiante ao meu braço e eu te descrevo a história das gerações, a biografia das almas e a plenitude da existência futura.

O Deus de Abraão, de Isaac e de Jacó descerra as cortinas da imortalidade e me aponta o roteiro das estrelas. E, estreitamente separados, somos dois corações e duas almas arrastados na órbita do universo.

Eleonora

Tu só me amas porque ainda não encontraste o Cristo.

Não tens pai, nem mãe, nem irmãos.
És órfã de ti mesma — tua solidão não te basta — porque ainda não te conheces bem.

Procuras em mim teu pai, tua mãe, teu irmão e teu marido — tua biografia. Eu te descreverei teu corpo e te apresentarei à tua alma.

Dilatarás imensamente tuas possibilidades de vida — até o dia em que não mais te bastarei — e invocarás então o Cristo.

Já sei — o nosso amor vai acabar na Cruz.

Clara

Eu sou a virgem viúva.
Meu noivo morreu me deixando sem ação.
De que vale o mundo se meu noivo morreu?
Ele era o complemento da minha forma.
Jamais poderei desposar outro homem.
Só existe um homem para cada mulher — e uma mulher para cada homem.

Esperarei a morte, a ressurreição dos corpos — e viverei abraçada ao meu noivo na plenitude eterna.

Par ímpar

Encostados à grande muralha de pedra — que esperamos nós dois?
Eu sei que não acabo em ti — tu sabes que não acabas em mim.
Já nos destruímos mesmo antes de nos conhecermos. Já tínhamos vivido algumas vidas. Nossas biografias perdem-se na órbita do infinito.

Resta ainda uma chama nos nossos olhos. Descanso o braço no teu ombro. Parece que existimos há séculos. Somos contemporâneos do primeiro homem, da primeira carícia, da primeira revolta, do primeiro desânimo, do primeiro peixe, do primeiro navio, da primeira constelação. Nossa maior vontade é nos identificarmos com esta muralha de pedra.

Nada mais acontecerá.

Lucília

Usavas espartilho, botinas de abotoar e o cabelo em coque. Tua alma habitava continuamente o país dos anjos, das sereias e dos poetas.

Casaram-te. Que noite nupcial a tua: quando viste surgir por detrás do paravento aquele homem grande, de bigodes espessos e braços fortes, desmaiaste debaixo dos lençóis. Passaste a noite inteira soluçando, hostil, numa retração absoluta do teu ser.

Rodaram os anos. Hoje tens duas filhas quase da idade em que te casaste. Mas até hoje não te entregaste completamente — e, diante desse marido positivo, teu olhar sereno e casto mergulha muitas vezes no país dos anjos e dos poetas.

O amigo do esposo

Tu é que tens a esposa. Mas eu, que sou teu amigo, compreendo tua alegria e participo da tua exaltação.

Tua esposa gosta de mim porque sabe que eu interpreto melhor do que ninguém a beleza do seu corpo e da sua alma — e que eu encerro tu, ela e tua filha na unidade do meu espírito.

Tua filha gosta de mim. Eu a contemplo quase com a mesma ternura com que contemplaria minha nora.

Matilde

Meu amigo, ela deixou dois viúvos em vez de um.
Nunca soubeste que amei Matilde.
Posso te contar a seu respeito detalhes que tu mesmo ignoravas.
Participei sempre do amor dos dois.
Eu amei tua mulher desde o instante em que a vi subir ao altar.
Assisti à transformação de suas formas com tanto interesse e carinho como tu mesmo.
Veremos agora na tua filha a continuação da nossa esposa — e a amaremos com um ciúme, uma nostalgia e um zelo duplicados.

A desconsoladora

Mulher, eu te procuro continuamente. É mais fácil achar Deus, do que te achar.

Tenho por ti uma grande atração e repulsão — ao mesmo tempo.

Eu adormeço com teu amor e desperto com o ódio a ti. E te destruo e te construo a todo o instante.

Hás de me perseguir até à imortalidade. A paz da mulher não é a paz de Deus.

A mulher não é o amor. A poesia é o amor. A poesia da ausência da mulher é equivalente à poesia da posse da mulher.

Miriam

Tu és minha sombra mais moça. Tu és minha projeção feminina no espaço e através do tempo. Nasceste dezoito anos depois de mim — para que eu me conhecesse com outra forma e em outra idade diferente.

És aquela que Deus escolheu dentre de um número infinito de mulheres para ser a casta irmã do poeta perdido entre as paixões do mundo. Quisera que fosses minha filha, Miriam — virgem pura.

Tu és duas vezes minha irmã — pelo sangue e pela Graça — és a afilhada da minha poesia, católica Miriam.

Regina

Tu dás e tiras a poesia ao mesmo tempo.
Eu tenho olhos para não te ver — tenho braços para não te apertar — tenho voz para não te falar — tenho ouvidos para não te ouvir.

Eu ando de templo em templo — de coração em coração — de poema em poema — de filme em filme — de bordel em bordel — procurando com lúcido fervor te desenvolver em todas as coisas.

Nasceste poderosamente dentro de mim — e de agora em diante és a relação que estabeleço entre todas as coisas.

Não és mais uma determinada mulher — és diversas mulheres que emergiram do caos, aos pedaços, cobertas de esparadrapos — e que eu suturei e liguei numa só e única — a universal mulher sem idade, sem raça e sem temperamento.

E és também — quem sabe — a antimulher, a que se nega sempre, desde o princípio dos tempos, ao poeta, para que ele possa desejá-la eternamente — e nunca desmanche o Ideal.

A dama do mar

Pelos teus olhos tu és mar — pela tua alma és pedra.

Existe um resto de sereia no formato de tuas coxas.
Balanças nostalgicamente os quadris. E cantas para a morte, repelindo os viajantes.

Foste criada para os navios, para respirar as tempestades. Não ancoras em nenhum homem. Tua cabeleira pertence aos ventos. Os marinheiros mostram a seus filhos tatuagens representando tua cabeça. És a amante abstrata de todos. Não pertences a nenhum. Teu canto dirige-se mais para a morte, do que para a vida.

Esperas voltar para a água.

Esposos

Expulsam-nos para sempre do Paraíso. Jamais te ouvirei cantar à beira do grande rio azul.
As plantas, os animais, os aviões fogem da nossa vista.
Diante de nós somente estas vastas construções de pedra.
Não temos mais onde comer. Não sabemos mais amar.
Afivelam máscaras contra gás asfixiante em nosso rosto.
Escrevem em letras de fogo no alto do céu: MORREREIS.
Já somos nossos esqueletos.

Marta

Tu procuras em mim o que não encontras em ti — nos livros — nas árvores — no céu — no mar — no teu pai — no teu irmão.

Tu procuras em mim o que não encontras no Crucifixo.

Tu procuras em mim o que encontras nos sonhos.

Por isto mesmo jamais me acharás. O amor não existe — existe a ideia do amor. Vem, abraça-me; procuraremos até o fim a inatingível unidade.

Tu que és e não és — tu que eu amo e não amo — pede a Deus que te construa para sempre dentro de mim. Como poderei viver sem imagens?

Violeta

Nós nos encontramos na origem dos tempos — é por isto que vivíamos a nos procurar — e naquele jardim pobre. Um grito de fera — um piano bárbaro — interrompe o idílio.

Aquelas nuvens monumentais no céu parado... Tua irmã penteia os cabelos olhando o mar — e tem ciúmes de mim. Prepara-se para as longas confidências noturnas contigo. Tuas vizinhas te espreitam e confabulam. Como se estuda micrometricamente o amor!

Entras em casa outra vez — abraças e beijas teus irmãos com uma ternura maior. Olhas quase com desprezo para teu retrato de primeira comunhão; entretanto é a mesma mulher.

Uma e única

Ela vem dos céus de bronze — arfando — empurrada pelos temporais, — dança mais do que anda.

Quantos anos tem esta mulher? Não tem época. Não foi gerada segundo a carne. Só as estrelas poderão falar sobre seu nascimento.

Assiste impassível à destruição dos corpos e à derrubada dos altares. Os homens emigram para lhe buscarem flores raras; e lhe oferecem corações, pensamentos, pernas, braços. E os guerreiros lutam porque ela existe. E os operários trabalham porque ela existe. E os poetas escrevem porque ela existe. E seu poder se prolongará através dos ciclos das gerações.

Célia

Tu és uma criatura desmembrada do infinito; Deus te experimenta, te aproxima e te retira ao mesmo tempo da pirâmide das grandezas.

Que alma complexa! Não tens amor à vida. Tuas personalidades se deslocam de ti mesma — e tu as presides como uma deusa.

Queres tudo e não queres coisa alguma. Tuas ações não se situam no plano comum da humanidade. Destróis sem cessar. Quem te ama terá fome e sede eternamente.

Teu corpo é a luz de minhas madrugadas. Teu corpo é a fronteira da renúncia. É preciso quebrar as leis dos humanos.

Par

Meu amor a ti aumenta em proporção do desconsolo que me dás. Em ti se resumem a ânsia, o pecado e o nojo pela vida. Se não houvesse Deus eu me mataria porque não posso me absorver em ti, porque não posso penetrar todos os poros do teu corpo, pulsar com teu coração, comandar teu cérebro, olhar pelos teus olhos. Tu és minha irmã não pelo sangue, mas pela tua falta de posição no tempo e no espaço, pela tua força para despir as coisas vestidas e vestir as coisas nuas, pelo desequilíbrio que existe entre teu desejo infinito e a realidade finita, pela tua tristeza diante da massa do mal e da ignorância, pelos valores de humanidade que sacrificas todos os dias ao Eterno que nos abandonou na grande solidão do mundo despovoado. E que nos deixou em frente um do outro, como dois autômatos que conhecem a extensão e a profundidade da ciência do bem e do mal, e que não têm a liberdade de se abraçarem num abraço imenso, acima do mundo, acima das leis físicas, na contemplação recíproca da Origem das origens.

Vanda

À medida que vais andando nascem auréolas nos teus seios.

Confabulas com as estátuas — uma certa constelação te espera — alimentarás o noivo da tempestade.

Em que época se deu tua queda? Jamais poderás recompor teus cadernos de caligrafia. És órfã de Deus. Queimaste o retrato do teu esposo. Nada do que é natural te é familiar. Eu preciso de ti como a experiência da poesia do desespero. Nascerá de nós — quem sabe — o poema da alucinação definitiva.

A irmã de pedra

Tu és a anti-irmã do que não quer pedir carinho. Tu és a intacta irmã de pedra diante da qual se esfacela minha vontade humana. Tu és um elemento poderoso do meu destino — tu és minha grande penitência viva — tu és a inspiradora do desespero crescente.

Eu sou o *post-scriptum* de mim mesmo. Passarei junto de ti sem conseguir te comover. Jamais ouvirei de ti a palavra que destrói o sofrimento. Jamais te apertarei nos meus braços — este desejo absoluto que atinge a Comunhão dos Santos — mas te amo assim mesmo — por isto mesmo — ó minha intacta irmã de pedra!

Mulheres solteiras

Vinde a mim, vós todas que não sois amadas. Vinde a mim, vós todas que não encontrastes uma alma para o vosso corpo. Vinde a mim, vós todas que procurais o amor onde ele não está. Vinde a mim, vós todas que sentis o tempo passando e ainda não sabeis porque viestes ao mundo. Vinde a mim, vós todas que não vos satisfazeis com a paralela, e eu vos mostrarei o círculo. Vinde a mim, que eu vos apresentarei a poesia da vida. Vinde a mim, que, não pertencendo a nenhuma, posso pertencer a todas. Vinde a mim, vós que sois minha mãe, minha mulher e minha filha. Vinde a mim, que eu vos unirei no coração do primeiro Esposo que encerra todos os esposos. Vinde a mim, que eu vos mostrarei como a figura deste mundo passa. Vinde a mim, que eu vos emprestarei um trajo nupcial e vos ensinarei o amor eterno.

O antigo namorado

Eis que o esposo e a esposa se adiantam no quarto nupcial. Eles vão se unir afim de renovarem a face da terra; vão participar da fecundidade divina e continuar a gênese até o fim dos tempos, apresentando ao Senhor uma cópia do que existiu na Sua mente desde o princípio. Este mistério é grande. Os dois são uma só carne. O esposo e a esposa apresentam-se um ao outro. Os convivas afastam-se. O vinho esvaziou-se nos copos. Extinguem-se os sons das valsas e dos *blues*. A porta do quarto nupcial fecha-se. Um homem fica do lado de fora soluçando. Este homem não tem o trajo nupcial. Este homem ama a recém-casada desde a infância. Amou-a de cachos, de cabelo à inglesa, de cabelo à *la garçonne*; amou-a brincando com o arco, jogando peteca, namorando no portão e tocando piano. Mas este homem não tem o trajo nupcial. Desde a eternidade este homem não tinha sido predestinado por Deus para participar da fecundação da esposa. Este homem soluça. E este homem sabe amar. Um tal mistério é grande.

Juízo final do amor

O quanto te amo, tu mesma não poderás saber — nem eu mesmo, pois estamos sujeitos ao tempo.

O quanto te amo, não posso te provar em atos loucos — na demonstração da grande ternura — e em múltiplos e ardentes poemas.

O quanto te amo só poderá transparecer no último dia, quando nós dois nos sentarmos à direita do Pai.

O amor eterno

O amor eterno começa desde já neste mundo mesmo. Eu te amo para sempre — e quando morrermos não seremos separados pela carne:

Quando o grande anjo gritar NÃO HAVERÁ MAIS TEMPO
(Quando o grande anjo gritar NÃO HAVERÁ MAIS SEXO)

Minha essência pura se reunirá à tua e seremos um só. Tu serás a musa e o poeta-eu serei o poeta e a musa. Nascerá a poesia eterna e una.

LIVRO SEGUNDO

O ditador

Sentai-me na cadeira de pedra. Desenrolai as profecias e lede a história passada, presente e futura de todas as gerações. Cercai-me de danças violentas vermelhas, de músicas de todas as épocas e de todas as raças. As mulheres deverão parir em plena praça pública ao som de hinos tristes. Os homens deverão morrer em plena praça pública ao som de hinos de alegria.
Transportai minhas amadas para os altares. Perfume, músicas violentas, danças! Abriguemo-nos na tempestade de pedra. Já está escrito de nós e de nossos filhos até à consumação dos séculos.

O poeta, a musa e a noite

A noite foi feita para se vigiar e se contemplar. Assim eu vigio e contemplo. Sou uma sentinela espiritual de Berenice, que não dorme também na sua casa distante. Ela pensa em si mesma, no passado, na sua angústia, no fim das coisas, — em Deus que a criou e não a pode abandonar — e no qual ela tem a vida, o movimento e o ser. Eu a cerco com uma cadeia de orações, eu me uno à sua tristeza e peço a Deus que faça recair sobre mim um pouco dos sofrimentos que lhe não são destinados.

A lua, a pedra e o mar presidem continuamente a todas as transformações, revoltas e desordens. São os mesmos desde o princípio dos tempos. Atravessam sem se comover os ciclos das gerações. Têm uma afinidade inquietante com o divino e com a musa.

A noite faz o homem voltar lentamente para os enigmas de Deus, para o ilimitado. A noite é a esfinge, o oráculo, o sonho, a majestade, a profecia, a volúpia. A noite é nupcial, virginal e maternal. A noite assiste à gestação de todos os poemas. A noite assiste às bodas do homem com a eterna, volúvel e universal Mulher. A noite é a confidência, o desligamento do universo de Satã. Através do tempo e do espaço comungo com todos os seres vivos, mortos e por nascer. Minha alma rompe a camada hereditária, voa na órbita dos planetas e gravita em torno da Imaculada Conceição!

Vigília

Visita-se o arco-íris de noite. As famílias vêm para a janela em roupas de fogo: vai nascer um grande poeta.

Mulheres: virgens, prostitutas, namoradas, sibilas, esposas, mães, noivas, amantes, preparai vossos corpos, vossos decotes, vossos carinhos, vossas traições, vossos mistérios; preparai vossas amigas e vossos descendentes:

O grande poeta irá dizer a palavra definitiva da consolação. Sua musa não foi herdada — nem será herdada; a musa eterna.

A mãe assassina

Ó mãe assassina, por que mataste teu filho? Pensas que mataste um gérmen, um pouco de matéria que se perdeu. Mataste por falta de imaginação e porque não saíste do tempo. Considera a extensão do teu crime, ó mãe assassina. Medita um pouco no desenvolvimento desse gérmen; olha-o crescendo, tomando forma, corpo, espírito, braços, pernas e movimentos; olha-o engatinhando, correndo, andando de velocípede, na escola, noivando, curando outros corpos ou servindo à glória de Deus na majestade dos altares; ou então, se mulher, desdobrando-se em outra forma semelhante à tua e na qual tu te reverias e sentirias a tua personalidade se dilatar afetuosamente. Deverias deixá-lo crescer em ti como um outro eu e enfrentar todos os sacrifícios e superar todas as tristezas e privações para conservá-lo. És assassina e suicida ao mesmo tempo, ó infeliz, ó miseranda mãe assassina!

A tempestade

A luz fica preta. Dois navios — macho e fêmea — transpõem triunfalmente a barra. Uma nuvem monstruosa laçou o Pão de Açúcar. Chocam-se anúncios luminosos e relâmpagos. Danço o charleston da destruição marcado pela ventania. E me despenco dos rochedos com a filha do faroleiro — que eu amei vagamente, ou vi de fato na gravura?...

O futuro

Moça grávida, eu te olho com muito mais pena do que se tivesses sessenta anos.

Menino que vais para a escola, eu te olho com muito mais pena do que olharia o soldado marchando para a guerra.

Criança recém-nascida, eu te olho com muito maior pena e respeito, do que olho para um morto.

Aurora

Que gigantesco arco-íris sobe no meu cérebro — Que entrelaçamento de danças em roda de mim — Quantas crianças vêm correndo dos mares, deslizam das estrelas — Quantos pianistas trazem os pianos para a rua — Que coros brancos de órfãos, de sem-trabalho, de namorados rompem súbito no ar proclamando a alegria eterna — A alegria que sobra de todas as tristezas, de todas as misérias — A mística alegria — O mínimo de alegria necessário ao homem que não abandonou Deus.

Permanência

Morrerei. Uma parte do meu corpo se transformará em água. Correrei pela cidade, entrarei nos encanamentos, descerei pelo teu chuveiro. Tu te esfregarás em mim, misturando-me com teu perfume. Circularei nas tuas entranhas.

A outra parte será mudada em semente, em árvore, em papel, rodará nas máquinas tipográficas que imprimirão os poemas que escrevi em teu louvor. Teu hálito aquecerá as pobres palavras. Tu me ouvirás, me lerás — e eu te lerei. Tu me lerás em mim.

Desligado do tempo, dispersado no espaço, nascerei para os que ainda vão nascer. Começarei em ti, nos poetas que te glorificam em mim e me glorificam em ti. Existirei para teus filhos, para teus netos e os netos de teus netos. Seremos uma só biografia escrita no sem princípio e sem fim da Grande Unidade.

A musa das musas

A musa é composta de muitas mulheres. Além das outras mulheres e da musa existe uma Mulher sem nome, sem cheiro, sem cor, sem peso e sem forma, que penetra todas as coisas e conhece tudo o que se faz e o que se diz. Essa mulher existe desde antes da origem dos tempos. Talvez ela seja a projeção feminina do pensamento de Deus. Ela fecunda o caos e sopra sobre as águas, animando-as. Suas delícias consistem em dançar acima do universo, e em possuir sem ser possuída. Todos os homens amam a sua invisibilidade. Os poetas estão sujeitos às suas musas, e estas à Musa das musas. Depois da ideia de Deus a ideia mais forte é a da Musa eterna, sem pai, sem mãe, sem filhos, que atravessa o tempo e o espaço sem pousar em ponto algum, e que não foi herdada nem será herdada.

O poeta

A preguiça de Deus criou este que vos fala. Eu sou a projeção viva de um dogma com todas as suas trevas e suas luzes — o pecado original. Já desposei mil mulheres, venci ou fui vencido em cem batalhas, escrevi no cérebro um número enorme de livros. Fui insultado, lapidado, perseguido — mas me escondo sempre numa nuvem de onde travo diálogos fabulosos com Deus. Fujo quando querem me coroar — e apareço para receber a vaia. Atribuí-me mil nomes, mil faculdades, mil desânimos. Sou familiar dos profetas, dos santos e das mulheres desesperadas. Encerro a direita, a esquerda e o centro. Recapitulei toda a poesia humana e divina — e descanso. Ó profundidade, riqueza e sabedoria dos assuntos de Deus! Certamente vou me procurar agora com a BIOLOGIA SOBRENATURAL.

A esposa misteriosa

Deus me indicou a Esposa misteriosa. A Esposa misteriosa levanta-se mais bela do que a lua. Vem, minha amiga, eleita de Deus, predestinada. Vem aumentar meu martírio e cooperar na minha redenção. Vem, toda branca, tu que te levantas mais bela do que a lua. A ti afeto, honra, amor, benção, neste e no outro mundo. Vem, filha gloriosa de Deus, minha Esposa. Beijo teus pés e tuas mãos. Abraço teus joelhos. Vem, toda triste desde teu nascimento. Vem, amiga, ó casta, ó vigilante. Bebo tuas lágrimas. Vem, minha irmã transfixada — beijarei tuas cicatrizes. Minha alma alanceada desde a mais remota infância desposa a tua. Vem, minha confidente. Nós estamos no mundo e não somos do mundo. Vem, amiga forte, Esposa branca. Tu que castigas os que te amam. Vem, minha altiva amiga, molde de poetas, minha Esposa eterna. Suspendem o Crucifixo acima de nós. Ouvimos a música dos mares. Nós somos a geração do Senhor, a raça que se apronta para comparecer diante do trono branco do

Altíssimo. Aleluia! Aleluia! Mergulhamos no abismo inefável do Ser. Vem, tu que desconsolando consolas. Dar-me-ás as chaves do reino do céu, tu que foste construída sobre a pedra. E Deus enxugará de nossos olhos toda a lágrima. Vem, minha Esposa misteriosa. Eu te imprimirei em mim como o selo de Deus vivo. Aleluia! O poeta encontra a Esposa misteriosa e lhe é dado o apetite do eterno. Vem, mensageira da Virgem, vem, minha sede, minha fome, meu amor, minha amiga. Precederás o astro da morte e o poder do teu corpo arrastará a terça parte das estrelas do céu. Vem, mulher, recapitulação de todas as mulheres. Ressuscitaremos como fomos criados originariamente pelo Verbo de Deus — ágeis, impassíveis e incorruptíveis. Nossos nomes serão inscritos no grande livro da Vida. Nossas vestes serão tintas com o sangue do Cordeiro que destruirá para sempre nossos pecados. E te serão dadas as asas da águia maior, para que ultrapasses o tempo. Vem, misteriosa, minha amiga na terra e no reino de Deus. Vem, minha amiga, minha Esposa especiosa. Em nome do Pai criador do céu e da terra. Em nome do Filho que se encarnou para resgatar a culpa do homem e lhe dar consciência. Em nome do Espírito Santo que virá um dia consumir o universo com o fogo do seu amor. Amém.

O novo céu e a nova terra

Quando eu terei explorado toda a história santa, que me restará ainda? Ó dogmas, porque sois tão claros... Eu não fui feito para trabalhar. Revolução dos homens: não me atrais porque falas em nome do trabalho. Foice e martelo — coisa pouca para um poeta. E os carinhos femininos não me bastam.

Ah ó quando virá o Filho de Deus em todo o seu poder e majestade. Desenrolam-se os céus para me receberem. Só então conhecerei o inédito e o inaudito.

Solidão do homem sem Cristo

Já temos atrás de nós uma soma enorme de humanidade. Quanta força perdida! Quantos gestos inúteis! Não podemos acrescentar ou diminuir um centímetro ao nosso corpo. Quase não podemos caminhar nas almas. Diante de nós se estende a amplidão do deserto. Deus! Deus! O nosso Deus é um Deus escondido. Só o Crucificado consegue de repente nos fazer crer na nossa existência. Fora do Crucificado só há fantasmas.

Enterro

Vai o corpo magnético de Adão — eu mesmo, que existo em pecado desde o princípio dos tempos. Seguem três mulheres conduzindo meu retrato, outras mulheres dançando em torno com castanholas. Vêm poetas me pedindo o segredo da poesia. Vêm revolucionários tentando retalhar meu retrato. Vêm cientistas que se disputam meu cérebro. Vem uma menina de olhos tristes que me ama sem saber. Vêm monges de branco cantando o *De profundis*. E, fechando o cortejo, minha musa indiferente a tudo — que já paira no definitivo e no absoluto, como eu.

Madrugada

O inferno começa com o pensamento do inferno. Amor insaciável, inferno. Sede do céu e da terra, inferno. Estar no céu e ver a fotografia de alguém no inferno — inferno! Céu, abandono total, pobreza da Eucaristia. Inferno — posse, luxo, vaidade da carne, nome inscrito no Tempo. Céu, não pensar, não querer, não agir; nem ao menos querer morrer!

Nossa vida

Vida infernal e divina do poeta — Corpos de mulheres descendo e subindo em torno da gente — Pensamentos para Deus, por Deus, contra Deus — Solidão — Ânsias de guerra — de paz — de morte — Nascer, viver, sofrer, morrer e ressuscitar com todos os entes — Não ser amado — Insultar a lei, o mundo — Tragédia do amor à mulher objetiva — Viver segundo o espírito, mas ter nascido do sangue e da vontade da carne — Dar-se a todos, ao mesmo tempo rejeitar-se — A humildade — a majestade — o poder — a conversão dos antipoetas — A população e o vazio — O real com mais força que o ideal — O não a Jesus Cristo — a volúpia — o veneno — a música — a dança — os perfumes — a embriaguez sem álcool — O orgulho da vida — O princípio, o fim — O céu,

o inferno — Deus! — A poesia da eternidade esclarecendo, completando e ampliando a poesia do tempo.
O bem e o mal não são a mesma coisa. Os poetas reconduzirão o homem a Deus. E submeterão os chefes temporais à ordem da caridade.

O servo de Deus

Quando vi passar o cometa de Halley, em 1910, tive a revelação fulminante da poesia: acreditei que o cometa vinha PARA MIM. Desde então comecei a abominar os livros, os professores e a obediência.

Amei.

Que mais fazer? Os céus esperam — e a cessação de todas as transformações. A música do absoluto.

Eu também sou como os outros, sob a forte matéria. Eu também sou servo. Sou o servo de Deus. Muito me custa ser o servo de Deus! E não conhecerei talvez a Glória eterna.

Consciência

Quem me fará mais poeta ainda? Quem soprará sobre mim? Quem romperá os céus à minha frente? Não tu, gênio. Não tu, sábio. Não tu, revolucionário.

Coração suspenso, cérebro em fogo. O infinito em anéis, em argolas. Eu sou a organização do caos. Tempo, princípio e fim — e a rainha complexa não marcha do fundo do deserto me enlaçar.

Vão-me partir em dois pedaços — a quem pertencerei realmente? Eu me julguei antes de Deus me julgar. A eternidade não me será um simples refúgio; já sou eterno.

Genealogia

Eu já não tenho idade. Tenho a sabedoria retrospectiva dos profetas. Fui gerado pela Poesia. As estrelas girogiravam.

Meu arquivo é o mundo. No princípio era o Verbo. Também eu recebi da sua plenitude. Participo da vitalidade divina. Meu ofício consiste em sacralizar todas as coisas. Sou de raça real e sacerdotal. E me destruí porque pronunciei o *fiat*. Mas quem quiser perder sua vida a ganhará. Poetas, sirvamos os mistérios. Ajuntai-vos comigo para a grande ceia de Deus. Convidemos os pobres, os famintos, os estropiados, os sem-trabalho, os miseráveis. E seremos todos um.

O dia e a noite

Não se discute o dogma. Não se discute o amor. Não se discute a poesia.

Semeai enigmas. Semeai ternuras. Semeai sonhos, tristezas, deslumbramentos.

Mas este avanço das rosas pressentindo meu corpo esverdeado; acabará o amor; e que poderei apresentar a Deus?

A grande ceia

Eu quero dar uma grande ceia aos deserdados — aos tímidos — aos desconsolados — aos oprimidos — aos humildes — aos doentes incuráveis de amor — às prostitutas que olham pela rótula, sem coragem de chamar os clientes.

Eu quero dar uma grande ceia aos que enxergam demais — aos desesperados com esperança — aos rebelados contra Deus, mais próximos a mim do que os indiferentes.

Eu quero dar uma grande ceia aos poetas que não sabem se exprimir — aos amantes reciprocamente saciados — aos covardes que não podem se matar.

Eu quero dar uma grande ceia aos desertores da lei humana — aos que apenas conseguem destruir — aos que receberam o inferno por herança.

Servi-vos de mim, derrotados. Eu vos considerarei a cada um como uma parte dispersada de mim mesmo. Presidirei vossas angústias e misérias. Retalhai-me, dividi meu coração em pedaços: então se terá cumprido um claro mistério de Deus.

Depois de mim

Depois de mim — nascerão outras crianças sozinhas que encararão com má vontade o professor esfinge. Depois de mim — crescerão outros adolescentes renegando o trabalho para descobrirem o Amor. Depois de mim — existirão outros tédios, outras insatisfações, outras anarquias. Depois de mim — devem surgir outros poetas sacrificando o bem-estar e a comodidade para procurar a essência da vida. Depois de mim — vibrarão outros gritos terríveis diante dos limites do homem. Depois de mim — hão-de se levantar outros túmulos com a grande mulher de pedra apontando para o deserto. Depois de mim — voltará o cometa de Halley que anunciará e iluminará o nascimento, a morte e a ressurreição de outros poetas.

O speaker da solidão

Que coisa antiga, a humanidade! Conheço tua história, teus apetites medíocres — e como puseste a preço baixo o Ideal.

Ah! também me quiseram dar uma profissão determinada, amestrar meu sorriso — e eu rejeitei.

Sou teu noivo nato, ó destruição. Mas sei bem que o mandamento é certo: amai-vos uns aos outros.

Devo morrer — pois sinto a necessidade de uma entrevista pessoal com Deus.

O homem antigo e o novo

Eu sou aquele hoteleiro que te negava lugar na hospedaria. NÃO HÁ LUGAR NA HOSPEDARIA! A água dos oceanos e o sangue de todos os mártires jamais conseguirão apagar estas palavras que repercutem por toda a eternidade: NÃO HÁ LUGAR NA HOSPEDARIA!

Eu sou aquele homem que só acreditava no que via. Aquele que zombava quando anunciaste que te ias transformar em alimento vivo para os homens. Eu sou aquele que desconhecia a Trindade na Unidade. O antipoeta que negava o mistério.

Eu sou aquele soldado que te escarrou na face. Eu sou aquele judeu que exclamava: SE ÉS FILHO DE DEUS, DESCE DA CRUZ. Eu sou aquele guarda que te varou o flanco com a lança. Aquele a quem disseste: SOU JESUS CRISTO, A QUEM PERSEGUES. Eu sou aquele que desde então prega teu Verbo entre os surdos e os descrentes. O que odiava, ama. O que blasfemava, abençoa. O que desesperava, espera. Tua palavra é a Verdade.

O estrangeiro da vida

A quem pertencem estas cabeças? De quem são estes gritos? Que homens são estes que não sabem o que dizem, o que querem e para onde vão? — Não mais pensarei por eles. Não mais sofrerei por eles. Não mais hei de sonhar por eles.

Que afinidade tenho com esta gente — com estas árvores — com estas máquinas? Que afinidade tenho com os libertinos ou com os santos!

Estas famílias não evocam minha origem. Estas músicas não me falam da minha harmonia. Estes poetas não me transmitem a poesia. Estas mulheres aumentam cada vez mais a solidão. Estes padres não me comunicam a vida divina.

A cariátide

Eu carrego à força o peso do meu passado, do meu presente — e do pressentimento do meu futuro. E ainda sou obrigado a sorrir.

Eu carrego a esfera da tua beleza, da tua história, do teu enigma e do teu drama, que se fundiram comigo, Berenice.

Eu carrego nos ombros a Igreja Católica!

Natal

Meu ser é uma vasta estrebaria onde se vêm abrigar todas as impurezas da terra desde os meus mais remotos ascendentes. O esterco de múltiplos erros, de todas as iniquidades, de todas as más inclinações, de todas as covardias, de todas as blasfêmias, ajuntou-se em mim desde o instante em que foi cometido o pecado original, até que a semente nascida ao pé da Cruz atravessando os séculos germinou ali e fez crescer o trigo que se transformou em mim mesmo que me ofereço em sofrimentos e poemas pelo resgate dos poetas cuja fé vacila, em união com todas as hóstias que se elevam diariamente nos altares de todos os recantos da terra, apresentadas a ti, ó Deus, para honra e glória do teu nome, e para utilidade de todos os fiéis, pelo teu Filho unigênito Jesus Cristo, grande e eterno Sacramento da humanidade.

Ação

O Espírito tomou um feixe de ossos secos, soprou sobre ele, deu-lhe nervos, cartilagens, tecidos, pele, ligaduras, pés, mãos, olhos, cabeça — levantou-se, alto, a tez morena, os braços compridos, a voz ardente — leu o que dele, de ti e de nós todos está escrito nos livros proféticos, deu um grande brado, e sitiou a Igreja Católica.

TU ÉS PETRUS. O universo recebeu tua marca até o fim dos tempos. Tudo já está encarnado. E tudo existe para os eleitos.

Universal

Minha alma já recebeu o sinal glorioso — por isto mesmo ela se dilata e quer rebentar seus limites. O poeta não se conforma em ser um indivíduo definido, com situação marcada numa classe, numa época, num temperamento. Eu quisera ter nascido desde o princípio dos tempos — e ser a soma de todos os corpos e de todas as almas. Eu quisera ser ao mesmo tempo operário e rei, criança e patriarca, profeta e missionário, assumir todos os aspectos da vida, desde a extrema humildade até à majestade máxima — e transformar o ódio em amor, o mal em bem — confundindo-me com a sombra do Ente absoluto.

À Virgem Maria

Minha mãe me deu a vida da matéria, o conhecimento das coisas naturais. Tu, Maria, primeira teóloga, primeira poetisa, tu que encerraste em teu seio a sabedoria do Verbo de Deus, me deste a vida do mistério, o conhecimento do dogma. Tu és o molde onde Deus se fundiu, e por isto tens sido e serás até o fim dos tempos o molde dos predestinados, dos santos, dos poetas. Todos os membros do Corpo Místico de Jesus Cristo são teus filhos, e foram e continuarão a ser paridos sobrenaturalmente por ti, Virgem e Mãe. O impulso do meu ser para tua Pessoa, tornada infinita pela isenção do pecado original, estancará minha sede dos amores que acabam. Em ti amarei, ó Inatingível! todas as mulheres que existiram desde a criação do mundo, desde Eva até Regina minha musa, intercessora entre mim e ti, como tu, Arquimusa, Arquimulher, Esposa do Espírito Santo, o és entre mim e teu Filho e nosso Redentor Jesus Cristo.

A segunda vinda

Ele virá ainda uma vez no fim do último tempo. Virá dominando o céu, a terra, as almas, os cérebros, o fogo, a água. À sua vista os homens sentir-se-ão de novo consolados. Ele fará voltar o amor ao coração dos homens. Ele será o definitivo Esposo de todas as esposas, o Pai de todos os órfãos, a Luz de todos os cegos, a Palavra de todos os mudos, o Ouvido de todos os surdos, o Equilíbrio de todos os revoltados, o Justificador dos profetas, dos mártires, dos santos.

Virá com grande glória e majestade. Sua simples presença transformará os bons em maus. E converterá todos os descrentes. Quanto aos mornos, ele os vomitará de sua boca. Reunirá tudo o que se achava disperso desde o princípio do mundo. E ressuscitará os mortos no último dia para julgá-los, trazendo em sua companhia as almas e os corpos gloriosos dos poetas que sofreram, sofrem e sofrerão afim de anunciar a plenitude do Verbo de Deus.

Alpha e Ômega

1 — O Espírito de Deus fecunda as águas.
2 — A mãe do poeta sai do arco-íris tocando piano.
3 — O poeta nasce anunciado pelo cometa de Halley.
4 — O poeta é alimentado por três mulheres no deserto.
5 — A noiva do poeta morre numa tempestade marítima.
6 — O poeta confabula com Ismael sobre o princípio, o meio e o fim.
7 — O poeta encontra a Musa Berenice e inaugura o estado de febre permanente.
8 — Três mulheres juram ao poeta amor eterno.
9 — O poeta recebe de Deus ordem de pregar a poesia eterna.
10 — O poeta entoa um cântico novo a Deus Amor.
11 — O poeta decifra a Esfinge da vida e abraça o Cristo.
12 — É dado ao poeta o grande poder sobre o lirismo na terra, no mar e no ar.
13 — O poeta veste os nus espirituais.
14 — Três mulheres apontam ao povo o coração do poeta.
15 — O coração sacerdotal do poeta transfunde-se nos corações alheios.
16 — O poeta separa o bem do mal e estende a mão aos dois mundos.
17 — O poeta define-se e julga-se.
18 — O poeta morre e justifica-se perante Deus.
19 — O corpo do poeta entra glorioso na Comunidade Universal dos Santos.
20 — Ouve-se o riso triunfante da Imaculada Conceição.
21 — A unidade encerra-se na Trindade.
22 — O Espírito de Deus transforma a face do universo.

Rio de Janeiro, 1936

A poesia em pânico (1936-1937)

Poema visto por fora

O espírito da poesia me arrebata
Para a região sem forma onde passo longo tempo imóvel
Num silêncio de antes da criação das coisas.
Súbito estendo o braço direito e tudo se encarna:
O esterco novo da volúpia aquece a terra,
Os peixes sobem dos porões do oceano,
As massas precipitam-se na praça pública.
Bordéis e igrejas, maternidades e cemitérios
Levantam-se no ar para o bem e para o mal.

Os diversos personagens que encerrei
Deslocam-se uns dos outros, fundam uma comunidade
Que eu presido ora triste ora alegre.

Não sou Deus porque parto para Ele,
Sou um deus porque partem para mim.
Somos todos deuses porque partimos para um fim único.

Amor — Vida

Vivi entre os homens
Que não me viram, não me ouviram
Nem me consolaram.
Eu fui o poeta que distribui seus dons
E que não recebe coisa alguma.
Fui envolvido na tempestade do amor,
Tive que amar até antes do meu nascimento.
Amor, palavra que funda e que consome os seres.
Fogo, fogo do inferno: melhor que o céu.

A danação

Há fortes iluminações sem permanência.
A parte da Graça é tão pequena
Que me vejo esmagado pelo monumento do mundo.

Quem me ouvirá? Quem me verá? Quem me há de tocar?
Chorai sobre mim, sobre vós e sobre vossos filhos.

A fulguração que me cerca vem do demônio.
Maldito das leis inocentes do mundo
Não reconheço a paternidade divina.
Eu profanei a hóstia e manchei o corpo da Igreja:
Os anjos me transportam do outro mundo para este.

O impenitente

Quem me consolará no mundo vão?
Homens, tenho convosco a relação da forma.
Nuvem sólida, rosa virginal, água branca
E tu, antiga sinfonia aérea,
Pertenceis ao anjo, não a mim.
Eu digo ao pecado: Tu és meu pai.
Eu digo à podridão: Tu és minha irmã.
A presença real do demônio
É meu pão de vida cotidiano:
Minha alma comprime a aleluia gloriosa.

Hóstias puras,
Inutilmente vos ergueis sobre mim.

O exilado

Meu corpo está cansado de suportar a máquina do mundo.
Os sentidos em alarme gritam:

O demônio tem mais poder que Deus.
Preciso vomitar a vida em sangue
Com tudo o que amaldiçoei e o que amei.
Passam ao largo os navios celestes
E os lírios do campo têm veneno.
Nem Job na sua desgraça
Estava despido como eu.

Eu vi a criança negar a graça divina
Vi meu retrato de condenado em todos os tempos
E a multidão me apontando como o falso profeta.
Espero a tempestade de fogo
Mais do que um sinal de vida.

A destruição

Morrerei abominando o mal que cometi
E sem ânimo para fazer o bem.
Amo tanto o culpado como o inocente.
Ó Madalena, tu que dominaste a força da carne,
Estás mais perto de nós do que a Virgem Maria,
Isenta, desde a eternidade, da culpa original.
Meus irmãos, somos mais unidos pelo pecado do que pela Graça:
Pertencemos à numerosa comunidade do desespero
Que existirá até a consumação do mundo.

Os três círculos

Não encontro minha paz na igreja.
Tu, monge, não podes me dizer o que o Cristo me dirá:
Recolheste d'Ele a menor parte.
E o Seu corpo e o Seu sangue
Não fazem circular a vida no meu corpo e no meu sangue.
Tu, mulher, criatura limitada como eu,
Recebes a melhor parte do meu culto.

Eu te amo pela tua elegância, pela tua mentira, pela tua vida teatral,
E nem ao menos posso repousar a cabeça na pedra do teu corpo.
Só tu, demônio, nunca me faltas nem um instante.

O saque

Eu sou o meu próprio escândalo contínuo,
Eu mesmo destruo minhas imagens e me atiro pedras.

Que há entre ti e mim, Filho do Altíssimo?
O mundo inteiro é tua arena.
Eu tenho só uma vida que se repete à toa.

Quebrei a comunhão dos santos. Que me trazem os homens?
Escrevem apenas o mal e o terror no livro da vida.
Poeta, recorda-te; o espírito imundo que anda nos lugares áridos.

(E vós me dizeis que virgens calmas
Balançam-se nos jardins celestes.)

Ai dos ateus
Ai dos filhos de Deus
Ai dos que vão nascer.

A condenação

Todos os frutos que minha alma apetecia
Se afastam de mim pouco a pouco.
Serei precipitado ao mar com uma bruta pedra,
Os navios e a bela passageira não me verão.
Deus precisa da minha vida e da minha morte,
Deus se reserva o esplendor do diadema.
Ai de mim! ai de mim! que vi sempre as constelações em maiô,
Que nunca vi Maria na sua glória de imaculada,
Que vi toda a verdade por imagens.

Minha alma será lançada no tanque de fogo,
Hei de me comunicar enfim com os outros
Na coletividade do inferno.

O homem visível

Os fantasmas renascem estátuas de metal e de pedra.
Eu sou meu companheiro no deserto,
Trago o capuz de grande Inquisidor
E a matraca — minha consciência que veste os já vestidos
E deixa os que têm frio mais friorentos.
Do alto parapeito incandescente
Vomitarei o mundo posterior ao pecado.
Tragam o microfone e minha túnica branca,
Antes que amordacem os órfãos da consolação.
Atravessarei o fogo a cabeleira de Berenice a muralha do tempo
Dita a palavra essencial
Amanhecerei árvore.

O renegado

Cortina que vela a face de Deus,
O céu fecha-se violentamente sobre mim.

Música, música da tempestade.
Os sentidos irrompem clamando
"Tirai-me tudo, ou dai-me tudo."

Que tenho eu com a sociedade dos meus irmãos?
Acaso serei responsável pela sua vida?
Sou o membro destacado de um vasto corpo.
Sou um na confusão da massa insaciável:
Entretanto vejo por todos, penso por todos, sofro por todos.
Fui destinado desde o princípio à expiação.
Quis salvar a todos — e nem pude me salvar.

Evocação

Aparece no céu uma mulher-cometa
Olhai o rabo de prata que ela tem
Semeai as crianças para vê-la
Preparai as músicas inocentes de outrora...

Ah, quem me dera ir na vertigem da mulher-cometa.
... Não és tu que soluças no corredor escuro
Porque abafaram tua alma, e a noite inteira rezas?
Tu mesma que vais consolar a nudez das estátuas,
Foste a musa do rio, cantas canções para os peixes
E usaste pela primeira vez na cidade um gramofone.

Que me importam os sinais da comunidade
Se posso enlaçar o busto da mulher-cometa?
Corro ao teu encontro na areia branca do mar:
Eu sou teu anunciador desde os temos remotos.
Se eu não te vir ninguém te verá — eu te aponto
Ao lavrador dos astros, à galera dos anjos,
Ó mulher-cometa, que não sabes que existes.
Distingo a sinfonia e o coro que sobe do mar,
Vejo as Madalenas germinando em torno de mim,
Ó cabeleiras, mares do sul, olhos opacos,
Já embarquei. Larguem o pano! A aventura começa.

Segunda natureza

1

A figueira estéril voa carregada de frutos
A Vitória de Samotrácia abre os braços na amplidão
Os navios confabulam soltando a cabeleira ao vento
A múltipla sinfonia avança para mim
Com os quadris em sinos e violoncelos
A mulher de aço me interroga nas altas serras,
Deverei decifrar o seu enigma.

Há uma conspiração nas ondas, nas plantas e nas pedras.
Eu dei a mão aos dois mundos:
Aponto para a estrela Vênus desde o princípio do século
E recebo um sacramento de poesia.

2

Minha alma é um globo de fogo
Que se consome sem acabar.
Meu corpo é um estrangeiro
A quem levo pão e água diariamente.
Da penitenciária dos homens me fazem sinais.
Quase ninguém existe!

Mulher

Mulher, o mais terrível e vivo dos espectros,
Por que te alimentas de mim desde o princípio?
Em ti encontro as imagens da criação:
És pássaro e flor, pedra e onda variável...
Mais que tudo, a nuvem que volta e se consome.
Dormir, sonhar — que adianta, se tu existes?
Se fosses forma somente! És ideia também.
Ah, quando descerá sobre mim a paz antiga.

O primeiro poeta

Carne cansada!
E eu com os olhos desmedidamente abertos,
O coração aberto desde o amanhecer da vida.
Antes eu tivesse dormido um sono fundo
E o Criador fizesse nascer uma mulher do meu flanco,
Apresentando-me essa mulher filha da noite.
Ó Adão, só tu foste ao mesmo tempo pai, mãe, irmão, esposo e amante.

A esfinge

Ó Deus,
Eu nasci para ser decifrado por ti.
Com um pé no limbo, o coração na estrela Vênus e a cabeça na Igreja
Espero tua resposta desde o princípio do mundo.
Também tu nasceste para mim:
Com tua medalha ao peito, para não esquecer minha origem,
Percorro arfando este deserto.
A palavra definitiva deverá surdir de teus lábios
Ao menos no instante da minha morte.

Horóscopo

Fêmina
Cristina
Nosso imã
Eu ainda não falei de ti;
Gravei teu nome no meu peito
No sol na lua nas nuvens
Interroguei Vênus e Marte em conjunção.

Meu amor vai começar
Desdobrado em todos os que te amam
Depois que te apontei ao mundo.
Nossas bocas
Nossos corações
Nossos enigmas são teus.
Depois que te respiram
Todos se sentem mal
Diante de suas esposas de suas amantes de suas noivas
— Porque as comparam contigo.
Serás celebrada em prosa e verso
Fotografada pintada esculpida filmada
Provocarás a desproporção e o desespero
Contribuindo para a maior angústia do mundo
A fim de que seja servida a voracidade de Deus.

Metafísica da moda feminina

Tudo o que te rodeia e te serve
Aumenta a fascinação e o enigma.
Teu véu se interpõe entre ti e meu corpo,
É a grade do meu cárcere.
Tuas luvas macias ao tacto
Fazem crescer a nostalgia das mãos
Que não receberam meu anel no altar.
Tua maquilagem
É uma desforra sobre a natureza.
Tuas joias e teus perfumes
São necessários a ti e à ordem do mundo
Como o pão ao faminto.
Eu me enrolo nas tuas peles nos teus boás
Rasgo teu peitilho de seda
Para beijar teus seios brancos
Que alimentam os poemas
Entreabro a túnica fosforescente
Para abrigar no teu ventre glorioso
Que ampliou o mundo ao lhe dar um homem a mais.
Teus vestidos obedecem a um plano inspirado
Correspondem-se com o céu com o mar as estrelas
Com teus pensamentos teus desejos tuas sensações.

A natureza inteira
É retalhada para ornar teu corpo
Os homens derrubam florestas
Descem até o fundo das minas e dos mares
Movem máquinas teares
Soltam os aviões nos ares
Lutam pela posse da terra matam e roubam pelo teu corpo.
O mundo sai de ti, vem desembocar em ti
E te contempla espantado e apaixonado,
Arco-íris terrestre,
Fonte da nossa angústia e da nossa alegria.

Tudo o que faz parte de ti — desde teus sapatos —
Está unido ao pecado e ao prazer,
À teologia, ao sobrenatural.

Poesia do ciúme

Eu nunca poderia aplacar esta ânsia absoluta,
Esta gana que tenho de ti
— Mesmo se te possuísse.
Eu tenho ciúme do teu pai e da tua mãe,
Eu tenho ciúme daquele que te desvirginou,
Eu tenho ciúme de Deus
Que fundiu o molde da tua alma rebelada,
De Deus que me matando poderia
Extinguir enfim meu ciúme
Na noite total sem pensamento e sem sexo.

Ecclesia

Berenice, Berenice,
Uma Grande mulher se apresentou a mim
E te faz sombra.
Ela exige de mim
O que tu não podes exigir.
Ela quer a minha entrega total
E me oferece viver em corpo e alma
A encarnação, a paixão, o sacrifício e a vitória.
Desenrola diante de mim a liturgia do mundo,
Querendo que eu tome parte nela contra mim mesmo.
Berenice, Berenice, tua rival me chama,
Ataca-me pelos cinco sentidos,
Desdobrando diante de mim a toalha da comunhão.
Eu recuo aterrado
Porque não me permites, Berenice,
Comungar no teu corpo e no teu sangue.

Poema do fanático

Não bebo álcool, não tomo ópio nem éter,
Sou o embriagado de ti e por ti.
Mil dedos me apontam na rua:
Eis o homem que é fanático por uma mulher.

Tua ternura e tua crueldade são iguais diante de mim
Porque eu amo tudo que vem de ti.
Amo-te na tua miséria e na tua glória
E te amaria mais ainda se sofresses muito mais.

Caíste em fogo na minha vida de rebelado.
Sou insensível ao tempo — porque tu existes.
Eu sou fanático da tua pessoa,
Da tua graça, do teu espírito, do aparelhamento da tua vida,
De ti se desdobrando em todas as idades.
Eu quisera formar uma unidade contigo
E me extinguir violentamente contigo na febre da minha, da tua, da nossa
[poesia.

O amor sem consolo

1

Não quero me livrar de ti
Só não te perdoo porque não me dás a amargura absoluta
Não tens o poder de me extinguir com um gesto, um olhar
E a minha esperança e o meu desespero
Não estão fundados em ti.
Antes de eu te conhecer Deus já me havia marcado
Não és meu punhal nem meu bálsamo
Não sou mais que um rejeitado de Deus, de ti — e de mim.
Talvez eu ame em ti o que tens parecido comigo.

2

Berenice, Berenice,
Existes realmente? És uma criação da minha insônia, da minha febre,
Ou a criadora da minha insônia, da minha febre?
Berenice, Berenice,
Por que não terminas tua crueldade, dando-me a palavra de vida,
Ou por que não começas tua ternura, impelindo-me ao suicídio?

3

Minha amiga cruel e necessária, Berenice,
Deixa-me descansar a cabeça no teu seio
E sonhar um instante que não existo,
Que não existes, que não existe Deus,
Nem o mundo, nem o demônio, nem a vida, nem a morte.

4

Eu te acompanho em teus anseios e em teu tédio.
Eu te olho com o olhar de quem herdou a solidão
Porque nunca estás em mim e comigo.
A natureza nos separou
Somente o sobrenatural poderá nos unir.

A casa dos Átridas

Levem-me da casa dos Átridas, levem-me desta varanda
De onde vejo rir o mar limitado e cruel.
Levem-me desta casa de prazer e de angústia
Onde os filhos se levantam contra os pais
Onde os irmãos ardem em febre pelas irmãs
E os pais suicidam-se por causa das filhas.
Levem-me destas salas coloniais, espaçosas e brancas,
Onde os espíritos do mal confabulam atrás das cortinas,
Senão me despencarei das cortinas, me enforcarei como meu tio,
Arrastando na minha queda a nostalgia dos poetas.

Até quando deverei opor a minha nudez
Ao mistério da Tua insaciabilidade?

Nada tenho para Te oferecer, senão os crimes de outrem.
Ah! Dinamitem a casa dos Átridas, para que se dissolva
A espessura das gerações anteriores.

A usurpadora

Eu tenho solicitude filial pela Igreja
E sofro quando vejo os seus membros manchados.
Eu quisera ser o grande Vociferador da Igreja
E andar pelas ruas gritando que ela não é amada:
Ai de mim! Que trago no peito a imagem de Berenice
Distribuindo o desconsolo, a tristeza e o desespero,
E recolhendo sempre com a impassibilidade de um ídolo
O violento amor e a ternura que eu deveria consagrar à Igreja.

Poema espiritual

Eu me sinto um fragmento de Deus
Como sou um resto de raiz
Um pouco da água dos mares
O braço desgarrado de uma constelação.

A matéria pensa por ordem de Deus,
Transforma-se e evolui por ordem de Deus.
A matéria variada e bela
É uma das formas visíveis do invisível.
Cristo, dos filhos do homem és o perfeito.

Na Igreja há pernas, seios, ventres e cabelos
Em toda parte, até nos altares.
Há grandes forças de matéria na terra no mar e no ar
Que se entrelaçam e se casam reproduzindo
Mil versões dos pensamentos divinos.
A matéria é forte e absoluta
Sem ela não há poesia.

O resgate

Vós que pensais atacar as igrejas,
Vinde a mim, incendiai-me.
Eu sou uma igreja em ruínas que vai submergir
— Não na água do batismo e da Graça. —
Apontai para meu corpo, altar do sacrifício,
Para minha cabeça que guarda todas as imagens,
Para meu coração ansioso de se consumir em outros.
Ó filhos transviados do mesmo Pai celeste,
Aqui estou eu... perdoo a todos e não me perdoo.
Queimai-me.

A um poeta

Eu te emprestarei minha musa:
Estou ansioso por te ver alterado por ela.
Quero que se transfira a ti um pouco do seu mistério,
Quero que me procures para longas confidências,
Quero espiar na tua fisionomia
Um reflexo da minha angústia desdobrada.
Quero te sentir meu irmão no sofrimento,
Quero te abraçar com ela, misturando nossa respiração e tristeza.
Também tu hás de esbarrar ante a muralha de pedra,
Aprenderás o desconsolo, serás forte e ampliarás tua alma.

O mau samaritano

Quantas vezes tenho passado perto de um doente,
Perto de um louco, de um triste, de um miserável
Sem lhes dar uma palavra de consolo.
Eu bem sei que minha vida é ligada à dos outros,
Que outros precisam de mim que preciso de Deus.
Quantas criaturas terão esperado de mim
Apenas um olhar — que eu recusei.

A vida futura

A morte é meu talismã,
Ninguém poderá mo arrancar:
Nem Berenice, nem o demônio nem o próprio Deus.
É uma alta fulguração ideia fixa
A vista dessa mulher que não foi gerada
E que permuta os corpos no universo.
Morrerei para que outros venham,
Pagarei meu tributo de filho da carne e do pecado,
E das minhas cinzas nascerão puros poetas
Transformando em seu espírito minha vida sem tempo.

Nós

Eu e tu somos o duplo princípio masculino e feminino
Encarregado de desenvolver em outrem
Os elementos de poesia vindos do homem e da mulher.
Nós somos a consciência regendo a vida física:
Atingimos a profundeza do sofrimento
Pela vigilância contínua dos sentidos.
No nosso espírito cresce dia a dia em volume
A ideia que fomos criados à imagem e semelhança de Deus
E que o universo foi feito para nos servir de cenário.

Enigma do amor

Olho-te fixamente para que permaneças em mim.
Toda esta ternura é feita de elementos opostos
Que eu concilio na síntese da poesia.

O conhecimento que tenho de ti
É um dos meus complexos castigos.
Adivinho através do véu que te cobre
O canto de amor sufocado,
O choque ante a palavra divina, a antecipação da morte.

Minha nostalgia do infinito cresce
Na razão direta do afastamento em que estou do teu corpo.

Somos todos poetas

Assisto em mim a um desdobrar de planos.
As mãos veem, os olhos ouvem, o cérebro se move,
A luz desce das origens através dos tempos
E caminha desde já
Na frente dos meus sucessores.
Companheiro,
Eu sou tu, sou membro do teu corpo e adubo da tua alma.
Sou todos e sou um,
Sou responsável pela lepra do leproso e pela órbita vazia do cego,
Pelos gritos isolados que não entraram no coro.
Sou responsável pelas auroras que não se levantam
E pela angústia que cresce dia a dia.

Os dois estandartes

Vejo sempre à minha frente dois estandartes
Túnica negra de Berenice,
Túnica vermelha da paixão de Deus.
Os dois estandartes cruzam-se no ar:
Tumulto! Eu sou a multidão,
Clarins! Clarins clamando à vitória!
Eu sou o grande Inquisidor perante mim.
Precipito-me para abraçar os dois estandartes ao mesmo tempo:
Ai de mim, o demônio me aponta o vazio.

Morte

É doce o pensamento da morte
Quando o corpo exausto de prazer ou de dor

Sofre os seus limites.
É doce o pensamento da morte
Quando o espírito enfraquecido pela revolta
Não se aplaca nem mesmo diante de Jesus.
Morte, suave música da morte,
Devolve-me ao sono inicial de antes do pecado.

Não quero os cantos celestes nem a palma da glória.
Talvez eu queira o nada absoluto:
(Até mesmo o pensamento da morte ainda é vida.)

Quatro horas da tarde

Não vejo ninguém vivo nesta cidade enorme:
Daqui a cinquenta anos estarão todos no cemitério.
Vejo somente a água, a pedra fixa
Que me transportam ao princípio do tempo.

Quem são estes fantasmas que se movem nas ruas
Agitando bandeiras, levantando os braços, tocando tambores?
Quem são estes velhos que andam de velocípede,
Quem são estes bebês empunhando machados?

Procuro a amiga tão bela e necessária.
Se não está comigo, em mim, é porque não existe.
Ó minha amiga, surge em corpo, senão acreditarei
Que também eu próprio não existo.

De quem é este manto de púrpura que arrastam no chão?
Não é para mim, talvez para um operário.
Cubramos com ele o sexo de Madalena
Que me espera num porão da Idade Média.

Um manequim assassina um homem por amor.
Sete pianos ululam na extensão do asfalto.
Um arcanjo sólido descerra o vale de Josafá
Apresentando-me à última mulher que existirá no mundo.

Círculo

Eu me precipitarei das três Igrejas, candelabro ardente,
Carregando comigo o mistério oculto nas entrelinhas do Livro.

Minhas narinas atrairão o cheiro poderoso
Que vem do ventre da terra parindo novos amores e novas mortes.

Voarei pelos ares
Vigiarei — olho fértil — a formação das árvores e a migração das estrelas.

Hei de andar sem norte nem sul
Até que se complete em mim a estatura da Graça.
Hei de espirar a Rosa.

Sentado na esfera azul
Terminará o castigo:
E começarei então para mim mesmo.

O amor e o cosmo

O céu se desenrola como teu vestido.
Este frêmito de amor, incorporado a nós,
Vem do sol e caminha para a lua.
Grito teu nome no espaço para me acordar:
Berenice!
És tu quem circula no ar
És tu quem floresce na terra
És tu quem se estorce no fogo
És tu quem murmura nas águas
Tu és quem respira por mim.

No teu corpo reacende-se a estrela apagada,
A água dos mares circula na tua saliva,
O fogo se aquieta nos teus cabelos.
Quando te abraço estou abraçando a primeira mulher.

Sol e lua,
Origem berço cova.
Teu corpo liga o céu e a terra,
Teu corpo é o estandarte da voluptuosa vitória.
Teu nome reconcilia os dois mundos.

Conhecimento

A marcha das constelações me segue até no lodo.
Estendo os braços para separar os tempos
E indico ao navio de poetas o caminho do pânico.
Quem sou eu? a sombra ambulante de meus pais até o primeiro homem,
Quem sou eu? Um cérebro deixado em pasto aos bichos,
Sou a fome de mim mesmo e de todos,
Sou o alimento dos outros,
Sou o bem encarcerado e o mal que não germina.
Sou a própria esfinge que me devora.

Viver morrendo

Eu preciso da paciência dos prisioneiros
Que há vinte anos olham o azul através das grades.
Preciso da esperança de Maria
Sentindo no seio a germinação do Salvador do mundo.
Preciso me revestir da estabilidade da pedra
Para ver o movimento imóvel, o deserto sem cardo...

O estrangeiro

Em toda parte vejo esta mulher, até nas nuvens:
O céu é um grande corpo azul e branco de mulher.
Esta mulher não me vê, e o céu não me ouve.
Quem recolherá meu clamor, quem justificará minha existência?
Os que esperam por mim nos degraus das igrejas,

No campo, na prisão, no hospital, no deserto,
Morrerão sem me ver. Como espalharei o consolo
se entravaram meu andar, se algemaram meus pulso
E meu olfato febril já pressente as violetas.
Se a ideia de semear para outra vida
Pesa mais sobre mim que uma cortina de chumbo.

A uma mulher

Não tendo podido te criar
Nem tendo sido criado por ti
Eu me vingo do destino enxertando-me no teu ser.
Jamais conseguirás te libertar de mim
Porque eu te sitiei com a chama do amor,
Porque rondei durante dias e noites o Coração de Deus
A fim de extrair dele o segredo da ternura.
Todos os que te olham pensam logo em mim,
Todos os que me olham pensam súbito em ti.
Eu sou tua cicatriz que nunca se há de fechar.
Eu te perseguirei até depois da minha morte
E virei a ti no murmúrio dos ventos, no lamento das ondas,
Na angústia e na alegria dos poetas meus sucessores,
Nas almas grandes limitadas pelo físico.
Sentado nas nuvens eternas eu te esperarei
E me nutrirei através dos tempos da nostalgia de ti.

Igreja mulher

A igreja toda em curvas avança para mim,
Enlaçando-me com ternura — mas quer me asfixiar.
Com um braço me indica o seio e o paraíso,
Com outro braço me convoca para o inferno.
Ela segura o Livro, ordena e fala:
Suas palavras são chicotadas para mim, rebelde.
Minha preguiça é maior que toda a caridade.

Ela ameaça me vomitar de sua boca,
Respira incenso pelas narinas.
Sete gládios sete pecados mortais traspassam seu coração.
Arranca do coração os sete gládios
E me envolve cantando a queixa que vem do Eterno,
Auxiliada pela voz do órgão, dos sinos e pelo coro dos desconsolados.
Ela me insinua a história de algumas suas grandes filhas
Impuras antes de subirem para os altares.
Aponta-me a mãe de seu Criador, Musa das musas,
Acusando-me porque exaltei acima dela a mutável Berenice.
A igreja toda em curvas
Quer me incendiar com o fogo dos candelabros.
Não posso sair da igreja nem lutar com ela
Que um dia me absorverá
Na sua ternura totalitária e cruel.

O átomo

Agasalha-me à sombra do teu corpo.
Aninha-me entre teus seios,
Aquece-me no calor do teu ventre.
Coisa ínfima, quero ficar perto de ti:
Pássaro que fugiu da tempestade.

Eu sou uma moeda que Deus deixou rolar no chão.

Grega

A mais antiga e mais novíssima das mulheres
Impregnou de sua perturbação estas salas
Onde o panejamento, os móveis, os lampiões,
Gravuras e candelabros me levam a outra época,
Debruçada à janela de pedra minha amiga olha o mar.
Recosto-me ao seu ombro, buscando a origem primitiva,
O oposto da mulher maternal e complexa

Que fecundou o mundo de consolação e de ternura.
Ela é sólida como esta pedra, variável como este mar.
Sinto que sua alma atônita me comprime, nem respiro.
Esta máquina de sofrimento coberta com uma túnica branca
Pesa mais sobre mim do que este céu, esta pedra e este mar.
Tem mais ritmo talvez do que a onda do mar.

O amante invisível

Quero suprimir o tempo e o espaço
A fim de me encontrar sem limites unido ao teu ser,
Quero que Deus aniquile minha forma atual e me faça voltar a ti,
Quero circular no teu corpo com a velocidade da hóstia,
Quero penetrar nas tuas entranhas
A fim de ter um conhecimento de ti que nem tu mesma possuis,
Quero navegar nas tuas artérias e confabular com teu sangue,
Quero levantar tua pálpebra e espiar tua pupila quando acordares,
Quero baixar a nuvem para que teu sono seja calmo,
Quero ser expelido pela tua saliva,
Quero me estorcer nos teus braços
Quando os fundamentos da terra se abalarem nos teus pesadelos,
Quero escrever a biografia de todos os átomos do teu corpo,
Quero combinar os sons
Para que a música da maior ternura embale teus ouvidos,
Quero mandar teu nome nas flechas do vento
Para que outros povos te conheçam do outro lado do mar,
Quero forçar teu pensamento a pensar em mim,
Quero desenhar diante de teus olhos
O Alfa e Ômega nos teus instantes de dúvida,
Quero subir em ramagem pelas tuas pernas,
Quero me enrolar em serpente no teu pescoço,
Quero ser acariciado em pedra pelas tuas mãos,
Quero me dissolver em perfume nas tuas narinas,
Quero me transformar em ti.

Meu duplo

1

A edição que circula de mim pelas ruas
Foi feita sem o meu consentimento.
Existe a meu lado um duplo
Que possui um enorme poder:
Ele imprimiu esta edição da minha vida
Que todo o mundo lê e comenta.

Quando eu morrer a água dos mares
Dissolverá a tinta negra do meu corpo,
Destruindo esta edição dos meus pensamentos, sonhos e amores
Feita à minha revelia.

2

O meu duplo sonha de dia e age durante a noite,
O meu duplo arrasta correntes nos pés.
Mancha todas as coisas inocentes que vê e toca.
Ele conspira contra mim,
Desmonta todos os meus atos um por um e sorri.
O meu duplo com uma única palavra
Reverte os objetos do mundo ao negativo do FIAT;
Destrói com um sopro
O trabalho que eu tenho de diminuir o pecado original.
Quando eu morrer o meu duplo morrerá — e eu nascerei.

3

Eu tenho pena de mim e do meu duplo
Que entrava meus passos para o bem,
Que sufoca dentro de mim a imagem divina.
Tenho pena do meu corpo cativo em terra ingrata,
Tenho pena dos meus pais
Que sacrificaram uma existência inteira
Pelo prazer duma noite.
Tenho pena do meu cérebro que comanda
E de minha mão que escreve poemas imperfeitos.

Tenho pena do meu coração que explodiu de tanto ter pena,
Tenho pena do meu sexo que não é independente,
Que é ligado ao meu coração e ao meu cérebro.
Eu tenho pena desta mulher tirânica
Que me ajuda a ampliar o meu duplo.
Tenho pena dos poetas futuros
Que se integrarão na comunidade dos homens
Mas que nos momentos de dúvida e terror
Só terão como resposta o silêncio divino.

4

Ó meu duplo, por que me separas da verdade?
Por que me impeles a descer até a profundeza
Onde cessaram as formas da vida para sempre?
Por que insinuas que o sorriso da criança já traz a corrupção,
Que toda esta ternura é inútil,
Que o homem usará sempre a espada contra seu irmão,
Que minha poesia aumenta o desconsolo em torno de mim?
Ó meu duplo, por que a todo o instante me ocultas a Trindade?
Ó meu duplo, por que murmuras sutilmente ao meu ouvido
Que Deus não está em mim porque está fora do mal, do tédio e da dúvida?
Por que atiras um pano negro na estrela da manhã,
Por que opões diante do meu espírito
A temporária Berenice à mulher eterna?
Ó meu duplo — meu irmão — Caim — eu admito te matar.

Doce enigma

Doce enigma da morte,
Tu que nos livras da criatura,
Desta angústia do pecado e da carne.
Doce enigma da morte,
De ti, contigo e por ti é que eu vivo.
Julgamento, inferno e paraíso:
Sois menos necessários ao poeta.
A minha morte

É também a morte de todas as mulheres que existem comigo,
Aquela que eu amo e não me ama,
Aquelas que eu não amo e me amam.
Morte, salário da vida.
Doce enigma da morte.

O poeta julga sua poesia

A grandiosidade do mundo cresce em fogo na minha cabeça.
Pelo espírito faço levantar o sol com um aceno,
As plantas começam a germinar dentro de mim,
A estrela parte dos meus olhos,
Deus é andado, processado, crucificado e ressuscitado no meu ser:
Mas não tenho nos braços a bela e singular Regina.

Eu sinto crescer em mim e na minha vida
A mórbida poesia que vem da irrealização.
Estou detestando esta grande poesia negativa.
Antes quisera uma existência serena com Regina
E contemplar meu amor desdobrado física e espiritualmente
Num filho de nós dois.

Poema passional

Fora do tempo eu assistia
Ao nascimento das tuas sensações,
Ao nascimento dos teus filhos no teu ventre
E ao diálogo entre o Criador e o Destruidor.

Foi permitido o sítio e o saque da tua alma,
Foi permitido o corte da tua cabeleira pesada,
Fizeram uma cicatriz nos braços que abracei.
Tentaram-te muitas vezes além do extremo limite.
E eu te amei ainda mais porque saquearam tua alma,
Porque te atribuíram o impudor das perdidas,

Porque golpearam teus braços, teus cabelos,
Porque te vi sem ânimo e sem cor na mesa de operação,
Porque és alternativamente soberba e resignada.
E eu te amei ainda mais pela centelha contínua
Que transparece nos teus atos, nos teus movimentos,
No teu corpo, nos teus gestos, na tua vida.
E eu te amei sem condições, por isso reinas
Sobre minha alma incontida de poeta.
És, talvez sem querer, o laço enigmático
Que me prende à ideia essencial de Deus.

Futura visão

Apresentam-me o livro da tua vida
Escrito por dentro e por fora:
Sou digno de romper os sete selos.
Logo na primeira página
Paro três anos em êxtase
Diante da tua fotografia.
A lua e o mar adormecem a meus pés.
Tudo o que evoco vai nascendo ao gritar o teu nome
Berenice! Berenice!
E choro muito
Porque não existe ninguém digno de te olhar.

Alguém me segura à beira do abismo,
Contém minha impaciência e me desarma o braço:
Deverei assistir ao que se descreve no livro.
Terás que parir fisicamente e espiritualmente na desgraça,
Beberás o cálice da injúria e das abominações,
Vestida de púrpura serás sentada no trono da solidão.

Eu devoro o livro, que amarga minhas entranhas.
Glorificai-a! Glorificai-a!
Esta é minha súplica de sempre.

O Princípio vem sobre as nuvens em fogo
E clama para mim e para todo o universo:
Tudo será perdoado aos que amaram muito.

Poema condenado

Eu te respiro por todos os poros:
Mulher, estás em todos os lugares.
Prefiro me danar a um dia te perder de vista.
Teu vestido desdobrado esconde a Cruz.
Se este sortilégio acabasse eu me mataria.

Tua existência é a justificação do mundo:
Para que vale o sol
Senão para dar vida à matéria que te cerca,
Para que vale a lua
Senão para aumentar tua palidez,
Para que valem as flores
Senão para serem enfeitadas por ti,
Para que valho eu
Senão para permanecer teu poeta,
Para que vale o paraíso
Se não estiveres a meu lado?

Antiguidade

Quero voltar para o repouso sem fim,
Para o mundo de onde saí pelo pecado,
Onde não é mais preciso sol nem lua.
Quero voltar para a mulher comum
Que abriga a todos igualmente,
Que tem os olhos vendados e descansa nas águas eternas.
Quero voltar para o princípio
Que nivela vida e morte, construção e destruição,
Diante do qual não existe lei nem marco.

Quero viver sem cor nem forma, peso ou cheiro,
Fora da alegria e da tristeza.

Eu sofro a terrível pressão do que existiu,
Do que não existiu e do que existirá.
Eu mesmo aperto os três círculos do inferno
Neste trabalho de escavação do universo
Pelo qual me aproximo das origens.

Começo

Uma vasta mão me sacudirá na manhã pura.
Talvez eu nasça naquele momento,
Eu que venho morrendo desde a criação do mundo,
Eu que trago fortíssimo comigo
O pecado de nossos primeiros pais.

O espaço e o tempo
Hão de se desfazer no vestido da Grande noiva branca.
Serei finalmente decifrado, o estrangeiro da vida
Descansará pela primeira vez no universo familiar.

As metamorfoses (1938-1941)

Ao meu amigo
Wolfgang Amadeus Mozart

LIVRO PRIMEIRO
AS METAMORFOSES (1938)

O emigrante

A Henri Michaux

A nuvem andante acolhe o pássaro
Que saiu da estátua de pedra.
Sou aquela nuvem andante,
O pássaro e a estátua de pedra.

Recapitulei os fantasmas,
Corri de deserto em deserto,
Me expulsam da sombra do avião.
Tenho sede generosa,
Nenhuma fonte me basta.
Amigo! Irmão! Vou te levar
O trigo das terras do Egito,
Até o trigo que não tenho.
Egito! Egito! Amontoei
Para dar um dia a outrem:
Eis-me nu, vazio e pobre.
A sombra fértil de Deus
Não me larga um só instante:
Levai-me o astro da febre:
Eu vos deixo minha sede,
Nada mais tenho de meu.

À janela

Ó altas constelações,
Nuvem prenhe de fantasmas,
Preguiçosa onda do mar,
Friíssima noite, lua!
Minhas irmãs elementares,

Tendes mãos, ouvidos, boca,
Murmurais doces cantigas
Que os homens decifrarão
No rodízio do universo,
Entre revoadas de anjos,
Quando soarem os clarins
Que despertarão os mortos
E a alma se reunir
Ao corpo que apodrecera.

Minha órfã

Porque não quis te olhar, ficaste cega.
Sei que esperas por mim
Desde o tempo em que usavas tranças e brincavas com arco.

Sei que esperas por mim,
Mas eu não quis te olhar,
Porque me debrucei sobre o mito de outras,
Porque não me sabes dar, pobre amiga,
O sofrimento e a angústia que formam a catástrofe.

Roxelane, Roxelane:
Porque tens olhar morto e cabelos sem brilho,
Boca sem frescura e sem expressão,
Eu te desdenhei e não ouvi teu apelo,
Teu último apelo vindo da solidão e da infância remota.

Roxelane, Roxelane:
Tua tristeza recairá sobre mim, assumirei tua orfandade,
Conhecerás o gozo e verás desdobrar-se a esperança,
Enquanto eu recolherei para sempre
A tua, a minha e a miséria de outros,
Triste e apagada Roxelane, vitoriosa Roxelane.

Canção

Para o Oriente do amor
Meus sentidos aparelham.

Bandeiras azuis, vermelhas,
Cruzaram-se no horizonte.
De onde vem tal embriaguez,
Que aurora terei tomado?
Vem do fundo de mim mesmo,
Vem da minha alma correndo.

Minha amada na varanda
Arrulha, me faz sinais.
Voo com abril nas mãos,
Para continuar o ciclo
De antiga revolução:
Aboli as dissonâncias,
O sentimento renasce
Como no início do mundo.

R.

Vens, toda fria do dilúvio, com dois peixes na mão.
És grande e flexível, na madrugada acesa pelos arcos voltaicos.
Tua posteridade danou-se e foi expulsa dos templos serenos
Onde atualmente só se ouvem
Cânticos de guerra e pregações do inferno.
Vens, toda fria do dilúvio,
Semear a discórdia nas choupanas e nos palácios.
Vens para minha maldição, para me indicar o abismo
Onde ficarei só e triste, sem pianos.

Jerusalém

Jerusalém, Jerusalém,
Quantas vezes tentei abrigar no coração
Todos os meus anseios para Deus,
Como a ave abriga a ninhada debaixo das asas:
E tu não quiseste, mundo,
Tu não quiseste, carne,
Tu não quiseste, demônio.

Jerusalém, Jerusalém,
Morro de sede à beira da fonte,
Morro de fome debaixo da mesa coberta de pães.

Em vez de sinos festivos
Ouço sirenes de aviões.
Em vez de santa eucaristia
Recebo granadas de mão.
Os mitos do mal desencadeados sobre mim
Me envolvem sem que eu possa respirar.

Jerusalém, Jerusalém,
Recolhe meu último sopro.

Ideia fortíssima

Uma ideia fortíssima entre todas menos uma
Habita meu cérebro noite e dia,
A ideia de uma mulher, mais densa que uma forma.
Ideia que me acompanha
De uma a outra lua,
De uma a outra caminhada, de uma a outra angústia,
Que me arranca do tempo e sobrevoa a história,
Que me separa de mim mesmo,
Que me corta em dois como o gládio divino.
Uma ideia que anula as paisagens exteriores,

Que me provoca terror e febre,
Que se antepõe à pirâmide de órfãos e miseráveis,
Uma ideia que verruma todos os poros do meu corpo
E só não se torna o grande cáustico
Porque é um alívio diante da ideia muito mais forte e violenta de Deus.

Companheira

Companheira, dou-te as sombras que me acompanham,
Todas as sombras criadas pelos vivos.
Companheira, dou-te a alegria
Do que nada tem a esperar do esforço humano.
Dou-te a cantiga do asilado,
O suspiro do menino que olha em vão
O velocípede do menino vizinho.
Dou-te a nostalgia de quem soltou papagaio
Em épocas muito remotas.
Companheira,
Dou-te a tristeza do que nada achou na sua primeira comunhão.
Dou-te o desconsolo do que está sendo destruído
Pelos crimes que não cometeu,
Pelos crimes de outros em época distante.

Pastoral

Traze a sandália e o bordão para passearmos no campo sereno.
Somos contemporâneos de raças extintas,
Viemos de torres golpeadas e de hóstias profanadas.
Até que desçamos para os rios invisíveis
Convém dançar entre os humanos, comer o pão e o mel.
Os imortais nos aguardam nas esferas da música:
Muitos pássaros, muitas luas viajantes têm nostalgia de nós.
Esquadrilhas de mitos são enviadas para nos protegerem.
Hospedamos companheiros imprevistos,
O Máscara de Ferro, Nosferatu,

Ou então a Órfã do Castelo Negro.
As fontes esperam nosso sinal para murmurarem,
E os germes da peste se contêm ante a nossa benção.
Paz aos corpos insaciados de amor, aos membros genitais em delírio:

Suspendei de novo no azul a gaiola dos anjos,
Voltem de novo os lírios do vale em lugar dos fuzis.

Estudo nº 1

Na tarde preguiçosa um pensamento de amor
É doce como um pensamento de morte
Quando as sereias adejam nas ondas,
Quando as pombas brancas arrulham no telhado
E os navios chegam, não convidam à viagem,
Trazem víveres para os órfãos do terremoto.
O ar é transfigurado por sinais funestos.
Ficaremos aqui, amiga noturna,
Esperando que Deus nos abale a vontade
Com a erosão dos sentimentos, a translação da ideia
Que gira de um mundo a outro: angustiada.

Mulher no campo

A manhã suspende guizos
No teu colo, cantam flautas
Atrás de cortinas azuis.
Há sombras pelos caminhos,
Murmura o gênio do bosque:
Sabendo que vais passar
A colina agita os ramos.
Travestida em camponesa
Nasceste há pouco da terra.
Surgem amoras da tua boca,
Teu riso dá cor ao mundo.

Deixaste longe a espessura,
Aceitas sem resistência
O domínio da água, da luz.

Misturas-te às plantas do vale,
Debruças-te à beira da fonte,
Fazes sinais para a nuvem,
Conversas com a pomba-rola.

O engenheiro retificou
Os caminhos para andares,
Continua a ação divina.

A manhã suspende flores
No teu colo, cantam flautas
Atrás de cortinas azuis.

O poeta futuro

O poeta futuro já se encontra no meio de vós.
Ele nasceu da terra
Preparada por gerações de sensuais e de místicos:
Surgiu do universo em crise, do massacre entre irmãos,
Encerrando no espírito épocas superpostas.
O homem sereno, a síntese de todas as raças, o portador da vida
Sai de tanta luta e negação, e do sangue espremido.
O poeta futuro já vive no meio de vós
E não o pressentis.
Ele manifesta o equilíbrio de múltiplas direções
E não permitirá que algo se perca,
Não acabará de apagar o pavio que ainda fumega,
Transformando o aço da sua espada
Em penas que escreverão poemas consoladores.

O poeta futuro apontará o inferno
Aos geradores de guerra,
Aos que asfixiam órfãos e operários.

Corrente contínua

Decifremos o código da Criação.

Há um telégrafo surdo
De rosa a rosa, de pássaro a pássaro, de estrela a estrela.

Assaltam-me todos os sonhos
Que existiram desde o princípio do tempo.
Meus braços acolhem migrações de sereias.

Sou um campo onde se decide a sorte dos fantasmas.
Não me podes dispensar, crescimento do mito:
É preciso continuar a trama fluida
Pela qual Lilith, Ariadna, Morgana receberão o alimento.

Vinde beber no meu peito,
Cavaleiros andantes e volantes deste século,
Mulheres sem asilo, corações mutilados, Antígona.
Ó vós todos que temeis a força da matéria,
Comparsas de ópera, musas desprezadas dos poetas,
Nuvens anônimas: procurai minha sede.

Inspiração

Ó Deus, fecha-me as pálpebras
À contemplação do ódio.
Espírito, abre-me as pálpebras
À renascença do mundo,
Adestra meus membros lassos
Para atravessar o céu
À procura da centelha
Que dirigirá os poetas.
Soem tambores de paz,
Descerrem-se claras cortinas,
Some, visagem do tédio,

Vive, corpo siderado,
Glória da humana Maria,
Crianças dançando, flores!

Estudo nº 2

Solidão, és a paz ou a mina da guerra?
Um Gênio de ópera remove catástrofes dentro de mim:
Auroras se levantam de muletas
Sobre imensas planícies em formação.
A antiga serpente insinua palavras terríveis.
Preso entre dois choques, invoco o Tudo ou o Nada.
Eu quisera me remir,
                    a esperança me acena,
O céu pode se abrir em dois, e o fim do mundo...

Idílio

A noite adulta abre os cachos de pensamentos
Na árvore convulsionada dos amantes
Suspensos pelas últimas notícias de guerra.
Ao longo do corpo flexível da moça magra
Perpassam reflexos de aviões, o amor é triste.
Os pianos viram tambores rufando a marcha *Danúbio vermelho*
E os antigos portões de madressilva
São entradas disfarçadas para os subterrâneos
Onde a família ansiosa se reúne
A fim de ensaiar máscaras contra gases mortíferos.

Nuvem

Palma glorificadora, que te avanças numa nuvem,
Não quero te colher, porque não sais de Deus.
Mulher amorosa, que me estendes os braços numa nuvem,
Vais te entregar a outro que te enlaça o busto.

Antiga nuvem, és o princípio da dança,
A construção do real, a poesia do pobre.
Ó nuvem, fértil contadora de histórias:
Quantas noites te observei,
Quantas manhãs me consumi te acompanhando.
(Os homens marchavam para seus negócios
Ou então para a matança dos irmãos.)
Nenhum dançarino dançou nem dançará como danças,
Nuvem plástica no passado e no futuro,
Confidente da minha história, da minha funda insônia,
Confidente dos meus amores golpeados,
De tudo o que alcançamos e perdemos — nuvem.

Estudo nº 3

Abre-se a luz em rosácea,
Tristeza do homem, glória de Deus.

Este fio de água cantando
Vem das fontes primitivas.
Um coro invisível de pássaros
Alterna com escalas de piano.

Os homens se ocultam,
Os anjos se manifestam.
A grande dignidade das pedras
Exclui arcos de triunfo.

Observa a janela aberta:
Quantos braços e seios,
Quantos cabelos e torsos,
Quantas vidas obscuras a habitaram.

Deus me dá sua fome e sede:
Não morrerei eternamente.

Poema lírico

Amiga, amiga! De braço dado atravessamos o arco-íris.
Quem nos dá esta força que nos impele acima do mar e das montanhas?
Deixamos lá embaixo os bens materiais e a violência da vida.
Amiga, amiga! Teu rosto é semelhante à lua moça,
Há nas tuas roupas um cheiro bom de mato virgem.
Tua fala saiu da caixinha de música dos meus sete anos,
E te empinas no azul com a graça dos papagaios que eu soltava.
Ó amiga! Deixamos o reino dos homens bárbaros
Que fuzilam crianças com bonecas ao colo,
E eis-nos livres, soprados pelos ventos,
Até onde não alcançam os aparelhos mecânicos.
Unidos num minuto ou num século, que importa.

Agarrados à cauda de um cometa percorremos a criação.
Teu rosto desvendou os olhos comunicantes.
Não há mistério: só nós dois sabemos nosso nome,
E as fronteiras entre amor e morte.
Eu sou o amante e tu és a amada.
Para que organizar o tempo e o espaço?

O espectador

Eu me envolvo numa nuvem e suscito os fantasmas
Para a inquisição dos vivos que destroem a poesia.

Que fazes de tuas mãos criadas para a oferenda,
Que fazes de teus olhos, comunicantes da estrela,
Que fazes da tua boca talhada pra receber o Verbo?
Profanas teu corpo e impedes o crescimento da tua alma,
Convocas o demônio das cidades malditas,
Semeias pólvora e máscaras contra gases mortíferos.
Que esperarão um dia teus filhos,
Que dura e tenebrosa herança tu lhes deixas...

Ó meus irmãos, travestidos de homens
Dançais a dança do aniquilamento,
E não ouvis o alto coro dos pobres e dos nus,
Ó meus irmãos, criados à imagem e semelhança de Deus.

Estudo nº 4

Quando se acalmará
Esta doença fértil a que chamam Vida?
Não quero soletrar o horizonte
Nem seguir o desenho da onda na areia,
Nem quero conversar flores no campo idílico.
Quero antes correr a cortina sobre mim mesmo,
Transcender minha história
E esperar que Deus remova meu corpo.

Quero tudo, ou nada:
Todas as paixões, todos os crimes, delícias e propriedades.
Ou então mergulhar num saco de cinzas,
Montar num avião de fogo, e nunca mais descer.

Poema bíblico atual

Nós esperamos a formação de trincheiras na nuvem
Esperamos ver os anjos reunindo os elementos
E as filhas do relâmpago empunhando fuzis.

Para que semear a árvore que vai dar a madeira do leito do assassino,
Para que tratar a terra, descobrir o metal destinado às metralhadoras,
Para que alimentar a criança que mais tarde abandonará os pais órfãos?

Deixa crescer a semente que Deus plantou na tua alma
E tua posteridade tranquila se multiplicará
Na proporção das areias do mar e das estrelas do céu.
Reconhece o teu limite e adora a mão do Senhor que te remove
Como um menino remove as peças do seu jogo de armar.

A volta do filho pródigo

Ofício no altar terrestre,
Roseiras dando-se as mãos,
Iluminações na usina.
O filho pródigo
Despenteou as nuvens,
Levanta a saia das árvores,
Abraça o amigo e o inimigo.
Navios batendo palmas
O esperam na enseada.

Ordenam a sinfonia:
Nijinski dançando no arco-íris
Reconcilia o céu e a terra.

Encontros

Os peixes movem as antenas
Para me escutarem,
Os bichos do campo fiam a minha roupa.
Dou uma grande ceia aos pássaros.
Três estátuas de antigo mármore
Surgem do chão da Grécia num abraço.
Recolho na pupila os últimos vestígios do dilúvio.
A dançarina adere ao meu o corpo aprendiz:

Porque o princípio divino se cumpriu,
Porque a morte morreu.
Onde está, ó morte, a tua vitória?

Revelação

A dona da cidade maldita
Penteia os cabelos no relâmpago.
Ó filhos morenos dos mares do sul

Que vos suicidais pelo seu olhar,
Sou vosso cúmplice e vosso irmão:
Somos todos sua vítima.

Que nos adiantam os pianos
E os clarins marchando na manhã?
Espero o fogo, o fogo sobre nós.
Quem troca seu corpo por um pão?
Pedimos água e nos dão veneno.

A dona da cidade maldita.
Lilith, anda solta ao microfone.

Que à sua voz caiam os muros da cidade
E os cães da febre a devorem.
Queremos a visão branca, a imaculada,
Para quebrar o espelho do demônio.

Regina Pacis

Rosa branca do universo, desejada dos povos,
À tua passagem os elementos confabulam.
Através das gerações teu poder se ampliou,
Maria anunciada muito antes de nasceres,

Anunciada pelo homem, pelas aves do campo,
Pela estrela da manhã, pelo sopro de Deus.
Ó tu que percorreste vales e montanhas
Pra estreitar Isabel naquele abraço humano,

Atravessa este mundo mineral e de luta,
Ó Maria admirável, nossa glória, nosso ímã.
Ubíqua Maria, visita o universo de ponta a ponta
E une todos os homens, num abraço elétrico.

Estudo nº 5

Uma criança empinou o arco-íris como um papagaio.
Os pássaros vieram beber no sol
Antes que o demônio acordasse.
Deslocam-se com agilidade as montanhas
Que serenas adejam nas nuvens.

Ó amiga, não há formas pesadas,
Não se opõem o dia e a noite
Quando somos possuídos por uma só Grande ideia
Que asfixia fantasmas e dimensões.

O visionário

Eu vi os anjos nas cidades claras,
Nas brancas praças do país do sol.
Eu vi os anjos no meio-dia intenso,
Na nuvem indecisa e na onda sensual.

À meia-noite convoquei fantasmas,
Corri igrejas de cidades mortas,
Esperei a dama de veludo negro,
Esperei a sonâmbula da visão da ópera:

Na manhã aberta é que vi os fantasmas
Arrastando espadas nos lajedos frios:
Ao microfone eles soltavam pragas.
Vi o carrasco do faminto, do órfão,

Deslizando, soberbo, na carruagem.
O que renegou a Deus na maldição,
Vi o espírito mau solto nas ruas,
Cortando os ares com seu gládio em sangue.

Vi o recém-nascido asfixiado
Por seus irmãos, à luz crua do sol.
Vi atirarem ao mar sacos de trigo
E no cais um homem a morrer de inanição.

À luz do dia foi que eu vi fantasmas,
Nas vastas praças do país do amor,
E também anjos no meio-dia intenso,
Que me consolam da visão do mal.

Começo de biografia

Eu sou o pássaro diurno e noturno,
O pássaro misto de carne e lenda,
Encarregado de levar o alimento da poesia e da música
Aos habitantes da estrada, do arranha-céu e da nuvem.
Eu sou o pássaro feito homem, que vive no meio de vós.
Eu vos forneço o alimento da catástrofe e o ritmo puro.
Trago comigo a semente de Deus... e a visão do dilúvio.

Armilavda

Armilavda, ó doce Armilavda,
Lembras-te do tempo em que descobríamos o universo,
Em que ficávamos na varanda à espera da lua chegar,
Retendo a respiração diante do movimento das ondas?
Em que folheávamos grandes livros de gravuras,
Ou então nos debruçávamos sobre o mapa da terra.
Lembras-te quando te apontei um dia a Áustria,
A Índia com seus palácios e seus deuses,
A China da surpresa e das metamorfoses?

Armilavda,
Sei que te lembras do tempo
Em que íamos para o campo assistir à germinação da semente

(Corrias, solta a cabeleira ao vento,
Tuas pernas eram fortes e polidas
Como as da dançarina que eu vi no ginásio de dança,
E os laçarotes azuis do teu vestido
Se confundiam com as borboletas do mato).
Sei que te lembras do jogo de bilboquê no quarto ladrilhado,
Da noite em que surgiste de dominó para o baile de máscaras,
De nossas primas tocando piano a quatro mãos,
Das chuvas de pedra e do sinal de Deus na nuvem.
Que te lembras de tudo. Das nossas respirações em suspenso,
Das longas confidências no jardim de magnólias,
Do movimento das ondas, lá fora, despenteando a praia.
Sei que guardaste todas as imagens,
Que de vez em quando sobe-te às narinas o cheiro das magnólias
E que reconstituis o nosso tempo antigo.

Armilavda, Armilavda,
O tempo é o mesmo, germina nos campos a semente de outrora,
A lua chega esta noite entre nuvem e presságio,
As ondas lá fora despenteiam a praia.
Armilavda, Armilavda, o tempo é o mesmo:
As espadas dos tiranos retalham as partituras das sinfonias austríacas,
Nos palácios da Índia com seus deuses
Lutam tropas de párias e soldados nus,
Na China da surpresa e da metamorfose
Morrem crianças e velhos metralhados.
Consultáramos tantos mapas, lêramos tantos livros:
Mas não tínhamos lido a história de Abel e Caim.

1999

Estrelas em fragmentos rolarão sobre mim.
Retratos de belas dançarinas serão levados pelo vento
Até a cova rasa em que descanso.
Ninguém pode morrer, que a flor não deixa,
A sombra da árvore não deixa, a pedra e a cruz não deixam.

Tudo começa de novo e existe para sempre.
Eu amei todas e todas me amaram sem saber.
A semente de trigo deu a volta ao mundo
E se levanta em hóstia sobre minha alma sequestrada,

Rio, murmura como no primeiro dia da criação,
Cometa, surge de novo me incorporando ao céu,
Operário, transmite no espaço o coro da humanidade.
Eis que venho sobre as nuvens.

Tocam-se o fim e o princípio:
fiat lux outra vez.

Fim

Eu existo para assistir ao fim do mundo.
Não há outro espetáculo que me invoque.
Será uma festa prodigiosa, a única festa.
Ó meus amigos e comunicantes,
Tudo o que acontece desde o princípio é a sua preparação.

Eu preciso presto assistir ao fim do mundo
Para saber o que Deus quer comigo e com todos
E para saciar minha sede de teatro.
Preciso assistir ao julgamento universal,
Ouvir os coros imensos,
As lamentações e as queixas de todos,
Desde Adão até o último homem.

Eu existo para assistir ao fim do mundo,
Eu existo para a visão beatífica.

A dama branca

Ei-la que surge, taciturna,
Anunciada pelos grandes candelabros que se tocam.
Soam tambores nas nuvens,
Cruzam-se mortos no céu.

O longo vestido branco
Ocupa a linha inteira do horizonte.
Através de gerações e gerações
As mães transmitem às filhas durante o noivado
A ideia do vestido que os bichos do campo teceram.

Ela vem para mim,
Para todos os que admitem vê-la.
Traz o diadema que a separa do comum das mulheres:
Distribui sonhos entre os pobres
E punhais entre os ricos.

Eu a vi, na noite transparente e sem febre,
Quando um clarão ambíguo indicava seu corpo,
E formas desnudas empurravam a lua.

Desde então que percorro arfando o mundo,
Vazio de mim mesmo sem me ver.

Cântico

Homens, irmãos de todos os tempos e países,
Formamos juntos um vasto Corpo
Estendido na história através das gerações.

É no partir do pão que reconhecemos o Senhor,
Na fração da amizade, dos bens mútuos, das palavras de consolo,
Na fração do ritmo contínuo que vem desde o princípio,
Na fração das palavras do poeta, das danças do dançarino, do canto do músico.

É a nós, guias, que compete abrir as portas das prisões,
É a nós que compete transformar as espadas em arados,
É a nós que compete fazer diminuir
O temor e o tremor espalhados pelo mundo.

História

Os mares se contraem,
As nuvens esticam as asas.
O espaço abre-se em sedes e clamores
Dos que nasceram há mil anos
E dos que ainda vão nascer.
Há uma convergência de presságios
Nos jardins cobertos de rosas migradoras
E nos berços onde dormem crianças com fuzis.

O espírito poderoso que fundirá os tempos
Espera, impaciente, nos átrios celestes.

O rito geral

Guardião de sonhos, levantei a aurora,
Advertindo os homens do trabalho inútil.
Tangia os sinos do universo-igreja,
Convocando formas e elementos
Para o ofício geral da poesia.

Vieram a mim os peixes das águas primitivas,
Vieram as enormes borboletas-fadas
Que cobriam de azul o abismo vazio.
Vieram as inspiradoras dos poetas desde o início,
Veio a dália gigante de mil braços.
Veio o Filho do homem dançando sobre as ondas.

Eu dialoguei com eles,
Aprendi a história de todos
E todos aprenderam minha história
Que levaram para o outro lado da terra,
Para o fundo do mar e o céu.

Mundo público,
Eu te conservo pela poesia pessoal.

Tema antigo

Vestindo as nuvens órfãs,
Esticando a pedra eterna,
Dando às fontes de beber,
Eu consagrei o universo.

Alimentei até os sonhos,
Dialoguei com a esfinge móvel,
Fiz florescer o deserto.
Quando vi, não era nada,
Me apalpei, formas se riam
Fugindo ao meu esqueleto.

Foi então que vi o amor
Colado aos braços da morte
Montar no cavalo azul:
A solidão sem ornatos
Me apresentou a mim mesmo.

Aerograma

Viver triste, asfixiado,
Uma eternidade vermelha,
Na tua boca de concha,
Suspenso entre céu e mar.

Colher pássaros no peito,
Soletrar as nuvens calmas
Esperando o raio agir
No limiar do filho pródigo.

Filtrarei um dia os séculos
Que se acumulam no olhar
Até que a pedra suspire
Os segredos da atmosfera.

Sementes de pianos crescem
Pra órfãos que sobem escadas,
Ao passo que peixes azuis
Bebem no oceano do poeta.

A marcha da história

Eu me encontrei no marco do horizonte
Onde as nuvens falam,
Onde os sonhos têm mãos e pés
E o mar é seduzido pelas sereias.

Eu me encontrei onde o real é fábula,
Onde o sol recebe a luz da lua,
Onde a música é pão de todo dia
E a criança aconselha-se com as flores,

Onde o homem e a mulher são um,
Onde espadas e granadas
Transformaram-se em charruas,
E onde se fundem verbo e ação.

Estudo nº 6

Tua cabeça é uma dália gigante que se desfolha nos meus braços.
Nas tuas unhas se escondem algas vermelhas,
E da árvore de tuas pestanas
Nascem luzes atraídas pelas abelhas.

Caminharei esta manhã para teus seios:
Virei ciumento do orvalho da madrugada,
Do tecelão que tece o fio para teu vestido.
Virei, tendo aplacado uma a uma as estrelas,
E, depois de rolarmos pela escadaria de tapetes submarinos,
Voltaremos, deixando madréporas e conchas,
Obedecendo aos sinais precursores da morte,
Para a grande pedra que as idades balançam à beira-nuvem.

Estudo para uma ondina

Esta manhã o mar acumula ao teu pé rosas de areia,
Balançando as conchas de teus quadris.
Ele te chama para as longas navegações:
Tua boca, tuas pernas, teu sexo e teus olhos escutaram.

Só teus ouvidos é que não escutaram, ondina.
Minha mão lúcida sacode a floresta do teu maiô.
Ao longe ouço a trompa da caçada às sereias
E um peixe vermelho faz todo o oceano tremer.

Tens quinze anos porque já tens vinte e sete,
Tens um ano apenas...
Agora mesmo nasceste da espuma,
E na incisão do ar líquido alcanças o amor dos elementos.

Paternidade

Desce dos pensamentos de ódio e maldição,
Desce da fronteira do tédio:
Eu te dedicarei uma vida de espanto,
Eu te dedicarei um buquê de estrelas.
Espero-te continuamente no limiar do universo
Com todas as formas acesas,
Com a sinfonia dos elementos e o coro solene.
Por que não te vestes com a roupa das flores,
Por que não prendes ao pescoço o colar da manhã
Para vires até mim?
Ó filha pródiga,
Sei que procuraste o bem no mal.
Sei que procuraste o infinito no finito.
Vem, filha pródiga,
Encontrarás em mim o pai que não tiveste,
Encontrarás em mim, fundidas para sempre,
A loucura e a lucidez.

Estudo para um caos

O último anjo derramou seu cálice no ar.

Os sonhos caem da cabeça do homem,
As crianças são expelidas do ventre materno,
As estrelas se despregam do firmamento.
Uma tocha enorme pega fogo no fogo,
A água dos rios e dos mares jorra cadáveres.
Os vulcões vomitam cometas em furor
E as mil pernas da Grande dançarina
Fazem cair sobre a terra uma chuva de lodo.
Rachou-se o teto do céu em quatro partes:
Instintivamente eu me agarro ao abismo.
Procurei meu rosto, não o achei.
Depois a treva foi ajuntada à própria treva.

Cavalos

Pela grande campina deserta passam os cavalos a galope.
Aonde vão eles?
Vão buscar a cabeça do Delfim rolando na escadaria.
Os cavalos nervosos sacodem no ar longas crinas azuis.
Um segura nos dentes a branca atriz morta que retirou das águas,
Outros levam mensagens do vento aos exploradores desaparecidos,
Ou carregam trigo para as populações abandonadas pelos chefes.
Os finos cavalos azuis relincham para os aviões
E batem a terra dura com os cascos reluzentes.
São os restos de uma antiga raça companheira do homem
Que os vai substituir pelos cavalos mecânicos
E atirá-los ao abismo da história.
Os impacientes cavalos azuis fecham a curva do horizonte,
Despertando clarins na manhã.

Os amantes submarinos

Esta noite eu te encontro nas solidões de coral
Onde a força da vida nos trouxe pela mão.
No cume dos redondos lustres em concha
Uma dançarina se desfolha.
Os sonhos da tua infância
Desenrolam-se da boca das sereias.
A grande borboleta verde do fundo do mar
Que só nasce de mil em mil anos
Adeja em torno a ti para te servir,
Apresentando-te o espelho em que a água se mira,
E os finos peixes amarelos e azuis
Circulando nos teus cabelos
Trazem pronto o líquido para adormecer o escafandrista.
Mergulhamos sem pavor
Nestas fundas regiões onde dorme o veleiro,
À espera que o irreal não se levante em aurora
Sobre nossos corpos que retornam às águas do paraíso.

Canto amigo

1

Eu te direi: poderás te libertar do peso da vida,
Poderás encontrar um amigo no fantasma que te habita,
Os homens poderão amordaçar os tiranos se quiserem se transformar num só.
Eu te direi: da própria fraqueza emerge a força,
E muitas vezes a renúncia é o esquema da vitória.
Se conhecesses o dom que vem do alto e que afastas!
Por que aumentas o terror que rodeia o teu lar,
Por que em vez dos retratos de poetas
Que prolongam no tempo a corrente do amor e da fraternidade
Suspendes na tua casa fotografias de couraçados e de fortalezas volantes?
Por que acreditas no julgamento dos chefes transitórios do homem?
Por que recusas pão e brinquedo às crianças, dando-lhes granadas?
Que futuro preparas, homem amigo, para teus descendentes?

2

Ó meus irmãos, eu ando entre vós como o sobrevivente duma cidade arrasada.
Ouvi os últimos acordes do meu canto de perdão e de ternura
Antes que os rádios extingam minha palavra com anúncios de guerra.
Ó meus irmãos, eu sou o que não ri, o que não mistifica,
Eu sou o que vos deveria odiar e que vos ama,
Eu sou o que espera a vitória divina sobre as forças do mal
Que agem poderosamente dentro de mim e de vós.

LIVRO SEGUNDO
O VÉU DO TEMPO (1941)

A criação e o criador

O poema obscuro dorme na pedra:

"Levanta-te, toma essência, corpo".

Imediatamente o poema corre na areia,
Sacode os pés onde já nascem asas,
Volta coberto com a espuma do oceano.

O poema entrando na cidade
É tentado e socorrido por um demônio,
Abraça-se ao busto de Altair,
Recebe contrastes do mundo inteiro,
Ouve a secreta sinfonia
Em combinação com o céu e os peixes.

E agora é ele quem me persegue
Ora branco, ora azul, ora negro,
É ele quem empunha o chicote
Até que o verbo da noite
O faça voltar domado
Ao pó de onde proveio.

Quase segredo

A velocidade da luz
Me protege contra o enigma.

Mundo antigo,
(Árvore de campainhas,
Bola azul negra)
Já conheço teu alfabeto
E o que pretendes de mim.

Outrora eu tinha pés,
Caminhava sobre os pianos,
Às vezes até sobre a terra.

Fiz um buquê de mulheres,
Respiro ciúme traição:
Braços e pernas de uma
Estão no torso de outra.

Quem me conhece
Torna-se de repente visível.

A inicial

Os sons transportam o sino.

Abro a gaiola do céu,
Dei a vida àquela nuvem.

As águas me bebem.

As criações orgânicas
Que eu levantei do caos
Sobem comigo
Sem o suporte da máquina,
Deixam este exílio composto
De água, terra, fogo e ar.

A inicial da minha amada
Surge na blusa do vento.
Refiz pensamentos, galeras...
Enquanto a tarde pousava
O candelabro aos meus pés.

Duas mulheres

Duas mulheres na sombra
Decifram o alfabeto oculto,
Ouvem o contraste das ondas,
Falam com os deuses de pedra.

Dançam a roda, murmuram,
Decifram o enigma das sombras,
Uma triste, outra morena,

Ambas são ágeis e esbeltas,
Vestem roupagens de nuvens,
Segredam amores eternos,
Tocam súbito a corneta
Para despertar os peixes.

Duas mulheres na sombra
Encarnando lua e árvore
Decifram o alfabeto oculto.

A vida cotidiana

Espelho fechado,
Manequim de pássaros,
A vida múltipla
Te suga os sonhos:

Cai a cidade
Das prateleiras do céu.

Homem-gaveta
Guardou lembranças,
Guardou laranjas e o rastro
De outros meninos-gavetas.

Três sereias ameaçam o mar.

Cordélia na varanda
Absorve nuvens,
Cospe jasmins.

Operação plástica

Álbum do crime, denúncia:
Maria deixou o rastro na nuvem.

Adeja o pássaro de quatro folhas
Gritando traição.

O Ente sem cor nem nome
Grava sua cor, seu nome.

Para quem telefonar?

Massa de ódio, de intuição,
Liberto-me das faixas de diamante
Para consumir a Poesia:

O vento vem nas minhas asas,
A tempestade sorri.
Deixem dormir Eleonora
No seu quarto onde crescem girassóis.

Manhã metafísica

Os pássaros juntando conchas
Refazem pacientemente as Pirâmides.

A manhã calça luvas de vidro
Para operar a afogada.

Esperas uma carta de fogo
Que te restitua o amor
E te remova do caos.

Como custas a chegar até a tua presença
Através de muralhas de gerações!

A liberdade

Um buquê de nuvens:

O braço duma constelação
Surge entre as rendas do céu.

O espaço transforma-se a meu gosto,
É um navio, uma ópera, uma usina,
Ou então a remota Persépolis.

Admiro a ordem da anarquia eterna,
A nobreza dos elementos
E a grande castidade da Poesia.

Dormir no mar! Dormir nas galeras antigas!

Sem o grito dos náufragos,
Sem os mortos pelos submarinos.

Alcance

Sentado no horizonte
Contemplo as casas fugirem.
A onda que vai e vem
Comunica-se com a estrela,
A primeira estrela de noivado.

A voz côncava de longe
Augura uma noite sinistra.

As sombras circulam em torno
Da pirâmide de pedra,
Marco milenar do Tempo
Que confunde na sua marcha
Monstros, deuses, turbilhões.

Naquele bosque futuro
Duas árvores se abraçam.

Abismo voador

Cordélia semeia pés de nuvem,
Colhe miosótis, gramofones.

Que calma no mapa-múndi,
Ciclone nos teus braços.

O espartilho, o diadema,
Voltam à moda entre as árvores.

Estamos vestidos de alfabeto,
Não sabemos nosso nome.

Cavalos brancos vermelhos
Mastigam o mundo:
Olhai a sombra da terra,
Uma enorme guilhotina.

Galopa fantasma,
Vida contra a vida.

Orfeu

O sino volta de longe,
Desperta a ronda infantil.

Os homens-enigmas passam,
Não reconhecem ninguém.
O mundo muitas vezes
É tão pouco sobrenatural.

Penso nas amadas vivas e mortas,
Penso em suas filhas
Que são um pouco minhas filhas.

Ajudo a construir
A Poesia futura,
Mesmo apesar dos fuzis.

Os planetas vão se aproximando,
Alguém volta para o céu:
O universo é um só.

As penas do vento

Grandeza unida metafísica
Das nuvens e das palmas.

O horizonte sobrevive,
Ninguém te reconstitui.

Os loucos desdobram
Toalhas de sonhos.

Tocaram fogo no prodigioso órgão da montanha,
Os bárbaros odeiam a música.

De joelhos esperança! De joelhos embriaguez.

Uma sombra impaciente
Anula seu par.

O pastor pianista

Soltaram os pianos na planície deserta
Onde as sombras dos pássaros vêm beber.

Eu sou o pastor pianista,
Vejo ao longe com alegria meus pianos
Recortarem os vultos monumentais
Contra a lua.

Acompanhado pelas rosas migradoras
Apascento os pianos: gritam
E transmitem o antigo clamor do homem

Que reclamando a contemplação,
Sonha e provoca a harmonia,
Trabalha mesmo à força,
E pelo vento nas folhagens,
Pelos planetas, pelo andar das mulheres,
Pelo amor e seus contrastes,
Comunica-se com os deuses.

A extensão dos tempos

Respirar flores eternas,
Beber o orvalho dos pianos.

Nesta caminhada longa
Quantas vezes consultei
Aldebarã, Órion, Altair!
Debruçado sobre a noite
Refiz o reino das fadas,
Não fui triste e só na terra.

Contemplo ao longe a fileira
Das amadas que semeei,
E o rastro de Deus nas ondas.
Conduzo sempre comigo
A fração de eternidade necessária.

Fato augusto, prodigioso,
Eu consegui me encarnar.

O círculo fatal

A noite moça
Descobre os pés azuis.

Pela alameda do vento
Surgiram formas de bronze.

A fome a galope caminha,
Sonhos erram procurando
Desesperadamente cabeças.

Estrelas cerram fileiras
Em torno do busto de Altair.

As asas do ouvido fremem:

O caos adivinha
Núpcias com a guerra.

Mundo grandioso miserável.

Vigília

Ninguém moverá para mim
A máquina do sonho e da noite.
Eu a moverei.

Tantos corpos já rodaram...
A caligrafia das constelações é claríssima.
Tantos amores dissonantes
Se alimentaram de mim.

Fui construído a golpes de angústia:
E já vejo se erguer no horizonte

O futuro monumento de cinza
Guardado pelos deuses-estandartes.

Até quando, Ente oblíquo,
Abusarás da minha sede?

Temas eternos

Há sempre um amor procurando seu nome
Na solidão do livro dos tempos.

Há sempre uma veste nupcial
Pendendo da guilhotina da noite.

Há sempre restos do Minotauro
A escurecer os campos tranquilos.

Há sempre um olhar espiando o horizonte,
Um olhar que não foi visto.

Beira-mar

Eu consultei o mito,
Interroguei o céu que marcha:

Debato-me na gaiola do mundo
Até que me envolva o futuro.

Luzes ambíguas dançam,
Homens deslocam os bustos
E a Esfinge prepara lentamente
O avesso da sua resposta.

Onda que vais, onda que vens,
Dá-me notícias de mim mesmo.

Uma mulher

Ela estava no círculo familiar como as outras,
Folheando um livro de gravuras:
A noite nos cercava com seus abismos azuis
E a ideia de quase uma floresta próxima.

Alguém acendeu um candeeiro de petróleo,
As pessoas presentes recuaram no tempo.
Ela se levantou para abrir uma vidraça,
E muito branca, toda vestida de preto,
Seus movimentos ao mesmo tempo lentos e velozes
Fizeram nascer um começo de dançarina ou de gaivota,
Hélices mexendo, mãos a correr no teclado.
Quando sentou-se era outra vez a mulher.

A fatalidade

Quem me conduz meio tonto
Sobre esses campos noturnos
E as florestas de cristal?

Inventaram minha infância
Nas asas da proporção.
Por isso aqui neste mundo
Não cheguei a me destruir.

Por isso aqui neste mundo...
Mas o outro mundo, quem sabe?

Batem-se ângulo e esfera
Na minha cabeça azul:
Guerra ou paz, quem vencerá?

Sairei despovoado
Deste amor e desencanto,
Desta amargura sem véu.

Novos tempos

Deuses impuros renascem
Das cartas dos quiromantes.

A cada passo no escuro
Topamos com o Minotauro
Que rumina impaciente
O resto da nossa sombra.

Tua filha inicia o corpo
À sombra das guilhotinas.

Tornam teu amor invisível
E administram teus sonhos.

A bela e a fera

As flores se contraíram,
O cristal partiu-se em mil.

Da carruagem de raios
Desce uivando o Minotauro.

Da cortina azul da nuvem
Os deuses fazem sinais,
Eu confabulei com eles
— De nada vale o diálogo.

O mundo inteiro se tinge
Do sangue do Minotauro,
Até que a branca Poesia
Lhe mostre o dedo mindinho.

Rua

A rua acesa

Parece-me que conheço esta mulher
Desde o princípio.

Os manequins murmuram,
Vou desfolhando as louras

Os passantes carregam
O peso da vida
Olham-se como inimigos.

Nas asas do vento vêm
Suspiros de órfãos,
Esse antigo clamor.

As notícias do fuzilamento são cortadas
Pela abertura do BARBEIRO DE SEVILHA.
Atrás dos passos nas calçadas
Desfilam os passos dos mortos.

Correm grandes fachos no céu
E esse antigo clamor
Do mais fundo tempo
Nas asas do vento

O andar das mulheres
Perdeu a solenidade
A rua não é mais um palco

Mundo sem infância
Rua acesa.

1941

Adeus ilustre Europa
Os poemas de Donne, as sonatas de Scarlatti
Agitam os braços pedindo socorro:
Chegam os bárbaros de motocicleta,
Matando as fontes em que todos nós bebemos.

Somos agora homens subterrâneos,
Andamos de muletas
Preparadas pelos nossos pais.
O ar puro e a inocência
Estão mais recuados do que os deuses gregos.

Somos o pó do pó,
Fantasmas gerados pelos próprios filhos.
Nunca mais voltará a fé aos nossos corações,
Adeus ilustre Europa.

Tu

Espero-te desde o começo,
Desde o tempo das pianolas,
Desde a luz de querosene.

És meu amor triste e lúcido,
Por ti me vinguei da vida,
Matei a figura estéril
E fiz a pedra florir.

Céu e terra se tocaram
Com grande aplauso do fogo,
Ondas bravas se abraçavam
No início do nosso idílio.

Áspera e doce criatura,
És o arquétipo encarnado
Das mulheres oceânicas
E ao mesmo tempo tranquilas.

Nosso amor será uma luta:
Ao som de clarins vermelhos
Subiremos pelo arco-íris
Semimortos de paixão,
Até encontrarmos o Hóspede.

Abismo

Todos me indicam o caminho contrário.

Bebi na música
E fechei-me a sós com o sonho.

Quando acordei
Haviam destruído os gramofones
E a treva anterior envolvia a cidade.

O mar passava nos braços
Uma pulseira de mortos.

Abri um pé de magnólia
Dando sombra ao Minotauro.
Desde então
Meu peito é zona de guerra,
Fiz um eixo com as estrelas.

A poesia em paraquedas
Tanto desce como sobe.

Mulher

Mulher
Ora opaca ora translúcida
Submarina ou vegetal
Assumes todas as formas,
Desposas o movimento.

Sinal de contradição
Posto um dia neste mundo
Tu és o quinto elemento
Agregado pelo poeta
Que te ama e te assimila
E é bebido por ti.

Tu és na verdade, mulher,
Construção e destruição.

A sala vazia

A sala do antigo teatro
Está aparentemente vazia.

Observem as cariátides,
Querem sacudir seu mundo.

Os lustres balançam,
Suspeitam o novo concerto

E o idílio feroz, imprevisto,
Duma harpa com o piano de cauda.

Maria Helena Vieira da Silva

Diurno e noturno
Longo e breve
Másculo e feminino
Onda e serpente
Água metálica
Chama rastreante
É o bicho que habita
Na escadaria do século
Entre o sibilar das granadas
E a saudade dos minuetos.

Bicho nervoso
Minucioso
Tece uma trama há mil anos
Que se transforma com a luz,
Em contraponto às formas
Da cidade organizada.

E o bicho minucioso
Pesquisa sua perfeição,
Bicho diurno e noturno.

O poeta morto

O poeta retorna
À terra comunicante,
Gladíolos e rosas
Envolvem seu nome
No áspero chão.

Trazei-lhe descantos,
Braçadas de musas.

À sua porta montam guarda
Fogos vindos de dois mundos
À sua mão vêm beber
Nuvens odes migradoras.

Certa mulher

A linha do horizonte
Passa pelos teus cílios
Tua fonte a inquietação murmura

A alta lâmpada do templo balançou
Porque não brincaste nunca mais com o arco
Nos lânguidos terraços

A onda vai e volta
Na esperança de te ver
O trevo de quatro folhas
Achou-te.
Estrelas gêmeas suspiram.

A flecha

O motor do mundo avança:

Tenso espírito do mundo,
Vai destruir e construir
Até retornar ao princípio.

Eis-me sentado à beira do tempo
Olhando o meu esqueleto
Que me olha recém-nascido.

Belas mulheres que amei
Ensaiam o vestido de terra

Para o sono familiar
Na pedra que não se move.
O motor do mundo avança.

Mane Thecel Phares

Passa por mim uma corrente
Feita de suspiros e ais
De seres que nunca vi
E nem sabem que eu existo.

Os homens todos são um.

Passam por mim mutilados,
Cegos, tristes de nascença,
Tantos que não têm amor
Porque não lhes deram amor:

Sem ritmo, cor nem alento,
Nunca tiveram consolo,
Arrastam os corpos pesados
No campo de concentração
Sem nunca encontrarem o Hóspede.

Os bens da terra circulam
Sempre mal distribuídos,
Devemos todos destruir
Essa antiga maldição.

Forma e essência

Podeis vê-la contra a luz:
É um manequim de folhas,
Uma cariátide que se move.
Poucos vestígios do humano.

Entretanto é uma mulher.
Mulher que ri, cose e dança,
E também abre janelas.

Poucos vestígios do humano:
Sei entretanto que à noite
Fala a um ente imaginário,
Move a caixinha de música,
Despertando assim a criança
Que inda dorme dentro dela.

Acordar

Passo a mão pela cabeça
A tempo de ver sumir a última estrela:
A manhã veste a camisa.
Levanto-me vacilando do leito-navio,
Primeiros pássaros oboés.
O monumento do Tempo
Avança feroz para mim.
Sou meu próprio irmão, um homem
Que ainda não foi fuzilado.
Apalpo-me
        Sou eu mesmo
                Quase acordei.

Amor

Os rios falam de ti,
Tantos peixes migradores
Trazem-te cartas do Oriente!

Os anjos circulam suspirando
Em torno da colmeia de teus lábios

Disfarçado em jardineiro
O Hóspede vem te visitar

Preso ao teu corpo dia e noite
Perdi a noção do eu
E te amo tanto que não sei mais
Se me salvo ou me danarei.

O nascimento do mito

1

A menina de cabelos cacheados
Brinca com o arco na nuvem.

Escolho as sombras que bem quero
No perfil das árvores.

Conto as estrelas pelos dedos,
Faltam várias ao trabalho.
Desmontam o universo-manequim:
Alguém moveu Sírius de um lado para outro,
A noite explode em magnólias.

Carregam a areia do mar
Para a ampulheta do tempo.

Escuto as plantas crescerem
E o diálogo sinistro contínuo
Das ondas com o horizonte.

2

Homens obscuros edificam
Em ligação com os elementos
O monumento do sonho
E refazem pela Ode
O que os tanques desfizeram.

Recordação

Lembro-me de uma tarde
Em que pianos furiosos galopam no ar
Em que todas as nuvens
Se aprumam no céu em sentido vertical
Eleonora traja um corpo hostil
Que não vai com sua cara
Espera-se um grande acontecimento
O céu arfa
As primeiras estrelas surgem sem ternura
Ameaçadoras e teatrais

Matam minha antiga namorada
No fim de um beco escuro.

Cordélia

Cordélia tão magra
Mal pousas na terra
Os ventos famintos
Mudaram tua cor.

Às voltas com os jasmins
E o álbum de poesia
Te debruças à janela
Dialogas com o deus
Sereno inefável
Que em combinação com os astros
Presidiu teu nascimento
E se mira nos teus olhos
— Sua bola de cristal.

Que segredos do outro mundo
Tu sabes Cordélia anônima,
Tão doces acordes tiras

No piano do crepúsculo!
As flores bordam tua história
Feita de encantos sutis
E de pequeninos nadas.

Quantas vezes me encontrei
Na palma da tempestade
E tu então me ensinavas
O alfabeto da ternura,
Eu voltando para a luta
Forte da tua fraqueza.

Eu quero te construir nuvem
Mas Cordélia tu és mulher
Às vezes temo por ti
Cordélia tão delicada
Mal pousas na terra
Os cavalos migradores
Um dia te levarão.

A chave

Onde estás eternidade
Nasci para te encontrar

Habituei-me à minha forma
já estou cansado de me ver

Estou cansado de me interrogar
De decifrar as mesmas cores
E de acolher os mesmos sons

Quero os novos elementos.
Onde estás eternidade.

O convidado de pedra

Servi-vos deste relâmpago
Que nunca mais voltará.

A tempestade murmura.

Onde está o meu amor?
Eu sou o convidado de pedra,
Estenderei a todos a mão
No último festim.

Meu amor não voltes mais,
Antecipo meu abandono.
Homens que vos digladiais,
Servi-vos destes relâmpagos.
Lá rompem as núpcias da morte,
Os candelabros das nuvens
Iluminam a maldição.

É o massacre da esperança,
Não há mais um só lugar
Nos abrigos antiaéreos.
Homens tristes meus irmãos
O convidado de pedra
Vos dá a própria mão
Até o espaço do fogo.

A mulher anônima

Lembra-te daquela mulher
Que um dia te acenou do alto de uma varanda,
Daquela forma admirável mas sem nome
Que uma tarde te disse adeus
Enquanto o automóvel parou um minuto na estrada.

Lembra-te da mulher pouco decorativa, mulher simples
Que não tiveste coragem de arrancar violento ao espaço
E que certamente nunca mais tornarás a ver:
Lembra-te da bela mulher que estremeceu por ti
E sê-lhe fiel até o último dia da tua vida.

Telegrama

A curva nos olhos,
O mar na janela,
A mulher que despe a rua.
O grande poeta futuro cai do velocípede.
Triste notícia de guerra:
O ar se condensa de novos elementos,
Há cânticos subindo em espiral.

Captamos inspirações
Que o homem traz há séculos sem saber.

Corpo complexo o mundo
Respira jardins de amoníaco,
Treme o cristal.

Os dois

Distribuímos a tarde em nuvens inefáveis,
Em ondas elásticas — serpentes,
Em gritos da natureza e da alma.

Distribuímos o tão pouco amor...

Descansemos, Companheiro,
À sombra do navio de coral.

Distribuímos corações sangrando,
O pouco de mito que nos resta da verdade,
E ouvimos o clavicórdio alternar-se com a klaxon.

Distribuímos a esperança no último dia
Quando altivos formos restituídos a nós mesmos,
E o som da trombeta terribilíssima
Nos espantar menos que o som de berimbau
Do tempo em que nos vestíamos de marinheiros
E acompanhávamos o voo das andorinhas.

Ombro a ombro Companheiro
Vamos... continuemos a distribuir
Enquanto é dia e ainda estamos juntos.

A primeira comunhão

Nunca tive um dia tão azul assim
Meninos a soltar papagaios
Longínquos sons de flauta
Sinos velozes no sol
O mundo de cabeça para baixo
Aspirava à alegria:

E eu triste estremecendo
Na minha roupa de veludo
Não senti a presença real.

O diadema

Eu quero uma mulher
Para receber o diadema
Construído na perfeição
Quero encontrar uma cabeça
Bela nobre casta e altiva

Filha do povo ou dos deuses
Preciso de uma mulher
Com a majestade no andar
Vasta e lisa a cabeleira
Mulher profunda romântica
Para receber o diadema
Construído pela Poesia.

Aproxima-te.

O coronel Fawcett

Mundo a colonizar,
A esperança acolhe-se à sombra das colunas do tempo.
É preciso conhecer o labirinto:
E o coração pesa
Sem ouvir a flauta mágica.

Espírito que murmuras
Ouve o nome que pronuncio,
Abraça-me na noite opaca
Antes que a lua azul se vá.

Perdi o segredo antigo,
Eis-me só e sem defesa.
Memória de homem
O navio largou.

Outros passam como eu
Procurando a Rosa verde.

Novíssimo Orfeu

Vou onde a Poesia me chama.

O amor é minha biografia,
Texto de argila e fogo.

Aves contemporâneas
Largam do meu peito
Levando recado aos homens.

O mundo alegórico se esvai,
Fica esta substância de luta
De onde se descortina a eternidade.

A estrela azul familiar
Vira as costas, foi-se embora...
A Poesia sopra onde quer.

Radiografia

Não posso exigir de ti
O heroísmo das mulheres russas
Que acompanham o amante até a Sibéria.

Ainda não posso exigir de ti
O ato essencial,
O ato de eternidade
Que te desligará das aparências,
Que te dará o frio a fome e a sede
A aridez e o desconsolo.

Ainda não posso exigir tudo isso de ti
Ó mulher delícia da vida amargura
Porque ainda não tenho toda a caridade
Para comigo mesmo.

Fogo-fátuo

Fogo-fátuo que te desprendes
Não apenas dos cemitérios,
Também dos ossos dos vivos:

Fogo-fátuo aceso pelos ditadores,
Fogo-fátuo errando pelo mundo,
As lágrimas das viúvas e dos órfãos
Um dia te apagarão,

Fogo-fátuo dos vivos.

O navio fantasma

Passou o grande navio
Levando os emigrados
Que nenhum país aceita.

A estrela da manhã vê-se manchada,
Envenenaram as fontes.
Tingiram os corpos de sangue,
Estrangulam até crianças.

Gritei então para o céu:
"Abre-te, ó Pai, como o orvalho,
Manifesta-te violentamente,
Faze voltar o amor ao coração dos homens".

O grande navio
Desapareceu na curva do horizonte
Carregando no seu bojo os amaldiçoados
Que não podem pousar em ponto algum.

E eu estava em pé na areia branca do mar.

Momentos puros

Beber na concha da manhã,
Beber na fonte da música.

Estamos diante de uma vasta muralha
De onde as estrelas fogem a todo galope.

A cidade esvazia os sonhos.
Duas mulheres são dois manequins
Na janela.

Atiro uma braçada de nuvens
No monumento da musa anônima.
Ventos frios ventos brancos
Telegrafam para o Oriente.

Beber na fonte aérea.

A criação feminina

Cristal frio
Bebendo a eternidade
Em teus olhos translúcidos.

Na dignidade da onda
Puseste os pés de poesia
Que as fadas tornearam em séculos.

Tua asa me contorna
Criando os deuses que adejam
No jardim, no navio, no piano,
Por toda a parte onde fica
O rastro do teu fogo Fêmina.

Aeropoema

Pelos caminhos da noite
Mudei as asas de bronze.

O sonho me disse: Bebe,
Que eu sustento a copa amiga.

Quando acabei de beber
Atirou-me a sede ao chão.

A morte de guarda-chuva
Me espera lúcida e fria.

Respirar

Deslocando o ar do meu próprio corpo
Levanto a criança que fui,
Desço até o fundo do mar,
Descubro peixes vermelhos.
Subi ao céu de avião,
Nas varandas do oceano
Inventei o meu amor.

Trazendo o ar para mim
Aspirei todo o prazer,
Em faixas de sons e formas
Dei toda a vida ao meu ser.

Somente com um sopro
Posso criar a desgraça,
Trazer para os meus pulmões
A semente do veneno,
E quando a morte chegar

Encontrará um homem
Que respira a poesia.

Resumo

Atrás da boca
Uma cortina de fel.
Nem às vezes são remédio
As constelações do teu corpo.

Desenhar o céu diurno.

Quem me apresentará o cálice
No qual se bebe a manhã?

Rasgou-se o manto de púrpura.
Resta o diálogo com a sombra,
O encontro do muro espesso
De onde surge um deus amargo
Reclamando o que não fiz.

Aproximação da tempestade

Saio pelos campos de vidro
Respirando o som dos sinos.

Topo miragens augustas
Do tempo que se prepara.
A mão do pobre me olhou,
A nuvem fecha as espáduas.

Nascem raízes do meu corpo.

Um Ente nervoso desenrola
O hieroglifo das idades:

Quando lhe perguntei meu nome
Ouvi um riso no céu.

Memória

Virar a vida pelo avesso.

A fábula com suas raízes
Mergulha na esfera branca.

Passado presente futuro,
Tiro o alimento de tudo.

O diadema da noite
Tecido de madressilvas
Espera núpcias solenes.

Preparam o cristal da música.

Espírito que passas murmurando,
Detém-te, suspende o voo:
Morro de esperar a morte.

Antecipação

As palavras que eu disse
A onda levou.
As palavras que eu não disse
Ficaram.

Ficou o amor dentro de mim
Me interrogando, me assimilando,
Depois renascendo de mim
E eu dele.

O outro veio com a lanterna,
Rolamos na eternidade.

Confidência

Digo-te que me busco em todos os retratos,
Na água de muitos rios
E não me reconheço.

Digo-te que invento o livro de imagens
Para ressuscitar a infância
— Não a verdadeira, mas a que sonhei.

Digo-te que procuro um ponto sobre a terra
Onde o homem possa respirar.

Digo-te que abracei a estátua do Ente dos entes
E que meus braços foram em peregrinação ao desconforto.

Os amantes absurdos

Passai árvores de alumínio,
Vento soprando catástrofe.

Minha amada em bicicleta
Varre as campinas azuis,
Fugindo a uma ideia fixa.
Corro lúcido ao seu encalço,
Atravessando os penedos
Dos corpos de suas rivais.

Nosso encontro medieval:
Duas torres se balançam,
A espantosa Eternidade
Atira flores de cinza
Nos já próximos esqueletos
Que aviões sobrevoam.

Uma nuvem

Quem poderia pintar esta nuvem?
Só mesmo Domenico Teotocopuli
Mergulhando seu pincel no caos,
Ao sopro da sua estranha lucidez.

A nuvem d'agora trazia no seu bojo
O choque violento de dois mundos,
Trazia o dragão e a Virgem,
Trazia as Erínias descabeladas
E o levantar das colunas de púrpura.
Era o sinistro avanço da tempestade
E o pensamento marchando numa noite de insônia.

A nuvem densa e absurda se desfez.
Fiquei só, enrolado em outra nuvem, eterna.

Poema nu

Amor, sinônimo de pobreza,
Amor, sinônimo de poesia.

A grande Ode antiga
Clama no deserto:

O poeta meu servo
É pobre como um sino,
Pobre como um gramofone de 1900.

A poesia é a pobreza,
E o amor sobe para o espaço
Sem ajuda.

Poema em pé

Toda vestida de branco
Magnólia em riste
Investes para mim
Perdi a respiração
Procuro a bússola do inferno
Onde preferia me perder
(Que espaço me reservaram os pobres deuses
Na partilha aérea?)
Toda vestida de branco
És um áspero poema,
Talvez a única alucinação do meu primeiro pai
Ou do último homem.
Toda vestida de negro
Ora esfinge ora pianola.

Poema hostil

Os pés do deserto me alcançam,
Trazem recados das rosas migradoras.
À beira da sombra vigio a matéria,
Trago lendas negras para o meu amor.

Esqueceram as constelações em cima dos cadernos de música.

Subo pelas cariátides
Para derrubar o manequim de Eva
E grito:
O mundo é muito pouco,
Trazei-me os antigos segredos.
Daqui vejo os netos dos que ainda não nasceram.
Quem me tocar perderá a memória.

Anamorfose

Procurei-te Eleonora
Como um simples humano procura a árvore,
Mas que espanto e surpresa!
Tive de cobrir o rosto com a cinza do arranha-céu
E interrogar o hieroglifo da esfinge.

Magnólia cálida
Noite da aurora
Eleonora
Assim fiquei à tua espera
Em pé no monumento de areia
— Meu próprio coração absurdo.
O vento atirava largos véus
Nas constelações de perfil.

Surgiste
Ai de mim!
Dama da Inquisição
Envolta numa camisola de nuvens
Anunciando meu exílio
Antes que os cães da tua febre
Devorem meu corpo
Ao primeiro aceno da manhã.

Visão lúcida

— Debruçado à varanda
Que enxergas no horizonte?

— Órfãos, loucos, aleijados
Em carros tintos de sangue,
Cegos guiados por cegos.

— Que enxergas mais no horizonte?

— Vejo a morte graciosa.

— Vês a morte graciosa?

— Sim, ela inda é muito moça,
Prepara o vestido novo
Para receber a guerra
Que cresce no bojo desta.

Poema abraço

Sim: letra e nuvem
lutam com os sonhos
Pela posse do poema.

O sino da tempestade
Convida a criação às núpcias,
O véu da ternura desce
Sobre a carne inconformada.

A página aberta do livro
Mostra a inicial de Altair.
Responde o clarim augusto:

— Vestida de água e céu
Voas acima do tempo.
No espelho do futuro
Te assisto refletida.
Serás tu mesma? Ou sou eu.

Iniciação

O manto de chumbo voa:
E eu me reconstituí.

Poemas velozes
Explodindo no meu corpo
Batem as hélices
De encontro ao espelho oblongo
Do passado, presente e futuro.

Refiz a criação,
Os mortos me contemplam,
Seguram de novo a cartilha.
De agora em diante
Não tenho mais praias.

No ciclone de magnólias
Chegou a musa sorrindo:
De braço dado com ela
Restauramos o princípio,
Assistimos fulgurantes
Às núpcias de nossos pais.

O avião sacode as penas
Para o juízo final,
Novos mundos já se formam.

A poesia sou eu,
A poesia é Altair,
A poesia somos todos.

Mundo enigma (1942)

Este livro é dedicado a
Maria da Saudade Cortesão

Tobias e o anjo

1

Eles já caminharam muito
Ao som das trombetas pascais,
Mergulhando nas árvores
Que de perto são verdes
Mas têm uma profundidade azul.

Já o grande Peixe investiu contra o moço dançarino.
Já deixaram atrás os muros de Ecbátana
E o perfil de Sara:
O vento varre as omoplatas da pedra.

Da castidade dos sinos
A noite agora surgiu.
O moço caminha só
Nas avenidas desertas.

2

Ó demônio moderno, áspera dama,
Que pretendes enfim que eu te anuncie?
Ao fim dos sinos já encontramos a noite clássica,
E o profundo buquê de nuvens nos acena.

Nunca estaremos sós: pássaros e máquinas,
Vegetais marchando, espíritos desencadeados
Serão para sempre nossos cúmplices.

Do pálido asfalto
Se levanta a morte
Jamais te encontrarei,
Adeus, invisível mundo.

Diurno cruel

1

Servida a sinfonia, poderíamos nos sentar.
Cruel é o azul: de um buquê de vidas
Surge a guerra.

Sinistro panejamento...
Todos pisam em crianças que foram.

2

Miséria, diamante azul, abandono.
Flores despojadas da vida essencial:
Ai que o pensamento da guerra
É para impedir a sede
          E acelerar
          A crucificação.

O hóspede

1

O melhor de mim mesmo
É o anônimo que se queixa sutilmente,
Segredo de fonte chorando na noite.

2

Desce por esta nuvem até o jardim
Espreitar este homem invisível em ti,
Que me ajuda a desmanchar
Todas as construções na areia.
Tem pena dele — trata-o com carinho,
É o teu retrato clássico noutra idade.

Harpa-sofá
(Um quadro de Vieira da Silva)

Repousa na harpa-sofá
A mulher com o filho pródigo,
Sirène bleue nonchalante,
Veio da terra de Siena,
Talvez medieval ou chinesa.
Eis o grande no minúsculo:
Da minha infância é que veio,
Ou do tempo que virá.

Memória

Obscuríssimos quartos
Dando para terraços em azulejos
Onde um homem de couro e seda
Faz sinais para Saturno
E onde moças inconscientes
Mostram o coração

Tatuagens

... Para que o invisível se manifeste.
Para que o relógio possa falar
E os anjos operadores
Descansem da tarefa
De mudar crueldade em ternura.

Natureza

Contempla estas montanhas lavadas
E a luz que desce em oblíqua dança.
Tudo chega de um mundo antiquíssimo
Onde encontraremos pedaços desajustados de fotografias:

Recortes de pensamentos visuais
E um amor que não quer colaborar com a morte
— Vasto pássaro bicando as montanhas lavadas.

Emaús

Sempre és o hóspede — nunca és o rei.
Muito mais derrotado que vitorioso.
Quando chegas e bates ao meu coração
Eu não te reconheço — há luz demais —
Debruço-me sobre as gravuras do caminho.
Quanto te afastas — acompanhado pelo peixe azul —
Quando as formas se movem como num aquário,
Então eu levanto enternecido a lanterna
E logo começo a desejar que voltes,
Fascinado pela tua obscuridade.

Ana Luísa

Ana Luísa
Tuberculosa incomparável
Tens um farrapo de vida
Mas um corpo forte sensual
Uma cabeça vitoriosa
Plantada num tronco largo.

Estás sendo lentamente devorada
Por seres microscópicos
Ana Luísa.

No sanatório usavas lentes escuras
Para esconder teus célebres olhos azul-cinza.
E tinhas medo do definitivo e monumental:
Estendida continuamente na espreguiçadeira,
Da força das montanhas te ocultavas.

De nada te valeu minha ternura,
De nada tua beleza te valeu.

Talvez te tornes para sempre invisível
Agora que eu te arranquei da penumbra dos tempos
Ana Luísa.

Abstração e amor

1

Aproxima-te de mim, dá-me as mãos delicadas
E descansa a cabeça no meu ombro.
É melhor que não desnastres os cabelos,
Os louros, finos e obedientes cabelos
— Essa parte dignificada do teu corpo,
A que melhor resistirá à morte.

Hesito entre o lado diurno e noturno do teu ser.

Aos olhos do homem tu és apenas decorativa,
Mas eu pressinto claramente em ti
A que tem o pudor da sua profundidade,
A que te espera a anunciação dum forte drama
Que dividirá a vida como espada de dois gumes.

2

Talvez seja mais belo e favorável à poesia
Que nunca te manifestes totalmente a mim
E que continuemos a nos ver na obscuridade
Para que eu, guardando a eterna nostalgia de ti,
Jamais possa me sentir saciado.

3

Todos são fascinados pela tua vida visível,
Pela tua aparente suavidade.

Todos são fascinados pelo teu nome:
E ninguém conhece teu verdadeiro nome.

Há entre mim e ti zonas de sombra
Contornadas por anjos divinatórios.
Há entre mim e ti o mínimo necessário
Para assegurar tua invisibilidade.

4

Existes telefonicamente para mim.
Às vezes não consigo te tornar bastante obscura
E me traio, pedindo tua presença.

Quanto mais longe de ti mais te desejo
E te sinto mais branca e invulnerável.

Ainda não és um mito, ainda não estás
Fixada na invisível realidade.

Ante um cadáver

Quando abandonaremos a parte inútil e decorativa do nosso ser?
Quando nos aproximaremos com fervor da nossa essência,
Partindo nosso pobre pão com o Hóspede
Que está no céu e está próximo a nós?

Para que esperar a morte a fim de nos conhecermos...
É em vida que devemos nos apresentar a nós mesmos.
Ainda agora essas coroas, esses letreiros, essas flores
Impedem de se ver o morto na verdade.
Estendam numa prancha o homem nu e definitivo
Restituam-no enfim à sua prometida solidão.

O retrato flutuante

1

És a que dá sempre harmonia,
És a que nada pede, em suspenso,
A que fica na obscuridade das varandas
— Suave e cruel —
Observando o desencadear dos elementos.

Surges quando ninguém te espera,
Surges, gaivota, em branco e negro,
Anunciando ao mesmo tempo
A vida mística e a sensual.

Desapareces deixando um só vestígio:
Partes em pluma, nervosa dançarina,
Cumprir tua invisível missão.

2

Até hoje não me doaste o desespero.
Vaporosa e mineral
Manténs a perspectiva,
Ordenas o segredo.

Todas as saudações te perturbam.

3

Teu corpo é um panejamento
Que te impede a liberdade:
Embora muito humana
Quiseras te despojar

da tua túnica de chumbo.

Antigas navegações te trouxeram
E com um sopro foste restituída
À brancura, à timidez, ao amor impronunciado, dança.

4
Tens terror de ti mesma, do teu poder,
Quando abres o leque da tua boca.
Insensível e sensível
Não acabaste de nascer para mim.

Levanto-me do sonho.
Nunca me viste, desconhecida.

Vida de aço

1
Livres — até do amor —
Prodigiosamente sós
Digo-te: sem véu
Sem medo do terror
Em face à segunda morte
É preciso esperar
A transmutação dos elementos.
(Como dois sonhos justapostos.)

2
Nunca o espírito repousará.
Dança, lei de um e de todos.

O fim igual ao princípio:
Aí nossa visibilidade começa.

A noite de junho

1
Soluço abafando
As campainhas da febre.

Bem cedo me fiz órfão

Para que todos possam bicar meu coração
E o coqueiro dê violetas.

Informe parte de um deus
Quem me ouvirá?

2

Vem do ar minúsculo
Vem da irregular musa distraída
Vem do massacre dos reféns inocentes
Este desejo de subsistir no desconhecido:
Pausa do silêncio
Até que as luzes subterrâneas
Consintam em criar forma.

Ninguém me viu até hoje,
Adeus Maria.

O pensamento descalço

Terribilíssimos dedos
Desdobram vidas paralelas
De sangue mordaça e lágrimas.

O enorme monumento de ódio atinge as nuvens.
O mundo envenenado
Sitia meu corpo exausto
Sem que até agora se distinga
O eco das trombetas vingadoras.

O Criador nos abandona à nossa própria sorte,
Recusando as hóstias profanadas.

A mulher visível

Algo de enigmático e indeciso
Durante anos existiu entre nós,
Uma antemanhã de amor, uma vida sem marco.

Amavas Vermeer de Delft, os gatos e as mazurcas.
Sempre estiveste à espera da doçura,
Mas veio a violência em rajadas,
Vieram o pânico e a febre.

Não te pude ver doente nem morta:
Recebi a obscura notícia
Depois que as roseiras começavam a crescer
Sobre tua estreita sepultura.

Hoje existes para mim
De uma vida mais forte, em plenitude,
Daquela vida que ninguém pode arrebatar
— Nem o tempo, nem a espessura, nem os anjos maus
Que torturaram tua infância árida.

Hoje vives em mim
Com a doçura que sempre desejaste:
Alcanças enfim tua visibilidade.

A janela verde

O monumento voa,
Abrem-se braços
Atrás da cortina.
Tudo volta ao princípio.

De um carro sai um clarim,
De um menino um arlequim.

Mulher do vento galopa,
Ninguém sabe para onde vai.
Caem anúncios das roseiras,
A manhã levanta o busto.

Sigo uma mulher com os dentes
E pergunto qual meu nome.

Uma sombra risca um fósforo.

A árvore augusta e só
Insiste no azul cruel:

A nuvem ficou
Atrás da bicicleta.

Ouve-se um eco,
Triste sanfona.

Nihil

Profundo penoso
Das nuvens do inferno
Surgiu meu destino.

Grandeza não tive,
Nem jeito pra vida.

Nesta noite maquinal,
Ouvinte apenas da guerra,
Sem passado nem futuro,
Odiando o presente,
Me encontro face a face
Com a estátua do pó,
À toa, esperando
A mão do Criador
Finalmente me abater.

Poema aberto

Profundo vale
Do teu segredo
Sem comunicação
Sem corredores:

Nem máquinas de guerra
Podem atingi-lo.

Mesmo até o Criador o respeita
Por isso não move a pedra
De onde voarias
Para um tormento maior.

Lamentação

Nenhum homem tem mais saída:
Antes de nós o dilúvio.
Durante, o tédio no caos,
Depois o épico escuro.
A esperança desespera,
Os olhos não são para ver
Nem os ouvidos para ouvir.

O diálogo virou monólogo,
Meio-dia é meia-noite.
Todos curvados constroem
Suas próprias algemas.
O longo ai das criaturas
Sobe para o céu
Forrado de espadas.

Poema deslocado

1

Ninguém sabe onde terminam
Os caminhos de incêndio
Em que é gostoso dormir.

Perdi-me no labirinto
Para melhor me encontrar.
Os destroços do céu
Desabam sobre mim
                tremor de pensamento.

2

Beber
Beber um grande copo de tuas lágrimas
Até cair no chão.

Morrer para despistar,
Morrer pelo imprevisto,
Pela dama que se apagou.

Terça-feira

Quando nem o visível
Nem o invisível manejam
Sua linguagem de sinais

Quanto até os fantasmas se despedem
Então bruscamente
O tédio inimigo
A alma consome
— Essa alma pobríssima
Que se vira pelo avesso
E raramente se vê.

Fantasia

1

Anjo que precisa de outro anjo,
Espírito que vai anunciar
E ao mesmo tempo espera ser anunciado.

Anjo que segura a palma de seus braços
E se contempla, desdobrando-se ao espelho,

Anjo felino que desconcerto entre sua forma e sua fôrma!

Regressa com as órbitas vazias
Até que possa conhecer-se um dia.

2

És de espuma e seda,
És ao mesmo tempo centelha,
Forma futura do que adivinhei em sonho.

Observo eternamente
O horizonte convexo
Espiando chegares
desdobrada em asa.

Se me amasses
Eu me transformaria no que sou.

Poema claro

A peregrina de vestes brancas
Apresenta-me o manequim do absoluto
Enquanto meus olhos bêbedos de tantas visões
Pedem a desaparição do campo de cadáveres
E da fotografia de massacres e reféns.

Atrás de mim
Alguém se ri da imortalidade:
Sou eu mesmo quem ri no século treze,
Sobrevivendo a tudo que odiei
E que me perseguiu

Sem um doce concerto de violinos

Nem ao menos um buquê de flores.

A fatalidade

Um moço azul atirou-se de um jasmineiro
Os sinos perderam a fala
A fértil sementeira de espadas
Atrai o olhar das crianças

Não existem mais dimensões
Nem cálculos possíveis
O vento caminha
A léguas da história,
As rosas quebram a vidraça.

Demoliram uma mulher
A sons de clarinete.

Escrevo para me tornar invisível,
Para perder a chave do abismo.

Mundo estrangeiro

Dia fantasia
Noite açoite

O homem sai de um ovo
E volta para um saco

Um amor extinto
Procura outro amor extinto
No mapa-múndi

Pesada carruagem
Despede relâmpagos

Talvez da lua te ouçam
Que saudade do futuro.

A noite em 1942

1

Há um sopro geral
Sopro melancólico
De pobre alma
Que se debate
Pulmão se esvaziando.

Noite convexa
Noite de metal e gritos de recém-nascidos,
Mais tristes que de agonizantes.

Tuas penas de amor
Alimentam seres desertos

A fatalidade com pés de bronze
Anuncia as núpcias solenes

— Cerimônia matemática —
Do adolescente e da guerra.

Sopro geral
Pulmão se esvaziando

2

O vampiro Ditador
Semeou espadas
Colhe cadáveres.
Mais exigente que Vênus
Assobiando percorre
Os quatro cantos do mundo.

Todos se olham
Com pupilas de terror,
Malditos que regressam
Da cidade de cinzas.
Estrela azul
Do doce espanto,
Caixa de música da branca infância
Onde vos encontrarei?
Nem no outro mundo
Nem neste.

Inútil dança
Tudo é cruel.

A espada de dois gumes

O oposto chega sempre
Tudo que se não pediu

O invisível insiste
Ninguém lhe enxerga o sinal.

Na planície deserta
Nosso fantasma chora
Sua vida que se desmancha.

Bola azul sopraram-na
Os ventos do malefício.

Espírito puro
Inferno maduro.

Paisagem

Do sino vazio
Voam esquadrilhas de pássaros.

No oco da lâmpada
Irrompe a floresta
(Ninguém para me asfixiar).

O quarto caminha
Até o fundo do horizonte.

O espelho se contrai,
Vãos ornamentos,
Pernas tronco soluços.

O vento e seu enigma

1

O vento transporta
Sementes de ódio,
A cabeça entre dois pontos
Balança, igualmente hostis.

O eco de uma trombeta
Multiplicada por duas.

Coisas frívolas e úteis
O vento enérgico leva.

A cariátide enorme
Carrega o vento que sopra.

2
Vento que andas ventando
Lá para as bandas do sul,
Vento, vê se me transportas
A moça do lenço azul.

3
Talvez que numa época longínqua
Os homens possam inclinar os ouvidos
Para a visitação incessante do vento,
Possam vê-lo, andar com ele de braços
E aprender antigos segredos.
Talvez se reconciliem amor e morte,
O pai e os filhos dispersos pelo vento.

A desejada

1
Sutil, intuitiva, és grande e miserável.
Teu orgulho só é igual à tua timidez.

Eu te veria num convento espanhol
Onde se dance: castanholas em homenagem ao Senhor;
Através do parlatório
Apunhalando os aficionados
Com esses olhos retraídos e lascivos.
Teus dentes afiados, vivos,
Profanariam as hóstias.

Ornamento essencial,
Pela tua finura não pertences a este mundo:
E nunca te entregarás de todo.
Pensas entretanto dia e noite
No amor definitivo
Que até hoje não te foi anunciado.
Entre tua essência íntima e teu destino
O drama se desenrola.

2

Elemento de grandeza,
Enfim conseguiste me alterar.
Não passarei em vão pela tua grade.
Celebro teu encanto cruel,
Tua arte de dissimular.
Teu espírito e finura
— Ó tranquila perturbadora —,
Essa coreografia felina,
Tudo que amo com lucidez,
Tudo que outros vão arrebatar,
Mutilando a golpes implacáveis,
Desfazer em pedaços —
E que a piedosa poesia
Reconstitui antecipadamente.

Poema simples

1

Na feitura do teu ser
Natureza e arte porfiaram.

Alguém deve te decifrar:
Que, puro amor, seja eu.

Talvez também me decifres,
Me faças voltar ao princípio,
E nos encontremos os dois.

Sentado na varanda do abismo
Me encontro agora: pelos teus cabelos
Hei de me fixar à terra.

2

Pura chama coração desconhecido
O desejo de me absorver em ti

De nada deixar para as outras,
O cansaço da mentira, o sonho azul:

Eis Maria da Lucidez o que me move
Eis o que vem ágil voando
Trazido pelos elementos do ar
Até os teus campos de cristal e fogo.

Parente próximo

Quem é esse que se parece comigo
E entretanto não é bem eu?
Nem ao menos é meu duplo,
Nem o aprendiz da poesia,
Nem a substância do fogo.

Mas sim; conheço essas mãos que galopam,
A testa aberta aos quatro sopros do espaço
E sua invenção de um personagem
Provisoriamente eterno,
Vestido com armadura de sombras,
Oferecendo o coração marcado
Às sinistras, distraídas passantes.

Só tu Maria da Lucidez
Poderás desfazer as correntes
E trazer a água cristalina
Até que a morte venha
Suprema castidade.

Poema barroco

Os cavalos da aurora derrubando pianos
Avançam furiosamente pelas portas da noite.
Dormem na penumbra antigos santos com os pés feridos,
Dormem relógios e cristais de outro tempo, esqueletos de atrizes.

O poeta calça nuvens ornadas de cabeças gregas
E ajoelha-se ante a imagem de Nossa Senhora das Vitórias
Enquanto os primeiros ruídos de carrocinhas de leiteiros
Atravessam o céu de açucenas e bronze.

Preciso conhecer meu sistema de artérias
E saber até que ponto me sinto limitado
Pelos sonhos a galope, pelas últimas notícias de massacres,
Pelo caminhar das constelações, pela coreografia dos pássaros,
Pelo labirinto da esperança, pela respiração das plantas,
E pelos vagidos da criança recém-parida na Maternidade.

Preciso conhecer os porões da minha miséria,
Tocar fogo nas ervas que crescem pelo corpo acima,
Ameaçando tapar meus olhos, meus ouvidos,
E amordaçar a indefesa e nua castidade.

É então que viro a bela imagem azul-vermelha:
Apresentando-me o outro lado coberto de punhais,
Nossa Senhora das Derrotas, coroada de goivos,
Aponta seu coração e também pede auxílio.

Poema chicote

Eis o tabuleiro do abismo
Com esfinge, quimera e grifo.

O céu debruado em ódio
Mostra o peito de arlequim.

Eternidade madrasta,
Meu pensamento me queima
Terrível. Já estou com medo
De avançar para mim mesmo.

Nada existe sem amor.

Esposa que te negaste,
É tarde! em torno de mim
O mito rói a realidade.
Cortinas negras abafam
Meu invicto coração.
Ó Deus como tardas a vir
Nas asas do teu enigma!

Nasci para não nascer.

A noite de julho

A noite cúmplice cria em torno de nós o anel de sombra.
Bustos anônimos emergem da vidraça.
Sentados na Sorveteria, de mãos dadas,
Quase fundidas a cabeça loura e a morena,
Lemos os pensamentos de Santa Catarina de Siena
Enquanto os clarins dos jornaleiros anunciam
As notícias do último bombardeio aéreo.
Esperamos que a noite azul decifre
O enigma do nosso hesitante encontro
Entre as colunas do tempo.

Ó amada, dize a palavra que me restitui o mundo.
Que me fará levantar do limbo
E anunciará tua própria missão.

Poema do espanhol

Tua cabeça admirada
Entre minhas mãos

Ó rosto amado
Sacrificado
Vive comigo
Senão me dano.

E meu olhar te apunhala.

Se bem quiseres
Lacrarei minha promessa
Com o sangue que jorra
Do meu coração.

Coberta de cravos
Enquanto as guitarras
Ferem a sombra
Agitando as castanholas
Do teu desprezo
Sobre meu corpo
Tu dançarás.

Perturbação

No limiar do vento hesito:
A lembrança dum antigo amor
Me arrepia e espanta as borboletas.

Estamos transidos de melancolia
Como numa gravura do ano de 1613.

Ouve-se uma conversa atrás do abismo
É Jerônimo o florista
Com a nora do peixeiro.

Desta varanda se descortina o mar noturno
Poderoso.

Entretanto existe alguém mais forte ainda
Carregando conchas de mortos:
O fantasma mecânico da guerra
Que passa
Com seu penacho de fumaça e sangue.

As asas da semente

Sempre mirei
Um ponto alto
— Revelação.

No labirinto
Dos teus primores
Dama de espadas
Me consumi.

Sibilam ouvidos
Por onde marcho
Adeja a escala
Da eterna música.

Tanto espalhei
O meu segredo
Que os peixes todos
Nuvens e ventos
Moças e estrelas
Contando aos outros,
O mundo inteiro
Comunicou-se.

Poesia liberdade (1943-1945)

Aos poetas moços do mundo

LIVRO PRIMEIRO
OFÍCIO HUMANO (1943)

Poema presente

O céu púbere e profundo
Ajunta nuvens de fogo
À tendência dos homens, inquietante:
E um pensamento de guerra
Anula o que poderia vir
Da água, da rosa, da borboleta.

Vergéis tranquilos
Disfarçam espadas.

Sombras pedindo corpos
Esperam desde o dilúvio
O sopro de um puro espírito.
Separam a luz da luz.

Poema estático

Vestir a couraça do céu
E caminhar vigilante
                Mesmo na música.

Ternura, doce rigor,
Alguém acende meu ombro.
Até o silêncio (cristal) pesa.

Confronto-me com o sexo e a sombra.

Formas esperam
Nossa cooperação
No campo fértil

Da funda morte,
Da vida envolvente
Sempre a crescer.

Poema da tarde

A tarde move-se entre os galhos de minhas mãos.
Uma estrela aparece no fim deste meu sangue,
Minha nuca recebeu o hálito fino de uma rosa branca.
Todas as formas servem-se mutuamente,
Umas em pé, outras se ajoelhando, outras sentadas,
Regando o coração e a cabeça do homem:

E dentre os primeiros véus surge Maria da Saudade
Que, sem querer, canta.

Poema antecipado

Harpa de obuses,
Sempre um espírito guardião sobra
Para desenvolver o germe augusto
Que foi criado no princípio,
Para não explodir de febre
E dançar no fogo azul.

Terra e céu, jardins suspensos,
Em dia remoto serão refeitos.
O homem respira a Criação,
O corpo todo verá
(Antes de nascer eu já via).

A manhã

Ninguém sabe se a manhã
Traz promessa de prazer.

Anônimas sanfoninas
Alternam com sábias.

Transformou-se o vento de ontem,
Agora sopra sereno.

Sai um homem para o trabalho,
Saem dois, saem três, saem mil
Pensando na volta.
Ontem não havia
Aquela roseira em pé,
E a carícia d'agora
Desapareceu no ar.

Os braços espantam
Os restos da noite.

A ceia sinistra

1

Sentamo-nos à mesa servida por um braço de mar.

Eis a hora propiciatória, augusta,
A hora de alimentar os fantasmas.
? Quem vem lá, montado num trator de cadáveres,
Com uma grande espada para plantar no peito da Rússia.
Outros estendem bandeiras de todos os países,
Fazem uma cortina de névoa que esconde o cavaleiro andante:
O homem morre sem ainda saber quem é.
A morte coletiva apodera-se da morte de cada um.
A terra chove suor e sangue,
As ondas mugem.

2

O tank comanda o homem.
A alma oprimida soluça
Num ângulo do terror.
Alma antiquíssima e nova,
? Tua melodia onde está.
O pássaro, a fonte, a flauta,
A estrela, o gado manso te esperam
Para os batizares de novo.

Sentados à mesa circular
Aguardamos o sopro do dia.

3

Os mortos perturbarão a festa inútil.
? Quem lhes trouxe ternura e presentes — em vida.
? Quem lhes inspirou pensamentos e amores castos — em vida.
? Quem lhes arrancava das mãos as espadas e o fuzil — em vida.
Agora eles não precisam mais do carinho ou de flores.
Agora eles estão libertos, vivos,
Pisando calmos sobre nossas covas.

Abancados à vasta mesa circular
Comemos o que roubamos aos mortos conhecidos e anônimos.

Canção pesada

A negra pena
Comprime a alma,
Da massa viva
De dores cruéis,
Do amor que punge,
Da glória inútil,
Sutil serpente
Que morde o peito,
Que enrola o homem,

Constringe-o todo,
A negra pena
Que se alimenta
De sangue e fel,
Triste cuidado,
Lembrança amarga
Dos impossíveis,
A negra pena
Sem remissão,
Que, morto o homem,
Lhe sobrevive
Em novas formas,
Antiga pena,
Futura pena,
Eterna pena.

A noite e suas operações

1

A noite popular assume o trono.

A música da sombra cruel
Põe corações em movimento.
Um distante carro fúnebre
Leva cadáveres de flores.

Os sons aprofundam o espaço.

Emerge um cântico de água
Dos jardins subterrâneos.
Duas palmas de coqueiros
Afagam-se com ternura.

2

A massa de prazeres avança sob os véus da noite
Onde costumam nascer uns róseos de manhã:
Surgem mulheres de diversas épocas e formas,
Circulam peixes no céu.
Um clarão de catástrofe contagia os passantes
Que se debruçam sobre o cais.

A morte submarina absolve os torpedeados.

Todas as coisas trazem
Sua lanterna de fogo
à passagem do Consolador
Que desliza oculto e branco.

3

? Quem sou eu em face dos despojos da vida
Para recolher o essencial,
Para calçar os coturnos da revelação
E compartilhar sem coroa de espinhos
O que é privilégio exclusivo do Ente dos entes.

Vermeer de Delft

É a manhã no copo:
Tempo de decifrar o mapa
Com seus amarelos e azuis,
De abrir as cortinas — o sol frio nasce
Nos ladrilhos silenciosos —,
De ler uma carta perturbadora
Que veio pela galera da China:
Até que a lição do cravo
Através dos seus cristais
Restitui a inocência.

O rato e a comunidade

1

O rato apareceu
Num ângulo da sala,
Um homem e uma mulher
Apareceram também,
Trocaram palavras comigo,
Fizeram diversos gestos
E depois foram-se embora.

? Que sabe esse rato de mim.
E esse homem e essa mulher
Sabem pouco mais que o rato.

2

Passam meses e anos perto de nós,
Rodeiam-nos, sentam-se com a gente à mesa,
Comentam a guerra, os telegramas,
Discutem planos políticos e econômicos,
Promovem arbitrariamente a felicidade coletiva.
Conhecem nosso paletó, camisa e gravata,
Nosso sorriso e o gesto de mover o copo.
Têm medo de nos tocar, não conhecem nossas lágrimas.
? Que sabem do nosso coração, do nosso desespero, da nossa comunicabilidade.
Que sabem do centro da nossa pessoa, de que são participantes.
... Subúrbios longínquos, esses homens.

3

Entretanto cada um deve beber no coração do outro.
Todos somos amassados, triturados:
O outro deve nos ajudar a reconstituir nossa forma.
O homem que não viu seu amigo chorar
Ainda não chegou no centro da experiência do amor.
Para o amigo não existe nenhum sofrimento abstrato.
Todo o sofrimento é pressentido, trocado, comunicado.
? Quem sabe conviver o outro, quem sabe transferir o coração.

Ninguém mais sabe tocar na chaga aberta:
Entretanto todos têm uma chaga aberta.

4

Desconhecido que atravessas a rua,
? Que há de comum entre mim e ti.
A mesma solidão e a mesma roupa.
Procuro consolo, mas não podes parar.
És o servo da máquina e do tempo.
Mal sabes teu nome, nem o que desejas neste mundo.
Procuras alguém que seja obscuro e mínimo,
Que possa de novo te apresentar a ti mesmo.

5

A mulher que escolhemos, a única e não outra
Dentre tantas que habitam a terra triste,
Esta mesma, frágil e indefesa, bela ou feia,
Eis o mundo que nos é de novo apresentado
Por intermédio de uma só pessoa.
Esta é a que rompe as grades do nosso coração,
Esta é a que possuímos mais pela ternura que pelo sexo.
E a nada será restaurado no seu genuíno sentido
Se a mulher não retornar ao seu princípio:
É a máquina instalada dentro dela que deveremos vencer.
Quando esta mulher se tornar de novo submissa e doce,
Os homens pela mão da antiga mediadora
Abrirão outra vez um ao outro os corações que sangram.

Ofício humano

As harpas da manhã vibram suaves e róseas.
O poeta abre seu arquivo — o mundo —
E vai retirando dele alegria e sofrimento
Para que todas as coisas passando pelo seu coração
Sejam reajustadas na unidade.

É preciso reunir o dia e a noite,
Sentar-se à mesa da terra com o homem divino e o criminoso,
É preciso desdobrar a poesia em planos múltiplos
E casar a branca flauta da ternura aos vermelhos clarins do sangue.

Esperemos na angústia e no tremor o fim dos tempos,
Quando os homens se fundirem numa única família,
Quando ao se separar de novo a luz das trevas
O Cristo Jesus vier sobre a nuvem,
Arrastando por um cordel a antiga Serpente vencida.

Tempos duros

A aurora desce a viseira:
O monumento ao deserdado desconhecido
Acorda coberto de sangue.

O mar furioso devolve à praia
Alianças de casamento dos torpedeados
E a fotografia de um assassino,
Aos cinco anos — inocente — num velocípede.

Alguém parte o pão dos pássaros.
O ar espesso entre os sinos
Empurra o espanto das árvores.

Longas filas de homens e crianças
Caminham pelas mornas avenidas
Em busca da ração de sal, azeite e ódio.

E a morte vem recolher
A parte de lucidez
Que durante tanto tempo
Escondera sob os véus.

Fábula

Eu falei à fonte, ao pinheiro
E ao mesmo tempo à pastora dançarina:
"Acautelai-vos contra o lobo
Tão sombrio quanto cruel.
Sabei, nem mesmo uma rosa
Na sua inocência virgem
Jamais conseguirá persuadi-lo.
Ele revestiu-se de uma pele branca
E conspira contra os outros lobos.
Não ouçais também os aparentes cordeiros."

Então a fonte, o pinheiro e a pastora dançarina
Perguntaram-me ao mesmo tempo:
"Homem exigente e difícil,
A quem haveremos de ouvir?"

Sereno respondo: "Ouvi vossa própria música".

Murilo menino

Eu quero montar o vento em pelo,
Força do céu, cavalo poderoso
Que viaja quando entende, noite e dia.

Quero ouvir a flauta sem fim do Isidoro da flauta,
Quero que o preto velho Isidoro
Dê um concerto com minhas primas ao piano,
Lá no salão azul de baronesa.

Quero conhecer a mãe-d'água
Que no claro do rio penteia os cabelos
Com um pente de sete cores.

Salve salve minha rainha,
Ó clemente ó piedosa ó doce Virgem Maria,
? Como pode uma rainha ser também advogada.

Poema dialético

1

Todas as formas ainda se encontram em esboço,
Tudo vive em transformação:
Mas o universo marcha
Para a arquitetura perfeita.

Retiremos das árvores profanas
A vasta lira antiga:
Sua secreta música
Pertence ao ouvido e ao coração de todos.
Cada novo poeta que nasce
Acrescenta-lhe uma corda.

2

Uma vida iniciada há mil anos atrás
Pode ter seu complemento e plenitude
Numa outra vida que floresce agora.

Nada poderá se interromper
Sem quebrar a unidade do mundo.

Um germe foi criado no princípio
Para que se desdobre em planos múltiplos.
Nossos suspiros, nossos anseios, nossas dores
São gravados no campo do infinito
Pelo espírito sereníssimo que preside às gerações.

3

A muitos só lhes resta o inferno.
? Que lhes coube na monstruosa partilha da vida
Senão uma angústia sem nobreza, e a peste da alma.
Nunca ouviram a música nascer do farfalhar das árvores,
Nem assistiram à contínua anunciação
E ao contínuo parto das belas formas.
Nunca puderam ver a noite chegar sem elementos de terror,
Caminham conduzindo o castigo e a sombra de seus atos,
Comeram o pó e beberam o próprio suor,
Não se banharam no regato livre.

Entretanto, a transfiguração precede a morte.
Cada um deve assumi-la em carne e espírito
Para que a alegria seja completa e definitiva.

4

É necessário conhecer seu próprio abismo
E polir sempre o candelabro que o esclarece.

Tudo no universo marcha, e marcha para esperar:
Nossa existência é uma vasta expectação
Onde se tocam o princípio e o fim.
A terra terá que ser retalhada entre todos
E restituída em tempo à sua antiga harmonia.
Tudo marcha para a arquitetura perfeita:
A aurora é coletiva.

Entrada no sanatório

Perdi o braço de Maria da Saudade.

As montanhas do lado avesso
Recebem relâmpagos furiosos.
Cai um dossel de água no meu quarto.
Anunciam que Londres está falando,

Mas só se pode ouvir o trovão.
Estremecem no horizonte cores inesperadas,
O vento inquisidor ensaia vozes mistas.
O espectro de Ismael Nery empurra a noite de Correias.

De manhã sou acolhido por um coro de tosses, martelos e serrotes.
As formas e as flautas celestes
Comportam-se à altura dos acontecimentos.

Gaspar Hauser

Ninguém mais pode escolher
A vida que lhe apetece.
Ninguém mais pode ser só:
As almas são reveladas
À luz de mil holofotes.

Em torno de mim se agita
Uma conspiração de olhares.
Vou tomar a carruagem,
Comunicam ao mundo inteiro.
Cheiro uma rosa — explodiu.
Só tive consolo e paz
No ventre da minha mãe.

A quinta-coluna que existe
Desde o princípio do tempo
Não me deixa respirar.
Sou sempre triste, no escuro.

Adeus universo padrasto,
Que rejeitas o inocente,
O órfão, o pobre, o nu.
Não acho irmandade em ninguém:
Morrendo, sou livre enfim.

A jaula verde

O jardim de camélias e gerânios
Abriga invisíveis coros de sabiás.
Três cavalos comem o morro.

O quarto verde Veroneso
Onde passo os dias domado
Quantos tesouros contém:
O retrato do meu amor
E o de Wolfgang Amadeu.

Poucos livros, todo um mundo:
A Bíblia, Platão, Racine,
Pascal, Cervantes, Camões,
Esta jaula de janelas verdes
Dá para a segunda frente,
Para Londres, Florença, Stalingrado,
Dá para as montanhas de Correias,
Para a rua Ibituruna
Onde mora a minha amada.

Overmundo

Os pinheiros assobiam, a tempestade chega:
Os cavalos bebem na mão da tempestade.

Amarro o navio no canto do jardim
E bato à porta do castelo na Espanha.
Soam os tambores do vento.

"Overmundo, Overmundo, que é dos teus oráculos,
Do aparelho de precisão para medir os sonhos,
E da rosa que pega fogo no inimigo?"

Ninguém ampara o cavaleiro do mundo delirante
Que anda, voa, está em toda a parte
E não consegue pousar em ponto algum.
Observai sua armadura de penas
E ouvi seu grito eletrônico.

"Overmundo expirou ao descobrir quem era",
Anunciam de dentro do castelo na Espanha.
"O tempo é o mesmo desde o princípio da criação",
Respondem os homens futuros pela minha voz.

O retrato de Barcelona

Este retrato me indica
O teu silêncio e doçura:
Assim eu te vira em sonhos,
Pousada em nuvem terrestre.

Então te invocava, arfando:
"Vem, ternura, vida, vem,
Há tanto tempo te espero
Entre angustioso e vibrante,
Para ouvires o que ouço.
E amares o que amo.
Vem depressa, minha Dama,
Deverás ser o meu par,
Vem ternura, vida, vem:
Hás de te encontrar em mim".

Teu retraimento e pudor,
Tua saudade do céu
O retrato revelou:
Visão da poesia humana
Clarificada em doçura,
Assim te quis, te chamei
Dentre a plástica do caos,

Toda vestida de verde,
Pousando em nuvem terrestre.
Encarnação de primores,
Senhora dos meus cuidados,
Musa enfim restituída
À feminilidade eterna
Comunicou-se comigo
Para achar a própria forma.

Dama de alta linhagem,
Sublime soma de graças,
Genuína, toda carinho
— O melhor da história humana —,
Teu caráter inspirante
Para sempre se fixou
No retrato espiritual
Que fizeste em Barcelona.

Memória

1

Nasci nu.

Quando eu vim me sussurraram:
"Adeus, desde já adeus."

Estrelas voando,
Frutos de árvores da inocência
Inclinavam-se.

Mulheres nevoentas
Deslizando no mosaico.

Seriam para mim esses corpos
Terrestres e celestes
Rolando sem parar na ampulheta divina?

Na cerração do dilúvio
Címbalos ainda se ouviam
Por detrás da terra.

2

Ilhas e montanhas,
Fugi do vosso lugar.
Um homem aparece
Lutando com o batismo,
— Arriscava a danação —
E ...mereceu a cruz?

Dizei-me, cronistas futuros,
Músicos da corte popular celeste,
Aprontai coros e pianos,
Louvai o homem com tímpanos,
Com xilofones, saxofones,
Louvai o homem que luta,
Louvai o homem
Que sonhando se arrisca.

Louvai-o, posteridade dos famintos.

Cantiga escura

Falam-me oboés
De vida eterna
— Esta vida mesma
Com amor intenso.

Ó céu de pedra!
? Quem até hoje foi ouvido
Por ti, céu feroz.

Murmúrios d'água:
Sonhos e queixas

Levareis até o fim
Do mundo.

Buquê da noite,
Ninguém te respira
Com inocência.

Nunca sabemos direitos
Em que instante principia
Nossa vida verdadeira.

O pássaro profeta cantou
Dos trabalhos e da morte
Do homem:
Só lhe ouviram a melodia.

Vigilante das esferas,
Não venhas no vento e nuvem.
Surge, hóspede imprevisto,
Nesta alma frondosa.

Desejo

Ao sopro da transfiguração noturna
Distingo os fantasmas de homens
Em busca da liberdade perdida:

Quisera possuir cem milhões de bocas,
Quisera possuir cem milhões de braços
Para gritar por todos eles
E de repente deter a roda descomunal
Que tritura corpos e almas
Com direito ao orvalho da manhã,
À presença do amor, à música dos pássaros,
A estas singelas flores, a este pão.

Maran Atha!

Foi um adolescente.
Durante anos, à luz da esfera,
O estudo, a fome das coisas.
A ciência do bem e do mal
Fora prevista na árvore do sangue
— Caridade dos sentidos.

Um dia de febre e piano
Depôs o capacete de plumas
Longe dos pássaros e dos frutos.
"E estas luzes que não iluminam
De lado algum!
E este amor que é mesmo pouco
Para a crueldade exigente.
De joelhos não rezo, de pé não matei.
Um único sopro que extingue
As construções da espécie.
? Por que achar o fio do Labirinto.
O importante é viver dentro dele".

Terminava a adolescência.

Súbito,
— Um dia de lucidez essencial e coros —
Ovo da ternura,
Partiu-se, um homem
Sai andando com o livro
Das origens e dos fins últimos
Na testa vidente, marcada
Com o sangue do Cordeiro:

"? Mundo Caim, teu irmão onde está.
Todos os povos, uni-vos num único homem
Para as núpcias do Cordeiro.
Comei o pão, bebei o vinho

Em torno da mesa redonda.
Todos têm direito à árvore da vida".

Vinde presto.

LIVRO SEGUNDO
POESIA LIBERDADE (1944-1945)

Elegia nova

O horizonte volta a galope
Curvado sob o martelo.

É noite: e dói.

Esta cidade irregular desfeita,
Roseirais de peles de homens,
Torres de suplícios,
Campos semeados de metralhadoras,
Ó rendimento dos abismos.

O mar perde suas folhas.
A cruz gerou um universo de cruzes,
O sol deixou de rir,
As árvores tomaram luto verde.

Sento-me sozinho com pavor do tempo,
Procurando decifrar
A maquinaria imóvel das montanhas.

Não há ninguém, e há todos.

E estes mortos do Brasil, da China, da Inglaterra
Estendidos no meu coração.

(Tambores da eternidade,
Substância da esperança,
Ó vida rasgada
Entre dois goles de delírios.)

Morte, apetite de ressurreição, grande insônia.

A criança

Suas formas seus regatos suas colinas
Pacientemente esperam
Dois pequenos luminares,
Um para testemunhar o pai,
Outro para testemunhar a mãe.
Traz ainda vestígios do túnel noturno,
Esboço de sua futura prisão.
As mãos desenham pássaros,
Os pés tocam peixes rebeldes.

Sobre o berço anunciador
Pende a espada.

Paisagem madura

Estende os rochedos em continência no horizonte
Guardando o castelo das anêmonas abandonado pelos operadores.
O tempo estupefato imprime as iniciais de bronze
Prontas para catalogarem tua história.
A máquina de costura absorve o bordado da época cimeriana
Que justificou as cruzadas.
Massas de pensamentos de prazer, ódio e aflição
Invadem tuas janelas e balaústres,
Explodindo no exterior em forma de serpentes vermelhas, clamores e
[fanfarras.
Engenheiros subterrâneos improvisaram uma ponte de camélias
Para os pés da tua amada passarem.

O cemitério

Céu azul com animais
E uma corneta ecoando.

Pobre vento sem personalidade
Que não traduz a morte
Nem sugere Emily Brontë,
Mas útil vento humano
Que recorda os vivos
— Os vivos sem metafísica, nem refúgios.

Do lado dos mortos
Há um fogo que dança.

Os cadáveres das flores
São os mais abandonados.

Duas crianças tomam sombra
Sentadas num túmulo.

"Aqui Antônia
Irmã do padre Francisco de Luna
Espera a ressurreição dos mortos".

O explorador

À procura de um elemento
De sinos brancos, de peixes
Só para contemplar, do diamante
Do Santo Graal, da morte
Épica pela altivez, das ossadas
De nuvens, do castelo de camélias,
Da túnica da ressurreição,
Assim, sem ontem nem amanhã:
Até que, bêbedo de essência,

Eu role com o tempo maduro
Nos degraus da eternidade.

Naturezas mortas

Cada forma distanciada de sua substância
Chama seu exílio na mesa.
A lâmpada murmura nomes de outras gerações,
A mão solta a concha das veias.
O grande livro da vida
Descola pouco a pouco as letras capitais
E adormece:

Imediatamente a família se reúne à mesa
Em torno do retrato do herói morto.

A família se reúne em torno do homem tradicional
Que amou, que riu, que trabalhou.
Mas desconhece até agora o homem novo
Que sobe do outro lado do abismo
E que produz, rude violoncelo,
Uma queixa nunca dantes ouvida.

Tempo íntimo

A forma da noite carrega
Lanternas à esquerda e à direita.

Sombrio passante estendeu
As mãos da humanidade
Sobre os campos talados
Gerando trombones de queixas.

Correu para se alcançar.
Para suprimir o descanso à sombra das pirâmides

Para ouvir a confidência do vegetal
E ficar simples, anônimo, no universo de contrastes
— O próprio avesso desta criação.

Quando

Quando o universo se despojar de mim
— Ai Violante! —
As casas descerrarão as túnicas,
E a aurora de páscoa
Levantará as pálpebras para espiar.

A forma e o conhecimento
— Ai Violante! —
Pedirão a ajuda do Princípio dos princípios
A fim de me apresentarem armas.

Quando o universo se despojar de mim
— Ai Violante! —
Novos poetas se formarão das minhas cinzas
E a centelha da Ideia antecedente
Será restituída à sua vida original.

A outra infância

Meninos que daqui não vejo
Dançam e cantam de roda no terreiro ao lado.

O menino que também brincou de roda
Seria mesmo eu? Creio que não.
(Viramos crianças
Ao imaginar a criança que não fomos).
Já era outro menino, já pensava,
Iluminando-me com duas luas
— Uma na cabeça.

O espelho

Não surge mais a forma humana,
Nem o gesto de se vingar:

Não se enxerga mais, — se ouve!
Não se mira mais nem o morto
Na primeira comunhão,
Debruado de esplendor,
Ou na bicicleta do sol:

Mas se ouvem, claras, cristalinas,
Campainhas de cristal
Despertando a eternidade
Que recusa a forma humana
Cansada de grito e gesto;
Despertando a eternidade.

A tentação

Diante do crucifixo
Eu paro pálido tremendo:
"Já que és o verdadeiro filho de Deus
Desprega a humanidade desta cruz".

As lavadeiras

As lavadeiras no tanque noturno
Não responderam ao canto da sibila.

"Lavamos os mortos,
Lavamos o tabuleiro das ideias antigas,
E os balaústres para repouso do mar...
Quem nos desviará do nosso canto obscuro?
Nele encontramos restos de galeras,

Nele descobrimos o augusto pudor do vento,
O balanço do corpo do pirata com argolas,
Nele promovemos a sede do povo
E excitamos a nossa própria sede..."

As lavadeiras no tanque branco
Lavam o espectro da guerra.
Os braços das lavadeiras
No abismo noturno
Vão e vêm.

Choques

O choque de teus pensamentos furiosos
Com a inércia da boca e dos braços de outros.
O choque dos cerimoniais antigos
Com a velocidade dos aviões de bombardeio.
O choque da foice contra o cristal dos milionários.
O choque das roseiras emigrantes
Com o silêncio das linhas retas nas janelas.

A tempestade calcula um choque de distâncias
Com o lúcido farol e seus presságios.
Chocam-se as águias arredando a noite
Com o armário que, inalterável, rumina.
Um ouvido resistente poderia perceber
O choque do tempo contra o altar da eternidade.
Choca-se a enorme multidão sacrificada
Com o ditador sentado na metralhadora.
Choca-se a guilhotina erguida pelo erro dos séculos
Com a pomba mirando a liberdade do horizonte.

Homenagem a Raimundo Lúlio

I

A inocência perguntou à crueldade:
— Por que me persegues?
A crueldade respondeu-lhe:
— E tu, por que te opões a mim?

II

A aveia do camponês
Queixou-se do cavalo do ditador
Então o cavalo forte
Queixou-se das esporas do ditador.

III

O pensamento encontrou-se com a eternidade
E perguntou-lhe: de onde vens?
— Se eu soubesse não seria eterna.
— Para onde vais?
— Volto para de onde venho.

Então a monarquia do corpo obumbrou-se ainda mais
E a morte inclinou seu estandarte.

O túnel do século

I

Sob o céu de temor e zinco
Os prisioneiros caminham, tambores velados:
A manopla da noite pesa
Sobre suas omoplatas, seus sonhos comunicantes.

As Erínias, sugadoras antiquíssimas do povo, tambores velados,
Caminham, passo a passo,
Apresentando armas de ódio, punhos implacáveis.
Toda a carne se oferece ao espanto desnudo,

Os castelos de pedra vão se desfazendo
À medida que os heróis agitam a bengala blindada.
As Erínias reproduzem-se durante a noite,
E pela manhã encontramos aberta
A rosa dos ventres.

II

Sob o céu de temor e tremor
A estátua da infância é flechada
Pelos descendentes dos ídolos subterrâneos
Que consagram a espada dançante.
Amaldiçoam o pão e o vinho,
Rasgando o caderno de roseiras.

Cegos digladiando-se num túnel,
Constroem as próprias sepulturas.

Sob o céu de temor e tremor
Os homens clandestinos, tambores velados, caminham.

Pálido guerreiro

Ó pálido guerreiro,
A morte cobiçou tua pele
— Profundezas de mulher —,
Clamaste contra o inimigo
Que se agitava em ti mesmo,
No teu sangue navegador e confuso
Que teus pais construindo barreiras
Não resgataram.

(Chorai sobre vossos descendentes
Nascidos em berços de lágrimas,
Não choreis sobre mim.)

Ó pálido guerreiro,
És o próprio guerreiro que não fui:
Por ti eu me perdoo
E semeio crisântemos na campa.

O Cristo da pedra fria

O Cristo da pedra fria
Sentou-se agora aqui em frente
Com a chaga do ombro aberta.

O mundo do demônio caiu no chão.
O Cristo de manhã
Sentou-se na pedra fria.
Ó frio que sinto pela queixa dos mortos,
Ó frio da fome dos outros,
Ó frio do extremo desconsolo
— Do desconsolo do Cristo em mim, em vós, em todos,
Na pedra fria, nossa alma
Que omite, que espanca.

Os peixes

A água move seus pássaros
Cinzentos brancos azuis:
Os peixes perderam o mar.
O movimento medita.
Das escuras profundezas
Do abismo, ó peixes vibrantes,
Do sono imemorial, vindes.

Das escuras profundezas...
Dia e noite, peixes-poetas,
Vós batizais o homem.

Ó peixes bons, inocentes,
Voltai para as profundezas:
O homem agora vos arranca
Do antigo mar aflito e rouco
Não mais para vos comer:
Para voz restituir,
Podres, ao abismo noturno.

Ó peixes podres,
Ainda assim vos inauguro,
Ainda assim vos considero
Do nosso mais fundo abismo,
Do abismo totalitário
De pecado e destruição,
Peixes brancos! inocentes
Vítimas da espada do homem.

Algo

A Maria da Saudade

O que raras vezes a forma
Revela.
O que, sem evidência, vive.
O que a violeta sonha.
O que o cristal contém
Na sua primeira infância.

Penso cólera

Desatai os espectros diurnos,
Repicai os sinos da consciência
Para que possam operar
As descargas da cólera.

Sinto uma força indômita.
Figura deste mundo, passa:
Totalitária dança
Preparando o inferno,
Grandes da terra, tremei nas cadeiras blindadas.
Que já vem a cólera santa
Abrindo narinas de fogo
— O fogo original da terra —,
Cólera como invenção e descoberta.

A vida pública

Passo através dos ponteiros do relógio,
O silêncio põe o capuz branco.
Debruço-me sobre o dia seguinte da azaleia,
Consultando os espelhos bifrontes.

Mexo as cortinas de tuas pestanas,
Ouço teus olhos amarelos.

Ai de mim! Já estão despontando
Os pássaros secretos do ciúme.

Os pobres

Chegam nus, chegam famintos
À grade dos nossos olhos.
Expulsos da tempestade de fogo
Vêm de qualquer parte do mundo,
Ancoram na nossa inércia.

Precisam de olhos novos, de outras mãos,
Precisam de arados e sapatos,
De lanternas e bandas de música,
Da visão do licorne
E da comunidade com Jesus.

Os pobres nus e famintos
Nós os fizemos assim.

Voto

Obscura vida,
O que te peço
É que me reveles teus desígnios,
Obscura vida:
Que sejas transparente
E concisa
Como por exemplo a morte
— Clara esperança.

A forma e a fôrma

Minha alma tem a forma do meu corpo:
Mas como é afinal meu corpo?
Eu nunca exato o vi.
Às vezes será uma esfera,
Outras vezes pirâmide.

Quantas coisas aparentes vi...

Vi famílias dependuradas dum cabide
Que dialogavam fuzis.
Vi uma dançarina erguendo na ponta dos pés
Um teatro com mil colunas.
Vi o sol negro.

Vi, vejo, tantas coisas vi...
Vi se movendo meu corpo,
Mas não, até hoje, sua forma.

Contemplação

A poesia está preparada
Para a pesca milagrosa e natural.

Consulto o mapa
Do que há debaixo de tuas pálpebras,
Passeamos nas alamedas do lustre.
Cada instante assume um século.
A bordo da orelha surgem
As estrelas contemporâneas do meu nascimento e do avião.

Na varanda do girassol
Observamos o choque da chuva nos olhos dos cegos.

Abriste as plumas do antebraço.

Poema de além-túmulo

Deste horizonte estável
Vejo homens e bichos combatendo
Ao mesmo tempo pela guerra e pela paz,
Vejo campos de sangue e ossadas,
Faixas de terror:
Mas vejo essencialmente uma coisa branca,
Um castelo branco e simples
Feito de um só diamante
Que da terra não se vê.

Aproximação do terror

1

Dos braços do poeta
Pende a ópera do mundo
(Tempo, cirurgião do mundo):

O abismo bate palmas,
A noite aponta o revólver.
Ouço a multidão, o coro do universo,
O trote das estrelas
Já nos subúrbios da caneta:
As rosas perderam a fala.
Entrega-se a morte a domicílio.

Dos braços...
Pende a ópera do mundo.

2

Tenho que dar de comer ao poema.
Novas perturbações me alimentam:
Nem tudo o que penso agora
Posso dizer por papel e tinta.
O poeta já nasce conscrito,
Atento às fascinantes inclinações do erro,
Já nasce com as cicatrizes da liberdade.

O ouvido soprando sua trompa
Percebe a galope
A marcha do número 666.

Palpo a Quimera,
O tremor
E os jasmins da palavra "jamais".

3

Dos telhados abstratos
Vejo os limites da pele,
Assisto crescerem os cabelos dos minutos
No instante da eternidade.
Vejo ouvindo, ouço vendo.

Considero as tatuagens dos peixes,
O astro monossecular.

Os rochedos colocam-se máscaras contra pássaros asfixiantes.
A grande Babilônia ergue o corpo de dólares.
Ruído surdo, o tempo oco a tombar...
A espiral das gerações cresce.

Pós-poema

O anteontem — não do tempo mas de mim —
Sorri sem jeito
E fica nos arredores do que vai acontecer
Como menino que pela primeira vez põe calça comprida.

Não se trata de ilusão, queixa ou lamento,
Trata-se de substituir o lado pelo centro.
O que é da pedra também pode ser do ar.
O que é da caveira pertence ao seu corpo:
Não se trata de ser ou não ser,
Trata-se de ser e não ser.

O mar

1

Debruço-me sobre o cais de onde não parte navio algum,
Vendo ouvir o mar esvoaçante.
O mar não me dá gana de partir,
O mar me dá gana de ser permanente, definitivo.
Em oposição ao mesmo mar
Que se debate e grita num comício perpétuo.

2

Dobrando a esquina encontro o tigre.
Não sou blindado como os navios para afrontá-lo,
Nem costumo uivar: Não sou vento.
Fico de longe, fazendo-lhe sinais
A que o farol vermelho e verde responde.
Que se passará nos salões da gaivota?

3

O mar do outro mundo, o mar regenerado
Incluirá suaves sirenas
Que nos atrairão para a vida

O mar inocente e reduzido
Nós lhe traremos flores de coral.

O tempo

O tempo cria um tempo
Logo abandonado pelo tempo,
Arma e desarma o braço do destino.

A metade de um tempo espera num mar sem praias,
Coalhado de cadáveres de momentos ainda azuis.
O que flui do tempo entorna os pássaros,
Atravessa a pedra e edifica os monumentos
Onde se desenrola — o tempo espreitando — a ópera do espaço.
Os botões da farda do tempo
São contados — não pelo tempo.
O relojoeiro cercado de relógios
Pergunta que horas são.

O tempo passeia a música e restaura-se.
O tempo desafia a pátina dos espíritos,
Transfere o heroísmo dos heróis obsoletos,
Divulga o que nós não fomos em tempo algum.

Ideias rosas

Minhas ideias abstratas,
De tanto as tocar, tornaram-se concretas:
São rosas familiares
Que o tempo traz ao alcance da mão,

Rosas que assistem à inauguração de eras novas
No meu pensamento,
No pensamento do mundo em mim e nos outros:
De eras novas, mas ainda assim
Que o tempo conheceu, conhece e conhecerá.

Rosas! Rosas!
Quem me dera que houvesse
Rosas abstratas para mim.

Abstração

O gramofone não diz em que mundo me acho.
Onde ancora a âncora?
Que ligação têm os dedos com a dália que os segura?
O poema olha para mim, e, fascinado, me compõe.
A onda decretou medidas a meu respeito,
Meus braços resolvem atos
Cada um para seu lado.
Nada tenho a ver comigo,
Nem me conheço:
Um estrangeiro pensa em mim fora do tempo
A ideia da máquina do meu corpo dentro do tempo.

O sono

Dorme.
Dorme o tempo em que não podias dormir.
Dorme não só tu,
Prepara-te para dormir teu corpo e teu amor contigo.
Dorme o que não foste e o que nunca serás.
Dorme o incêndio dos atos esquecidos,
A qualidade a distância e o rumo do pensamento.

O pássaro magnético volta-se,
As árvores trocam os braços,
O castelo parou de andar.

Dorme.
Que pena não poder me ver — puro — dormindo.

Poema novo

Cheguei-me.
Contemporaneamente vi-me num espelho
De animal estrutura,
Ouvi-me monólogos que nem sempre queria ouvir,
E as risadas da palavra.
Atravessei-me o cristal,
A paisagem vendo meu olho.
Pouco a pouco distinguia os fogos-fátuos do limiar,
As têmporas da rosa,
A inscrição entre os ecos.
O mundo isabel me visitou
Apresentando-me com a luz do teatro
Os sucessivos palimpsestos que descobrimos em nós.

Eis-me agora na tocaia do licorne,
Respirando pela boca dos outros,
Ferindo pelo braço dos outros:
Até que me reste como última forma de contemplação
A arquitetura simplíssima da eucaristia.

Janela do caos

1

Tudo se passa
Num Egito de corredores aéreos.
Numa galeria sem lâmpadas

À espera de que Alguém
Desfira o violoncelo
— Ou teu coração?
Azul de guerra.

2

Telefonam embrulhos,
Telefonam lamentos,
Inúteis encontros,
Bocejos e remorsos.

Ah! Quem telefonaria o consolo,
O puro orvalho
E a carruagem de cristal.

3

Tu não carregaste pianos
Nem carregaste pedras,
Mas na tua alma subsiste

— Ninguém se recorda
E as praias antecedentes ouviram —
O canto dos carregadores de pianos,
O canto dos carregadores de pedras.

4

O céu cai das pombas.
Ecos de uma banda de música
Voam da Casa dos expostos.

Não serás antepassado
Porque não tiveste filhos:
Sempre serás futuro para os poetas.

Ao longe o mar reduzido
Balindo inocente.

5

Harmonia do terror
Quando a alma destrói o perdão
E o ciclo das flores se fecha
No particular e no geral:

Nenhum som de flauta,
Nem mesmo um templo grego
Sobre colina azul
Decidiria o gesto recuperador.

Fome, litoral sem coros,
Duro parto da morte.
A terra abre-se em sangue,
Abandona o branco Abel
Oculto de Deus.

6

A infância vem da eternidade.
Depois só a morte magnífica
— Destruição da mordaça:

E talvez já a tivesses entrevisto
Quando brincavas com o pião
Ou quando desmontaste o besouro.

Entre duas eternidades
Balançam-se espantosas
Fome de amor e a música:
Rude doçura,
Última passagem livre.

Só vemos o céu pelo avesso.

7

Cai das sombras da pirâmide
Este desejo de obscuridade.

Enigma, inocência bárbara,
Pássaros galopando elementos.

Do fundo céu
Irrompem nuvens equestres.
Onde estão os braços comunicantes
E os paraquedistas da justiça?
Vultos encouraçados presidem
À sabotagem das harpas

8

? Que esperam todos?
O vento dos crimes noturnos
Destrói augustas colheitas.
Águas ásperas bravias
Fertilizam os cemitérios.
As mães despejam do ventre
Os fantasmas de outra guerra.

Nenhum sinal da aliança
Sobre a mesa aniquilada

Ondas de púrpura,
Levantai-vos do homem.

9

Penacho da alma,
Antiga tradição futura:
? Se a alma não tem penacho
Resiste ao Destruidor?

10

A velocidade se opõe
À nudez essencial.
Para merecer o rompimento dos Selos
É preciso trabalhar a coroa de espinhos,

Senão te abandonam por aí,
Sozinho, com os cadáveres de teus livros.

11

Pêndulo que marcas o compasso
Do desengano e solidão,
Cede o lugar aos tubos do órgão soberano
Que ultrapassa o tempo:
Pulsação da humanidade
Que desde a origem até o fim
Procura entre tédios e lágrimas
Pela carne miserável,
Entre colares de sangue,
Entre incertezas e abismos,
Entre fadiga e prazer,
A bem-aventurança.
Além dos mares, além dos ares,
Desde as origens até o fim,
Além das lutas, embaladores,
Coros serenos de vozes mistas,
De funda esperança e branca harmonia
Subindo vão.

Sonetos brancos (1946-1948)

O espelho

O céu investe contra o outro céu.
É terrível pensar que a morte está
Não apenas no fim, mas no princípio
Dos elementos vivos da criação.

Um plano superpõe-se a outro plano.
O mundo se balança entre dois olhos,
Ondas de terror que vão e voltam,
Luz amarga filtrando destes cílios.

Mas quem me vê? Eu mesmo me verei?
Correspondo a um arquétipo ideal,
Signo de futura realidade sou.

A manopla levanta-se pesada,
Atacando a armadura inviolável:
Partiu-se o vidro, incendiou-se o céu.

Alegoria

Senhora, de violeta e cinza engrinaldada,
Um terror me inspirais, inda que sejais branca:
Da monarquia absoluta dos gestos e dos signos
Desceis uma cortina de enigmas ante mim.

Não vejo em vós a árvore, por isso a sombra
Foge dos meus pés em companhia, quando
Vindes, um punhal nos braços insinuado,
Para o torneio cruel das palavras sangrentas.

Tauromáquica dama, astro de rubro presságio,
Do lúcido ódio não vos invoco, surda máquina
De cortantes graças ataviada, talvez

Do purgatório emissária, para martelar
Nosso coração e fazê-lo, duro tímpano,
Recordar seu antigo e amargo exílio.

Meditação da noite

Noite de lanças e estandarte azul,
Não vertes sobre a terra desconforme
O teu bálsamo antigo de sossego:
Vem antes o veneno da tua esfera.

Que destruições geraste no teu ventre
Enquanto os homens se velavam a face!
Tempo de experiência e expiação,
O incenso da matéria se respira

Nas tuas arcadas nuas e rochosas.
Somos agora a raça clandestina
Que, noite hostil, ainda não pudeste

Das dobras dos teus panos remover:
Ululantes erramos pelo mundo,
Conduzindo nossa guerra corporal.

O filho pródigo

À beira do antiuniverso debruçado
Observo, ó Pai, a tua arquitetura.
Este corpo não admite o peso da cabeça...
Tudo se expande num sentido amargo.

Lembro-me ainda quando me evocaste
Do teu caos para o dia da promessa.
O fogo irrompia das mulheres
E se floria o sol de girassóis.

Uma única vez eu te entrevi,
Entre humano e divino inda indeciso,
Atraindo-me ao teu íngreme coração.

Para outros armaste o teu festim:
E da tua música só me vem agora
O soluço da terra, dissonante.

Ouro Preto

A alma livremente encarcerada
Comunica-se com os doidos e os poetas
Que pelas frias naves dão-se os pés.
Sinto grego o céu de outrora me envolver.

A cavalo sobre as igrejas de pedra
Irrompe o Aleijadinho na sua capa.
Nas linhas de ar balança-se o relógio
Marcando cegamente o compasso do tempo.

Um vulto cruza outro na ladeira.
Pelos desertos espaços metafísicos
Arrastam-se as sandálias da pobreza.

Das varandas azuis tombam ossadas:
Ouro Preto severa e íntima adormece
Num abafado rumor de águas subterrâneas.

A lição do Natal

Humilhada pela morte original, a carne
Restaura-se no ventre de uma virgem,
Capelinha branca pelos anjos feita,
Que do trono do eterno Pai desceram,

À luz trazendo as bem-aventuranças.
Pelos vagidos do sublime infante
A Santíssima Trindade arrulha ao homem,
De mistura com o cântico do boi.

Ó feliz culpa do primeiro Adão
Que provocou este mistério augusto
Encarnado no Kyrios recém-vindo:

A vil matéria, pó transfigurado,
Torna-se em Deus e sobe pelos sinos
Da Redenção, que tange Gabriel.

Mulher dormindo

No seu leito de silfos e de sonho
Dormes, pendida a máquina do braço.
Uma vasta arquitetura de montanhas
Ergue defronte a sua construção.

Acerco-me de ti a passos lentos,
Medindo o gozo do teu respirar.
Súbito, feroz, de mim se aparta
A forma com que antigamente fui.

Na verdade inda ignoro tua essência:
Uma nuvem de códigos nos envolve
Que tento decifrar nesse abandono

Do teu corpo, camélias e coral.
Já que dormes, irei me revelar
O início do teu ser, íntimo a ti.

Isaac ao sacrifício

O Pai rude ladeira sobe, a alma
Atônita: Vai sacrificar o unigênito Filho.
Mantém a espada, preparou o altar,
E toma pelo braço o adolescente.

"Senhor, à tua voz principal obedeço,
Do mundo a fé se manifesta em mim.
Esta é a hora de conduzir nos ombros
O peso da paixão que mata o Filho

E a mim mesmo também há de matar.
Tua vontade se cumpra, a minha não".
Mas desce o vermelho Espírito da nuvem,

Aponta um cordeirinho todo branco:
O próprio Isaac, trasladado à lã,
Consola a solidão dos Três iguais.

Repouso

Da América fugindo, meu espírito
Voa pelo Oriente, esse Oriente
Que se encontra no fim e no princípio
De cada ser, e que nos alumia.

Quantas vezes à vida em rotação
Da minha própria alma, arfando, assisto!
Em círculos de névoa me desfaço
Sem o refúgio de nenhuma cor.

Passeio em torno da celeste esfera
Onde queimo tormentos e a esperança
Deste mundo rever na liberdade:

Mesmo no isolamento que me envolve
Vejo grupos ferozes ululando,
Homens decapitados, ou com fome.

A visitação

Cordeirinha de Deus levanta-se Maria,
Galga morros a visitar nossa prima Isabel.
Esta, mal a saúda em terno abraço,
Nas suas entranhas estremece João.

E, vibrando, exclamou em alta voz:
"Bendita és tu no meio das mulheres,
Bendito o Salvador que nasce do teu ventre".
As cornamusas soam dos pastores.

Diz Maria: "Minha alma engrandece o Senhor
Que do trono depôs os poderosos
E até Ele os humildes elevou.

Aos famintos encheu a mão de bens
E aos ricos deixou vazios, nus".
Também os dois meninos se visitam.

O rito humano

Pelas curvas da tarde vem surgindo
A inefável palavra Agnus Dei.
Ouço balidos pelo mundo inteiro:
Matam o cordeiro branco redentor.

As armas do futuro desenhadas
Vejo no espaço, túmulos abertos:
Os balidos rebentam das gargantas
Até dos que inda estão para nascer.

De variadas maneiras matam o homem.
Matam a pureza, a paz, a liberdade,
Pelo cutelo, a bomba, a guilhotina,

Pelo silêncio, a fome, a solidão,
Fecha o leque de plumas o Oriente,
Abre o Ocidente o tanque do terror.

Ao Cristo crucificado

Tu conheces, Amigo, minha caveira.
Sabes que ela criou pernas e braços,
Com a força do sol, para abraçar-te,
E espera que este abraço lhe devolvas.

Até a morte na cruz eu te abaixei,
A ti, que ao teu olhar me levantaras.
Resgatando-me antes de eu nascer,
És preso, escarnecido, assassinado.

Breve tua mão ferida me desata
Do mundo externo, da aparência vã,
Breve em cinza serei, e tu serás,

Na rotação do tempo, o Verbo eterno
Que de antigas origens me trouxeste
Para alçar-me à novidade da tua cruz.

Evocação

Sobre o piano um candelabro aberto,
Violentos cravos rebentando sempre
Dos pés augustos do Crucificado.
Recorda-te Susana: A valsa antiga.

No horizonte ampliava-se o castelo.
Quantas inspirações dali nos vinham...
Uma estrela caiu em diagonal
Na galeria de vidro verde-roxo.

Era novembro à noite: nunca mais
Pudemos suportar o mundo estéril.
A roda, o corrupio, o bilboquê

Jamais nos desviavam do castelo
— As janelas pensando na amplidão —
Em que alto pusemos nossa lei.

O morto

Rua de monstros floridos,
Sentem-se os passos do mar.
A carruagem de sombra
Há pouco virou na curva.

Batem à porta de magnólias,
Arfando interrogam anéis,
Cartas, álbuns, a parede.
Enigma! Sapatos frios.

O morto carregou tudo,
Deixando despojos vãos
Para os filhos repartirem.

O morto não lhes revela
O segredo, a forma, o sonho
Que inventou durante a vida.

José

Em sonhos eu te vi, augusto irmão antigo,
Sentado num trono de ouro, a face
Inviolável como a dos chefes do Egito,
Vestido de vermelho da cabeça aos pés.

Ao teu sol ajoelhou-se a humanidade:
Com um signo régio ordenou teu bastão
Que todo o trigo fosse recolhido,
Na perspectiva de futura angústia.

Descerrando, José, o véu do tempo,
Tu preparaste a mesa do universo
Para conter a santa eucaristia.

Mas em torno dos restos da criação
Nos desunimos, irmãos desconsolados,
Sem o sagrado pão, sem o profano.

O escrivão

Ressoam graves no ar os silêncios da noite,
Escrivão no mundo-Patmos exilado,
Escreve. Escreve a distribuição da fome,
O homem quebrando o seu divino molde,

O labirinto do mal aberto a todos,
O enxerto de almas em animais bifrontes,
A marcha da multidão procurando sua forma,
E as tesouras da morte em movimento.

Mas, já que a posição do homem é vertical,
Não pode ficar deitado na sua pedra,
Tem mesmo um dia que ressuscitar,

Escreve o novo céu e a nova terra,
O Kyrios pela sua cruz vitoriosa
Tudo reinventando. Escreve, escreve.

O arlequim

Através das grades desta roupa
Solferino verde rosa espio o mundo.
O tempo em seu fluir e refluir,
Da antiga unidade me destaca.

O "loup" não me consegue proteger
Das janelas de olhares agressivos
Que nem infância nem beleza evocam.
Meu tricórnio saúda irmãos terríveis.

Esvaiu-se o perfume antigo. A mesma forma
Da matéria perdeu o simples molde
Em que pude me achar, um dia, branco.

A violência das coisas me feriu:
Esta policromada roupa vai mudar-se
Em saco negro, alusivo à criação.

Elementos

Quantas coisas que amo me apavoram
E outras indiferentes me elucidam.
Desde menino descobri a mulher,
E à sua sombra hostil e fascinante

Criei terror. A bola de cristal
Olhava-a fixamente, maginando:
Via maio se abrir, peixes rodavam
No fundo azul das solidões marinhas

Que infância renascia das roseiras!
— Mas no corpo dos bichos ensaiei
A futura experiência da crueldade

Que se repete pelo tempo afora.
Como não revelava as aventuras,
A poesia do segredo conheci.

A lapidação de santo Estêvão

Contempla, amada, a lapidação do homem:
Sabes dizer de onde vêm as pedras?
Sentimos, palpamos uma zona hostil
Visitada de pássaros que à noite

Nos bicam em sonho, pois ninguém repousa.
Quantas pedras movemos diariamente!
O salmo de louvor seca nos lábios,
E, já o inferno aberto à nossa roda,

Dando a mão aos espíritos do ar
Nós tecemos o véu da iniquidade.
Ao tempo imediato dedicamos

O fervor que só deus mereceria.
Lapidamo-nos um ao outro, impiedosos:
Lapidando Estêvão, a nós próprios lapidamos.

Finados

O oceano sentou-se no lajedo.
Vem, estrela dançante sobre as covas,
Vem, lua de milênios, morna e oca,
Tudo vem para nossa biografia.

Nesta noite somando espaço e tempo,
A humanidade, desde o pai Adão,
Ante mim ressuscita grandiosa,
Apesar da sua estranha pequenez.

Nossa forma futura e eterna se desenha
Através a fumaça azul da guerra atômica.
Elementos mais fortes que os do mundo

O espírito da vida em si contém:
Desde já que os façamos explodir
Antes do amarelo apelo da trombeta.

A testemunha

Quem entre as rosas e o cristal viaja?
Batendo os braços nos espelhos baços
Interrogo o castelo do licorne
Na floresta de espadas submergido.

Outrora sons de flauta em paraíso
O trabalho impeliam, mesmo amargo:
A tauromaquia de homens e elementos
Até o seio investiu da nuvem moça.

Forte e barroco era o universo afim,
Repousando na ideia da Promessa
Que comunica o homem ao Criador.

Destruindo sem poder de construção,
A poesia da Aliança abandonamos.
E nossa alma infiel depõe sua tiara.

A ressurreição

Descalçando a morte, dos infernos vindo,
Rompe a dura matéria do universo
O Cristo. Unido ao Pai celeste no jardim
Prepara a coroa do homem novo.

Maria Madalena em véus azuis
Pensa ver o hortelão, mas logo O vê:
Quem Lázaro da cova levantou,
Diante dela agora se levanta.

O Mestre diz: "Maria, não me toques.
Subo para meu Pai e vosso Pai,
Para meu Deus e vosso Deus". Ressurge

Dentre os mortos, com Ele ressurgimos
Que já nos precedeu na Galileia
Eterna, vida nossa e nostalgia.

Contemplação de Ouro Preto (1949-1950)

À querida memória de meus pais

Motivos de Ouro Preto

A Ruben Navarra

1

Assombrações que sobem do barroco,
Das ladeiras e dos crucifixos esquálidos,
Frias portadas de pedra, anjos torcidos,
Passantes conduzindo aos ombros o passado,
Cemitérios aéreos de adros largos
Onde noturnos seresteiros cantam,
Seguindo-se de violas e violões,
Aos defuntos colados nas gavetas:

A experiência de sombras trasladadas
De procissões civis, eclesiásticas,
Dum antigo túnel de conspiração;
A água escapando pelos chafarizes,
As cicatrizes que o minério abriu;
Tantos Passos fechados o ano inteiro,
Ruínas de solares e sobrados
Onde pairam espectros de poetas,
De padres doidos, de reformadores;
Algarismos gravados nas carrancas
A presença do tempo traduzindo.
O silêncio ao silêncio se juntando
Nesses becos e vielas embuçados;
A reunião de natureza e arte
Por um gênio severo combinadas,
O espírito levando à sua origem
Despojado de efêmeros enfeites,
A pátina paciente de Ouro Preto
Sobre aparências estendendo um véu:
Tudo aparelha a mente para a morte,
Mas a morte em si mesma, a própria morte,
Privada de artifício, a morte chã.
E contra a dispersão das ossadas no tempo,
Que o amor à forma e a Promessa rejeitam,

Da pedra o testemunho antigo se levanta,
Poder do Itacolomi — e o da Pedra perene.

2

O canto alternativo das igrejas
Nos leves sinos da levitação
Cruzando-se em cerrado contraponto,
São Francisco de Assis adverte ao Carmo,
São Francisco de Paula à matriz do Pilar.

Devolve o ar ao ouvido o som das campainhas
Dessas humildes mulas pensativas
Que parecem voltar da Palestina.
E esses pianos dir-se-iam pianolas
Tangendo sons remotos, subterrâneos,
Restos de roídas polcas e mazurcas...
Pianos inconfidentes.
Cindem o ar seco, poroso,
Pancadas pacientes de relógio.
Esse vago clarim nos longes do quartel
Atende ao ido apelo de outro tempo:
Erra insatisfeita nos ares
A alma trágica do alferes
Joaquim José da Silva Xavier.
Os amigos chamou, e o eco respondeu.

3

A Viúva de Ouro Preto sobe a rua cantando,
Apoiada ao bastão, na cabeça um penacho
De três cores, vestido velho e desbotado
Cuja invisível cauda arrasta com desdém.
A Viúva de Ouro Preto fala em frases cifradas,
Pesa em partes iguais o mito e a realidade,
O passado e o presente, a alegria e a tristeza,
Declara que decide a guerra no estrangeiro,
Rico e pobre entretém com igual polidez.
A trama da sua vida é feita de fantasmas

Que só se extinguirão no seu último dia:
A Viúva de Ouro Preto é de grande família.
Que possuiu fazenda, escravos e palácios,
Privou com a Imperatriz, refinou-se na Europa,
Serviu banquetes em baixelas persas,
Depois tudo perdeu, os membros dispersou,
Resta Dona Adelaide Mosqueira de Meneses,
Vítima da jogatina, a Viúva de Ouro Preto
Que vive numa toca de espectros rodeada,
Que inda tem uma pedra onde apoia a cabeça...
A Viúva de Ouro Preto desce a rua rezando.

4

Ouro Preto se inclina com elegância,
Ouro Preto se inclina, e um dia cairá.
Nova técnica transfigura a terra,
Mas os futuros engenheiros e arquitetos
Não mudarão o corpo de Ouro Preto
Que ainda se preserva da reforma
Por sua mesma pobreza e solidão.
Ouro Preto para o futuro um dia se voltara,
Gerando no seu bojo a nova tradição...
Acelerando a história, a vida deslocou.
Mas a lenda combate aqui a história:
Seus espectros e igrejas permanecem
Pelo ciúme da morte resguardados.

Aqui o próprio Cristo, o rei da vida,
Que se diz Deus dos vivos, não dos mortos,
Aqui o mestre da ressurreição
É contemplado apenas em sua morte:
Parece que em sua imensa humanidade
Aos espectros o Cristo se aparelha,
O seu ar familiar logo assumindo,
Abancado no largo das igrejas
Com os amigos, extrema assombração...
Aguardando seu próprio julgamento,

Sua caridade a todos estendendo,
Mesmo a Joaquim Silvério dá o pão.

5

Repousemos na pedra de Ouro Preto,
Repousemos no centro de Ouro Preto:
São Francisco de Assis! Igreja ilustre, acolhe,
À tua sombra irmã, meus membros lassos.
Confrontamos aqui toda a miséria,
Da matéria o desgaste deduzindo
Em nossa vida universal e pessoal.
Ó rude tempo de aniquilamento,
Ó rude tempo de desproporção!
Nem nos transforma a companhia do Anjo
Que estendido no teto desta igreja,
Rumando para a terra, em voo certeiro
Despede ao chão a lâmpada de prata!
Entretanto ele é belo: dançarino
Do sopro da saúde modelado,
Asas de larga envergadura tem,
E seus panejamentos apresenta
Com delicada graça, mas viril.
Respira o rosto, máquina rosada,
Um mesmo movimento aparelhando
A boca, os olhos diurnos e o nariz;
Carnal vivência o busto manifesta,
Os cabelos castanhos esparzidos
Numa desordenada simetria
O ritmo ajudam da composição;
Os pés calçados de sandálias gregas
Formam sólida base ao corpo inteiro.
Mas não se vale apenas de suas asas:
Os braços desenvoltos deslocando
O espaço em torno, rápido, oferecem
Flores, frutos da terra ao povo fiel.
Seus ornamentos sóbrios sintetizam
Do barroco mineiro a austera força.

Assim o esculpiu na tradução humana
O escopro genial do Aleijadinho.

Mas de que serve a gratuidade do Anjo,
Que pode o Anjo ante a angustura do homem
E a força da caveira desarmada
Que elevada se vê no tapa-vento?
Que pode o Anjo ante a manopla imóvel,
Ante a pátina da morte em Ouro Preto?
Kyrie eleison. Memento mori. Kyrie eleison.

Romance das igrejas de Minas

A Rodrigo M. F. de Andrade

Minha alma sobe ladeiras,
Minha alma desce ladeiras
Com uma candeia na mão,
Procurando nas igrejas
Da cidade e do sertão
O gênio das Minas Gerais
Que marcou estas paragens,
Estas sombras benfazejas,
Estas frescas paisagens,
Estes ares salutares,
Lavados, finos, porosos,
Minerais essenciais,
Este silêncio e sossego,
Estas montanhas severas,
Esta antiga solidão,
Com o sinal do seu lirismo,
Com a cruz da sua paixão.
Templos de Minas Gerais,
Das cidades e arraiais,
Templos em pedra-sabão
De Sabará e Mariana,
De Ouro Preto, de Ouro Branco,

De Brumado a Catas Altas,
De Santa Rita Durão,
Santa Bárbara, Congonhas,
Cachoeira, São João del Rei,
Tiradentes, Caeté:
Quantas vezes meditei
Os novíssimos do homem,
Que o século não consome
Nem a ciência destrói,
Nesses templos soberanos,
De riscos audaciosos,
De curvas acentuadas,
De linhas voluptuosas,
Íntimos, doces, profanos,
Refinados, populares,
Que inspiram poesia e dó,
Nesses Carmos e Pilares,
Nesses Rosários e Dores,
Nesses Perdões e Mercês,
Em São Francisco de Assis,
Em Nossa Senhora do Ó!
Em capelinhas caiadas
Na colina levantadas,
Vestidas de branco e azul.
Minha alma desce ladeiras,
Minha alma sobe ladeiras,
Desce becos, sobe vielas
Com uma candeia na mão,
Procurando a forma altiva
Da cruz, viva tradição,
Pedra de ângulo, base
Da rude religião.
Diviso lívidos Cristos,
Diviso Cristos sangrentos,
Monumentos de terror,
O Cristo da Pedra Fria,
O Senhor da Cana Verde,

O Cristo atado à coluna,
O Senhor morto esticado
Envolto em roxo sudário
Debaixo do próprio altar.
Vejo agora mãos chagadas,
Nossa Senhora de espadas
Cravadas no coração,
Coroas de espinhos, vasos
Por onde escorreu o fel,
Tíbias, caveiras coroadas,
Pinturas já desmaiadas
Nas telas emolduradas
Em forma de medalhão,
Figurando o Paraíso,
A Trindade, a Anunciação,
O Lava-pés, o Batismo,
A Morte e a Ressurreição;
Relicários, oratórios,
Pelicanos de coral,
Sinistro baixo-relevo
Das almas do Purgatório
Libertas por São Miguel,
Longas lanças de Longuinho,
Atlantes do Aleijadinho,
Portas, púlpitos, profetas
Marcados por seu cinzel,
Redondos anjos barrocos
Que o toreuta retorceu,
Arabescos sensuais,
Apóstolos duros, secos,
Peregrinos medievais
Revestidos de amplos sacos,
Marchando com seu bastão;
Calvários extraordinários,
Tarja com estrelas e asas,
Tocheiros, lâmpadas, lustres,
Galerias, balaústres,

Grades em jacarandá,
Querubins, anjos-aurora
De estranhos panejamentos,
Com as asas espalmadas,
Lavabos de sacristias
Feitos de pedra-sabão,
Tetos altos do Ataíde
Exaltando a religião;
Paredes em faiscado,
Consistórios, corredores
Onde vagueiam fantasmas
De poetas inconfidentes,
De frades conspiradores;
Oleogravuras mostrando
A Via-Sacra da Paixão,
Carátulas, gárgulas negras,
Colunas tremidas, gregas,
Caixas pedindo dinheiro
Em antiquados letreiros
De *oremus* e *ora pro nobis*,
Ex-votos comemorando
Curas por intercessão:
E a nobre talha dourada,
Patinada, trabalhada,
As imagens ressaltando
De nossos oragos, tantos
Santos de esgarçados mantos,
De arbitrárias cabeleiras,
Roxas, pisadas olheiras,
Os membros caídos, feridos,
Desfeitos, desmilinguidos,
Contemplando comovidos
O descimento da cruz.
Minha alma sobe ladeiras,
Minha alma desce ladeiras
Com uma candeia na mão,
Ilumina embevecida

Seus santos de devoção,
Companheiros vigilantes
Da cruz da sua paixão,
Que deu corpo, força e vida
Aos templos de pedra-sabão:
São Pedro, Santo Isidoro,
São Gregório, São Leão,
Santa Bárbara, São Jerônimo,
São Paulo, Santa Juliana,
Sant'Ana, São Sebastião,
Santa Águeda, Santa Mônica,
São José, Santa Verônica,
São Francisco, Santa Clara,
São Policarpo, São João.
A igreja agora agasalha
Uma densa multidão
Que procura comovida
Nos mistérios redivivos
Da nossa religião
Novo alento, luz e vida,
Sustento, consolação.
Sinos de bronze ressoam,
Ressoam sonoros sinos:
Vejo figuras de orantes,
Orantes e comungantes
Com os abraços estendidos
Orando íntima oração:
Assim se vê nas pinturas
Das antigas catacumbas,
Nos mosaicos bizantinos,
Mulheres, moços, meninos,
Catecúmenos, anciãos,
Assim oravam outrora
Os primitivos cristãos.
Vejo beatos sofredores
Trazendo bentinhos, fitas,
Rezando gastos rosários,

De olhos fixados no céu,
Velhas bíblicas, severas,
Nos ombros escapulários,
Perfil talhado a formão,
Muitas vestem à maneira
De senhoras de outras eras
Com filó preto, fichu,
Dona Engrácia, Dona Urbana,
Don'Ana, Dona Juju;
Irmãos da santa Irmandade
Encostados às paredes,
Pensando na procissão,
Vaidosos nas opas verdes,
Vermelhas, brancas, violetas;
Pretos de vela na mão,
Pretinhas de laçarotes,
Rapazes em seus capotes
Cor de cinza e vermelhão,
Garotinhos retorcidos
Descendentes dos garotos
Que inspiraram o Aleijadinho
Nos anjos do medalhão.
A grande ação começou:
A sublime teologia
Revela a sabedoria
Do sacrifício inefável,
Do mistério universal
De que todos participam
Na terra, no ar, no céu,
Unidos na comunhão
Do Deus eterno, uno e trino,
De um só e mesmo batismo,
Uma só fé, um só pão.
Vozes ascendem aos ares
Que desprezam o cantochão,
Rompe um canto pela nave
A Santa Maria Eterna,

Um canto sentimental
Que ofende a liturgia.
Fonte viva, genuína,
Da santa religião,
Mas que toca a alma ingênua
Do povo rústico e chão.
Agora um baixo-profundo
Canta um hino de paixão,
Esconjura o diabo imundo,
Clama os pecados do mundo
Em longa lamentação,
Chorando com gravidade,
Chorando oculto nas grades
As saudades de Sião.
Mas chega a missa ao momento
De maior concentração,
Surdo silêncio se faz.
Abre-se agora o sacrário,
No seu recesso repousa
O Cristo em sua nova lei,
Já que o antigo documento
Cede ao novo testamento,
Cede ao novo mandamento,
Mistério de caridade,
Mistério de santidade
E total despojamento
O sacramento do altar,
Ação da Comunidade,
Saúde, força, sustento,
Ante o qual todo elemento
Se inclina para adorar.
O celebrante apresenta
À Santíssima Trindade,
Em nome da humanidade,
Ao Pai eterno clemente,
Ao Filho, Verbo humanado,
Ao Espírito Divino,

Unidos na caridade
Por um nó que não desata,
O corpo de Nosso Senhor
Na santa cruz imolado,
Vencendo assim o pecado
Pela presteza do amor.
O Cristo, homem compassivo,
Deus trasladado do Céu,
Transferido à dura terra,
Solidário na sua dor,
Se reparte nos fiéis
Que traçam cruzes nos ares
Relembrando a salvação,
Curvando-se ante os altares
Onde se aprende, esculpida,
Em silêncio oferecida,
Na talha e pedra-sabão,
Ao culto do Deus criador,
A história da Encarnação,
Paixão e Ressurreição
De Cristo Nosso Senhor.
Murmuram o *Agnus Dei*.
O celebrante despede
O povo, "Ite missa est",
Para este cumprir na rua
O que no templo aprendeu,
Depois lê meio apressado
O evangelho de São João,
Cosmogonia do Verbo;
E afinal com o povo todo
Recita a Salve-Rainha,
Santa e solene oração.
Senhora benigna e pura,
Mãe de esperança e doçura
A quem todos nós bradamos,
Gememos e suspiramos
Neste desterro do céu,

Os olhos consoladores,
Clementes, a nós volvei,
Vossos filhos pecadores,
E mais tarde nos mostrai,
Espelho de todo o bem,
Depois de serena morte,
A face do Cristo, amém.
A multidão se dispersa
Nos seus trajos domingueiros,
Cada um retorna ao lar.
Minha alma sobe ladeiras
De Ouro Preto e Mariana,
De Sabará e São João,
Evoca no ar lavado
O drama da Redenção.
Minha alma sobe ladeiras,
Minha alma desce ladeiras
Com uma candeia na mão,
Procurando comovida,
Procurando comovida
A cruz da sua paixão,
Que deu corpo, alento e vida
Aos templos de pedra-sabão.
Por isso escrevi um canto
Com palavras essenciais,
Baseado na beleza
Da antiga Minas Gerais,
Inspirado na grandeza
Da rude religião,
Princípio e fim da existência,
Essência da perfeição,
Origem de todo o bem,
Penhor de ressurreição,
Doutrina de vida inteira,
Em louvor do Cristo, amém.

Adão e Eva

A Antônio Joaquim de Almeida
e Lúcia Machado de Almeida

Concebido da terra, traz o signo
Da ciência na fronte soberana.
Astros aponta há pouco modelados,
O prosperar das plantas acompanha,
Percorre o boi, sopesa a pedra, absorve o vento,
Os dedos dedicados à delícia
De palpar, de tocar, de presumir.
Homem feito surgiu, salvo da infância,
Ei-lo que se percebe e se harmoniza à terra:
Pai do universo criado, afim com o Criador,
A todo ser formado o nome próprio dá.

No jardim de grandezas espaciais
Sob o dossel das árvores descansa,
Mas no centro das outras não distingue
Árvore basilar de alta raiz
Que no seu cerne esconde o livre-arbítrio
— Do autômato separa o ser consciente.
Profundo sono o Criador lhe inspira.
Ajudam esse primeiro sono espesso
Nuvens, celestes panos desdobrados,
O abismo, o caos, e a noite sobre a noite,
Total, íntima noite do princípio,
Pesada noite, e cega no seu eixo:
O amplo sono da noite enfaixa Adão.
E Adão ainda no sono se percebe,
Liga-se a Deus nessa visão noturna.
Rios, florestas, animais esperam.
Sobre o primeiro homem Deus se inclina,
E outro tipo lentamente elaborado
Pelo Espírito pairando sobre as águas,
Desenha-se acabado, nova ação.

Agora forma e fôrma se conjugam,
Duas sombras primeiras justapostas,
Pela força unitária aproximadas,
Ativos elementos a buscarem-se
Tacteando ainda nos eternos labirintos,
Palpando-se nos planos pensativos
Das origens, de antigas estruturas,
De camadas espirituais profundas,
Da ciência plástica de Deus
Prevendo a encarnação do próprio Filho.

Repousa Adão nas pálpebras pesadas,
Repousa Adão nos membros satisfeitos.
No seu repouso o Criador opera,
Com os dedos sábios o Criador consagra.
A primeira criação tirou do nada,
Do próprio homem extrai seu complemento.
No pó não sopra mais: opera o homem.
Conhecendo a matéria Ele intervém;
E o pensamento, em forma concluído,
Ao seu Espírito integral se mostra.
Logo convoca o homem do seu sono:
E na noite de formas familiares,
De água, animais e astros conjugados,
No expectante silêncio nupcial,
No silêncio total da noite sacra,
Deus lhe diz: "Toma a tua companheira
Que os Três tiramos de ti mesmo: Eva,
Carne da tua carne e osso dos teus ossos.

E desde agora macho e fêmea sois.
Feitos à Nossa imagem e semelhança:
À Nossa mesma imagem e semelhança
Em eterno desígnio vos formamos.
Dominai sobre a terra e os elementos,
Fundai a vida, perfazei o mundo
Com gerações que esperem Nossa benção".

E, completando assim o plano eterno,
Sobre o primeiro par impõe as mãos.

Flores de Ouro Preto

A Cecília Meireles

Vi a cidade barroca
Sem enfeites se levantar.
Nem flores eu pude ver,
Flores da vida fecunda,
Nesta áspera Ouro Preto,
Nesta árida Ouro Preto:
Nem veras flores eu vi
Nascidas da natureza,

Da natureza lavada
Pelo frio e o céu azul.
Tristes flores de Ouro Preto!
Só vi cravos-de-defunto,
Apagadas escabiosas,
Murchas perpétuas sem cheiro,
Só vi flores desbotadas
Nascidas de sete meses,
Só vi cravos-de-defunto,
Que se atam ao crucifixo,
Que se levam ao Senhor Morto.
Vi flores de pedra azul...
Eu vi nos muros de canga
A simples folhagem rasa,
A avenca úmida e humilde,
Brancos botões pequeninos
A custo se entreabrindo,
Mas não vi flores fecundas,
Não vi as flores da vida
Nascidas à luz do sol.
Eu vi a cidade árida,

Estéril, sem ouro, esquálida;
Eu vi a cidade nobre
Na sua pátina fosca,
Desfolhando lá das grimpas
No seu regaço de pedra
Buquês de flores extintas.

Eu vi a cidade sóbria
Medida na eternidade,
Severa se confrontando
À cinza das ampulhetas,
Sem outro ornato apurado
Além da pedra do chão.
Eu vi a cidade barroca
Vivendo da luz do céu.

Procissão do enterro em Ouro Preto

A Carminha Gouthier

Debruçado ao balcão do solar Vasconcelos
De onde toda Ouro Preto estende-se a meus pés,
Recebendo a portada e as árvores do Carmo,
Nesta noite abissal de sexta-feira santa
Vejo assomar de perto a imensa procissão.
Surge à frente um beato em hábito marrom
Levantando uma cruz escura de onde pendem
Faixas de linho branco à espera do Senhor.
Quatro homens apresentam uma bandeira roxa:
S.P.Q.R. em letras amarelas se lê.
Um sacristão percute a matraca insistente,
Filas de pálidos Irmãos movem-se atrás
Em suas opas vermelhas, verdes, pardacentas,
Cada qual suportando a vela benta acesa,
Da sua própria morte estranha antevisão.
Logo no seu esquife o Senhor morto vem
Oculto em manto roxo, os cabelos cacheados,

Roxo é o mesmo debrum do pálio que o sustém,
Roxa a capa de asperges dos três padres
Que devagar deslizam em silêncio total.
Contrito o povo mira o Senhor da Paixão
— Até à morte obediente na cruz se fez —
A quem agora enterram os mesmos pecadores
Que o excesso do amor um dia resgatou.
Da vestimenta roxa emergindo mais branca,
A Virgem Dolorosa é levada no andor:
Um diadema de ouro a sua testa coroa,
Sete espadas mortais alimentam seu peito,
Sete espadas mortais sustentam seu andar.
Contempla, ó alma infiel, a Senhora das Dores
Que sete vezes foi traspassada por ti!
Esmagando a seus pés a serpente infernal,
O caminho da cruz para sempre te abriu.
O povo inteiro compõe a longa procissão:
Do cortejo aumentando ainda o aspecto lúgubre,
Uma banda arrastada rompe a marcha fúnebre;
Lanternas e lampiões, velas, tochas suspensas
Subitamente imprimem às casas e às pessoas
Visagens de outro tempo, ares de assombração.
O centurião conduz uma escada nos ombros,
Longuinho em toga verde a fina lança traz.
Um dos irmãos avança à frente da fileira,
Ergue um Cristo na cruz todo em chagas aberto,
Deus barroco espanhol, com enorme resplendor.
Numa salva de prata um Apóstolo mostra
Um galo de madeira, os dados e um roupão.
A Morte imperial agita a foice afiada,
Com sua mão enluvada atrai o povo fiel.
Que mais quer essa Morte entupida de guerras,
A Morte que mais quer se matou o Senhor.
Famílias se benzendo à passagem do enterro
Luminárias acendem ao longo dos balcões.
O cortejo detém-se um momento no Passo
Que neste dia só as portas descerrou.

No largo que se faz a Verônica assoma
Cantando uma ária triste, agitada e sombria,
De sandálias calçada, afastando seus véus,
Traja toda de roxo, abre os braços em cruz,
Desdobra o estreito pano em que surge a Cabeça
De espinhos coroada, o sangue destilando,
Branco e rubro pendão do reino do Calvário,
Da grã Conspiração testemunho e sinal,
Documento de amor e ternura transcrito,
Por femininas mãos, da face do Senhor,
Tocante tradição que as gerações se passam
Até que no final dos tempos consumados
Este sudário volte ao corpo da sua Cruz.
Três Marias completam o canto da Verônica,
Respondendo ao apelo exposto na sua voz.
De novo a procissão vagarosa se move,
Súbito se perdeu num dédalo de ruelas:
Tornando a aparecer caiada de luar
— Regressam os figurantes mortos de emoção —
O caminho refaz que o Senhor percorreu,
Recolhendo-se à igreja, à pedra, à solidão.

Romance de Ouro Preto

A Manuel Bandeira

Na luz difusa
Que funde os planos,
Vai nas colinas,
Vai nas igrejas,
Vai nas lonjuras
Se refratando,
Na luz difusa
Da manhã fria
Nasce Ouro Preto
Congeminando.
Nasce inda agora

Dos astros frios,
Estremunhada
Descerra as portas
De pedra frias,
Desata a bruma
Dos dedos brancos,
Levanta cruzes
No ar macio,
Turva da noite,
Tonta de espectros,
Doida de sono,
Mira-se ao espelho
Lavado, oval,
Da solidão.
Um gênio fluido
No ar poroso
Se balançando
Despede a lua.
Desdobra templos
Na luz redonda,
Lava ladeiras,
Lava os lavabos
Das sacristias,
Recobre as casas
De branco e anil,
Tira o capuz
Do Itacolomi;
Extinto o ouro,
Pequena indústria
Faz funcionar
— Chá, pinga e mel —,
Apruma os pobres
Do álgido Asilo,
Espanta as moscas
Que do leproso
Toldam a visão,
Governa o reide

Circunvolante
Dos urubus.
No jardim único
Do Carmo ao lado
Balança plumas
De árvores densas,
Apara arbustos,
Desfolha dálias,
Agrupa os goivos,
Cruza coroas
De crisandálias;
A água limosa
Dos chafarizes
Rápido ordenha,
Desmama riachos,
Sutura as torres
Na cerração,
Dá corda aos sinos,
Rói paramentos,
Rói estandartes,
Move estudantes
Até o Palácio
Onde assistia
O Governador
— Máquina cinza
De corpo espesso
No alto da Praça
Bem assentada,
Soturno espelho
Do grão poder;
Sobe ao Museu
Que, adrede armado,
Graves destroços
Da antiga Minas
Prenhe, barroca
— Dura escultura —
Torsos de Minas

Dependurados,
Restos roídos
De Inconfidentes
Na cal propícia
Recolocados,
Sombras vencidas,
Sombras severas,
Estranho espólio,
Solene expõe;
Aulas frágeis
De anjos feridos
Dos frontispícios
Pronto refaz;
As mulas tange
Que dos distritos
Descem ao mercado
Campainhando,
Pule os minérios,
Monda as arestas
Dos monumentos
Azul e rosa,
Branco e cinzento;
Lumeia os círios
Lá no Pilar,
Renova a missa
No altar barroco,
Propende o Cristo,
Suscita a sombra,
Suspende o sol.

Ó Vila Rica,
Trânsito é o teu
Tão sossegado!
Nossa Senhora,
Nosso Senhor,
De pés descalços,
De braços dados,

Tristes, felizes,
Tristes, calados,
Pelas ladeiras
Recuando a morte,
Pelas calçadas,
De dia, de noite
Correndo vão.
Ó tu, musical
Terra não és,
Curva Ouro Preto,
Plástica, sim!
Díssonos pianos
Deslocam o eco
Das tuas manhãs:
Mas os teus sinos
— Enoch e Elias,
Ivo e Lequésio,
Roque e Raquel —
Sobem do Carmo,
De São Francisco,
Sonoros sagram,
Bentos batizam
Tua atmosfera
Com igual fervor,
Dobram com força
Por todos nós,
Das ruínas do ar
Levando aos Três
— Ventos de amor —
Novas novenas
E ladainhas,
Teus *Kyrie eleison*
Santos amém.

Tu, Vila Rica
De forte exemplo,
Ei, Ouro Preto!

O ouro leproso,
Amaldiçoado,
Da luz do inferno
Contaminado,
Te desgraçou.
Que havias feito
Pra te mandarem
Praga tamanha,
Virgem do céu?...
Tu, Vila Rica
Do ouro gerada,
Desde teu berço
Ouro mamando,
Desde menina
Já castigada
— Forrada de ouro,
Fecunda um tempo,
Logo faminta,
Depressa estéril —,
Estrela obnóxia
Vinda de Oblívio,
Luz de presságios
Na cauda de ouro
Morna arrastando,
Ai! te obumbrou.

Maior na morte
Que no esplendor,
Espectro enxuto
De olho de pedra
Que absurdo adoro
Tanto que aguardo,
Roxo, tremendo,
Últimos fins,
Tuas colunas
Tão inspiradas,
Curvas e rampas

Ao pensamento
Rude inclinando,
Nobres portadas,
Pátina cinza,
Muros de canga
E anjos ambíguos,
Anjos oblíquos,
Anjos oblongos,
Torres torcidas,
Torres chuvosas,
Olhos-de-boi
Lentos absorvem
Tua agonia
Logo cercada
De fogos-fátuos,
Almas penadas
Com véus de viúvas
Que pelas vielas
E pelas pontes
Sutis deslizam
E entre ais e uivos
Perdidos vão:
Triste Ouro Preto
A quem a cinza,
O tempo e o mito
Servem de pão.

Mortos teus dentes,
Teu ouro extinto
— Virou esterco —,
Abandonados
Os teus pendões,
Podres os bosques
Das sesmarias,
Paços queimados
(Nos mornos morros
Correm manadas

De assombrações),
Mantos roídos,
Trompas sem boca
Que te acordavam,
Prismas partidos,
Morta a euforia,
Toda a ambição:
Vive tua plástica
Na forma estática,
Só para a morte
Guardaste a luz,
Tu, Ouro Preto,
Dama de pedra,
Demente lúcida
— Dobras a morte
Com teu palor —,
Tu, Ouro Preto,
Que outrora foste
E agora inda és.

De qualquer ângulo
Tu sempre és bela!
De qualquer ângulo
Ao olho amante
Sempre és igual.
Perto, distante,
Quer vista sejas
Na luz redonda,
No prisma azul,
Na trovoada,
Na refração,
À chuva espessa,
Ao sol friorento,
Ao sol violento,
Ao luar das Lajes,
Na cerração,
Vista de frente,

Vista dos fundos,
Lá das Cabeças,
Lá do Rosário,
Do Grande Hotel,
Do Alto da Cruz
Que Chico Rei
Dançando o congo
Fez levantar,
Glória a Jesus;
De São Francisco
De Paula a massa
Branca, maciça,
Sempre de frente,
De qualquer ponto
Se mostra à luz.
Bela Ouro Preto
Vinda do caos,
Tua unidade
— Tácito acordo
Entre homem e Deus —
No entrosamento
De forma e fundo
— Subido exemplo —
Com teu engenho
Se resolveu.

Vi quantas belas
Adormecidas
Nessas varandas
Desguarnecidas,
Pelo nevoeiro
Logo veladas:
Vaga Marília,
Doce Ifigénia
— Zéfiro brando —
Que do Brasil
Foste noivada,

Nise saudosa,
Glaura de seda,
Bárbara mísera
Do norte estrela
Que teu destino
Mal sabes guiar,
Clara Constança
De negras tranças
Breve roídas
Na escuridão:
Musas oclusas,
Tristes, heroicas,
Tontas, alegres,
Santas, vadias,
Musas obscuras
De igual valor,
Quantas Marias
Trabalhadeiras,
Requebradeiras,
Doidas de amor,
Belas doceiras,
Ó costureiras,
Ó lavadeiras,
Corpos em flor
Que a minha lira
— Pulsa, suspira —
Do tempo caído
Quer suscitar,
Finos fantasmas
Que a névoa filtra,
Adormecidos
Nas lájeas frias,
Em balcões frios,
Finos fantasmas
Frios da noite,
Frescos do orvalho,
Brancos da morte,
Puros do luar...

Nas tuas naves
Limpas, lavadas,
Qual céu de Minas
Após trovoada,
Nas tuas naves
Claras, azuis,
Abrindo os braços,
Fechando os olhos,
Cinzas tomei,
Bíblico eu fui.
Nas tuas lájeas
Verde-cinzentas,
Desconsolado
Moendo o mundo,
Roucos soluços
Triste abafando,
Me prosternei;
Dos teus santeiros
Tortos anônimos,
Nos oratórios
O gênio rústico,
Crispado, áspero,
Interpretei;
E ante os teus santos
Ósseos, cavados,
Escalavrados,
Desencarnados
Pela oração,
Que pedem graças
Do alto do nicho
Em vez de as dar
— Míseros são —,
Fiz a exegese,
Dei o balanço
Da nossa lepra,
Nossa paixão.

Do Aleijadinho
— Pernas de pedra,
Tronco de igreja,
Testa de morro
Da Minas bíblica
Que a Santa Bárbara,
Grã domadora
Da trovoada,
Se consagrou,
Do Aleijadinho,
Macho escapado
Ao próprio escopro,
— Sua obra inteira
É autorretrato
De corpo inteiro
Revelador —,
Do Aleijadinho
Severo ancestre
Mal-encarado,
Encapuzado
No seu furor,
Alma barroca,
Fundos refolhos
De obscura raiva
Guardando em si,
Na dura entranha
De penha humana
Com fortes peitos
Gerado à luz,
Do Aleijadinho
Sóbria lição
— Suma piedade
Rígida, austera,
Na bruta Bíblia
Cedo assentada,
De um mundo novo
Mantido em pedra

Consolidada
Na criação,
Do Aleijadinho
Força fogosa,
Grã-liberdade
Na disciplina
Do antigo amor
Movendo os dedos,
Movendo o engenho
Com seu vigor,
Força madura,
Fundamental,
Que à alma imprime
Imperecível,
Sempre impassível,
Grave postura,
Nobre feição,
Do Aleijadinho
— Simplicidade
Dentro do excesso,
Transbordamento
Não sem rigor,
Conselho altivo
Que vence a morte,
Nutrido a sangue,
Na chaga inscrito,
Rasgado a escopro
— Transverte a dor —,
Do Aleijadinho
Que transfixado
No seu grabato,
Contempla o Cristo
Com febre e amor,
Do Aleijadinho
Sopro do eterno
Rolando em Minas,
Gravado em pedra,

No pau esculpido,
Firme palpei.

Tuas velhinhas
Mal-assombradas
Quase que amei,
Teus seresteiros
Ao luar propício
Perambulando
Cismando ouvi
— Cantam Dalilas,
Dizem de dálias,
Bordam perpétuas,
Choram saudades,
Longos degredos,
Penas de amor;
E de teus bêbedos
De noite e dia
A lengalenga,
Ladeira abaixo,
Ladeira acima,
Ainda ajudei;
E de tuas bruxas,
Teus monsenhores,
Teus sacristães,
Lendas, parlendas
Mole girando,
Reconstituindo
Tempos soberbos,
Quentes distúrbios
Nos arraiais,
Alumbramentos
Do ouro gerados,
Superstições,
Cruzar de espadas,
Punhos suspensos,
Membros candentes,

Conspirações
Cedo morrendo,
— Vem, liberdade,
Ainda que tarde —,
Uivos de dor,
Poetas tangidos
Para o degredo,
Secos de amor;
Do Tiradentes
Rubra cabeça
Logo tornada
Constelação,
Ó Excelências,
Ó Reverências,
Bailes, fanfarras,
Clarões, clarins,
Ó luminárias,
Ó lumaréus,
Bruscos archotes
Que nada assusta,
Queimando o céu,
Ó procissões
Pagãs, festivas,
Entrelaçando
Virgens e Vênus,
Paulo e Plutão,
Ó serenatas,
Ó cavalhadas,
Ricos senhores,
Em coches de ouro
Vindos de longe,
Lá de Tijuco,
De Gongo Soco,
Cavalos épicos
Se espedaçando,
Longos delírios,
Damas possessas,

Descabeladas,
Girogirando
Pelas estradas,
Lançando fábulas
Filhas de ouro,
De áureo clarão;
E ouro rodando
Pelas calçadas,
Nas capistranas,
Templos crescendo
Com ouro e fé,
Negras escravas
Bamboleando,
Cobrindo as tetas
Com ouro em pó:
Tudo isto agora
Quero evocar
Tempo danado
De assombração,
És filho do ouro
Com a maldição.
Tu, Vila Rica,
Autoespantalho
Que nada assusta
O próprio Cão
Montando a Morte
Quer te assombrar,
Que tu refugas
No ventre fundo
Dos teus minérios,
Lá nas profundas
Da noite oclusa,
Cruz-credo, amém

Na luz difusa
Que se arredonda
E se refrata

Nos planos frios,
Três sinos sobem
Lentas ladeiras,
Dobram o defunto,
Declina o dia.
Deus nos assista
Com sua alegria,
Deus nos liberte,
Ave, Maria.
Despede o manto,
Grossa estamenha
Pronto reveste,
Ouve em silêncio
Desta cantiga
Desconjuntada
O som final:
Nobre Ouro Preto
Talhada a escopro,
Gele-me o corpo
Se te esquecer,
Seque-me a língua
Se te maldar;
Nesta retina
Cedo alumbrada,
Desconsolada,
Tua luz difusa
No amor filtrada
Quero guardar
— Imagem de outra
Mais alta luz —;
Roupas não rasgo
— Tradição morta,
Disse Jesus —;
Mas breve rasgo
— Rito profundo,
Viva oração —
Diante do altar

Que aos Três consagra
Nossa oblação,
A Cruz mirando
Que altera o mundo,
Sagrado lenho,
De Deus dossel,
Mas breve rasgo
Depois de aberto,
De escalpelado,
Contrito, amargo,
Descompassado,
Mina de males
Que não se extingue,
Tosca oferenda
Que a luz severa
Dos teus santeiros
Inconformados
Reflete inteira
Nesta angustura,
Mas breve rasgo
Meu coração.

Capela do padre Faria

A Carlos Pinto Alves

Contemplei na escureza o irrealizado
Destino; vi o rastro do Santo,
Nada mais que seu rastro.
E a sombra do cálice na sombra.

Deslizam os bem-aventurados
Depois de soprarem na luz,
Indicando o Ar essencial,
A dupla respiração da alma
Alimentada por êxtases infinitamente pequenos:
Mas quem lhes recolhera a plenitude,

Quem lhes transcreveria o árduo silêncio
Enquanto dominavam a ordem tríplice
Do mundo, demônio e carne?

Minúsculo ruído faz o rosário
No espírito rodando;
Este recinto de ouros em contraponto
E vaga indicação de Oriente,
À medida do espírito foi feito
Que meditou a riqueza domada,
Elemento a serviço de renúncia,
Espírito que natureza e arte não subjugam.
Pobre ouro recolhido, petrificado, inerte...

Aqui o rolar das ondas do órgão,
A sonoridade dos antigos cânticos
E os panejamentos do incenso
Turbariam o apetite de levitação:
Quedemo-nos sem gesto, sem palavra,
Ocultos da comunidade dos homens e dos bichos,
Ocultos do peso próximo da montanha
E da própria luz agora rebatida,
Quedemo-nos olvidados.
Mesmo sem rezar sem ouvir sem ver.
Aceitando.

Montanhas de Ouro Preto

A Lourival Gomes Machado

Desdobram-se as montanhas de Ouro Preto
Na perfurada luz, em plano austero.
Montes contempladores, circunscritos
Entre cinza e castanho, o olhar domado

Recolhe vosso espectro permanente.
Por igual pascentais a luz difusa

Que se reajusta ao corpo das igrejas,
E volve o pensamento à descoberta

De uma luta antiquíssima com o caos,
De uma reinvenção dos elementos
Pela força de um culto ora perdido,

Relíquias de dureza e de doutrina,
Rude apetite dessa coisa eterna
Retida na estrutura de Ouro Preto.

São Francisco de Assis de Ouro Preto

A Lúcio Costa

Solta, suspensa no espaço,
Clara vitória da forma
E de humana geometria
Inventando um molde abstrato;
Ao mesmo tempo, segura,
Recriada na razão,
Em número, peso, medida;
Balanço de reta e curva,
Levanta a alma, ligeira,
À sua Pátria natal;
Repouso da cruz cansada,
Signo de alta brancura,
Gerado, em recorte novo,
Por um bicho rastejante,
Mestiço de sombra e luz;
Aposento da Trindade
E mais da Virgem Maria
Que se conhecem no amor;
Traslado, em pedra vivente,
Do afeto de um sumo herói
Que junta o braço do Cristo
Ao do homem seu igual.

Contemplação de Alphonsus

No cume da colina de Mariana
Que guarda a igreja morta do Rosário,
Adonde antanho oravam os escravos,
Três poetas desdobrando o mesmo rito
No movimento sêxtuplo das mãos,
Limpam a tumba rústica de Alphonsus
Na dúbia luz que dos seus versos vem.

Dorme Alphonsus no chão elementar,
Dos homens desligado que ele amou.
Aos seus versos polidos pelo ofício,
Patinados no tempo, nobres versos
Que geram em nós a lua e sua espuma,
O sete-estrelo geram, e o resplendor
Do céu noturno, a fantasmagoria
De trágicas imagens, e de acordes
Percutidos em címbalo e celesta,
Geram o mito maior, mito da morte
Mais uma vez nascido de mulher
Bem cedo extinta, cerrada magnólia
De véus sombrios, tenra Beatriz
Que, inda o livro da vida soletrando,
Indica à poesia sua clausura
Em que tão fundo a alma se contempla
Quando abaulada carruagem a leva
Aos solavancos, na penumbra oculta
De soturnos veludos e debruns,
Aos seus versos polidos pelo ofício
Responde a natureza com o silêncio
E os lilases ao longo do esqueleto.

—

Contemplo, amigo, tua ação na terra.
Em Ouro Preto que te viu nascer
E te abrigou durante a mocidade,

A experiência da morte muito cedo
O eixo transfere da tua vida vã.
Na igreja do Bom Jesus de Matozinhos
Plantada lá no topo das Cabeças,
E onde na pedra o Aleijadinho expõe
A purificação das almas pelo fogo
E a piedade do Arcanjo São Miguel,
A frágil e suave Constança tu noivaste
Que logo o céu ciumento arrebatou
— Corpo cruzado em campo de açucenas.
Nesse tempo de resgate e iniciação,
Tempo de roxo e lágrimas de sal,
Gerou-te a morte para a luz eterna.
Desse funesto eclipse a arte irrompe,
Que austera sobre si própria se curva,
Liberta de impurezas, e diamante
De oculta força, aos poucos despontando
Na solidão de áspera clausura.
Menino eu era, e a estátua se formava
Ante mim desse Alphonsus exigente
Que, do mundo nas Minas isolado
Entre silêncio e torres, trabalhava
No ofício rigoroso da poesia.
Desde cedo meu espírito impelido
Pela força da morte, que alterando
Minhas próprias origens e meu rumo,
À borda do vazio me inclinara,
Desde cedo meu espírito gemendo
Achou adequação exata nos teus livros
Que nos lentos serões assimilei.
O que o clarão de Halley começara
Anos antes, teus livros perfizeram:
As galerias da poesia perfurei
E tua alma encontrei nos corredores,
Tua alma de presságios contemplada
Sofrendo na medonha carruagem:
E o espectro permanente dos teus goivos,

Teus crisântemos, tuas passifloras,
A aridez de tuas gândaras desertas,
A nova organização do teu céu roxo
E o palor das tuas estrelas conheci.
Quase não distinguia mais amor e morte...

A natureza com a Queda solidária
Recebe a carga da degradação
Nos sucessivos planos da miséria:
A natureza, que na alma se refrata,
Dissonâncias gerando e nova cor,
Primeiro a cor essencial do luto
Aos seres vivos todos distribuído,
A natureza que sofreu um talho
Pede sinais inéditos que mudem
O duro cavalete da matéria:
Pede correspondência intelectual
Entre formas e ideias, cor e som.
De uma nobreza de astros investida
E valendo-se da ternura humana,
Tua musa acorre, Alphonsus, aludindo
Ao céu anterior, do símbolo nascido,
À Igreja balançando lua e sol,
À mais ilustre tradição — da morte,
Morte de alta linhagem recebendo
Novo sangue de virgens recolhidas
No céu de fogo em vésperas solenes,
E à finura de Deus reinventando
Cada alma pelos dedos do perdão.
Que amor então tua musa despertava!
Que flores fez se abrirem, mas que luares
De excepcional brancura modelando,
Da noite a Imaculada fez subir!
E era a lua de maio navegando
Descabelada e louca em céus de Minas,
Que não encontra ninguém para falar.
O silêncio das Minas prisioneiras,

Pudor das Minas incomunicáveis,
Excesso de reserva e discrição.
O silêncio que vem do mineral...
Mas na clausura antiga de Mariana
Ao chamado da lua já respondes
E teus lábios depois vão recolhendo
O silêncio que pousa nos teus livros.
Um tal silêncio o requereste, sim:
Este que envolve a comunicação
De duas almas afins que se procuram
E que desejam suaves aoristos
Entre asas de pássaro e folhagem...
Filtrou a lua o branco dos teus versos.

—

Mariana taciturna confirmara
As dimensões noturnas da tua musa
E a religiosidade do teu ser.
Mariana: serras e colinas calmas
Vestidas de eucalipto e umbaúbas
Recuando esbatidos na distância,
Branco e azul casario pastoreado
Por igrejas de antiga tradição.
Brincam no Largo crianças bem torneadas
Que aos anjos esculpidos nos altares
E verdes frontarias se aparentam;
Brincam tua Altair, tua Alfonsina...
Nos balcões de urupema rendilhados
Inclinam-se as mineiras retraídas
Que mudas em Natércia e Beatriz
Recebendo nas faces pensativas
O branco azul e cinza do luar.
Manso caminha o ribeirão do Carmo,
Levando tua imagem evaporada
E as torres flutuantes das igrejas.
Mugem os bois barrocos longemente...
A Câmara riscada pelo Arouca

— Nobre exemplar de enxuta arquitetura —
Serve também como cadeia: os presos
Ante Deus mais que preso se joelhando
Suplicam-lhe cantando que acelere
Seu julgamento, que a demora dói:
E tu, Juiz, da reza participas.
Duas igrejas irmãs tocam-se quase,
Confabulando: Carmo e São Francisco.

—

Logo ao entrar na Sé a morte vês,
Morte velando o vulto de arcebispos
Canonizados pelo povo fiel,
Que nas polidas lápides esperam
— Púrpura extinta, báculos em pó —
Sob o roxo dossel que os abrigava,
A reunião dos membros descolados,
Segundo o augusto Credo nos promete.
Sentado perto dos ceroferários
Que ao céu lunares lâmpadas levantam,
Dos desvãos dos altares semiescuros
Vês despontarem Cristos feridentos
— As luminárias mostram de suas chagas —
Sob os mantos furados quase nus,
Olhos de olheiras roxas retocados
Pedindo companhia e compaixão;
E nos seus nichos a Madona jovem
Cercada pelos anjos retorcidos
— "Pulchra et luna, electa ut sol" —,
Musa das musas, palma especiosa,
Rosa circungirante que percorre
A terra e o céu, — recebe amoração.
Os arcanjos que guardam o grande órgão,
As compridas trombetas embocando,
Convocam o povo ao cântico festivo:
Outras vezes é o denso cantochão
Que, severo subindo, continua

No plano intemporal, música pura
Que vai rodando a roda sempre igual
Para indicar dos três a translação
E o simultâneo desenvolvimento.

—

Vives agora o ano eclesiástico,
Transfigurando a rotação dos tempos.
Percebeste, ó Alphonsus: a alta Igreja
Toma a rude matéria rebelada
E, de uma base física partindo,
O próprio cosmo sagra com suas mãos
Em movimento ao vértice da Cruz.
Teu espírito desdobra a liturgia
E observa o sol do cerimonial,
De novo transcrevendo nos teus livros
Analogias e correspondências,
Humanos e celestiais planejamentos
Que no início tua musa te estendeu.
Do centro do teu ser o hino se eleva
Quando os dedos imerges no lavabo:
"... Domine, et super nivem dealbabor."

—

No ribeirão do Carmo que desliza
Indiferente e frio, te debruças:
Que vale o ribeirão sem o luar que o contrai?
Mas em noite fechada tu procuras,
Além da terra, além do luar, no íntimo céu,
Divino território interdito aos humanos,
Procuras a segunda vida, a face morta
Modelada talvez em novos astros,
Lua das luas, essência do luar
Mirando-se no espelho de Jesus.
Mas, essas duas vidas se fundindo,
Dás a mão aos dois mundos alternados:
De exigente clausura regressando

Encontras logo a dimensão humana
Nos filhos constelada e na mulher.
Patriarca jovem, acolhes a ternura
De Zenaide, suave e forte companheira,
Que sabe distribuir tua pobreza,
E o riso fresco dos teus quinze filhos:
Cada um através dos tempos guardará
A nobre nostalgia desse amigo
Que vai palpando versos no papel
Enquanto que o balança no joelho;
E os menores, os dedos mergulhando
Na cabeça do corvo, teu tinteiro,
A seu modo cooperam na poesia.
Agora estás sozinho em tua cela...
Dorme Mariana, inspirador espectro:
Em campos de luar, torres de cal.

E poeta do luar tu foste: à tua mente
O luar se definia em formas fúnebres
Pela fria alusão a um ângulo da morte
Que tudo quer manter na sua brancura.
Da noiva morta o luar serviu-te o mito,
Vestíbulo de sonho mais secreto
De outra vida que apenas apalpamos
Iluminada pelo facho opaco...
És entretanto o pai de uma cosmogonia,
Ampla cosmogonia poética a gerar
Em nós estados de metamorfose,
De promoção a um mundo perturbante
Que no elemento corporal começa.
Ali também nasce o luar, flores soprando
De lividez, erguidas ondas se movendo
Em vão para alcançar-lhe a faixa branca
— Silentes sombras frias de Selene... —
E quantas mais figuras alternadas
De mal, ternura, angústia e solidão,
De cortesia e comunhão nas formas

Da natureza, em planos esbatidos,
Nascer fizeste à noite antecipada!
Pois à tua mente não se dobra a noite
Tal uma ilustração, motivo exterior:
A noite se formou barroca no teu ser,
A noite em ti ganhou um molde humano
Essa noite que Adão mais que ninguém palpou.
Da qual nasce a mulher, e dela a morte:
A noite que gerou o amor e a morte,
Retoucada de goivos roxo-escuro
À sua mantilha espessa incorporados,
Essa noite original noitece em ti
Envolvendo teu corpo em suas dobras,
Em funda trama e justaposição.

—

Caudatário do amor, pajem da morte
Foste por vocação e lucidez.
Filtrado pelas grades de Ouro Preto
E Mariana, liberto por tua musa
Da vã categoria da extensão,
Mineiro de ousadíssimas sondagens,
Logo um veio alcançaste bem profundo,
Veio da morte, que jamais se extingue...
A reversão do tempo havias operado:
Com um gesto soberano depuseras
Na fronte a se extinguir da amada jovem
O diadema de espinhos da poesia.
O código da solidão logo decifras,
A necessária, não a morna solidão:
Pois que aferiste a tua medida humana
Nos filhos figurada e na mulher.

A língua portuguesa trabalhaste
Para funda pesquisa nos abismos
Onde no escuro a alma se contempla
E logo se traslada ao céu de amor.

Conhecendo que o símbolo é barroco,
Por natureza ornado de folhagem
Espessa e de elementos vários ricos,
Apuraste uma técnica ajustada
Ao tema do conflito permanente
Entre matéria e sonho, língua plástica,
À mesma pedra-sabão aparentada:
Templo de antiga Minas é teu Livro!
Estranho monumento à morte erguido
— Contraste singular, força do engenho —
Pelo criador de uma linhagem longa,
Por um criador de humana vida, e sã;
As soluções transcritas por tua lira
Balançando invenção e liberdade
Que não excluem orgânico rigor.

—

Tua revolução terrestre terminada,
Preparas o retorno. Poeta foste.
Ao desfolhar de julho, Mariana
Entre nevoeiro e cinza se velou.
Voltam-se os dias esgarçando os véus...
Descansas no lençol já funerário:
A morte desce em paramentos brancos
— Deslizam pés descalços no soalho —,
É uma adolescente de quinze anos
Empunhando o estandarte cruciforme
Em que teu corpo é logo amortecido.
Morte que desde longe conheceras,
— Pelo dom da pobreza anunciada —.
A quem puro palparas dia a dia,
Palmilhando seus campos de papoulas...
Na semiluz do quarto se movendo,
Um braço anula o tempo do relógio.
Na escrivaninha pousam os manuscritos
Sempre tocados pela mão do ofício,
Dona Mística, *Escada de Jacó*,

Câmara-Ardente, Kyriale, Pulvis.
Jazem despojos vãos no tosco leito,
Frios despojos que a família fecha,
Fundos soluços tristes levantando.

Aqui foi nosso Alphonsus, que, desfeito
O provisório molde que o guardava,
Sobrevoa as igrejas de Ouro Preto
E Mariana: e, finalmente solto,
Nas frias ondas do luar embarca.
Sino da catedral dobra por ele,
Dobra por mim — dobra por todos nós.
Livre de toda contingência, a alma,
Pela própria leveza suspendida,
Atinge a nave altíssima do azul.

No cume da colina de Mariana
Três poetas, terminado o obscuro rito,
Os lilases contemplam dos teus restos,
Concertando seis olhos à tua luz.
O mesmo pensamento lhes devolve
O sino que nos ares vai subindo
E logo gira em súbitos responsos:
"Acorda Alphonsus! Oh, depressa! Acorda Alphonsus!"
Acorda Alphonsus, que o lugar já vem!
Acorda Alphonsus para os seus amigos,
Acorda-o para a palma que afastou,
Para a Mariana universal dos entes
Que, lentos à poesia, do esplendor
Velado e nebuloso do seu facho
Têm de aprender, num mundo de tambores
E exageradas reverberações.
Sombras fichadas pela Monarquia
Do grão terror, na máquina montada,
Movem moinhos de lamentos vãos,
Sentem-se extintos já, fingem viver...
Conhecem, não a morte sublimada,

Lenta carruagem que conduz prenúncios,
Pajem divino anunciando a Páscoa,
Morte que traz nos braços a esperança:
Conhecem-na selvagem e descarada,
Conhecem a morte entregue a domicílio
Todos os dias, pronta servidora
Do raio negro e da bomba total,
Alterando a estrutura do universo
E esse mais forte amor que a mesma morte,
Esse amor que, esqueletos transformando,
Suspende a eternidade nos espíritos
E nos largos terraços corporais
Solta a suave columba especiosa,
Amor que no outro amado se transmuda,
Invocação à Santíssima Trindade
Que notícia têm eles desse amor?...

Ó Figuras supremas do universo
Que no perpétuo amor vos contemplais,
Pelos símbolos vivos alterando
A neutralidade cinza da matéria,
A rotação dos Três se processando
Enquanto o germe antigo renovais:
Fazei vibrar os sinos da consciência,
Os espectros da fome desatai;
A alma dos milionários convertei
Que, agora pastando seu cadáver,
O penacho da raiva dos planetas,
Sem o saber, já fazem se inclinar!
Prendei o Cão, os cárceres soltai,
Dissolvei fortalezas de terror,
O clarão dos clarins logo abafando;
O povo errante desta dura terra
(Entre esportivo e tigre) transformai.
Vesti o triste manequim das almas
Da rubra túnica da Encarnação!
Aos poetas devolvei o alumbramento,
Devolvei-lhes ainda a assombração:

Que outrora o amor, o sonho e a natureza,
Suas amplas analogias alternando,
Porta maior da Esfera lhes abriu!

O sol tríplice da imensa criação,
Sol absoluto distribuindo sempre
Do teu peito geral, transformador,
Tua própria substância que se aumenta
À medida que vão girando os Três,
O sol tríplice da imensa criação,
Tu que geras, redimes e lumeias,
Desdobra sobre os homens teu amor:
Paz ao mundo sanguento e ferindento
Suspenso à cruz de dúvida e pavor;
Paz aos seres moventes sobre a terra
Que solidários são da tua luz,
Mesmo a todos os seres negativos
Que sem o teu poder desnasceriam;
Paz aos mortos no escuro semeados
— Aguardam o som da tuba metuenda
Que, nos últimos tempos retumbando,
Nova criação à vida chamará;
Paz ao cimeiro *Alphonsus* acordado
Seja no purgatório ou paraíso,
Ou na chama votiva dos amigos,
Seja no Livro de volutas graves
Que sua mão ilustre levantou;
Glória a ti, luz e núcleo do universo,
Glória a ti, uno e trino, sempre igual,
Sempre diverso, ó tu, sol absoluto,
Sol barroco da enorme criação,
De mil mundos forrado e constelado,
Que soberbos ornatos infinitos,
Por dentro e pelo avesso, multiplicas
Na tua ânsia de tudo dilatar:
O sol tríplice da imensa criação,
Que o amor, a morte e outras estrelas mais

Com teu fogo e energia vais movendo
E até o sem-fim dos tempos moverás.

Luminárias de Ouro Preto

A Gustavo Capanema

Em Ouro Preto
— Viva sua luz —
Vi luminárias
Dependuradas,
Vi luminárias
Que a mão conduz,
Vi luminárias
Verdes, vermelhas,
Vi luminárias
Roxas, azuis.

Mas inda outras
Vi luminárias
Celoviárias
No amor ocultas,
Ó luminárias,
Ó planetárias!
Tu, Pai antigo,
Pastor eterno,
Motor divino,
Geraste a luz;
Roda gigante,
Moves o mundo,
Nume pensante,
Grão propulsor
Que tudo podes,
Menos parar;
Tu, Jesus Cristo,
Verbo encarnado,
Louco da cruz,

Deus alumbrado
Traz nova luz:
Lumeia logo
Toda a criação
Que vem ao mundo,
Segundo João;
O Santo Espírito
— Dos Dois procede,
Sopra a verdade,
Solda a unidade
Que liga os Dois;
O amor gerando,
Moto-contínuo
Sempre rodando,
Completa os Três —;
O Santo Espírito,
Nos corações
Tu fogo acendes
E os sete dons;
Nossa Senhora
Toda inocência,
A Luz pariste,
— Tu mesma estrela
Setespadária
Seguindo a cruz —,
Lírica essência,
Humana rosa
Do altar divino
Sempre a florir:
Vós quatro, vós
Sois luminárias
Luzindo sempre
Desta muralha
Na escuridão,
Sois luminárias
Que Amor acende
Na monarquia

Do coração,
Sois luminárias
Que a fé suspende
Na tenda obscura
Da criação.

Ó luminárias
Celoviárias!
Peço tremendo
Que os Três me ajudem,
Nossa Senhora
Que ajude os Três,
Depois correndo,
A luz trazendo
Ó Candelária!
Me ajude amém.
Ó luminárias,
Ó candelárias!
Peço tremendo
Lumieis o mundo:
Se o não lumiardes,
Ó luminárias!
A alta muralha
Quem lumiará?
Ó luminárias
Do mundo vão...
Sei do passado?
Nasci de Adão,
Da noite espessa
Na obumbração.
Sei do presente?
Vejo meu irmão
Vagar sem rumo,
Vagar sem lume,
Roendo o vento
Na cerração.
Sei do futuro?
... Assombração...

Em Ouro Preto
Vi luminárias,
Quatro das quais
Tudo esclarecem
— Antes do mais
Lumeiam a dor,
Quanto mais negra
Tanto melhor —;
Ó luminárias
Celoviárias,
Ó candelárias,
Grão resplendor,
Em qualquer parte,
Nesta Ouro Preto,
Na terra inteira,
Seja onde for,
Ó luminárias
Incendiárias!
Fazeis ver tudo
A luz do amor.

A igreja de Ouro Branco

A Sylvio de Vasconcellos

Tua íntima unidade
Na redução do branco,
Na pátina de ouro amortecido,
Nos esconderijos do barroco,
Sustenta-nos em luz sólida
Que se distribui à longa serra,
Antepaço de Outra branca Jerusalém:
Que nos importa, ai!
O que foi dispersado e morreu
Na pulsação do tempo
Se, noiva branca, permaneces
Esperando o golpe eterno

Com teu buquê de imagens?
Se à nossa rápida passagem
Te ofereces assim solevantada
Na filtragem da luz,
Nesta domada inquietude,
Nestes longes onde sabem alternar
Cinzas e terras,
Sob a espada do azul de Ouro Branco
Que tudo esclarece?
Em vão, alma pênsil,
Em vão desfiarás tuas camáldulas
Se não te dobrares a esta força:
Eis o canto amordaçado,
Eis o canto do barroco
Na disponibilidade do céu aplástico
Esparramando o enigma
Para confirmar nossa miséria ornada,
De nós, inúteis, viandantes, golpeados.
Quantos corpos sentiram-se pisar,
Quantas lamentações foram erguidas,
Quantas promessas circularam
Para a esta depuração chegarmos,
Para a chama do santuário ser mantida
No indivisível silêncio!
Nesta ausência de água e de folhagem,
Neste horizonte que obumbra o peregrino
Desafeito à luz branca.

Mensageiros do século dezoito
Suspensos em couraça de diamante,
Tomai esta melancolia, este passo tardo,
Esta angustura de se largar paisagem amada,
Este ex-voto com a testa sangrando,
Pernas e tronco de madeira rude,
Esta nobre aridez
Que limita o corpo decrescente,
Tomai este tão pouco, este já mínimo,

Oferecei-o à luz,
Luz que desce na luz e volta à luz
Apontando-nos, quase intolerável,
Um braço da máquina divina
Parada em Ouro Branco.

Romance da Visitação

A Emeric Marcier

Naquele tempo Maria
— São Lucas escreverá —
Levantou-se bem cedinho,
Dirigiu-se a toda a pressa
Às montanhas de Judá,
Comunicar a alegria
Que lhe fora anunciada
Pelo Arcanjo Gabriel,
Comunicar poesia
À sua prima Isabel,
Esposa de Zacarias,
Descendente de Aarão,
Pesada agora de João,
Precursor de Emanuel.
É claro que tinha pressa
De anunciar seu poder
Incluído na promessa,

Não fosse ela bem mulher!
Vai, Maria, vai correndo,
Vai direito a Israel,
Vai voando a Ouro Preto,
Às montanhas do Tibet
Anunciar ao mundo inteiro
Com entusiasmo e fervor
Que Jesus irá nascer,
Anuncia o Salvador

Que o Anjo te anunciou!
Lá vai Maria apressada,
Como sua vida mudou!
Inda ontem pulava a corda,
Feliz brincava de roda
Com as órfãs de Nazaré,
Agora já está casada,
Remendando a roupa toda
Do carpinteiro José!
Agora lá vai cansada,
Agora lá vai no escuro
Contendo no ventre puro
O próprio Deus paciente
Que nem o mundo contém;
Sem transição, de repente,
Promovem-na a mãe de Deus,
Visitadora da gente,
Anunciando seu bem!
Oh, que mistério glorioso!
Neste mundo há cada cousa
Que é mesmo de se espantar!
Lá vai Maria correndo
Nas montanhas de Judá,
De vez em quando repousa
À sombra da natureza,
Vai colhendo framboesas,
Vai colhendo sempre-vivas,
Magnólias e madressilvas,
Come e dorme ao deus-dará.
A nobre prima Isabel
Debruçada no terraço
Observa o horizonte baço
De onde Maria vai vir.
Sereno da madrugada,
Sereno deixa cair,
Sereno da madrugada
Não deixa Isabel dormir;

Refresca a tenda sagrada
Daquele que está pra vir.
Desenham-se longe longas
Arquiteturas de torres,
De terraços e varandas,
De pesadas balaustradas
Sobressaindo nos morros,
Sacadas bem rendilhadas
Com pinhas e abacaxis,
Arquiteturas agudas
Com suas telhas pontiagudas,
Seus perfeitos parapeitos,
Janelas em Muxarabi.
Para louvar sua prima,
A bela e jovem Theotokos,
Na montanha de Judá,
Isabel adorna a casa
Com palmas e aristolóquios,
Gladíolo, gravatás.
Os servos de Zacarias
Sobem e descem escadarias,
Desdobram alvas toalhas,
Apanham fruta, enchem talhas,
Preparam louras vitualhas,
Movimentam luminárias,
Estendem tapeçarias,
Vão do terraço ao pomar
Numa alegria insofrida,
Numa fremência de vida
Que chega a maravilhar.
Isabel espera ansiosa.
Que bela festa vai ser!
E de que mais gosta o homem
Senão de fazer festança?
Depois da festa descansa.
Para isso nós fomos feitos:
Para a festança do Pai.

Nosso Senhor foi à frente
Nos preparar a pousada
Em que seremos perfeitos,
Pois nascemos para amar;
Teremos festa e repouso,
Será o supremo gozo,
Um nunca mais acabar!
Lá vai Maria com pressa,
Pressa de dar alegria.
Leva uma chave consigo,
A chave do amor de Deus
Para abrir o paraíso,
Consolo, verdade e abrigo,
Suprema visão sem véus.
Este é o dia da alegria,
Festa da comunicação
De quem tem forte segredo
Saltando no coração
E que não pode esconder:
A notícia generosa
De que Deus irá nascer
Entre os homens, como homem,
Do ventre de uma mulher!
Ei-la que chega afinal.
Assim a vê Isabel:
A Virgem lá vem do sul
Toda vestida de sol,
Debaixo dos pés a lua,
Entoando o aleluia,
Duas asas de grande águia
Para voar sobre a água
E sobrevoar o deserto,
Um chapéu de doze estrelas
Talhado na perfeição,
O olhar sobranceiro e certo,
Assim, mais tarde a veria
Com sua força visionária

O Apocalipse de João.
Maria em sua humildade
Não espera saudação,
Saúda primeiro a prima
Com recolhida emoção.
As duas depois se abraçam
Com grande contentamento,
Nesse abraço se abraçaram
Novo e antigo Testamento.
Voando os véus de Maria,
Os véus de Isabel voando,
São asas desordenadas
Que se encontram no terraço,
Que sobem no ar alongadas,
Que desdobram a alegria,
Que palpitam de euforia
E finalmente flutuando
Se fundem num mesmo abraço.
Ó Isabel admirável,
Ó Isabel paciente,
Ó grande Santa Isabel!
Senhora venerável
Que louva toda Isabel,
Prima do antigo Oriente,
Nossa prima no Senhor,
Participante da glória
Que anunciou Gabriel!
Assim te entreviu São Lucas,
Primeiro pintor da Virgem
E teu primeiro pintor,
Que pinta as primas queridas
Unidas no mesmo amor!
Desde então quantos pintores
Começando em Israel
Se inspiraram nesse abraço
Completado no pincel,
De São Lucas até hoje,

E quantos se hão de inspirar
Até o final do mundo!
Que todos se abracem breve,
Reúnam-se as religiões,
Acabem com os ódios brabos,
Deixem essa vida de escravos,
Homens, mulheres, nações!
Ó Maria incomparável,
Ó Maria maleável,
Ó Maria obediente,
Pegam-te assim de repente
Para nossa intercessora,
Ó Maria sempre amável,
Ó Maria inquebrantável,
Ó Maria comovente,
Ó Virgem consoladora,
Atendendo a toda a gente
Não largas mais o batente,
Rosa mística do Oriente,
Nem podes mais respirar,
O Virgem Nossa Senhora,
Estrela do céu, do mar!
Dos destinos paralelos
De Maria e de Isabel
Esse abraço marca os elos,
Como dissera Gabriel:
Isabel prepara a tenda
Do profeta precursor,
Maria prepara a vinda
De Cristo Nosso Senhor.
Apenas a Virgem vem
E levanta sua voz,
Inspirado pelo Céu
João Batista estremeceu
Reconhecendo Jesus,
Exultando de alegria
Nas entranhas de Isabel

Que está no seu sexto mês;
E desde então o menino
Por um decreto divino
Ficou liberto da culpa
Do pecado original,
Menino e santo a uma vez.
Ao contato de Maria
Produz-se uma vibração
No ambiente em derredor,
Nasce uma nova beleza,
Tudo respira largueza,
Transforma-se a natureza,
Modificada na essência
Pela potência do amor,
Redimida do pecado
Pelo parto imaculado
Da própria mãe do Senhor!
Há quanto tempo o universo
Esperava esse fervor
Para o livrar do perverso
Domínio do Tentador,
Da desordem primitiva
Que estancava a fonte viva,
Que manchava a Criação,
Que impedia a ligação
Do homem com o Criador!
Agora a grande Isabel
Ungida do Santo Espírito
Saúda a Virgem num grito,
Desabafa em alta voz,
Ganha universalidade
Com palavras de humildade,
Falando por todos nós:
"Salve Maria, bendita
Entre as mulheres tu és,
E bendito para sempre
Eis o fruto do teu ventre,

Eis o Príncipe da paz.
De onde me vem esta dita,
Esta alegria infinita,
Esta emoção é fervor,
Que me venhas visitar
Engrandecendo meu lar,
Tu, Senhora soberana,
Tu, a filha de Sant'Ana,
Tu, a mãe do meu Senhor?
E já que creste, Maria,
Elevando tua mente,
As cousas se cumprirão
Desde agora fielmente
Que o Senhor te fez dizer
No dia da anunciação.
Bem-aventurada és tu
Que vais parir Emanuel,
Filha ilustre de David,
Alta Virgem de Israel".
Assim prediz com vigor
A glória de sua prima
Eleita por dom do Céu,
Que teve a sombra divina
Por escabelo e dossel,
Assim o diz a Senhora
Logo depois de Gabriel.
Ouve-se o órgão do vento
Soprando na alta montanha.
Maria encara a parenta
Vibrando desde as entranhas,
Levanta seu pensamento,
Levanta os braços, levanta
Ao mesmo tempo o *Magnificat*:
"A minha alma glorifica
O meu Amado e Senhor,
Meu espírito se alegra
No meu Deus e Salvador

Que distinguiu sua serva
E sua humildade olhou
Com a chama do seu amor;
Bem-aventurada eu sou,
Eleita me chamarão
Do Ocidente ao Levante,
A contar de agora em diante,
Geração e geração.
Porque prodígios me fez
O Santo que é poderoso,
O Deus misericordioso
Que defende seus fiéis.
Depôs o rei da sua sede,
Com o poder da sua destra
Os humildes levantou;
Saciando o que tem sede,
O faminto alimentando,
Os soberbos dispersando,
Ao rico seus bens tirou.
E ao seu bom servo Israel
Estendeu sua proteção,
Assim disse a Adão e Eva.
Aos pais de Jerusalém,
Assim disse a Abraão,
À sua raça primeva
E a seus pósteros. Amém".
Eis o que a Virgem falou,
Cumprindo-se a profecia
Ditada outrora no Céu:
Três meses se demorou
Na morada de Isabel.
De grande alegria agora
É a vida em toda Israel,
Alegria de Maria,
Alegria de Isabel,
Alegre está Zacarias
Apesar de sua mudez,

Que por acenos exprime
Sua alegria cortês.
Alegre está João Batista
Pressentindo um mundo novo
Batizado pelo amor,
Alegre se mostra o povo,
Alegre Nosso Senhor.
Só mesmo alegre ficou
Dentro da Virgem Maria!
A todos dá alegria,
Para Ele não sobrou!
Inda agora essa alegria
Que vem da Visitação
Se transmite dia a dia
De uma a outra geração
Pela graça de Maria
Desde o tempo de Israel.
Toda alma necessita
De uma irmã na poesia,
Por isso a Virgem bendita
Vai visitar Isabel
Comunicando a alegria
Que lhe trouxera Gabriel.
Duas almas que se abraçam
Suscitam a sombra divina,
Como o Senhor no-lo disse
Um dia na Palestina.
Se o peixe vivo não pode
Viver fora da água fria
Também o homem não pode
Viver sem tua companhia,
Ó substância da beleza,
Nobre a suma Poesia
Que louvaremos assim
Louvando a Virgem Maria,
Espelho de alta pureza,
Causa da nossa alegria,
Mais nobre que a natureza;

Louvando a Virgem Maria
Pelos séculos sem fim.

Crucifixo de Ouro Preto

A minha irmã Virgínia Eucharis

Crucifixo fixo fixo,
Crucifixo, Deus parado
Para eu poder te fixar,
Deus ocluso na tua cruz,
Entre mim e ti, ó Deus,
Quantas vezes dou a volta,
Quantos olhares, angústias,
Súplicas mudas, silêncios,
Falta de jeito e aridez,
Crucifixo fixo fixo,
Cristo roxo da paixão,
Traspassado, transfixado,
Chagado, esbofeteado,
Escarrado; abandonado
Pelo Pai de compaixão,
Crucifixo fixo fixo,
Deus fixado por amor,
Deus humano, Deus divino,
Deus ocluso na tua cruz,
Crucifixo fixo fixo,
Nosso irmão Cristo Jesus.

A lua de Ouro Preto

A Dantas Motta

1

Lua, luar!
Oh, celebrarei
Na lira alada

— Doida de amar —
Celebrarei
Na lira amada
Lua e luar.
Um ponto é lua,
Outro é luar.

Lua, luar,
Não confundamos:
Estou mandando
A lua luar.
Luar é verbo,
Quase não é
Substantivo.

Quem separar
Luar, de amor!
Quem separou
Amor, de luar?
Vamos luar.
Luar é verbo,
Substantivo
Quase não é.

Ai quantas vezes
O luar é escuro!
Nem sempre é claro
O obscuro amor.
Máquina louca
Tu és, ó lua.
Máquina lua,
Quem quer amar?
Todo de graça
Só mesmo o luar.

O amor, sim, age,
O luar espera,

Tudo esclarece,
Lua me amando,
Lua luarenta
Do pensamento
Que gira o amor...
Vamos aluar!
Máquina louca
Tu és, ó lua —
Máquina fia
Branca poesia.
Ei! passa o luar,
Mas fica a lua.

2

Lua sobre o Senhor,
O Senhor morto
Em álgidas capelas
De estéreis morros,
Sobre as amantes
De tantos Cristos
Asfixiados
Nos oratórios,
Sobre imagens dormindo
Nas cômodas pesadas,
Lua nas pedras,
Por sob os pés
De Nossa Senhora,
Que lua luando!
Lua nos pátios
Ermos: esperam
Forma que os tire
De antigo sono
E pétrea soidão.

Lua suspensa
Sobre a necrópole.
A lua rápida

Propõe à lápide
Lavada ao luar:
"Quebra-te, lousa,
Do canto escuso
Devolve o morto
Para me amar."

Século aluído,
Asas do tempo,
Negra ampulheta,
Cristos medonhos,
Tristes madonas,
Frias mortalhas,
Nomes e datas
De crianças, noivas,
Cruzes e urzes,
Mirrados goivos
A lua esclarece
Do véu através:
Mortos em eles,
De poeira estelas
Já nos sentimos
— Total nudez.

No Carmo lua:
Que lua grande,
Corpo estendido,
Lua longueira...
Mas que luarão
Nesses retângulos
Que o Carmo tem!
O Carmo é mesmo
Todo um luar.

A lua bate
No olho-de-boi
Da frontaria,

Que, rondo, emite
Raios de luar.
Lua que bates
No chão, rebates
Uma outra vez
O chão à lua.
(A lua abate,
Claro que abate,
Graças a Deus!
Láudano, lua).

Lua nos anjos
Exorbitantes
Do Aleijadinho,
Em outros anjos
Que não se veem
Tão claramente:
A clara mente
Volve a esses anjos
Pós-mortuários,
Anjos sexângulos
No céu assentes,
Anjos equiângulos.

Lua no corpo
Do homem estendido
Que se alumia
Na lua, e tem
Taquicardia.
A lua abate,
A lua abate,
A lua bate...
No coração.

3

Lívida lua,
Nos véus da lua,

Ao léu do luar,
Vem a Verônica
Em véus de lua,
Vem a Verônica
Nos véus do ar,
Envolverônica
Vem reclamar
Da lua o chefe,
Em véus tecido
Com fio de luar,
Da lua o chefe
Para estampar
Nos corações
Brancos de lua,
Vem a Verônica
Decapitar
— Mas por amor —
O chefe do ar,
Vem a Verônica
Luar, luar.
Deixem a Verônica
Fotografar
Seu claro amor
Nas lájeas do ar:
Cantando o exprime,
Em tudo o enxerga,
Em tudo o imprime,
Antes de tudo
Na clara lua
De obscuro amor.
E tu és cíclica,
Única, onírica,
Envolverônica,
Musa lunar:
No ano que vem,
Com o mesmo véu
E o mesmo canto,

Doida Verônica!
Tornas a luar.

4

Tange o pastor
Suas estrelas
Finas ariscas:
"Eia, depressa,
Vem, Suspirosa,
Vem, Pisca-Pisca,
Chove-não-molha,
Quebra-não-cai,
Vem, Friorenta,
Boca-de-Fogo
Fogo-Apagou,
Vem, Lira Triste,
Vem, Madressilva,
Namoradeira,
Vagalumeira,
Eia, Morena,
Ouropretina,
Eia, estrelada,

Surjam da bruma,
Larguem a preguiça,
Ouçam meu canto:
Cerquem a lua
Que anda sozinha,
De Vila Rica
No meio do céu.
Sustentem
Sua figura
— Ó lua! —
Rodai,
Senão bambeia!
Rodai,
Senão bambeia!

Agora a lua,
Agora a lua
É minha,
Rodai,
Senão bambeia!
Rodai,
Senão bambeia..."

5

Lua que desce,
Lua crescendo
Nos namorados
Que nos seus olhos
Doidos, danados,
Se trocam lua.
Lua esclarece
Mesmo os violões
Dos violoneiros
Que assim luando,
Violonando,
No ar da noite
Luassonante
Cantam melhor.
Lua nos livros
Dos estudantes
Que largam livros,
Vão para a rua,
Soletram a lua.
Lua nas mulheres
De vida alegre
— De vida triste —,
Das transluadas,
Das transviadas
Em casas mornas
Rindo e gemendo,
Lua nas cúpulas,
Lua nas cópulas,

Ó candongueira,
Que acaricias,
Que acaricias
E te retrais,
Lua em tavernas,
A lua, oh! bebe
Seus bêbedos, bem
Que bebe. Se Bebe!
Bebe demais.

6

Lua relonge
Que vais contando
Por esse mundo
Sagas sublimes,
Magnalia Dei.
Magnólia brusca,
Magnólia fosca
Que ora te fechas,
Ora te rasgas...
Vais a Congonhas,
Passando lenta
Entre os profetas
Que, sós, se infiltram
A lua de pedra:
Dama de espadas,
Dama de espáduas
Arredondadas,
Circunvidente,
Ante meus olhos
Todas as coisas,
Ó lua, desmedes.

Ó ladeirenta
Lua inclinada,
Fantasmação!
Lá na ladeira

Homem indeciso
Se sobe oh sim,
Se desce ou não:
Faltando o mar,
Toma dos remos
Da barca nova
Da lua nova,
Toma dos remos,
Põe-se a remar.
Lua molhada
Desce dos ares,
Sobe do chão.
Me aspergirei
Água de luar:
"A latere dextro"
Vi água sair
Das fontes frias
Do novilúnio.
Lua nos córregos:
Mulher de lua
No frio do riacho
Ao lume da água
Se penteando.
Lua serrana,
Lua dá na
Pedra-sabão
Que, verde ou rósea
Sendo, então
Branca, serena,
Branca se vê na
Luz da lua.

7

Lua vermelha
Fogo derramas
— Fogo redondo —
Lua de Bárbara

Heliodora
Se despencando
Despenteada
Pelas ladeiras
Luagirando,
Seus adorados
Marido e filha
Veronicando,
Lua purpúrea,
Lua sangrando,
Madama e tocha
Se consumindo,
Abrindo os Passos,
Abrindo os braços
No seu terror,
Pedindo audiência
Nos rubros paços
Da madre lua.
Depois ilhada
No seu silêncio
Bárbara mármara
De lua pensa
Na sua dormência,
Camélia exangue
Que cai friorenta
Dos longes ramos
Da plúmbea lua.

8

Ó lua plástica,
Ó lua aplástica,
Móvel, imóvel,
Pagã, cristã,
Lua de alcânfora,
Lua de enxofre
E de alumínio,
Excêntrica e

Erocêntrica,
Ouvimos rápidos
Os teus cronômetros
No claro espaço
Microssoando.
Lua especiosa,
Lua leitosa
Das dormideiras,
Das tuberosas
Que sono inspiram,
Ó roseirosa
Teus curvos parques
De erva-cidreira
E de alecrim
E beladona!
Espandongada,
Lua espantosa,
Sempre resfriada,
Lua insidiosa,
Lua pré-natal,
Quem mais que tu
A nós, soturnos,
Na noite bíblica
De Vila Rica
Se comunica,
Lua abismal?...
E dizem que és
Desabitada!
Nós te habitamos:
Nos teus altares
Altos e brancos
Dependuramos
Nossos prospectos,
Nossa tensão
A um céu melhor;
Em ti asilamos
Nossos espectros,

De ti esperamos
Sono de amor:
Os teus cavalos
De crina cinza
Já cavalgamos,
Nos teus veleiros
Meditativos
Cedo embarcamos;
Nossos ladários,
Penas e queixas
Do mal do mundo
Te endereçamos;
Tuas altas serras
De frio minério,
Crateras mortas,
Fundas geleiras
Fotomontamos;
O teu condado
Sem latifúndios
Desde meninos
Desapropriamos;
Sons de alaúde
E lentas tiorbas,
Das tuas ondas
Pronto captamos;
E nossa história,
Mito noturno,
Duplas visões,
Gozo e terror,
Desde o princípio
Que se recobrem
Das tuas faixas,
Do teu palor.

9

Lua nos adros
De igrejas brancas,

Nos adros largos:
Adros como estes,
Ó Vila Rica,
De outros não sei.
Lua no adro
De São Francisco
De Paula: entorna
Sobre a cidade
O vulto enorme,
Livre domínio
De seresteiros,
De namorados
E ocos fantasmas
Que vêm da serra
E entre as estátuas
Soluçam à lua.
Move este adro
De altos terraços
Ao exame lúcido
Da nossa origem,
Nosso roteiro
E destinação:
Vida futura,
Vastos espaços,
Véus descerrados,
Alma liberta
De peso e cor.

Lua no adro
De São José.
Aqui leremos
Poetas sombrios
Na cumplicidade
Da pedra e chão;
Um vento espesso
De terra e morte
Em sua roupagem

Nos recolherá.
Lua no adro
De São Francisco
De Assis, o núcleo
Aberto, íntimo,
Da arte e lirismo
Das Minas Gerais.
Ai os teus adros,
Ó Vila Rica!
Mercês de Baixo,
De escuras lendas!
Mercês de Cima,
Parenta pobre,
Desconsolada!
Pilar, teu adro
Oposto ao ouro
Dos teus altares
Perturbadores!
Rosário: o adro
Suscita as almas
De outrora escravos
Nas amplas curvas
Desmesuradas
De pedra e cal.

O luar nas Lajes
Medievaliza
Toda Ouro Preto.

Ai os teus adros
Para se amar,
Para livrar
A alma da mancha,
Esconjurando
A tempestade!
A tempestade
Que sobre nós

Pobres e nus
Órfãos do amor
No mundo sem adros
Vai desabar...
Já desabou.

10

Lua humanada,
Violantelua,
Luamafalda,
Lua exilanda
Suave ao tato
Pelo de lã
E de hortelã,
Lua de holanda,
Lua da antiga
Mulher nublada
Entressonhada
Na dura infância:
De longe eu sei
Tuas pajelanças
E bruxarias,
Teus artifícios
Espiralando,
Lua experiente
Que vais logrando
O sol, teu index:
Lua inquietante
Que vais jogando
Aos teus amantes
Bolas de espuma,
Bolas de ópio,
Bolas de luar,
De índigo, oh!
Lua sardenta,
Ó lua pênsil
Sobre os amores

(Desencontrados
Na morna terra)
Dos esqueletos
Atuais, futuros,
Ó solidônia!

11

Lua nos bairros
Tristes e pobres:
O luar se infiltra
Nos catres baixos,
O luar aclara
Vidas anônimas
Que o homem não viu,
Que o olhar dos anjos,
— Lúcido enigma —
Reconsidera:
Mãos descarnadas
Em duro ofício,
Pupila extinta,
Cabelos murchos,
Ventre arriado,
Seios batidos,
Farnada boca,
Jazem os corpos
Nessa aparência
De objetos sós,
Toscas imagens
Inacabadas
Por um santeiro
Analfabeto.
O material
Aproveitado
Por um Deus nu
Desconjuntado
Na torta cruz!
O luar piedoso

Filtra brancura
Nos corpos feios,
Nos corpos frios
Dos catres baixos,
Lá nas Cabeças,
Em Água Limpa.
O luar agora
Baixa amoroso.
Toda Ouro Preto
Se adormeceu.

O luar é orvalho
Que o céu criou.
O luar branqueia
Toda Ouro Preto,
Álbum de antigas
Fotografias
Que a mão da noite
Vai desfolhando.
Tudo se cala,
Só as janelas
Na noite clara
Vão conversando.
Eis Ouro Preto
Na sua nobreza,
Na sua pobreza,
Sóbrio palácio
De mudas portas,
Do qual os donos
Já desertaram.
Erram à lua
Seus habitantes
De outras idades
Aqui presentes:
Artistas rudes,
Até aleijados,
Poetas suicidas

Ou degredados,
Inconfidentes,
Almas sombrias
Que São Miguel
Na sua balança
Fez levantar.
Tudo amortece,
Tudo se esfria;
Só as janelas
Na noite fria,
Só as janelas
Vão conversando.
Adros desertos,
Longos terraços,
Vagas varandas
Se imprimem lua.
Lá dos desvãos
Da noite funda
Desta Ouro Preto
O *De Profundis*
Da criatura,
Lá dos porões
Das almas puras,
Das almas duras,
Dos corpos lassos,
Sobe tremendo.
Sobe até os paços
Claros e escuros
Do céu divino
Que a mansa lua
Faz pressentir.

—

Lua, luar!
Toma este poema
Que te escrevi,
Doido de amar!

Lua, luar!
Toma este poema,
Faze-o lunar!
Lua, luar,
Toma este poema
Desta Ouro Preto,
Que vou mostrar
Como amuleto
Aos duendes do ar!
Lua, luar,
Lá tomba a noite
Nos altos cerros,
Desmaia a estrela
Nos frios braços
Do teu pastor!
Ouço clarins
De galos roucos
Já se esfriando
Nos longes do ar...
Lua, luar,
Sentem as igrejas
Que te preparas
Para as deixar,
Ainda mais branco
Se mostram agora,
Ainda mais branco
Suspensas no ar!
Lua, luar!
Breve seremos
Já de outra idade.
Sobre Ouro Preto
Nos curvaremos
Como os espectros
Que agora vemos
Lentos surgirem
Nas frestas do ar!
Lua, luar,

Tudo se perde,
Tudo se empoeira,
Tudo agoniza,
Tudo se morre,
Menos o amor,
O amor que deixa
Nossa Ouro Preto
— Ainda inclinada —
Sobreviver
Na pedra e no ar;
Lua magnética,
Pálio de amor,
bem-amada,
Lua, luar!

Ao Aleijadinho

Pálida a lua sob o pálio avança
Das estrelas de uma perdida infância.
Fatigados caminhos refazemos
Da outrora máquina da mineração.

É nossa própria forma, o frio molde
Que maduros tentamos atingir,
Volvendo à laje, à pedra de olhos facetados,
Sem crispação, matéria já domada,

O exemplo recebendo que ofereces
Pelo martírio teu enfim transposto,
Severo, machucado e rude Aleijadinho
Que te encerras na tenda com tua Bíblia,
Suplicando ao Senhor — infinito e esculpido —
Que sobre ti descanse os seus divinos pés.

Sacristia do Carmo de Ouro Preto

A Graciema M.F. de Andrade

Nestes espelhos refinados, frios,
Mirar-me inda não sei: miro
Nestes espelhos a mesma Ouro Preto,
E suspenso nos espelhos e na serra
— Inquietante sinal posto
Entre a nossa infância e o dom da morte —
Miro o Cristo com seus cabelos
Crucificado no meio de dois espelhos.

Suportando grandes jarras trabalhadas
Eis o Cristo, que nos mira inda morrendo.
Sem ele eu pudera mirar o espelho
Que lúcido refletiria a fonte,
A polidez do soalho,
O espaço da severa talha,
As pálidas tintas do teto glorificador,
Os rostos dos antigos reis nos seus retratos,
O tempo que ingenuamente gira
Na sua lenta galera, o tempo!
Os arbustos do jardim bem aparados,
O sacristão batendo chaves,
Os pássaros descendentes, o remanso da cal...
Talvez até que uma berlinda viesse
Buscar-me para a festa das luminárias
Ou um passeio nos arredores lajeados.
Talvez o orvalho me cobrisse
E da caixinha de música da cômoda
Se erguesse o grilo da primeira infância.

Mas não! Entre os refinados, frios espelhos,
Miro o Cristo na cruz, e seus cabelos.
Que podem esconder essas apuradas molduras?
Que poderia cifrar o espelho nos seus labirintos
Sem que a força do Cristo o manifeste,

E não somente à extrema hora...?
O dourado envolvendo o Crucifixo,
Sombrio luxo eis.

Lamentarei que tombe em fragmentos
Irremediavelmente
O torso frio de Apolo
Entre a branca espuma e o céu de mármore?
Lamentarei oculto nos seus véus
O oráculo de Delfos?
Lamentarei, desarticuladas agora,
Finas flautas no azul?
Ó deuses que trouxestes na aurora clássica
Pedras para o templo de um Deus...
Ó deuses que precisastes
De bárbaros enredos e de adornos,
Ó deuses barrocos,
Manifestados sois na vossa força feérica
E na vossa miséria real
Pela nudez do Cristo
Que deixa os homens partilharem
Os plásticos despojos do universo.

Ó Grécia! Ó Grécia!
Em Ouro Preto desvendei teu símbolo:
Prelúdio foste de uma vida eterna...
Ó Grécia! Ó Grécia!
Desencadeada e domada.
Cristais do Carmo, espelhos refinados,
Não entrarei vosso oriente lúcido
Trazendo o torso imperfeito como dom:
Obscuro é o nosso oferecido amor
— Nem mesmo o podemos conhecer —,
Inda obscuro é o céu de nuvens esgarçadas,
Obscuro o que evocamos da infância crisálida.
Uma cruz, esta sim, refletireis,
Dom de beleza e morte — afinal abraçadas.

Acalanto de Ouro Preto

A Alberto da Veiga Guignard

Dorme, Ouro Preto, dorme
Teu sono de solidão.
Dorme, Ouro Preto, dorme
O sono da mineração.
Encobre, Ouro Preto, encobre
Teus espectros familiares,
Tuas pobres almas penadas,
No centro da cerração.

Desponta o primeiro espectro:
Duras algemas arrasta,
Veste a camisa marcada
Dos criminosos infames.
Conversando o crucifixo
Logo a morte se descobre.
Ao mirar o povo, exclama:
"O meu Redentor morreu
Por mim também deste modo..."
Ao próprio carrasco beija,
Curvando-se, a mão e os pés.

Retido pelo baraço,
Oscila o corpo no espaço
Em terrível convulsão.
Mantendo a corda, o carrasco
Sobre os ombros do paciente
Cavalga, abrevia a morte,
Apressa a consumação.
Tambores rufando abafam
Do povo infeliz o grito.
Logo é o corpo esquartejado
— Germina o sangue do herói —
E a cabeça trasladada
Para Minas, pendurada
Na praça pública, ôi!

Dorme, dorme, inconfidente.
Nos teus membros reunidos
Pela técnica divina,
Dorme, dorme, Tiradentes,
O sono da perfeição.

Dorme, Felipe dos Santos,
Na paz de Cachoeira do Campo
Dorme: o Conde de Assumar
Não dorme, escuta no escuro
O galope do cavalo
Que, veloz, a seu mandado
Na sua cauda arrebatado
Pelas ruas te arrastou...

Dorme, Conde de Assumar,
Lá nas profundas do inferno.

Dorme, dorme, Aleijadinho,
Liberto da zamparina,
Dorme, dorme, Aleijadinho,
Dorme o sono dos teus santos
Em seus terraços de lájeas.
Dorme, dorme, Aleijadinho:
Os profetas que geraste
Nas entranhas da tua arte
Dão solene testemunho
Da tua ressurreição.
Dorme, dorme, Aleijadinho,
Na tua tenda de Ouro Preto
Figurada pela noite,
Com Maurício e com Justino,
Dorme, dorme, Aleijadinho,
O sono da pedra-sabão.

Dormi, dormi, embuçados,
Marginais, envergonhados,

Leprosos, fora-da-lei,
Vagabundos, revoltados,
Órfãos, párias, renegados
Libertos por Chico Rei
Que forrou tribos inteiras,
Africanas, brasileiras,
Ei!

Encobre, Ouro Preto, encobre
No alto de Santa Ifigênia
O espectro de Chico Rei.

Dormi, escravos do Rosário,
O sono da redenção.
Dormi nas vielas veladas
Pelos vagos violões...

Dorme, Ouro Preto, dorme
O sono da maturação.
O espectro de Cláudio Manuel
Contorna a Casa dos Contos;
Presa a um cadarço vermelho
Traz a cabeça na mão,
Rogando uma ave-maria
Para obter seu perdão.
Na cidade todos rezam
Às almas do purgatório
Por meio de São Miguel.
Descansa, Cláudio Manuel,
Descansa, ó alma penada:
Já alcançaste o perdão.

Encobre, Ouro Preto, encobre
O vulto de Cláudio Manuel.

Dorme, Ouro Preto, dorme,
O teu sono de reclusa.

Itacolomi, dorme, quieto
Nas nuvens do teu capuz.

Vestido de fraque azul,
Os cabelos anelados,
Eis um espectro torturado
Que geme na cerração:
"Quero voltar os meus olhos
Para outro diverso lado;
Vejo numa grande praça
Um teatro levantado;
Vejo as cruzes, vejo o potro,
Vejo o alfanje afiado.
Um frio suor me cobre,
Lassam-se os membros, suspiro;
Busco alívio às minhas ânsias,
Não o descubro, deliro.
Já, meu bem, já me parece
Que nas mãos da morte expiro."

Procura arfando outro espectro
Que ora se afasta, ora vem...
Dormi, Dirceu e Marília,
Com os dedos entrelaçados,
Casal que o destino escuro
No tempo quis desunir.
Dormi, Dirceu e Marília,
Unidos além da história
Pela morte, não pelo amor.

Dormi à sombra da Lira,
Dormi à sombra da Lira
Com os dedos entrelaçados...

Dorme, Alphonsus taciturno,
Na tua clausura do ar.
Dorme, tímida Constança,

Tu'alma subiu ao céu
Na carruagem do luar...
Dormi, espectros familiares
Do passado e do futuro:
Dormi, espectros de amigos
Que ainda sois bem vivos
Mas que a força da abstração
Incorpora desde já
Aos espectros de Ouro Preto:
Nas noites de lua cheia
Ireis dançar a quadrilha
Na ponte do Xavier,
No terraço de "Sô Chico".
Ó vós que amais Ouro Preto,
Reuni-vos desde já
Às outras sombras de outrora,
Que desta cidade sois.

Dorme, Ouro Preto, dorme
O sono da mineração.
Encobre, Ouro Preto, encobre
Teu drama na cerração.
Dorme, dorme, bandeirante,
Dorme, dorme, inconfidente,
Dorme, dorme, visionário:
A realidade cresceu.
Dorme, Ouro Preto, dorme
O sono da maturação.

Dorme, dorme, inconfidente
— Ouro Preto inconfidente —
Na paz íntima de Deus
Dorme o silêncio da cruz.
Dorme, Ouro Preto sombria,
Para sempre dorme, dorme,
Na tua pátina paciente,
No teu frio e escuridão,

Nas tuas igrejas perenes,
Nas tuas pedras solenes,
Nos teus terraços desertos
Iluminados somente
Por fogos-fátuos errantes,
Com teus pobres vagabundos,
Com tuas almas penadas,
Com teus santos, com teus poetas
Barrocos, alucinados,
Teus leprosos, teus doentes,
Teus doidos, teus enforcados
Refeitos na eternidade,
Remidos na tradição,
Dorme, Ouro Preto reclusa,
Dorme, trágica Ouro Preto,
Dorme, Ouro Preto assombrada,
O sono da libertação.

Ao profundo conhecedor da nossa língua,
meu amigo Aurélio Buarque de Hollanda Ferreira,
que me ajudou a redigir o texto definitivo deste livro,
quero deixar aqui registrado o meu sincero agradecimento.
M.M.

Parábola (1946-1952)

A João Cabral de Melo Neto

Poema pessoal

Levanto-me da carruagem de paixões e plumas
Aparentemente guiada pelas irmãs Brontë.

Deu uma tristeza agora nos telhados.

As cigarras sublinham a tarde emparedada,
O trovão fechou o piano.
Surge antecipadamente o arco-íris,
Aliança temporária de Deus com o homem,
Sem a solidez da eucaristia:
Surge sobre encarcerados, órfãos, marginais,
Sobre os tristes e os sem-solução.

Dos quatro cantos de mim mesmo
Irrompe um Dedo terribilíssimo que me acusa
Porque sem os olhar deixo de lado
Os restos agonizantes do mundo.

Transformou-se agora o céu.
Céu patinado, que escureza.
Céu sempre futuro e amargo,
Como são fundamentais
Estes sofrimentos de segundo plano!

Mais o quê mesmo lembrar?
Ah sim — esta arrastada caranguejola da vida.

O quarto da infância

Quem canta? Ninguém mais canta.
Seria preciso cantar para o morto na sua cova,
Para o vivo na sua cova.
Seria preciso estender
Braçadas de canções ao órfão espiritual.

E até mesmo as estrelas pedem consolo,
Todos pedem consolo.

Quantos olhos desabitados,
Antigas ruínas que nenhum peregrino visita;
Quantas mãos cobertas de hera
Antecipando a paz definitiva.
Quanto seio que não foi acariciado,
Quantos pés caminhando sem consciência
Da passagem de um Deus pelos mesmos caminhos.

Trocamos o que não se pode trocar,
Abandonamos o reflexo do fogo,
O eco de uma perdida gavota
E o gesto de nós meninos no espelho do soalho.
Trocamos a vela do barco solitário
E a inscrição na pedra de madressilvas
Pela moeda concreta do demônio,
Pelo demônio mesmo.

A peregrinação

Investe-me o pavor do tempo restituído
À noite antes do Senhor, à cólera fria,
Ao desespero que contorna a cruz.

Minha alma cai do cavalo, parte de novo a galope,
Mas na curva do caminho enfrento os espantalhos
Do passado, do provisório e do futuro
— Relâmpagos embuçados no horizonte. —
Em Antioquia, em Bizâncio e Ouro Preto me achei,
Levado pelo passo de animais familiares
Com asas e olhos plantados ao redor do corpo.
Volto as costas ao cemitério dos antepassados
E, palpando a trilha vermelha de Pentecostes,
Bato furiosamente à porta de Simão Pedro

Que prometeu me ressuscitar dos mortos,
E que um dia havemos de julgar os anjos,
Assimilo sem cerimônia o próprio Criador
Escondido sob o fantasma do pão e do vinho.
Desde antes do começo da era atômica
Espero sem paciência o fim do mundo
Em novas formas de ressurreição.
Acaba logo, ó mundo; ó Cristo, vem depressa.

Pássaros noturnos

Pássaros noturnos:
Ao longe balançam o canto obscuro
Pois nas grutas profundas se encolheram
E nos maciços de árvores.
Pela noite seu canto oblíquo
Na soledade do silêncio
Configura-os a bichos desconhecidos,
São provisoriamente outros bichos
Nascidos sem lei nem forma
Do intocado abismo e da folhagem.
Pássaros fantasmas,
Pássaros noturnos
Anunciadores de uma vida livre
Cujo segredo ao nosso ouvido escapa.
Uma vida de ignota relação.

Indicação

Sim: o abismo oval atrai meus pés.
Leopardo familiar, a manhã se aproxima.
Preciso conhecer em que universo estou
E a que translações de estrelas me destinam.
Em três épocas me observo sustentado:
Na pré-história, no presente e no futuro.

Trago sempre comigo uma morte de bolso.
Assalta-me continuamente o novo enigma
E uma audácia imprevista me pressinto.
Arrasto minha cruz aos solavancos,
Tal profunda mulher amada e odiada,
Sabendo que ela condiciona minha forma:
E o tempo do demônio me respira.
Gentilíssima dama eternidade
Escondida nas raízes do meu ser,
Campo de concentração onde se dança,
Beatitude cortada de fuzilamentos...
Retiram-me o véu que sei de mim.
Ontem sou, hoje serei, amanhã fui.

Descanto

Nesta praia de antigos lamentos
Ô Ô
Lamento-me sem deuses nem coro:
De ser homem e aderir à pedra,
De ser paixão adjetiva;
De ser canto em língua e cifra
Que vivência do alto não traduz.

Lamento-me de olhar.
De não olhar a jato.
De não suscitar vivos nem mortos
Em sua púrpura própria.
De anteceder.
De queimar solidão.

Lamento-me de não construir nem destruir.
De amanhecer, de anoitecer,
De enxertar céu e inferno,
De subser,
De não amolgar o fogo.

Água

A Maria da Saudade

Ninguém ouve a água pela água:
Darás, irmã água, um testemunho inútil?
Um ruído escutei de muitas águas
Que de ocultos rochedos vão caindo.
Esse forte rumor superlativo
Sei que do eterno vem.

Não pode a água correr separada
Do espírito e do sangue, seus irmãos.
Quem vê e ouve a água permanece
Suspenso pelo espírito, e vê o sangue.

Ó águas caindo, de onde venho!
Ó águas caindo, as vi severas!
Ó águas caindo! Eu batizado
Chorarei.

O estranho

Quantas vezes noturno me apareço
Na própria reveladora luz do dia:
Palpo-me tremendo sem me incorporar,
Flutuo numa atmosfera rarefeita
Anterior à forma organizada.
Alheio ao zumbido da criação
Perco antes de tudo a lembrança do batismo,
Dos sinais plásticos que me foram transmitidos.
Passo épocas inteiras sem me recordar
Que o Cristo morreu e ressuscitou comigo,
Que ouvi a voz de Abraão nas nuvens
E que me transformei de amor.

Outras vezes
Adivinho uma figura cantante me embalando
Sob pretexto de me reconduzir
Ao lar perdido, ao fogo da montanha,
Onde antigos vestígios se guardavam
De fala celeste no santuário.
Toda de branco vestida a morte vejo:
Moça de nobre arquitetura clássica,
Ao vento voam seus velozes véus.
Dançando a todos engana,
Mas do seu mesmo riso nasce o fim.
Até que um dia vou-me aproximando
Dos arredores familiares do universo
Em que situo as órbitas espantadas:
E a lua emergindo em seu crescente,
Minha própria identidade me confere.

Coisas

Coisas, e a morte que existe nelas,
Experiência de desconsolo e de fatalidade
Para as pálpebras que voltaram do amanhã:
Coisas do cristal e do pêssego,
Vacilações da onda fria do veludo;
Coisas sem ângulos e sem vértice
Que no mesmo dia nascem e morrem;
Coisas da letra, não da combinação das letras,
Mas da letra em si;
Coisas do fogo que se transferem ao ar,
Coisas do fim que se transferem ao princípio,
Coisas que poderiam ser restos de roupagens de anjos,
Mas que em bastidores de teatro nem se usam.

Coisas da ligação de certos objetos
Que separadamente nada significam para nós;
Coisas do céu que se encontram por antecipação,

A chama de Pentecostes conservada
Para que o mundo não se entregue ao frio,
E a medalha com o olhar da minha mãe;
Coisas amadas que se atiram ao lixo
E coisas sem valor que divinizamos.
A cinza de todos os dias
Evocada somente na quarta-feira de cinzas:
Saber que todo este pó desce de Deus
Que no final dos tempos
Provará as coisas pelo fogo,
Tudo o que deixaremos no mundo
Para experimentar a prova do fogo:
Exceto nossa alma despojada de coisas
Que tateia nas trevas,
Pesquisando o arquétipo de onde veio.

Parábola

A rua, o rolar de remota carruagem;
Intacto o piano, exausta a biblioteca;
A infância em ombrela rosa
E a rosa adormecida no esmalte;
A tradição da febre, a asa fria do pássaro
Que não passa, que subsistirá no testemunho:
Eis o que considero por enquanto.

Que elementos reunirei para ferir a espada,
O espanto de quem incorporou os decretos divinos?
Do Sinai, mesmo que usando o corpo, ousei descer:
Ó Deus, semelhante como esfinge ao homem,
Na justaposição dos teus contrastes
Uma ponta do teu enigma descobri.
Velai-me a face na púrpura ou na cinza.

Velai-me a face de quem caminhou
Três dias e três noites no oco da baleia.

Também de estrelas falarei, de madrugadas infantes,
Dos projetos ambíguos da tesoura,
Das confidências da gipsófila
E da borboleta 88.

Não falarei do silêncio de Isaac ao morro conduzido,
Nem dos ritos dissonantes da dor,
Da solidão do próprio dilúvio,
Ou da morte que ninguém vê,
Da morte secreta, sem rodeios,
Da morte sem lamento, sem justificação, antes da morte.

Exegese
(Mozart, Divertimento em ré maior, K. 334)

A trágica tessitura da música,
Ó música! determina uma luta
Entre a beleza temporal e a morte.

A substância da beleza
É alimentada pelo prazer,
Feita de tecidos que se corrompem
Insinuando a morte nas suas dobras.

A substância da morte
Abre as asas para a transcendência,
Futuro pássaro que aprendeu com o céu.
A substância da morte abandona o tempo
E sobrevoa a angústia, a história, a ideia amarga.

Entre a beleza e a morte,
Entre a vacuidade e a subsistência
A sinfonia matemática se balança,
Levando-me sagrado e comovido
Às duas antigas praias que se defrontam,
Melodia e harmonia.

Iniciação

Constrói-se a linha sem ajuda.
Vive de sua lágrima o cristal,
A asa do anjo não se traduz
Em plástica,
E o som ignora o eco.

O espírito no escuro se levanta
Sem flecha e oriente certo.
Vazio de pássaros não se vela o céu,
E, sem mover-se, a pura chama arde.

Quem

Quem um dia dançou os pés de outro?
Todos os que dançam, todos
Apenas dançam os próprios pés.
Quem pensa na imortalidade do outro
E durante seu próprio sonho
Sonha com o sonho de outro?
Quem, no nascimento do menino humilde,
Pede sua coroação pelos reis?
Quem manda violetas ao pobre encarcerado?
Quem se sente poeta pelo que o não é?

A pulga

Projetava-se o espectro do mundo em espiral
Quando abscôndita pulga em salto brusco
Sobre minha carne efêmera abateu-se.
Rindo de mim, gnomo indefeso,
A bicha insistente e insatisfeita
Perfurava os poros da poesia.
Pequeno demônio refratário

Destruía arquiteturas em contraponto,
Pálidos coretos marítimos,
Ameaçava o amor recuperado
E o próprio recorte do litoral
Onde dormem Violantes e Vanessas
No mormaço noturno,
Braços abertos, ventres descobertos.
Seria talvez um sinistro ancestral
A se queixar de Oblívion,
Vingando-se em mim da sombria terra dos mortos,
Em mim que apenas pensava os restos do mundo,
Em mim, medusado, inútil, encolhido.
E a pulga me picando insatisfeita
(Vírgulas de dentro do livro me espiavam)
Ria! Ria! Ria, sã e salva.

Orfeu desolado

Antigas de púrpura,
Bacantes me dilacerais
Com gritos vermelhos
De hoje e outrora,
Bacantes em espuma e fúria.

Abandonado pelo Canto
Vossas garras afiei,
Bacantes urlantes:
Insone poeta me arrasto
Em túnel de sombra e ruínas.

Meu coração feristes
Com mil agudos lanhos,
De todo abismo surgindo,
Bacantes em coros cortantes:
Metal e cinza gostei.
Bacantes, a lira lamenta

O mar limítrofe,
O vento vermelho que a mantinha.

Eurídice! Eurídice!
Casta coluna perdida
Entre mármores atômicos:
Que os elementos se alterem,
Troquem suas propriedades
Para que sob o céu dissolvido
E montanhas recuando eu te abrace,
Mesmo inútil, já desfeito,
Mãos de órbitas vazias,
Transpondo sem lâmpada o Aqueronte
Sob o silvo das antigas
Bacantes.

Insônia

Ao longe um cão branquíssimo latindo
Divide a noite em duas.
Se aquele cão fosse negro
Talvez que eu pudesse dormir.

Pressinto uma bomba atômica
Adormecida no bosque.

Vivo ou morto estarei, inculpe ou réu?
Visito-me ao espelho: sem algemas.
Munido de passaporte para este mundo, ou não?

Despedida de Orfeu

É hora de vos deixar, marcos da terra,
Formas vãs do mudável pensamento,
Formas organizadas pelo sonho:

Cantando, vossa finalidade apontei.
É hora de vos deixar, poderes do mundo,
Magnólias da manhã, solene túnica das árvores,
Montanhas de lonjura e peso eterno,
Pássaros dissonantes, castigado sexo,
Terreno vago das estrelas;
Jovem morta que me deste a vida,
Proas de galeras do céu, demônios lúcidos,
Longo silêncio de losangos frios,
Pedras de rigor, penumbras d'água,
Deuses de inesgotável sentido,
Bacantes que destruís o que vos dei;
É hora de vos deixar, suaves afetos,
Magia dos companheiros perenes,
Subterrâneos do clavicórdio, veludações do clarinete,
E vós, forças da terra vindas,
Admiráveis feras de cetim e coxas;
Claro riso de amoras, odor de papoulas cinerárias,
Arquiteturas do mal, poços de angústia,
Modulações da nuvem, inúmeras matérias
Pela beleza crismadas:
Cantando, vossa finalidade mostrei.
É hora de vos deixar, sombra de Eurídice,
— Constelação frouxa da minha insônia —,
Lira que aplacaste o uivo do inferno.
É hora de vos deixar, golfo da lua,
Orquestração da terra, álcoois do mundo,
Morte, longo texto de mil metáforas
Que se lê pelo direito e pelo avesso,
Minha morte, casulo que desde o princípio habito;
É hora de explodir, largar o molde:
Cumprindo o rito antigo,
Volto ao céu original,
Céu debruado de Eurídice;
Homem, criptovivente,
Sonho sonhado pela vida vã,
Cantando expiro.

Certo mar

O mar não me quer,
O mar não sei por que me abomina,
O mar autárquico:
Ele me atira barbatanas e algas podres,
Destroços de manequins e papéis velhos,
Arrastando para longe barco e sereia.
O mar tem ideias singulares sobre mim,
Manda-me recados insolentes
Em garrafas há muito esquecidas e sujas.
Suprime de repente o veleiro de 1752
Que vinha beirando o cais.

Suprime o veleiro e um bando de fantasmas
— Eu bem sei —
Únicos, polidos, um quase nada solenes.
Não tolero mais este safado,
Nem mesmo o admito no outro mundo:

Felizmente a eternidade é límpida,
Sem praia e sem lamentos.
Hei de espiá-lo da Grande rosácea,
Hei de vê-lo um dia lá embaixo,
Inútil: espremida esponja, carcaça de canoa,
Avesso de fotografia.

De profundis

Do profundo abismo de minério exausto,
Figurante da montagem de impostura e terror —
Operação espiritual avessa à tua,
Criando, em súbitas ou lentas explosões,
O universo que se expande e se transforma;

Do profundo abismo de prospecção do nada,
Pelas tuas águas livres suspirando
Onde se banha o espírito lúdico do amor,

Inclino-me: e nessa inclinação registro
Sinais profundos, cicatrizes graves
Dos que me precederam nesta via obscura.

Tua imagem procuro atrair, seguindo teu aceno
Na medida em que a dobrez da carne mo permite.
Do remoto batismo um leve rastro fica...

Flecha e sol no coração fincados te devolvo,
Que tu mesmo, no começo, me cravaste;
Lágrimas e paixão, secura e fervor, angústia barroca.

Do profundo abismo criado por ti mesmo
E ampliado por nós com a força dos escravos,
Tampão de sombra onde o mal explode,
Do profundo abismo de minério exausto
Clamo, e clamas em mim: dois inquietos clamando.

Homenagem a Jorge de Lima

Inventor, teu próprio mito, Jorge, ordenas,
E este reino de fera e sombra.
Herdeiro de Orfeu, acrescentas a lira.

A mesa te sentaste com os cimeiros
Dante, Luís de Gongora, o Lusíada,
E Lautréamont, jovem sol negro
Que inaugura nosso tempo.

O roteiro traçando, usaste os mares.
A ilha tocas, e breve a configuras:
Ilha da realidade subjetiva

Onde a infância e o universo do mal
Abraçam-se, perdoados.
Tudo o que é do homem e terra te confina.

Inventor de novo corte e ritmo,
Sopras o poema de mil braços,
Fundas a realidade,
Fundas a energia.
Com a palavra gustativa,
A carga espiritual
E o signo plástico
Nomeias todo ente.
O frêmito e movimento do teu verso
Mantido pela forte e larga envergadura.
Poder da imagem que provoca a vida
E, respirando, manifesta
O mal do nosso tempo, em sangue exposto.

Aboliste as fronteiras da aparência:
No teu Livro fértil se conjugam
Sono e vigília,
Vida e morte,
Sonho e ação.

Nutres a natureza que te nutre,
Mesmo as bacantes que te exaurem o peito.
Aplaca tua lira pedra e angústia:
Cantando clarificas
A substância de argila e estilhaços divinos
Que mal somos.

Homenagem a Osvaldo Goeldi

Osvaldo gravas:
A ti mesmo fiel, ao teu ofício,
Gravas a pobreza, o vento, a dissonância,

A rude comunhão dos homens no trabalho.
Gravas o abandonado, o triste, o único,
O peixe que te mira quase humano
— É hora de morrer —
No preto e branco, no vermelho e verde.
Qualquer traço perdido,
A casa que espia pelo olho-de-boi
Testemunha de drama anônimo.
Gravas a nuvem, o balaio,
O geleiro e seus estilhaços,
O choque em diagonal de guarda-chuvas,
Tudo o que é rejeitado, elementos marginais,
A metade dum astro que se despe
Amado só do penúltimo vadio.
Osvaldo gravas,
Gravas qualquer solidão.
Os peixeiros que partilham peixe e onda,
Pássaros de solidões de água e mato,
O sinaleiro do temporal próximo,
A barca puxada pela sirga,
O bêbedo e seu solilóquio,
A chuva e seus túneis,
O mergulho em tesoura da gaivota.
És do sol posto, da esquina,
Do Leblon e do uivo da noite.
Não sujeitas o desenho à gravação:
Liberaste as duas forças.
Atingindo agora a unidade,
Pela natureza visionária
E pelo severo ofício
A tortura dominando,
Silêncio e solidão
Osvaldo gravas.

Revelação

Quando me inclinei sobre a água, a estrela saíra,
O parque elaborando curvas a seu gosto.
Um rumor de pássaros fixou-se na folhagem:
As árvores cantavam o que sobrou de Mozart.
Com as garras de veludo e ferro a noite
Ao seu colo atraía as demais formas.
Então a morte começou a filtrar palavras duras
Nos pares demarcados pela sombra,
— Desfaziam-se mãos, cabeças e cinturas —,
E o pequeno verme roeu a concha da vida,
Flechou a íntima dúvida nos corações
Que batiam em ritmo de marcha, apressados tambores
A aumentar o ruído das ruínas do céu
Tombando sobre nós todos, tombando.

Imagem de Cristo

Eis um Cristo miserável, ínfimo,
Feito com remendos
De madeira, cortina e papelão,
Feito com estilhaços
De homens mortos, vivos e por nascer.
Negam-lhe o ar da ternura,
O sopro dos corações antigos
E as lonjuras da primeira infância.
Em torno dele cantam fechados,
Dançam, rindo e chorando:
Inconscientes, cantam
Entre nuvens de incenso e sarcasmos.
Pedem graças, milagres e dinheiro.
Tudo suporta a imagem,
Tudo suporta obscura.

Mas o átomo se desintegra
Para que a matéria refeita,
Regenerada,
Varrida pelo chicote dos quatro ventos,
Faça em breve ao Cristo ultrajado
Um trono de universos que se expandem
Violentamente.

Sant'Ana e a Virgem

A Maria Leontina

Apruma-se na cadeira barroca a mulher forte, Ana,
Deixa o livro e toma pela mão a menina.
Leve cai dos seus ombros o pesado panejamento:
Adivinha-se nas vidraças o diadema futuro.
Soa longe o eco feudal das trompas de Joaquim
E o ladrido do vento nos salgueiros.
Um mundo em formação bate nos severos punhos:
Ana ergue alto a candeia, surpreende a menina
Que, baralhando letras roxas, negras e vermelhas,
Cria com os dedos uma forma concreta,
A cruz de que será participante.

Do incunábulo surdem treva, desconforto,
A tiara do Pontífice, a triple tentação,
A linguagem coloquial das sete espadas,
A alta lamentação nos muros cinerários,
A própria glória sua, que a intimida...

E a lúcida certeza
Comunicando-se ao âmago pelos quatro pulsos,
O conhecimento que fende o espírito pelo meio
Incide, vertical, também sobre Ana.

Conhecimento

Sinto terror de mim, mais do que do mundo,
Que matéria me ergueu, que astro mau?
Que força de beleza, unida à morte,
Em seus braços de raio me constringe?

Quando me olho, tantas formas palpo
Que o tempo suscitou para me plasmar.
Adivinho as Erínias, que do inferno
Chicotadas de ódio me remetem
E o signo da flor súbito sustam.

Vejo-me estranho a mim, à minha voz,
Ao meu silêncio, ao meu andar e gesto.
Que espera o Fogo pra me esclarecer?
Que espera o Fogo pra me refundir?

Pequeno Atlante

Cala-te, monstro da realidade figurada.
Suporta o céu.
Suporta o vácuo, a cinza e seus subúrbios,
Transpõe colunas de jornal, atravessa punhais,
Desaperta o parafuso das altas andas da morte,
Miserável, sobressalente,
Soberbo, único,
Suspende Anteu no ar (já ele toca a terra),
Suporta-te, cospe-te, assimila-te,
Atura tua infligida imagem
E a imagem do céu que se levanta
"Contra um bicho da terra tão pequeno"
Agarrado à plataforma do tempo:
Auto-substância, enigma, mundo caído...
Que tens de suportar.

São João Evangelista

Pela ternura do fogo sustentado,
A exegese do abismo concluíste
Em campo grego de concentração.
Três testemunhas na terra:
A água, o espírito, o sangue,
Três testemunhas no céu,
Sempre a teu lado dispostas,
Alumiavam-te
E os sete candelabros da origem.

Impeliam tua pena quatro ventos.
Força que ordenha o trovão.

Mas amor
Que da morte para a vida trasladou-te,
Delicadeza de alturas.
Confidente do Peixe e seus marulhos,
Ouvindo o que fora oculto ao homem
Desde as profundezas:
E na ceia solene onde o amor decide,
Se entrega e se desdobra,
Sentes próximo
Surdir o Apocalipse do coração d'Aquele.

Operação de rigor

Pulverizar
A infância imposta,
O colo mágico da primeira primavera,
Os ombros da mulher amada,
Que súbito a revelam na sua força;
Pulverizar a última partícula do céu,
Pulverizar a bomba atômica, as correntes de ar,
A onda mansa, a inocente lagartixa,

O céu mesmo do sonho;
Pulverizar o mais íntimo recesso,
Pulverizar a última passada,
Qualquer centelha de aceitação ou revolta,
Pulverizar o próprio medo, todas as mães futuras,
O eco do presente e a luz dos anteontens;
Concentrar nas mãos o Rio de Janeiro,
Espremê-lo até pulverizar meu próprio corpo
Sem remorso nem alegria:
Pulverizar, pulverizar, pulverizar.

Lá longe

Lá longe
Onde a polícia lavra os campos,
Lá longe
Onde ninguém cresce nem diminui,
Lá longe
Onde navios de guerra dormem dentro de garrafas,
Lá longe
Onde Oriente e Ocidente
Debruçados à janela dialogam,
Lá longe
Onde cada um
Tem seu pão, sua dama e sua paz,
Lá longe
Onde os descantos antigos movem o rio,
Lá longe
Onde forma, palavra e energia se unem,
Lá longe
Onde Deus caminha com pés de alfombra,
Lá longe
Onde "Quero nascer" a morte diz.

Siciliana (1954-1955)

Atmosfera siciliana

Trinácria, três pernas, triângulo:
Soa a terra siciliana
Percutida pelo sol.

O sexo explode. Presságios
Respira o deus nas alturas:
Tantas mulheres de negro
Velam a própria juventude.

Ai trabalho, áspera vida
Para o homem, cavalo do homem,
E áspera para o cavalo.

O templo de augustos signos
E de lúcida arquitetura
Marca a distância do real:

A terra ocupando o céu,
A forma feroz do Etna
E do Stromboli o domina.

O centro da terra explode
Em cacto, jasmim e enxofre.
Augúrios respira o ar,
O bárbaro mar e seus gongos.
Trinácria, três pernas, triângulo.

O templo de Segesta

Porque, severo e nu, desdenhas o supérfluo,
Porque o vento e os pássaros intocados te escolhem,
Sustentas a solidão, manténs o espaço
Que o homem bárbaro constrange.
Em torno de tuas colunas
O azul do céu livre gravita.

Que música nos vem do número e da paz,
Que música nos vem do espaço organizado.
Propício ao ritmo é o deus do número,
E pela sequência do ritmo
A unidade do tempo se reconstrói.

A Segesta com amor e lucidez eu vim
Colher o que a morte não selou,
Sondando o oráculo que és tu mesmo,
Tuas linhas de força e calma pedra.

O espírito em diagonal te aceita
Para romper a angústia das origens:
Na luz afiada de Segesta
Forma e solidão se ajustam.

As ruínas de Selinunte

Correspondendo a fragmentos de astros,
A corpos transviados de gigantes,
A formas elaboradas no futuro,
Severas tombando
Sobre o mar em linha azul, as ruínas
Severas tombando
Compõem, dóricas, o céu largo.
Severas se erguendo,
Procuram-se, organizam-se,
Em forma teatral suscitam o deus
Verticalmente, horizontalmente.

Nossa medida de humanos
— Medida desmesurada —
Em Selinunte se exprime:
Para a catástrofe, em busca
Da sobrevivência, nascemos.

Despedida de Cefalù

Em pedra e horizonte ficas.
É triste deixar tua força
No duro penhasco plantada,
Que o sol vertical aumenta.
Respiras nesta grandeza
Que nos vem da água, da luz
E da terra percutida,
Do peixe. Contigo vamos
Na roda cósmica, e o vento.
Não te adornas para o culto:
Cefalù solene e pobre
Em duro penhasco plantada,
Teu rito é de antiga origem:
Vem da alma rude e sem véu.
Assim te amam os pescadores,
Com esta força e gravidade
Extraídas da tua rocha
Que o sol vertical aumenta.

Meditação de Agrigento

Quem nos domara a força vã,
Quem nos sufocara o instinto
Para permanecermos
Em conformidade à linha do céu,
A estas colunas perenes,
Ao oculto mar lá embaixo.

Quem nos transformara em folha
Ou no súbito lagarto
Que se esgueira sob tuas pedras,
Templo F, sereno templo F,
Arquitetura de reserva e paz.

Transformar-se ou não, eis o problema.
Durar na zona limite da memória,
Nos limbos da vontade,
Ou submeter a pedra, cumprir o ofício rude,
Aprender do lavrador e do soldado.
Qual a forma do poeta? Qual seu rito?
Qual sua arquitetura?

Mudo, entre capitéis e cactos
Subsiste o oráculo.
A manhã doura a pedra e vagos nomes,
Agrigento me contempla, e vou-me.

Canção de Termini Imerese

A Termini Imerese eu vim
De Termini Imerese eu vou.
Pesquiso a forma no caos,
Pesquiso o núcleo do som.

Ó pedra siciliana,
Enxofre, mar de cobalto;
Sondei a força concreta
Dos elementos, do deus.

Mas quem, o sol desvendando,
À terra me comunica?
Sem o filtro da morte quem
Me faz absorver o azul?

A Termini Imerese eu vim,
De Termini Imerese eu vou.
Transformei-me à minha imagem,
E o mesmo oráculo sou.

O claustro de Monreale

Abstrato e longe achei-me
No espaço de colunas geminadas.
A água oriental
Segreda a passagem súbita
Do nada ao ser,
E, fluida, se transforma.
Quem nos dera, subindo as mãos,
Volver ao modelo antigo,
A queixa da alma domar.

Bebemos da solidão,
Solidão de luz e pedra
Elaborada pelo homem.
Talvez que estas flores
Sejam até demais.

Confronto-me ao que foi antes de mim:
Em 1901 eu tinha
Seis milhões de anos.
Os que dormem sob as lápides,
Antecipando o futuro,
Viram o deus permanecer
Desde o princípio do tempo
Nas colunas geminadas.

Elegia de Taormina

A dupla profundidade do azul
Sonda o limite dos jardins
E descendo até a terra o transpõe.
Ao horizonte da mão ter o Etna
Considerado das ruínas do teatro grego,
Descansa.

Ninguém recebe conscientemente
O carisma do azul.
Ninguém esgota o azul e seus enigmas.

Armados pela história, pelo século,
Aguardando o desenlace do azul, o desfecho da bomba,
Nunca mais distinguiremos
Beleza e morte limítrofes.
Nem mesmo debruçados sobre o mar de Taormina.

Ó intolerável beleza,
Ó pérfido diamante,
Ninguém, depois da iniciação, dura
No teu centro de luzes contrárias.

Sob o signo trágico vivemos,
Mesmo quando na alegria
O pão e o vinho se levantam.
Ó intolerável beleza
Que sem a morte se oculta.

A marionete de Palermo

De metal e plumas
A mulher portátil,
Gentilíssima, não fala.
Às vezes tenta falar, mas dói.

Levo-a comigo a toda a parte,
Regula com o meu anular.
De metal e plumas
Abro-a quando quero.
É mantida pela nuvem,
Mas o sopro do vento hesita
No limiar dos seus joelhos.
Ponho-a no meu ouvido, amortece

O ruído giratório
Que vem do céu de Palermo.
Traz-me flores da Vila Giulia
Ou dos seios.

Nada sozinha, nada
Contra o azul e o monte Pellegrino.

Um dia ela me interpelará
Com pés, mãos, dentes e pelos:
Diante da lucidez elaborada e vã,
Triste com o rompimento da linha comum,
Opaco morrerei.

Canção palermitana

Lá vem o cavalo e vai,
Traz Palermo pela cinta.
Lá vai o cavalo e vem,
O sol de Palermo gira.

Destilam fontes, jardins,
Repuxos, lamentos acres,
Ventos vindos de limoeiros,
Da Grécia, de Roma e da África.

O oráculo obscuro sopra
Palavras de eras antigas:
Palermo, em ti crescerá,
Violento, o amor da vida.

A trama da história cresce:
Luz normanda e bizantina
Vai clareando as arcadas
Do claustro degli Eremiti,

Magnólias comunicantes
— Martorana e San Cataldo —,
Monreale e a Palatina
Ligados pelo mosaico.

Vem o cavalo em penacho,
Traz Palermo pela cinta.
Abre o mar os seus veleiros
E a luz grega de sua linha.

O espírito e o fogo

No Cabo de Santo André
— Eis o sol e sua espada —
Um fogo alto me falou:
Que vem do centro da terra,
Vem do oráculo temido.
De algum deus desencadeado
Será emissário, ou flecha?

"Sou aquele gênio outrora
Nascido da terra e do ar.
Crio a síntese futura
Do antigo e do vir-a-ser.
Gerei a rosa dos ventos,
Concilio os horizontes.
Um demônio me acreditam:
Eu sou o comunicante
Entre elementos contrários.
Aponto ao homem o roteiro
Feito em tempos primitivos.
Com o prodígio do meu sopro
Unirei terra, homem e Deus."

Sobre o ventre da Sicília
Eis o sol e sua espada.

Túmulos reais
(Catedral de Palermo)

Morte de pórfiro e basalto,
Morte branca e roxa, trono suspenso
Da pedra, do subsolo e do ar;
Morte imperadora,
Triunfante sobre a espada, a matéria exangue
E os sonhos decompostos:

Sol inverso,
Morte fundamental, raiz do ser,
Gera-nos, príncipes amarfanhados todos nós,
Príncipes de ternura ou de basalto,
Meninos da sarjeta, sob a forma ocultos,
Crescendo sob o signo da cinza,
Gera-nos à luz e à tarefa divina;
Gera-nos a todos, manequins da Encarnação,
Displaced persons,
Barqueiros sem remo no largo rio secreto,
Exaustos entre o não ser e o vir-a-ser.

Morte, grande fêmea,
Eu te justifico e te perdoo.

O eco em Siracusa

Nas tuas cavernas oblongas
Há um deus que se levanta,
Reconstituído no eco:
Toquemos o mundo com a voz.

Jardins que explodem, latomias guardam
O sopro físico da passagem
De antiga morte em Siracusa:

Violenta marcha a história nas tuas lajes,
Súbito estanca.
Eis que o drama
Se desarticula
Porque o deus ministra
Oráculos espessos:
Mas o eco é forte,
Só ele se mantém
Mais vivo do que o
Augúrio original.
Foi tua força extinta,
Pétrea Siracusa,
Mas o gongo aéreo,
Mas o longo eco
Te reconstitui.
Áspera voz, duplo eco
Habitado pelo deus
Que subsiste ainda
No homem, inumano
Eco.

Tempo espanhol (1955-1958)

Ao grande ibérico
Jaime Cortesão,
meu querido sogro e amigo.

Mester trago fermoso, non es de juglaria.

Libro de Alixandre, anónimo, séc. XIII

Qualquier omme que la oya, si bien trobar supiere
Puede más añadir e enmendar lo que quisiere

Arcipreste de Hita

Conmigo solo contiendo
En una fuerte contienda,
Y no hallo quién me entienda,
Ni yo tampoco me entiendo

Jorge Manrique

Yo no digo mi canción
Sino a quién conmigo va

"Romance del Infante Arnaldo"

Que muero porque no muero

Santa Teresa de Jesús

Un poco de luz y no más sangre

Cervantes

Peñascosa pesadumbre

Cervantes (sobre Toledo)

A mis soledades voy,
De mis soledades vengo.

Lope de Vega

Las horas que limando están los dias,
Los dias que royendo están los años

Góngora

Me duele España

Miguel de Unamuno

Numancia

Prefigurando Guernica
E a resistência espanhola,

Uma coluna mantida
No espaço nulo do outrora.

Fica na paisagem térrea
A dura memória da fome,

Lição que Espanha recebe
No seu sangue, e que a consome.

A dama de Elche
(Museu do Prado)

Homem ou mulher,
Animal ou mineral,
Ibérica ou não (talvez pelo penteado)
Dama de Elche
Impões enigma e problema.

A força em silêncio resumida
Te gerou e perfez; compacta.
Ao te defrontar, dama de Elche:
Por esse rigor e melancolia
Ibérica serás? Muda decerto.

Cabeça de touro maiorquina

Deste touro de vime, construção de Maiorca,
Só resta a cabeça, e manda.
Conduzido por fenícios e cartagineses
O touro veio de antigas terras trabalhadas.

Primeiro foi celtibero, hoje é espanhol.
Entre ele e o homem subsiste
A secreta conivência do rito.
Agora fixou-se na parede,
Tornado conciso
Por um artesão geômetra.

O espanhol acredita nele, mata-o dançando
No tempo de sonho da arena.
Quem o mataria acordado?

Monteserrate

A Jorge Guillén

Anteriores ao primeiro homem,
Ásperos cumes desarticulados
De Espanha que ainda não achara
O prumo, o signo e a oliveira.

Eis o território disforme
Onde o espírito sincopado
Tenta escalar Deus e a pedra:
Espanha por se construir.

A Virgem negra, românica,
Preside o caos. E das grimpas
Intervém com sua medida
Na terra bruta do homem.

São Domingos

Antes mesmo de nasceres
Já o fogo te formava,
Já o fogo te anunciava:
Serias a vida toda

Trabalhado pelo Verbo,
Atacando o lado oposto.

Assim tua força lúcida
Concentrara-se no Cristo.
Soubeste a linguagem macha
Que mostra o ser todo inteiro;
Enquanto a escrita do herege
Divide o Verbo castiço,
Ferido na sua essência.

Quiseste comunicar-nos
Teu fogo de alta linhagem.
Mas hoje te rejeitamos,
Duro Domingos domado
Espanhol — intolerante —,
Considera nosso não:
Que a dimensão atual,
Contrária ao rigor antigo
E à purgação pelo fogo,
Aceita o limite humano
Inscrito no racional.

Aos poetas antigos espanhóis

Da linguagem concreta iniciadores,
Mestres antigos, secos espanhóis,
Poetas da criação elementar,
Informantes da dura gesta do homem;
Anônimos de Castela e da Galícia,
Cantor didático de Rodrigo El Cid,
Arcipreste de Hita, Gonçalo de Berceo,
Poetas do *Romancero* e dos provérbios,

Vossa lição me nutre, me constrói:
Espanha me mostrais diretamente.

Que toda essa *faena* com a linguagem,
Mestres antigos, secos espanhóis,
Traduz conhecimento da hombridade
(O homem sempre no primeiro plano).

Aos pintores antigos da Catalunha

Fundais o horizonte plástico da Espanha.
Fundais a proporção na majestade,
A matéria da vida não transposta,
Antes exposta com lucidez didática
E medida exata de caligrafia.

Sabeis irradiar as cores,
Criais largos panejamentos.
Enganais a perspectiva.
Comprimis a intensidade,
Rigor de arte e de vida.

Fixais o alto objeto da plástica,
Tradição do primeiro sol futuro
Que irrompe vertical do Apocalipse:
Vive no espaço
O Cristo com sua descendência.

•

Nos afrescos românicos, medida da Catalunha,
O símbolo em valor concreto já se muda.

A virgem de Covet
(Imagem do século XIII, vinda da igreja de Covet. Museu de Arte Antiga, Barcelona)

Nessa talha policroma
Resumo o estilo severo

Dos primeiros catalães,
Mestres da força, escultores:

Construíram sua fantasia
Com materiais reduzidos.
Ordenaram a solidez
Anulando as formas frouxas.
Substituíram à dureza
Da imagem sacra distante,
A proximidade do humano:
Elementos que ajustados
Pela ternura concisa
E a carga da Idade Média
Criaram a Virgem de Covet.

As carpideiras (Pinturas do sepulcro de Don Sancho Saiz Carrillo. 1300. Museu de Arte Antiga, Barcelona)

Altas e agudas, flechas espanholas,
Não chorais agora apenas
O cavaleiro estendido no chão:
Chorais árida Espanha abatida.

Flechas também dobradas,
Chorais a vida abatida.
Manifestais, não a máquina da dor,
Mas a dor já rarefeita
Na arquitetura dos corpos herméticos,
Nas listas terrosas e negras
Dos vestidos.

Mulheres contidas
Que uma plástica esquemática
Ordena em rigor: de Espanha
Lamentais a vida abatida.

Romance da penitência do rei Rodrigo (Extraído do *Romancero,* século xv)

No alto daquela serra,
Serra isolada e bravia,
Donde cai a neve em flocos
E a chuva miúda e fria,
Lá onde sibila a cobra
Pelas pedreiras acima,
Morava um velho ermitão
Levando uma santa vida.
Ali um homem aportou,
De longínquas terras vinha;
Encontrou o ermitão
Que mais de cem anos tinha.
— Sou o inditoso Rodrigo
Que até já pouco era rei;
Por meus enganos de amor
Tenho minha alma perdida,
Pelos meus negros pecados
Toda Espanha está destruída.
Por Deus te rogo, ermitão,
Por Deus e Santa Maria,
Que me ouças em confissão
Porque finar-me queria.
Espantou-se o ermitão
E entre lágrimas dizia:
— Confessar-te eu o farei;
Perdoar-te não poderia.
Ao explicar suas razões
Uma voz do céu se ouvia:
— Absolve-o por tua vida,
E dá-lhe, sim, penitência,
Na tumba ao lado da ermida.
Segundo lhe foi revelado
O rei o aviso seguia:
Meteu-se na sepultura

Que ao lado da ermida havia;
Dentro morava uma cobra,
Olhando-a, pavor se sentia,
Três voltas na tumba dava,
Sete cabeças possuía.
— Roga por mim, ermitão,
Para que acabe bem a vida.
O ermitão o encorajava,
Com a grande pedra o cobria,
Rogava a Deus a seu lado
Todas as horas do dia.
— Que tal passas, penitente,
Com tua forte companhia?
— Já me come, ai já me come
Na parte em que mais pequei:
Vem direito até meu membro
Pelo qual me desgracei.
Todos os sinos do céu
Repicavam de alegria;
Todos os sinos da terra
Por si mesmos se tangiam;
A alma do penitente
Direto ao céu já subia.

Santiago de Compostela

Santiago de Compostela isolada no campo,
Mas na tua direção marchou a Europa
Pesquisando paralelos Corpo e estrela.

•

Tocando Santiago recebemos o espaço,
A visão da cidade em ferradura,
O choque oval do Pórtico de la Gloria.

Na Idade Média
Participante de comunidade
— Alegre — então me sentindo,
Eu viria de longes terras tocar-te,
Cavalgando monte e rio:
Trazendo o bastão, a concha de Vênus
E a gana diária de Deus.

•

No espaço monumental de Santiago
A Espanha mede a esperança do homem,
Mede o corpo do apóstolo, sua estrela concêntrica.

Jorge Manrique

Onde a glória do perdido pai,
Onde a dormida beleza dessas damas
E o som delgado da *vihuela*?
Onde os guerreiros de Espanha
Largos no combate, sóbrios no viver?
Onde as máquinas do orgulho fértil
E as torres da mouraria acesas?

•

Depois da morte
Não existe outro mal, nem outra pena.
Se a vida não se perfez,
Também já passou a morte.

Ávila

A José Bergamin

O aeronauta conduz a bordo a palavra silêncio.
Sobrevoamos Ávila, composição abstrata.
O avião abrindo curvas dá guinadas

Como os movimentos da alma na escrita de Santa Teresa.
Ávila absorvida, surge Madrid à frente:
Subimos agora as ladeiras da descida.

•

Volto a ver Ávila, contornada a pé.
Em Ávila recebi minha ração de silêncio maior
E pude decifrar o texto do meu enigma:
Deus permitiu que eu cresça desde o início
No espaço árido da minha fome e sede.
Permitiu que eu tocasse o núcleo da minha origem,
Eu que sou o não-figurativo, o não-nomeado,
O não-inaugurado, o que sempre se perfaz,
Nutrido pelo sol interior que acende o esqueleto;
Alguém que é ninguém,
De amor consumido pelo Nada ou Tudo,
O que nunca abriu a boca, nem supõe o milagre,
Habita na aflição, na densidade,
Sem Espanha e com Espanha.
Que muero porque no muero.

•

Severa e castigada, Ávila funda
O espaço criador do espaço,
A pedra macha de Espanha
Que cerra o segredo.

Santa Teresa de Jesus

Teresa, corpo de glória,
O romance de cavalaria desde cedo
Conduziu-te à aventura celeste.
Da dura terra aprendeste a defrontar
A arma do touro, a cruz pontiaguda, o grito árabe.
Das casas fortificadas de Castela
Extraíste a imagem objetiva

Para fundar teus *castillos* interiores.
Da pedra de Ávila extrais a resistência.
O vazio do espaço dilatado de Castela
Corresponde ao deserto de Deus.

Teresa, decifras o "mistério" masculino de Espanha.
Teu íntimo substrato é o fogo:
Convida-te a elidir o supérfluo.
Vendo oculto Deus desnudo
— Minério subjacente de Castela —
Concentraste-o num ponto mínimo.
Descreves com precisão o itinerário da alma.

•

Altas cristas de Ávila desertas.
Alta Teresa de Ávila, intocada,
— Rigor e lucidez na intensidade —
Consegues tornar didático o absoluto.

Segóvia

Segóvia, enxuta Segóvia,
Nervo exposto de Castela.

Diviso rodeando a praça
O povo, seu timbre áspero.
Entre o espanhol e sua língua
Que estreita comunidade:
Experiência primitiva
Chegada até nós intacta,
Justeza entre o homem e o solo.

•

Sempre próximo, o aqueduto
Ligando a sede de Segóvia
À arquitetura de Roma,

Destila pedra cinzenta.
O aqueduto. O aqueduto indica
Sempre a matéria concreta.
O aqueduto. Que soma de vida comporta,
Que peso largo e leve supõe.

Considero San Millán:
Delimita o espaço em torno
E o arredonda.

•

Segóvia de *comuneros* asfixiados,
Do rei astrônomo; linguagem sólida
Dos planos de arquitetura opostos,
Rude marca de força.

Cai o sol em Segóvia atrás dos dedos.

São João da Cruz

Viver organizando o diamante
(Intuindo sua face) e o escondendo.
Tratá-lo com ternura castigada.
Nem mesmo no deserto suspendê-lo.

Mas
Viver consumido da sua graça.
Obedecer a esse fogo frio
Que se resolve em ponto rarefeito.
Viver: do seu silêncio se aprendendo.
Não temer sua perda em noite obscura.

•

E, do próprio diamante já esquecido,
Morrer, do seu esqueleto esvaziado:
Para vir a ser tudo, é preciso ser nada.

O dia do Escorial

Escorial de soberba,
No teu granito abstrato, cinza,
Considerei a transição do mundo:
Provisória figura armada de janelas
Simulando horizonte livre.

•

O espaço   o espaço   o espaço aberto.
O rei taciturno conhece
O espaço temporal do homem, e diz:

— Levantei Américas.
Levantei o cadastro da terra.
Trajei o sol. Construí o céu futuro.
Ilustrando Espanha, castiguei-a:
Já que a figura deste mundo passa,
Inda Felipe sou —.

O rei que demarca a terra,
Minucioso e preciso,
Ocupa na sua cela o espaço de dois metros.

•

Desmembrada da angústia do tempo,
Longa é a faixa do Escorial: deslocando o espaço
Subsiste abstrata
Na arquitetura da serra que supõe
A fadiga do homem.

Homenagem a Cervantes

Na estepe de Castela o homem mede a sede,
Mede o sol, desdém e força.
Na estepe de Castela

O homem mede suas malandanças,
Caminha com a rudeza a tiracolo.
Na estepe de Castela
Campos desnudos, vento e argila,
Céu côncavo, cifrado,
Determinam o espaço substantivo,
O estilo do silêncio:
E o silêncio cria o homem de Castela.

•

Armado por cinquenta anos de silêncio
Teu herói marcha com seu escudeiro
Que não é seu duplo hostil ou lado oposto,
Antes parte integrante de si mesmo.
Não precisou marchar além da Espanha.
Ao alcance da mão temos o homem, o mundo,
Mesmo medidos num espaço augusto.
Paralelamente, no teu livro total
Se come terrestre experiência.

•

No espaço e na medida de Castela,
Na solidão do ar absoluto de Castela
Distingui minha medida temporal.

O homem foi criado para se conhecer circunscrito,
Seus ângulos e arestas o definem.
Castela interior que me demarcas,
Correspondes à outra Castela clássica,
Ameaçada Castela: aqui a indústria
Já inaugura sua máquina indiscreta.

Mas, se deve nutrir teus homens secos,
Que venha e permaneça a máquina indiscreta:
Frente ao excesso mecânico da técnica,
Frente a moinhos com radar, Dulcineias de vidro, armaduras atômicas,
Responderá o equilíbrio de Cervantes.

O sol de Ilhescas

A Luís Cernuda

Quem dá de comer e beber a Ilhescas
Com sua linguagem seca de tijolo
E homens secos?

Ilhescas prepara a Toledo.

Quem dá de comer e beber a Santo Ildefonso
Que, suspenso à parede por El Greco,
Escreve inspirado pela Virgem?
Não vereis uma outra tela tão castiça:
Extraída à substância mineral de Espanha.

•

Lá fora o espanhol insubmisso escreve
Circunscrito pelo olho do lince.
Expõe a hombridade, o espaço terrestre,
A vida toureando a morte
Com a força que vem de Espanha.
Quer pertencer a uma terra mansa
E não a um céu guerreiro.

Escritor de Espanha, aguça
Tua explosão adiada.
Expõe a luta agônica de Espanha,
Incêndio congelado.

•

Quem dá de comer e beber
Ao espanhol insubmisso
Com sua linguagem seca?
Quem dá de beber a Ilhescas?

Toledo

A Dámaso Alonso

Toledo divide-se em dois planos:
O plano da solidez e intensidade.
O plano da solidão e do silêncio.

O Tejo transporta séculos barrentos.
A rocha cor de ferrugem
Determina a cidade austera,
Peñascosa pesadumbre.

•

Toquei em Toledo a linguagem espanhola,
A pedra, sua força concentrada.
Toquei à noite em Toledo
O que resta da solidão e do silêncio.
Toquei a loucura lúcida do homem.
Quem no-la revelou como Cervantes?
Toquei de golpe áspera Espanha:
Conhecendo o cerne do homem,
Resume deserto e Oriente,
Resume força na secura.
A mis soledades voy,
De mis soledades vengo.

Em Toledo toquei a Espanha gótica,
Toquei as ruínas do silêncio,
Solidão das solidões, tudo é solidão.

•

Nas arquiteturas de tijolo
Da *calle* Garcilaso de la Vega
Vi o silêncio grimpando.
Vi Ninguém na estreita *calle*,
Vi os restos do extremo luxo, a solidão.

As ruínas do silêncio em pé,
Um silêncio de tijolo e almas penadas árabes.
Silêncio plástico de Castela.

•

Em Santa Maria la Blanca
A arquitetura branca levantou-se muda.
Vi a solidão branca no ocre de Toledo.
Em Santa Maria la Blanca
Vi a solidão habitada:
Tempo clássico de coexistência
Do mouro, do israelita e do cristão,
Tempos de homens reunidos.
Santa Maria la Blanca,
Face da Espanha judia,
Silêncio de planta e azulejo.
A mis soledades voy,
De mis soledades vengo.

•

Em Toledo descobri
Silêncio e solidão sem fluidez,
Silêncio e solidão góticos,
Silêncio e solidão sólidos:
De tijolo,
De pedras armoriadas.

•

Sobe para o céu o cavaleiro de Orgaz
Que inserido em dois planos
Ainda se comunica à terra
Pelo fogo comprimido de Toledo.
Cada figura toledana que o cerca
Participa da sua morte:
De ferro, surda.
O silêncio explode no quadro,
Na composição cerrada do primeiro plano:

Silêncio e secura de Espanha
Onde a morte, elemento ainda de vida,
Marca a ressurreição do homem nu
Que o segundo plano indica.

•

Em Toledo pude captar
A rocha intensa
— Peñascosa pesadumbre —,
O ocre do homem,
O silêncio do tijolo,
Timbre áspero cerrado.
Os objetos de tocaia,
O céu se abrindo em crateras
Como nos quadros de El Greco.
O rio oprimido pela rocha.
O canto mozárabe de capelas ocultas.
O eco da pedra, vencido.
Os movimentos no Zocodover.
Eis Toledo como El Greco a tocou e pintou:
O máximo de intensidade no mínimo de espaço.

A mis soledades vengo,
De mis soledades voy.

El Greco

Aparentemente sem medida,
Aparentemente distante do mundo
Eis o pintor da espécie castelhana:
Estuda seu homem descarnado,
Afeito à exigência do deserto.

Seus personagens quando sobem ao céu
São espanhóis que fundam a vida,
Amam lidar, pelejar,

Tocar a morte com a espada.
São tristes: que deixam o mundo,
Que não têm toda a certeza
De ressuscitar: são espanhóis.

•

El Greco, bizantino, italiano incerto,
Encontra em Castela sua medida,
Em Toledo sua matéria e forma própria.
Desde então é o castelhano que se exprime
Incorporado à natureza cotidiana,
Mantido no elemento orgânico de Toledo,
No Tejo barrento, no penhasco e na ferrugem.
Próximo ao toledano que circula nas ruas,
A vida gótica da catedral maciça,
Próximo ao israelita, ao árabe, ao cristão,
Fundidos na espessura concreta de Toledo.

•

El Greco funda o estilo plástico de Castela.
Emprega a ferrugem, as tintas sujas
Para tratar sua fisionomia seca.

Desde então ajusta ao homem
Seus anjos e seus santos.
O santo participa de nós todos,
Comunga nossa matéria mineral,
Comunga nossa aridez e nossa lida.
Por isso El Greco trata-o como homem
Antes de o trasladarem aos altares:
Homem castelhano vertical,
Submisso à lei interior que o alimenta e consome.
Quanto ao anjo: sem a ótica do homem,
Quem o situaria?

•

Os heróis de El Greco
Vivem da substância de Toledo.

Enxertados na natureza
O sobrenatural os recebe.

A tesoura de Toledo

Com seus elementos de Europa e África,
Seu corte, inscrição e esmalte,
A tesoura de Toledo
Alude às duas Espanhas.
Duas folhas que se encaixam,
Se abrem, se desajustam,
Medem as garras afiadas:
Finura e rudeza de Espanha,
Rigor atento ao real,
Silêncio espreitante, feroz,
Silêncio de metal agindo,
Aguda obstinação
Em situar o concreto,
Em abrir e fechar o espaço,
Talhando simultaneamente
Europa e África,
Vida e morte.

Santo Inácio de Loiola

Homem tu foste, duro militante
À nossa carga terrestre iniciado
E ao fogo total, oculto em nosso sangue.

Quem te talhara o corpo vitorioso?
Quem te dissera a palavra essencial
E te abrira as comarcas do invisível?

Quiseste organizar o espaço humano,
Já que o artista concreto o planifica.
Assim tua arquitetura foi barroca,

Formada à tua imagem, largo Inácio:
Que procuraste em tudo a construção.
E tua fúria terrestre, castigada,
Absorveu-se no plano coletivo.

Arco de Góngora

A aurora bética abre a máquina de cem portas
Para acolher Góngora.

Mulheres que trazeis
A lua e o sol no corpo
Sustentado por duas colunas
De pórfiro e granito,
Também colunas do templo de Córdova:
Formastes Góngora.
O poeta corporal dos quatro elementos
Por amor de vós
Transformou o conceito em poesia
E abriu as curvas barrocas da palavra.

•

Arquitetura e música deram a Góngora
O sentido da ordenação plástica do verso
E o timbre do rigoroso cristal
Ressoando ao toque das consoantes.

Lida de Góngora

Furiosos metais, garras alternativas,
Tuas imagens concretas enfrentando
As harpias subterrâneas, vencem
Toda oposição entre os contrastes surdos
Do espaço linear e do tempo ondulado.

Inversamente o grito vertical da ode
Convoca o vocabulário que se aduna
Em torno da metáfora, espada fértil:
Rompe a obscuridade em mil pedaços.

•

Homens olhados de binóculo pelo céu,
Galáxias da mulher, altos muros do mar,
Explodem na analogia, ocupam o verbo.
O eco apanha a própria voz que passa a outro.

•

Quem disse que o sim e o não se excluem?
Quem disse que o corpo é refratário a Deus,
Quem disse que a história é estática,
Quem disse que a morte mata,
Quando se cavalga o mito em pelo?

A Tomás Luis de Victoria, músico

Victoria, tua força larga
Anima o coral do homem agonístico.
Não a queda exterior da água
Nem o tom polêmico do fogo:
Mas lamento encarnado de espanhol
Ao seu Criador limítrofe.
Arquitetura polifônica de um céu
Que se nutre da matéria humana.

Eco elaborado de exigente Espanha,
Traduz o cantor no centro essencial da forma,
Rigoroso timbre:
O homem sustentando as colunas do som
Sabe ser vencido pela disciplina de Victoria
E seu discurso cromático.

Inspirado em Lope de Vega

Quanto tempo a forma deste mundo
Deverá, Lope, durar?
Esperas que ela se rompa
O mais próximo possível.

O mais próximo do ódio
Desintegrado,
Reduzido ao átomo.
O mais próximo do vidro,
Longe da última solidão.

•

Lope, tu sabes, esta vida é breve:
Que vivendo, já falta ao homem tudo,
Que morrendo, já sobra ao homem tudo.

Sustentamos nos ombros vacilantes
A antiga culpa original dos pais:
Sempre o delito pior é ter nascido.

Tirso de Molina

Eis a tua glória, homem de enigma:
Ser padre e criar Don Juan,
Breve abrangendo os dois mundos
Com a gana renascentista.

Desarmaste a estrutura feminina,
A matéria afetiva do espanhol:
Suas contradições deitam as raízes
No obscuro fundo existencial da raça.

Tema de Calderón

Fechado desde a infância numa torre atômica,
Próximo o homem-lobo que me nutre,
Circunscrito pelo braço de Estrela e de Rosaura,
Medindo no relógio os passos da injustiça,
Segismundo sou.
O céu legível, texto de diamante,
Escapa-me; entre duas armas contrárias
Situado me vejo; insone, e sonhando.

•

Outras vezes retiram-me da torre,
Apontam-me futura liberdade.
Caminho entre semáforos e máquinas.
São andaimes, passos arritmados, poeira,
As pequenas combinações da vida, suor,
A linguagem dos ácidos, nada álacre.
O próprio reino aliado da palavra
Já me expede elementos inimigos.

Quem finalmente sou, esqueleto letrado,
Alienado eco? A injustiça não me cabe
A mim só: qualquer um a reclama e recebe.
Mas eu sonho a injustiça, ou a suporto?
Eu sonharei a vida, ou a vida me sonha?
Aprendi do meu sangue, ou da essência de Espanha?

Calderón, ainda no contexto atual do século
LA VIDA ES SUEÑO.

Tempo de Quevedo

Quevedo, a angústia do tempo
Informa tua visão concreta.

A Espanha sem relógio mede o tempo
No instrumento elíptico da caveira.

Mas o último anjo, matemático,
Virá para reunir a caveira geral,
Virá para ceifar todo o angelismo:
Empunhando a trombeta construída
Com implacável certeza,
Medida e timbre justos,
Fará o homem se conhecer
Nos seus limites precisos.

O tempo se medirá, concreto,
Depois de esgotada a clépsidra.

E tua angústia do tempo
— Transitório Quevedo que já foste —,
Aferida a rigor, torna-se vã.
Saberás. Saberás.

Madrid

A José Antonio Novaes

Diversa Madrid, criada
Com fundo calor humano,
Teu encanto não se mede
Por monumento ou paisagem.

Não sendo antiga nem atual,
Donde teu encanto, Madrid?
Vem direto do teu povo
Denso, nervoso, sensível,

Que sabe amar, dialogar,
Dividir gozo e trabalho,
Racionalizar sua pena
E despistar o cronômetro.

Esse encanto vem ainda
De tuas mulheres intensas,
Nascidas para *lucir;*
Dos teus espaços abertos,

Cantantes, comunicantes;
Dos teus ares circulares
Filtrados nos altos filtros
Da serra de Guadarrama.

•

Diversa Madrid dos gritos
Ocultos ou manifestos:
Sopra aqui um vento afiado
De conspiração permanente.

Não és cidade montada
Para o prazer do turista,
Nem medieval ou futura:
Madrid nervosa e desperta,

És o posto cotidiano
Com dimensão definida,
Onde se aprende bem cedo
O rude ofício da vida.

Velázquez

Andaluz e castelhano,
Resume a tensão espanhola.
Entre precisão e força
Ordena sua paleta.

Eis a pintura.
Eis a matéria do homem a duas dimensões.
Pintando, Velázquez orienta

A rígida consciência de Espanha:
Orgullo castelhano de estrutura,
Ligado à língua e ao solo.

•

Velázquez sabe: pintar é elucidar o espaço
Aberto ou restrito
Pela marcha do pincel consciente.
Velázquez sabe: a cor delimita a forma.
Situando a cor, seu pincel a define:
Suprime a fluidez, a suavidade,
Qualquer elemento opaco ou impreciso.

Suporte da verdade plástica
É o próprio grupo dos nobres:
Entre o rei e o *niño* de Vallecas
A continuidade da matéria enxuta.
A marcha do pincel voluntário
Constrói o homem na grandeza circunscrita:
Sua dimensão é a cor, a forma definida.

•

Eis o que o distingue dos outros:
Seu DUENDE não é visível
Como o de Goya, de El Greco.

Entre o minucioso "fantástico" de Flandres
E o gosto superlativo italiano
A linha castigada e enxuta de Velázquez
Demarca os precisos limites
Onde Espanha se reconhece autônoma.

Chuva em Castela

A Gerardo Diego

A história circula insatisfeita
Ao largo da planície autárquica.

•

Entre a marcha das amapolas
Se orientam
Se levantam
Os pés aquedutos.

Chove a galope
Cavalos horizontais
Sacando o preto do branco
Chovem a galope.

Alturas compactas se procuram.
Parte-se o galope em fragmentos.

Goya

Ao mesmo tempo
Touro e toureiro.
Espanha afiada
Nos dedos segura.

Tem a força de ataque do animal
E a lucidez objetiva do cientista.
O gosto bem espanhol
De passar a vida ao fio da espada.

Cruel para conhecer,
Cruel para delimitar
O território castigado,
Investindo alternadamente

O corpo da Espanha adversa,
O rosto bifronte da Igreja.
Cruel mesmo quando trata
Com aparente carinho
O rosa, o prateado e o cinza.

Trasladando o mito à rua,
Grava-o, pedra e ácido
Metal: inaugura o povo espanhol,
Seu fogo aberto, específico.

Goya mata.
Mata a mulher, oposta ou próxima,
Com estocada certeira.
Mata Espanha e ressuscita
Sua verdade vertical: branca e vermelha.

Manola

A Rafael e Maité S. Torroella

Madrilena castigada,
Começas a vida à noite.
Ouvindo o vento vermelho
Na sua charla sem fim,
Estenografas a aurora
Num terraço de café,
Torres do peito apontadas
Ao duro sol de Madrid.
Tua conversa é de sal
Com retalhos de açucenas.
Teus olhos são pés dançando
A impaciência de Espanha.
Tua cabeleira: raivosa.
EL DUENDE vai no teu sangue,
Na tua demarcha e voz,
Vai na planta dos teus pés,

Nas tuas pausas de silêncio.
Silêncio espanhol, rebelde,
Oculto no gume afiado.

•

Madrilena castigada.
Madrilena pelo berço
E o vário calor humano:
Um estilo de contactos.

O rito cruento

Em Madrid numa praça de corridas
Vi o toureiro confrontar-se à morte,
Vida e morte se medindo, se ajustando
Na condensada lâmina que divide
O homem do animal:

Neste rito de extrema precisão
Vida e morte afrontadas se equilibram
Ante o olho enxuto do toureiro
E o gesto e palavra (cúmplices) do público.

Que a morte para o espanhol inda é hombridade.

Na corrida

Soubesse eu distinguir
O milésimo de instante
Em que o olho do touro e o do toureiro
Se cruzam no vértice da luta,
Conhecendo cada um
Que irá matar, ou ser morto.

Lamento de Rosalía

Ai Rosalía de Castro,
Teu alaúde chuvoso
Convocava o campo verde,
Convocava o vento verde
E a ria;

Ai Rosalía de Castro
A quem agora faminto
Come o campo verde,
Ai Rosalía!
A quem agora sedentos
Bebem o vento verde
E a ria,
Ai Rosalía!

Ai Rosalía de Castro,
Doce demais para conter
O peso compacto da Espanha.
Ai Rosalía de Castro,
Teu alaúde chuvoso
Em vão lamenta, suspira:
A nova linguagem caminha,
Com teu alaúde chuvoso
Te estendes na pedra fria,
Ai Rosalía de Castro,
Ai Rosalía!

Pedra de Unamuno

Teu coração agonístico
Tornava terrestre o céu.

Dura exigência de Deus
Gana de imortalidade
Aqui neste mundo mesmo:

Flecha de Espanha cravada
No teu pessimismo grego.

Circunscrito a Salamanca,
O ofício humano te coube.
Quanto aos da cidade grande,
Sabem do homem? ai que não.

Espanhol de nascimento,
Crença, ofício, profissão,
Lidador tu foste, e mesmo
Contra a morte, lidador.

Da própria visão beatífica
Tu escreveste uma vez:
Será uma obra em progresso,
Um trabalho inacabável,
A construção do futuro
Em termos de alta verdade;
O modo que nos é dado
De tocar o inextinguível.

Sabendo de teus contrastes
Já não te auguro descanso:
A quem come e absorve Espanha
— Assim Miguel de Unamuno —
Caberá luta contínua
Nas áreas desse outro mundo
Que inaugura o novo homem,
Áreas mais fundas porque
Vazias do próprio osso.

Pueblo

A Blas de Otero

O *pueblo* subsiste no ar, no sol de poeira,
Nos quadrados de cal e na secura.

Subsiste na conversa organizada
Em torno da água pública da fonte.

Um som qualquer ressoa prolongado
No ouvido de animal, pessoa ou casa.

Os minutos pacientes limam os dias.
O *pueblo* destacando-se da história

Participa do obscuro de cada um.
E participam todos deste *pueblo*

Que rejeitando a ideia do aniquilamento
Joga aos dados a ressurreição da carne.

Sevilha

A Vicente Aleixandre

Sevilha, musa do sangue,
Vem do romano ao barroco.
Cavalgou lua crescente,
Mas a sua marca é o sol.

Formada para cantar,
Sevilha, morena, é branca.
Formada para dançar,
Sevilha, cristã, é moura.

Com seus espelhos de ecos
E seus dentes de azulejo,
Suas capas de ouro e ciúme,
Soa *tientos*, *peteneras*.

•

Nestas ruas femininas,
Supondo cravo e alfazema,

Passa o Cristo apunhalado,
Moreno filho de Espanha.

Sevilha se move em curvas,
Torna plástica a paixão.
Com presteza de toureiro
Despede a *saeta* no ar.

Sevilha se elucidando
Esgota a paixão do Cristo.
Sacrifica-o na rua
Como ao touro na corrida.

•

Sevilha branca ou morena,
Bailaora, *cantaora*,
Sabe a ciúme e a hortelã,
Suscita a força do sangue.

Pausa de Antonio Machado

Vive, poeta: em raiva e ideia
Sangrada Espanha revive.

•

Perdendo Leonor amante
Ganhaste a rosa total,
O que a moeda não suscita:
O largo céu, trazido à terra
Pelo ímã das tuas Espanhas.

Ganhaste galerias pessoais
Que o desconforto ilustra
Com a brancura imediata,
E onde o poeta é conduzido
Pelas mãos alternativas
Do irreal e do concreto.

Ganhaste o primeiro exílio
Que traduz princípio e fim,
Sigla própria da tua sorte,
Criador da tua forma e imagem.

•

Vive, poeta: em raiva e ideia
Sangrada Espanha revive.

O passante de Sevilha

A Carlos Bousoño

Seguindo a linha sinuosa
Desta *calle* de las Sierpes,

Mal o vi: adivinhei-o.
Não era sombra, era homem.

Era um homem vertical,
Um vero andaluz, bem sei.

A pele indicava o osso,
A musculatura de aço.

Seria talvez um espada,
Carpinteiro ou *cantaor*.

Que mitos carregaria,
Que tradição no seu sangue,

Que concisa astronomia
Nos olhos curtos, flexíveis.

Era um homem afeito à vida,
Um vero andaluz: que o sei.

Lamentos sevilhanos

Nas arquiteturas noturnas
Dos pátios ocultos sevilhanos,
Figuras de aridez e sombra, castigadas,
Levantam um fogo-fátuo de lamentos:

— Ai de nós! Que não amamos
O Cristo com teus punhais,
Com tua paixão, Sevilha.
Ai de nós que éramos fracos,
Desencarnados, sem cor.
Ai de nós, Guadalquivir,
Força humana do *flamenco*,
Espadas do peito virgem,
Contacto carnal da rua.
Só agora vos distinguimos,
Agora que veio a noite
Montada no touro negro.
Ai ai, Sevilha, ai de nós.

•

O espectro futuro da Niña de los Peines
Atira uma *saeta* no Jesús del Gran Poder.

Tempo do *Cante flamenco*

À memória de Antonia Mercé
— La Argentina —

1

Andaluzia,
Nos teus pátios o eco rouco do *flamenco*
Minuciosamente elucidado, grito
Rigoroso de queixa espessa,
O espaço da aridez. Súbito
O timbre íntimo do sangue, apelo martelado, mecânico.

2

Eu no *flamenco*
Sinto o som próximo,
Sinto o átomo do som
E no gregoriano.

Eu no *flamenco*
Me atinjo lúcido,
Situado no cume
Do ente vazio

(Eu no *flamenco*)
De qualquer limo,
No justo oriente
Da fome nossa.

Eu no *flamenco*
Espanha esdrúxula
De sopro orgânico
Encontro, e me sei.

La Niña de los Peines

Sua voz:
Esta é a própria flecha da alma
Vertical na sua origem,
Forçada a se transformar em curvas,
Abrindo a lamentação
Que nasce no deserto anterior
E provoca à sua passagem o eco andaluz.

Poder de ronda

O homem cavalga a rocha,
Domina o áspero abismo.
Não sinto crescer o ar,

Nem a figura do tempo.
O pé de quinze rochedos
Calça a água severa e muda.
Ouço o coral dos rochedos
Na profundeza da Espanha.

A força núbil do horizonte
Oprimindo a campina redonda,
Dormem contagiantes animais
Sonhando-se uns aos outros.
Sem penumbras nem aromas,
Nem prazer de simetria,
O espaço de Ronda adstringe
O corpo que se subtrai.

Niebla vermelha

A Gabriel Celaya

O sol circunscreve a muralha:
Sangra a castidade descoberta.
O rio carreando sangue
Na sua túnica de metais
Bebe os campos andaluzes.

A marcha do mundo desemboca
Neste cerrado quilômetro
De sólidos ecos.
O vermelho dá um tiro no silêncio
Das casas organicamente dispostas
No espaço de quadro concreto.

•

Isola-se o vermelho sem umidade.
Vive o despojamento aliado à cor.
O ar vermelho desenvolve a faixa,
Propício à explosão de pequenos planetas
Em cacto, pedra e palavra arterial.

Córdova

Conheço-te a estrutura tersa,
Toda nervo e osso, contida
Em labirintos de cal
E em pátios de vida secreta,

Córdova áspera e clássica
Alimentada de África.

Como não te entregas súbito,
Quem te aproxima terá sempre fome
E não dirá: Córdova de meus amores.
Um nome seco e esdrúxulo te designa,
Sol desdenhoso, Córdova concreta.

Granada

Ninguém soube até hoje se o céu é macho ou fêmea:
Mas o céu de Granada é macho e fêmea.
Granada, dei-te apenas uma semana da minha vida.
Tu me deste séculos de outrora rudes estandartes,
O gênio africano enxertado no castelo da Europa,
A tensão de duas culturas díspares;
E no limite desse tempo épico
A certeza geométrica da cruz.

Dás-me agora arquiteturas vermelhas e desertas,
A floresta reduzida no teu centro,
A água árabe explodindo nos jardins do Generalife;
Dás-me a Sierra Nevada e a *vega* próxima,
O tom vital, altíssimo.

Diviso as marcas digitais do Oriente,
Retomo o caminho de Manuel de Falla;
E o problema espanhol nutre meu sangue.

•

Distingui na noite de Granada o sol,
O fogo central da terra
Comunicando a gana da vida a qualquer um.
Distingui o sol da noite demarcar torres vermelhas.
Vi gitanos dançando a *roa*
Nas galerias secretas do Albaicin,
Tocados pelo *duende* e o sol da noite:
Inventam sem cessar o canto e a dança,
Homem, mulher e criança inventam o ritmo.
Os minutos aumentados aprestavam os dentes:
E tive gana da vida, não quis morrer para sempre.

O sol de Granada

À memória de Manuel Altolaguirre

O sol de Granada aspira
Arquiteturas abstratas.

O sol de Granada gira
O corpo de Lindaraja.

O sol de Granada inspira
Sangue e ritmo de gitanos.

O sol de Granada mira
As duas faces de Espanha.

Jardins do Generalife

A Rafael Alberti

Eis o canto alto do Alhambra,
O canto objetivo da Arábia,
A própria comarca da água.
O canto líquido da Espanha.

Os ângulos vivos do vento.
A água que não repousa,
Água delgada e comprida.
O toque da água percute

Nas torres da mouraria.
Água de som. Sincopada,
Rebentando de Granada.
Água que cumpre seu rito.

Água de sol e magnólia.
O canto contínuo da água
Dita o tempo à mouraria.
Água de torres vermelhas.

Vejo as estradas da água
No centro do Generalife.
Água que não cessará.
Água de fogo e de frio.

Canto a García Lorca

Não basta o sopro do vento
Nas oliveiras desertas,
O lamento de água oculta
Nos pátios da Andaluzia.

Trago-te o canto poroso,
O lamento consciente
Da palavra à outra palavra
Que fundaste com rigor.

O lamento substantivo
Sem ponto de exclamação:
Diverso do rito antigo,
Une a aridez ao fervor,

Recordando que soubeste
Defrontar a morte seca
Vinda no gume certeiro
Da espada silenciosa
Fazendo irromper o jacto

De vermelho: cor do mito
Criado com a força humana
Em que sonho e realidade
Ajustam seu contraponto.

•

Consolo-me da tua morte.
Que ela nos elucidou
Tua linguagem corporal
Onde EL DUENDE é alimentado
Pelo sal da inteligência,
Onde Espanha é calculada
Em número, peso e medida.

Palavras a Miguel Hernández

Será mesmo que existem ainda pastores?
Sim: tangeste cabras no teu *pueblo*.
O mundo moderno até agora não conheceu
Um menino pastor amado como tu.

Mas não te tornaste árcade, Miguel,
Breve provando a substância da luta
No centro onde o problema se decide,
Na cidade; também tangeste máquinas.

Breve provando a experiência do homem,
O sangue defrontando o touro aceso,
O sol negro da prisão e a morte.
E no gênio da Espanha te mediste,

No desencadear do povo áspero, matando
Por excesso de lucidez acumulada
Que rebenta: já não pode se ajustar
Aos limites de uma única tradição.

Também é dupla tua tradição: remota e próxima.
À base antiga, o poroso calor humano,
Incorporas a palavra fundida em metal novo
Que ataca a matéria estagnada e a destrói.

Barcelona

A Enric e Maria Tormo

O sangue de Barcelona
Circula nas *ramblas* largas,
Sangue múltiplo do povo
Em seu cântico de contrastes.

•

Barcelona, tu és românica,
És gótica e setecentista.
Tocaste no teu trajeto
O enigma do super-real:

Casas do Paseo de Gracia,
Distorção do Parque Güell,
Mitos do gênio imperfeito
De Antonio Gaudí, catalão.

Domingo na praça ou rua
Soletrarás surpreendido
O texto de dança antiga
Que te ajuda Barcelona:

O compasso da *sardana*
Sustentado pelo som

Claro e agudo da *tenora*
Move os passantes ao rito.

Mas só no Museu românico
Terás a medida exata
E a força do canto plástico
Filtrado na Catalunha.

•

O estilo de Barcelona
Formou-se na rebeldia.
Provém de cultura densa
À base de sangue e vida.

Gaudí

A força do irracional concreto
Suspende curvas com o valor de retas.
Aparece-nos o gênio da pedra espessa,
Não desbastada: talhada
No cerne mesmo da estrutura.

O anteontem da pedra
Descerra o espaço cifrado:
A mão de Gaudí sabendo criar elementos
Que extraem de Montserrat o gótico e o barroco,
Inspiram residência, igreja, parque
Onde montamos o Pégaso.

O chofer de Barcelona

Tomei um táxi amarelo
Com direção: Parque Güell.

Ao chofer que me levava
Pergunto: Espanha, que tal?

O homem agitado volta-se,
Dispara a palavra ácida:

— Não temos mais solução.
Cada dia nos embromam

Com discursos, fiestas, fiestas,
Corridas e procissões.

Falta o pão, falta o trabalho,
A escola não dá pra todos.

Espero em vão há sete anos
Rever meus pais em Oviedo.

Mas a virada aí vem:
De novo a morte ao volante,

As igrejas incendiadas,
O fogo da guerra civil.

Vejo uma única saída:
Nos matarmos uns aos outros,

Todos nós; então a Espanha
Recomeçará outra vez —.

Trazia o almoço no carro:
Presunto, pão e laranja.

O chofer de Barcelona
Cultivava um sol vermelho.

Picasso

Quem pega a vida à unha como tu?
Só mesmo Espanha, tua mãe e mestra.
Paris formou o espaço da tua técnica,
Mas Espanha te deu o estilo de contrastes,
O gosto de regressar ao centro do problema,
De investigar a matéria da vida
E atingir o osso:
Construindo e destruindo ao mesmo tempo.

•

Situas o objeto inimigo,
Súbito assimilado.
As cores são de inventor, não de colorista.
A natureza morta
Retoma a lição espanhola:
Os elementos do quadro são "dramatis personae"
Que se cruzam no silêncio fértil.
Roma, Grécia ou África
Te servem de pretexto plástico:
O corpo extrai da vida
Sua força pessoal e polêmica.

•

Feito à imagem da Espanha, tu, Picasso,
Soubeste fundir a força e a contenção.

Juan Gris

Espanha, mestra do espaço,
Deu a pureza, medida
Na área total da pintura
Com o gênio da concisão,
Pelo pincel de Juan Gris.

Nessa pintura pensada
Com clareza dialética,
Espanha, dita "irracional",
Pelos planos de Juan Gris
Mostra o acordo e a simetria.

Crianças de Tarragona

A Alfonso Pintó

Crianças de Tarragona
Sitiam a cidade pétrea
Cerrada nas suas muralhas
E na catedral compacta.

Crianças de Tarragona
Brincando no sol de ferro
Conduzem a força de Espanha
Que a tudo imprime caráter.

Crianças de Tarragona
Mostrando nos olhos férteis
A gana do amor e vida
Que nutre o sangue da Espanha.

Crianças de Tarragona,
Já do enigma carregadas,
Guardareis sempre a influência
Do solo e pedra compactos.

Joan Miró

Soltas a sigla, o pássaro e o losango.
Também sabes deixar em liberdade
O roxo, qualquer azul e o vermelho.
Todas as cores podem aproximar-se

Quando um menino as conduz no sol
E cria a fosforescência:
A ordem que se desintegra
Forma outra ordem ajuntada
Ao real — este obscuro mito.

Guernica

Subsiste, Guernica, o exemplo macho,
Subsiste para sempre a honra castiça,
A jovem e antiga tradição do carvalho
Que descerra o pálio de diamante.

A força do teu coração desencadeado
Contactou os subterrâneos de Espanha.
E o mundo da lucidez a recebeu:
O ar voa incorporando-se teu nome.

•

Sem a beleza do rito castigado,
Aumentando a comarca da fome,
O touro de armas blindadas
Investiu contra a razão:

Eis que já Picasso o fixou,
Destruindo a desordem bárbara,
Com duro rigor espanhol,
Na arquitetura do quadro.

O padre cego

Não abençoes a espada.
A morte lúcida não virá da espada do homem,
Antes virá da estocada de Deus.

Tu que consagras o pão e o vinho,
Por que abençoas a espada?

Queres o regresso do rei Felipe:
É um esqueleto de mármore.

Não distingues próximo à tua casa
O rio subterrâneo que marcha
Desde a Galícia à Andaluzia.
Não distingues o timbre áspero da greve.

És pai vigilante, ou assassino?
Não abençoes a espada.

Morte situada na Espanha (La Caridad — Sevilha)

Distingo perto as ruínas de Don Juan,
Advertência didática da morte.

Morte que fascina o espanhol
Trazendo-lhe a vida à tona.
Morte para o espanhol: odiada força
Que extingue o livre-arbítrio e seu diamante,
A honra vertical e a marca de cada um.

•

Morte:
Objeto adormecido no átomo
E que sabe explodir antes da Bomba.
Nasceste mineral, a ele regressarás.

Morte: rito decisivo
Onde touro e toureiro se consomem.

•

Morte de Sevilha, Córdova, Toledo.
Morte do Museu românico da Catalunha.
Operário e estudante espanhóis,
Mortos que sois na flor da greve!

Tua morte; morte dos amigos essenciais; minha morte.
Morte da Espanha; morte de qualquer objeto;
Morte que explode na mão do universo — criança.

Morte da morte de ouvido.

Morte da palavra gasta,
Restaurada com rigor, corrompida outra vez.
Morte da dinastia sucessiva de palavras.
Morte da palavra.
Morte da palavra morte.
Gozaremos futuros bens entressonhados na infância?

•

O real explode com a morte.
A contenção espanhola da morte
Explode em fogo e fim.
Explode a morte agredida pelo espanhol.
Explode o silêncio espanhol da morte.

Morte: tempo físico que explode
Largando a pele da memória.
Tempo da memória que explode
Substantivamente.

O Cristo subterrâneo

Descubro um Cristo secreto
Que nasce na Espanha súbito.

Não é o Cristo vitorioso
Dos afrescos catalães,
Nem o Cristo de Lepanto
Suspenso por uma torre
De espadas, velas, paixões.
Não investe uma colina,
Não brilha no meio do altar
Entre ornamentos de prata.
Nem no palácio dos ricos,
Nem no báculo dos bispos.

É um Cristo quase secreto
Que nasce das catacumbas
Da Espanha não-oficial.
Nasce da falta de pão,
Nasce da falta de vinho,
Nasce da funda revolta
Contida pela engrenagem
Da roda de compressão.
Nasce da fé maltratada,
Vagamente definida.

É um Cristo dos operários
Atentos, em pé de greve,
Filhos de outros operários
Mortos na guerra civil.
É um Cristo dos estudantes
Sem dinheiro para as taxas.
É um Cristo dos prisioneiros
Que no silêncio cultivam
A pura flor da esperança.
É um Cristo de homens-larvas,
Famintos, inacabados,
Morando em covas escuras
De Barcelona e Valência.
É um Cristo da experiência
De padres inconformistas

Que não abençoam espadas
Nem incensam o ditador.
É um Cristo do tempo incerto.
É um Cristo do vir-a-ser,
Formado nos corações
Da Espanha que não se vê.

Convergência (1963-1966)

CONVERGÊNCIA

Exergo

Lacerado pelas palavras-bacantes
Visíveis tácteis audíveis
Orfeu
Impede mesmo assim sua diáspora
Mantendo-lhes o nervo & a ságoma.

Orfeu Orftu Orfele
Orfnós Orfvós Orfeles

Roma 1964

GRAFITOS

A Ruggero Jacobbi

Grafito num muro de Roma

1

Um verme rói — enorme roer —
Um verme rói minuciosamente
Desde que o tempo sentou-se sobre si
A trombeta ovoide.
Um verme ecumênico
Teólogo   teleológico
Rói a priori — único tóteme —
O filme da história total.

Um verme enorme rói
Um verme inerme rói
Qualquer julgamento
Presente   futuro

Pessoal   universal
Miguelangelesco ou não.

Um verme irreversível rói a tiara
Suspensa de palácios terrosos.

2

A eternidade criou tantos dédalos
Que já perde a noção de espaço.
Procurando homem por homem
Urbi et orbi
Procura-se a si mesma sem sua túnica:
Mínima. Finita. Ex.

•

A eternidade acaba desconhecendo
As próprias catacumbas escâncaras
Os próprios arcos de triunfo no tempo
Idos calendas calêndulas
Os leões alados & seus espaços monumentais
Os falos suspensos em obelisco
Os essedários & os éssedos
Os imperadores de pedra
Levantando irrespondidos braços.
A eternidade anoitece
A cavalo sobre seus palácios
Ocre.

•

Um verme roerá a morte
Favilla fasulla. Ex.

Roma 1964

Grafito na pedra de meu pai

Tu foste
Casa feita / paz / ternura
Aberta para o mundo.
Santo-e-senha distribuías
A pobre, amigo, ignoto.

Irônico / repentista / malincônico
Eis tua marca maior: hombridade.

Essa cabeça ovalbranca
De mineiro gentilhomem
(Belo)
Sinais emitia célere
De soaveforte comando
À tribo de songamongas.

Tu & Maria José
Montanhosa generosa
Repartiam entre os oito
O coração em fatias.

•

Teu filho pródigo
Polêmico giróvago
Giralivros
Anárquico alicaído
Insoferente do século
Acolhes preparando
Perdão vitualha & serenim.

•

Sem ti & Elisa não seriam:

O Brasil
A Bíblia
Betelgeuse

        Maria da Saudade

Mozart
Dante
Paul Klee

O amor da liberpaz
A página branca
A Espanha

•

Trabalhador da vida. Homem de aço
& seda, sinto ainda pulsar
Teu coração

        ecumênico.

Juiz de Fora 1964

Grafito na pedra de minha mãe

A pedra abre os olhos mansos de colomba.

Morte polêmica
Morte que separa homem & sombra
        rosa & espinho
Catapultou-me da esfera do teu ventre
Para este   território ásperoanguloso
Onde soou no espaço
A primeira ruptura: tempo subtraído-te,
História em mito permutada
Eletronicamente.

Bela / jovem / magnética
Talhada para canto & clavicímbalo
Te eclipsas no limiar do século
Que cedo iria me absorver
No seu contexto polêmico.

Extraindo-te de mim
Fechando-te   magnólia móbile
                   selenocêntrica
Elisa Valentina minha filha unigênita
Tornaste-me
Espiritado   esdrúxulo;
Geraste
Minha cosmogonia.

Juiz de Fora 1964

Grafito na ex-casa paterna

A moça despetalada. Oito uniformes ocos.
Exausta, além do lábio, a palavra potável.

Sem ângulos o triângulo antropomorfo.
O som do "Magnificat", esqueleto de som.

O prato de feijão, jantar da cinza.
O piano de quatro mãos, nem ao menos um dedo.

Desdêmona demona: agora desmembrada.
A engrenagem da flor: poeira desmanchada.

Papagaio de seda, extinto no anticéu.
O livro de Alencar: quem o roeu é roído.

A montanha engolida no horizonte.
O filme dinamarquês descolado no caos.

•

Pacientes, dois cristais emigrados da cova.

Juiz de Fora 1964

Grafito para Ipólita

1

A tarde consumada, Ipólita desponta.

Ipólita, a putain do fim da infância,
Nascera em Juiz de Fora, a família em Ferrara.

Seus passos feminantes fundam o timbre.
Marcha, parece, ao som do gramofone.

A cabeleira-púbis, perturbante.
Os dedos prolongados em estiletes.

Os lábios escandindo a marselhesa
Do sexo. Os dentes mordem a matéria.

O olho meduseu sacode o espaço.
O corpo transmitindo e recebendo

O desejo o chacal a praga o solferino.
Pudesse eu decifrar sua íntima praça!

Expulsa o sol-e-dó, a professora, o ícone.
Só de vê-la passar, meu sangue inobre

Desata as rédeas ao cavalo interno.

2

Quando tarde a revejo, rio usado,
Já a morte lhe prepara a ferramenta.

Deixa o teatro, a matéria fecal.
Pudesse eu libertar seu corpo (Minha cruzada!)

Quem sabe, agora redescobre o viso
Da sua primeira estrela, esquartejada.

3

Por ela meus sentidos progrediram.
Por ela fui voyeur antes do tempo.

4

O dia emagreceu. Ipólita desponta.

Roma 1965

Grafito numa cadeira

Cadeira   operada dos braços
Fundamental que nem osso

Não poltrona com pés de metal
Knoll
Ou projetada por um sub-Moholy Nagy
Com nota didascálica

Antes cadeira no duro
Cadeira de madeira
Anônima
Inânime
Unânime
Cadeira   quadrúpede

Não aguardas
Nenhuma "iluminação" particular
Nem assento e clavícula de nenhuma deusa
Que te percutisse — gong —
Nem de nenhum Van Gogh
Que súbito te tornasse
Eterna

Roma 1964

Grafito no Pão de Açúcar

No cume desta colina
Nove bilhões de anos
Contemplam-nos.

Neste Rio descobri

O Brasil / cruz e delícia
Saudade minha amada.
Neste Rio ásperofísico
Nomeei-me poeta.

Aqui conversei
Ismael Nery
Mestre / malungo máximo
Entre canto gregoriano e jazz.

Aqui aprendi
Presto a ser
Espiritualmente semita
Alimentei-me de Índia.

Daqui vi crescer
A novíssima Israel:
Karl Marx / Freud / Einstein.

Daqui pude aferrar
Picasso / Mallarmé / Strawinski

Lutei com o Verbo encarnado.
Matéria fui / para forma.

Aqui toquei imediato
Ou por tangência & contaminação
Múltiplas coisas grandes
Visíveis invisíveis.

•

À beira desta baía
Largoespacial
Desamei / amei
Deslouvei / louvei

Cedo desarmei-me.

Senti crescer-me
Comunicante
O duplo fogo eternofísico
Pai de todos e meu.

•

Nesta baía cabem todas as esquadras
Não cabe nenhuma bomba.

•

Do cume desta colina
Contorno o BR acelerado
retardado
extrovertido
coisificado

Meu olho circular navega o mundo
Que aceito
Malgrado mil ————

Rio 1964

Grafito para Mário de Andrade

1

Sofro de brasilite,

Mísero télamon
Para suportar nos ombros o BR:

Esmaga-me concreto
Ainda mesmo a distância.
Ninguém situa o BR
Inaferrável.

•

BR difícil multívago
Oscilando / Coisa maior
Entre mocambo e arranha-céu
Entre molusco e caviar
Entre a inácia e a gateza.

BR:

IGUALMENTE CANDIDATO
AO DOMÍNIO DO UNIVERSO /MAIACÓVSKI
E AOS TRABALHOS FORÇADOS

Nos teus porões aportam diariamente
Enormes caixas de problemas-coisas.

BR —
Entre utopia / realidade

Personalismo / afetividade

Deposita-se o futuro.
"Será tempo de esforço caudaloso,
Será humano e será também terribilíssimo."

2

Teus rios Dioscuros
Tuas diáboas
Este povo coisando na durocracia
Ásperos contrastes

O imenso ideograma da fome
O guaiar do Nordeste goderando
No polígono do abichorno
Sol mecânico.

3

Planificaremos a fatalidade?
Poremos todas as vírgulas no lugar?
Exorcizaremos o dólar?

Solancas-te.
Solavancas-te.

Esquematizas.
Estilhaças-te
Esperando o traumaturgo.

•

A cada um sua xícara de café.
A cada um aloprado
Sua mínima ração de morte cotidiana.

4

BR / minha raiz / minha insônia:
O pássaro-telégrafo
Adia o anúncio da aurora
Aeroplanada.

•

Avante força do homem,
Paz no BR e no mundo.

Avante música do homem,
Paz no BR e no cosmo.

Paz a Mário de Andrade no seu osso
Distante das Erínias.

Avante epos do homem,
Avante plano-piloto
Contra o autossatisfeito
Caos.
Avante / Coisa maior
Avante / Coisa maior
Sursum corda
Sursum
Sur ————

Rio 1964

Grafito para Sousândrade

O BR longe-olha o gavião da usura.
Mantém o tubarão adornado de lustres.

Ôndula o rio com seus braços magros.
Nos peitos da seca o nordestino mama.

Os mandarins suspendem no futuro
Esta constel-ação: reforma agrária.

(Atardece nos campos desplantados).
Que faz o analfabeto? Desulula.

Passam Vitórias-Régias arrastadas
Por vinte e quatro mil carros de bois.

Cem mil trabalhadores edificam
Uma torre de peles de chinchila.

•

Defronte um tal diagrama calarei
A paisagem do céu transavionado

Onde "fulge" o esqueleto do Cruzeiro:
Não pode o homem faminto contemplar

Esses gólfãos de estrelas e galáxias,
"Triângulos triângulos Semíramis".

•

Qual é a solução: o solução?

Roma 1965

Grafito para Augusto dos Anjos

As vísceras percutem-me as próprias vísceras
As vísceras chateiam-me
Insistem-me machucam-me emerdam-me
    Dó ré mi fá sol lá si às avessas
    Agridem-me com serrotes
Vísceras esdrúxulas

sórdidas
contrácteis

arrítmicas
adstringentes
assimétricas

As vísceras representam-me personagens de Jerônimo Bosch

Dirigidas por Luís Buñuel
Provocando-me
Urinando-me
Campainhando-me
Martelando-me em ré maior
Calcabrinas malacodas

•

As vísceras cor de torquês
Propõem-me a inexistência de Deus
Reduzem-me
A um tubo irritado
A uma célula separada
Atacam minha crença
no mundo unívoco
Medem os passos
que me separam do ponto-final

Saqueiam a beleza com b minúsculo
Saqueiam a Beleza com B maiúsculo.

Corpúsculos
Mísseis mínimos
Apontados sobre mim
Corpúsculus vitrescíveis
Uncinados
Unciformes
Despedem-me

Estilhaços de palavrões oblíquos
Injetam-me areia radioativa
Atiram-me vitríolo, abrangem-me
Todo o miserê.

•

As vísceras perfuram o tempo
Sentam-se — um segundo — rindo às avessas

Desarrumadas
Dentuças
Desapontadas;

Apesar desse trabalho roedor
A Bomba não descende ainda
Na espantosa engrenagem
Das vísceras muri-

lianas.

Roma 1964

Grafito para Mário Pedrosa

Um aviãopássaro passa
Carregando um homem dentro:
Não transmite nenhum canto.

•

Atacam-me Mercedes, Julietas.
Será mesmo o osso do peão
Igual ao do cosmonauta?

•

Sigo cego maquinal
Signos mágicos disparados

Cego sigo maquinal
Siga / avanti / alt / stop
Cego sigo maquinando.

•

Cartaz: texto instantâneo
Linha curta entre dois contextos
Vida ———————— morte.

•

Irmão da rua, nenhum irmão.
Quem toco sem o situar?
Qual de nós é homenizado?
Será o homem   inconcluído?

Roma 1964

Grafito em Marrakech

Circunvejo. Circungiro.
Indigito o céu índigo.

15 quilômetros de muralhas
                    Desdobram
                    paralelo
                    o espaço incólume

O espaço vestido de jellaba vermelha
Com um fez de nuvens verdes
Atravessa-se

Espaço
                    servido
                    sorvido
                              pelo espaço

gerado
pelo tempo do espaço

Come-se o espaço
Com dedos de palmeira pés de laranjeira

•

O horizonte circum-adjacente
Investe o homem

Gerações de engenheiros geraram
Paisagens de água
plana
plena
obediente
deitada

Marrakech 1963

Grafito em Meknés

Teus espaços espaçosos
Eu respiraria, Meknés:

Sinto o hálito da Bomba
Atrás dos ombros, Meknés

Sopro da Europa entupida
De bases navais, Meknés

De bases aéreas terrestres
Plantadas partout, Meknés.

Meknés: camelos arrastam
A carruagem do Tempo.

Meknés ai de ti rodando
Virá o tank de mildentes

Meknés tuas damas veladas
Parirão terror & angústia

Meknés ai de ti também
Estrangularão teus espaços.

•

Meknés nos teus ombros gastos
Virá pousar minha mão
Sem papel, tinta, linguagem,
Poeira da letra, Meknés.

Meknés 1963

Grafito nos jardins de Chellah

Tarde aportei aqui no século duro
Esvaziado de infância, expulso do divino
Que Marrocos afeiçoa.

Súditos da história, este íncubo,
Fizemos do jornal nossa paisagem diária.
Deslocamos o centro de interesse do mundo,
Nos desconhecemos em várias línguas,
Fluidos irmãos humanos
Operados da alegria.

•

Jardins: do mar ou do deserto o pórtico,
Alógenos
Alógicos
Último luxo do espaço.
Natureza ao nível do fantástico.

Os gritos sólidos
Das plantas euroárabes
Vão descendo conosco os degraus que descemos
Impelidos pela fúria do ar-tambor.
Alguém divisa os pés de Lalla Chellah
Se dileguando no horizonte
Redondo. Rabat nos espreita de costas.

•

Regressar: verbo relativo,
Na sua roda, seus motores & eco
Nos restringe.

Rabat 1963

Grafito em Fez

Nesta esfera se estudou
Deus; onde a teofania
Acampara, tantos corpos
Santos cedo nasceram,
Dissonantes pesquisando
"Os desertos brancos da
Imortalidade da alma".

Caminho arduamente escandindo
Os "souks": adonde o objeto
Descende até agora do
Artesão. Couro e oricalco
Presto cambiados na amêndoa,
Idioma e pão do Magreb.

•

Tens a pedra de Zalagh
Mais a argila do Saïs:
Breve serei muito menos.

•

O corte maior da mesquita
Invoca-me: direto à Quibla
Descalço-me, o canto da cal
Sem nenhum adorno ou figura,
Mais invogal que vogal,
Mais fino que o do almuédão
Me separa do Ocidente.

•

¿"Je regrette l'Europe aux anciens parapets":
Não, prefiro dessaber
Guardando o sabor de
Fez.
Monossilábica
Incorporo-te.

Fez 1963

Grafito para a grande mesquita de Fez

Sacrifício: ritmo. Ablução. Rito direto.
O toque da água-mãe no osso do dedo.

Ritmo: dom de Alá. Nem todos são eleitos.

Quem dispara o olho em direção a Meca
Alude ao sacrifício interno, voa dentro:

Se puro, o saberão, hélas! Alá
Maior dentro do escuro, além do dedo,

E o áugure da gnose, o só Maomé.

Fez 1963

Grafito em Tânger

Desço na noite amarela
Onde a laranja sibila.

Vai este olho vertical
Divisando as tangerinas
                    Veladas
De braços com os tangerinos
No silêncio horizontal
                    Tangível.

Tânger tangida, ácida
Paisagem de portas redondas.

•

Surpreendo mais tarde Tânger
                    Imóvel sem véus,
                    Tangente à malinconia:
                    Temendo o tangolomango

Saio da noite amarela
Onde a laranja sibila.

Tânger 1963

Grafito na praça Djemaa el Fna

Quem diz Alá diz: espaço.
Deus. O espaço de Deus. O braço

Que escreve: "Faço. Desfaço. Renasço."
Paço aberto a todos. Compasso

Regula o giro do espaço. O não-lasso.
O braço vector do homem lasso.

Marrakech 1963

Grafito na lápide dum alfaiate grego

O tempo rodando com sua foice
Corta o meu trajo,

Atrai a tesoura de Átropos.

Grafito na lápide duma menina romana

Vivi parede-e-meia com minha mãe,
Durante nove meses aquecida.

(Soavam flautas. Pássaros volando.)

Borboleta que larga seu casulo,
Concluí o sonho. Comecei a vida.

Grafito para Li-Po

Seguro nos dedos a paisagem
Deixando no céu ex-azul
Passagem aberta
Ao sol
                    único girassol

•

Tudo dorme na água no pêndulo na gérbera
A noite
                    dócil que nem toalha às mãos
Vem tocada na minha flauta

•

A borboleta preta
Semissonha que um martelo amarelo
Voa do Oriente ao Ocidente
Em direção ao seu corpo incoativo.

•

Levando puro intacto o peixe,
Exata que nem um copo
Sob a lua
Afasta-se a barca branca
Da sombra   da bomba.

Roma 1964

Grafito para Hokusai

Corporal desenho
Cruelmente refinado
Onde os dedos do Japão
Centrípeto caminham.

Paisagem ao infinitesimal.
Silêncio: roda em movimento.
Sombra de homem ou jardim
Se habitando.

•

Naturezvisão
Espaço caligráfico traçado
Pelo pássarovoo
Na ilha quadrada.

Rito do ferro
Transposto em seda.

•

Japão metáfora de Hokusai
                    sim & não
Hokusai metáfora do Japão
                    não & sim.

Florença 1963

Grafito para Shrî Râmakrishna

Vígil aluno da paz,
Brâmine escarno tocando
(Sem bramar) o lume do osso

Penetras pela experiência
O trágico homem rodando
Triturado à iniquidade.

Rude rito, seu trabalho,
O homem roda rodando
A roda que esmaga o homem.

Aguarda em vão o rodízio
Do rude rito trabalho
Que o proíbe de ver Brama.

•

E tu sabes, Râmakrishna:
Seria a forma dos deuses
Sem a palavra do homem,
Seria o lótus de Brama
Sem a raiz do homem-água,
Sem a raiz do homem-paz?

Roma 1965

Grafito segundo Kafka

1

Marcar a solidão, sem consciência,
Sem lâmpada, sem mapa ou mão tangente,
Trocando as letras do seu próprio nome.

Que tinhas de comum contigo mesmo?
Bastava-te o respiro da palavra.
Tua testa, teus pulmões tramaram contra
Ti. Autoabandonado antes de alguém te.

2

K:
Todos falam da morte paralém:
Eu falarei da morte paraquém:

•

Perdi a carta o passaporte o eco.
Magazines fechados. Tudo está, sempre

Esteve fechado. Alfabeto partido.
A fechadura fecha, não se abre.

A escada rolante, em sentido contrário:
Sobe para baixo, desce para cima.

O anúncio luminoso ilumina o sabão.
O ônibus conduz-me ao armazém de Anubis.

Para quem apelar? Telefonam em chinês.
Telegrafar à ONU? A resposta em kafkês.

3

Sou recolhido diante de outro homem:
No limiar do inferno que não sei.
Nem ele sabe.

4

A mensagem era de outro. Para outro.
Deram-ma por engano. Quem sou eu.

•

A versão do robô — talvez genuína.

•

O absurdo, nosso pão cotidiano,
Nossa técnica atual de autoasfixia.

•

Sou da terra e do céu enquanto textos.

•

Crer num deus: é ser oculto a si
Ou então se manifestar ao próprio ser?

•

Campoconcentração: só para o imbele.

•

Os tremores de terra sem sismógrafo,
Sem sismograma. E sem tremor de terra.

•

A destruição do rito: uma parte do rito.

•

As nádegas na adega de quem são?
A voz que me tocou não é voz, nem me toca.

•

Não sou de meus irmãos, de meus pais ou de mim.
Ottla minha irmã: irmã de quem?

•

Os dois K do meu nome: num só nome.
O F comprimido entre dois A, dois K.
Pobre deste nome sem esfera. Só ângulo.

5

O cristão que não sou, o judeu que me estranho.

Tudo vem de Moisés, vem de Freud ou da Índia.
Houve judeus hindus à época do Buda?

Em Paris sofro de Praga. Em Praga, de Paris.

A crueldade: mais lúcida que o antônimo.
América, Rússia, China, de tão grandes
Tornaram-se para mim abstrações.
Veio Rebeca, mas não era Rebeca:
Antes de chegar, eu destruíra a aliança.

Nada se explica. Tudo se destrói.
E tudo se transforma — para outrem.

Sinto-me a desprazer na casa de um qualquer.
Toda casa é uma praça, e na praça quem sou?

A palavra transmite fato e ideia.
O fato evaporou-se, a ideia finge.

•

Não pedi para nascer, não escolhi meus pais.
Fui imposto a mim próprio. O enigma permanece.

Roma 1964

Grafito para Paolo Uccello

1

Cavalomens
(Manequins)
Lanças pré-velazqueanas
Restringem o espaço do guerromem.

Quem eleva o cavalo morto (autônomo)
Senão o pintor?

O escultor só eleva o cavalo vivo
                    servo do homem.

O espaço (compacto) se pertence
Ou pertence ao homem?

2

Talvez a única batalha
Onde eu aceitasse figurar

Para contorná-la depois
Redimensionada pela tua ótica:
Perspectiva pacífica.

Na tua batalha entro
Da tua batalha saio

Não mato ninguém
Nem fui morto.

À tua batalha volto
Siderado não-ferido
Pela Coisa épica

Com esta paz que a pintura

Mais que pedra ou som
Sabe dar.

3

Esgota-se (?) a pintura
Não a palavra pintura
Pertencente por exemplo

A Paolo Uccello pictor.

Florença 1964

Grafito para Piranesi

1

Qual o verbo adequado a estes cárceres
Qual o adjetivo para estas moles,
Máquinas mono-mentais
Construídas à desmedida do homem?

Aqui o gatopardo perde a pátria
O vegetal o mineral se arrepiam

Perdidos nestes vaticanos de ecos
Onde subir e descer: termos análogos
Igualmente para qualquer escadaria,
O homem sendo julgado pela pedra.

Aqui se percebe súbito:
Todo rei foi falso.
Todo rei, ex-rei.

O caminhante sem téssera
Desorientado pelos blocos superpostos
Apela em vão para Kafka
Intérprete (sem chaves) deste enigma.

2

Tudo é secreto, alusivo ao caos.
Tudo deriva do signo manifestando
A força em espiral ou pirâmide
Do verbo que pronunciou o ato
Noturno de existir, sonho do avesso
No reino da murocracia.

3

De qualquer ruína
Não se distingue o sinal
Próprio a liberar o passo subterrâneo
Do templo
Do tempo
Do tampo
Do plano.

O homem pospõe-se à coisa.

4

Portas des-fecham
Portas des-abrem

5

O horóscopo "não" dizendo
Cada um leva seu infranome.

Ecos recíprocos
Odiando-se ondeando-se
Dinamistificam o ar
Esperando a eversão
Desastre obscuro

Passado presente futuro
Nos porões do etc.

Roma 1965

Grafito na escultura “Santa Teresa” de Bernini

Mármore vão   petrificada espuma

Roma 1960

Grafito em Ravenna

1

... Como interpretaria Ele
Tantos mosaicos sereno-iterativos.

Bizâncio: trono vacante
Lustre elíptico
Paraíso estático
No mosaico.

2

O florentino-ravennate
Regressa da bomba
Disparada
Desde a mão de Caim:
Prepara Malebolge.

3

Nestes becos onde Ele
Aparava o raio na mão
Diariamente

Circulam figuras de Antonioni
Ou não
Cada um portando sua fatia de inf.
Ainda clandestino.

Arquiteturas de fumaça
Suprimem a paisagem

Inauguram o tédio da indústria
Que Ele situaria no ————

4

Recorda-te: Ele abole o fluido
O limbo o contorno da linguagem

Marca entes e fatos com vermelho.
Marca a sacraltura.
Cria espectros: mais fortes que os viventes.

Da coisa / da natureza / do sexo
Extrai a ferocidade.

Anteprova os dentes da morte.
Cronometrando o giro da história
Inventa o triplemundo.

5

Ali
Dentro do dentro subsistem
Os originais da versão real do mundo.
A palavra nascendo-se comendo-se gritando-se.

Ali a própria luz — igual à escuridão;
Duríssima coisa / luz de pedra preta.

•

Singular encontro de Bizâncio (extinta)
Com Ele egresso do ————

&
A massa anônima (coisa)
Que a indústria (fraude)
Opera ›

cesareana-
mente.

... Quanto ao amor que...

Ainda moverá?

Ravenna 1963

Grafito para Borromini

Só, com régua e compasso
Diante do mundo barroco
Sua zona de vida
Seu teto e pavimento:
Pede a candeia vertical
Que ninguém oscilando porta.

Toma do céu imediato a espada
Recebe-a explícita
Na estrutura do peito.

A Roma ocre espaciocorporal
Delimitada pela tiara ubíqua
Súbito se anula.

Só entre ele e ele próprio,
Arquiteto de ontem mudado neste
Igual a sua forma extrema,
Concluído o exorcismo
Pelo espaço rarefeito,
Jaz.

Roma 1961

Grafito para Giuseppe Capogrossi

Terra subúrbio das galáxias.

O pintor constrói o signo
O signo mede o pintor

Eu vi apalpei o signo

O cavalo Pégaso
Desenhado
Torna-se um cavalo um signo.
O cavalo que eu nunca avistei
É uma metáfora.

A sibila K-F-199
Escreve com dedos de aço:
"G. C. desvenda o signo.
Perdeu-se a sentença da sibila".

Levanta-se a manhã
Beladormecida no binóculo:
Insones sandálias
No laboratório de Capo
Grossi.

"Energia branca
A linha é só medida
Transfere-se o centro de gravidade
Mediante novos meios." (Klee)

Geometria gótica.

Roma 1963

Grafito para Ettore Colla

De pé no eco quadrado
Orfeu
Defenestra a matéria supérflua
Assumindo
o canto vertical do ferro
Atinge a linguagem elíptica
O teto sem nuvens / inventado

Homem autorfeu
Desarticula o autômato da musa.
Autoser de músculos tesos
Desfere a alavanca da ex-lira
Dispara palavras diurnas
Cosmocriativas.

Ícone

contra o íncubo.

Já clássico.
Se verticaliza no prumo
Sua ságoma.

Roma 1964

Escultura consultada: ORFEO

Grafito para Anton Pevsner

Ovo monumentalmente:
Gerado por Antiquíssimo princípio

Energia de espaço duroseco
A ídola irrompe da linha axial

Construção
proparoxítona
estruturada
na autoforma da fôrma
com dedos de compasso de aço
Superfícies esféricas explodem
Ao corte
anticanto
brusco da matéria

Símbolo dos símbolos
Côncavo convexo
Concêntrico
Másculo maiúsculo

Roma 1964

Grafito para Sergei Eisenstein

A imagem macho & fêmea
Num ritmo preto & branco
Caminha
Em cortes progressivos
Dentados antagônicos
De linhas paralelas
Diagonais monumentais.

O horizonte do filme
Cresce, a consciência
Marcha em nós, mil, de
Partícipes imediatos, da
Cooperativa que somos
Ou deveríamos ser,
De contrastes que portamos
Em giro, visão & sangue.

A imagem sobe, escandindo
Átono ou esdrúxulo
O canto coral do homem,
Luta do múltiplo contra uno,
Torna-se fato, medida
Do ótico que subsiste
Em cada espectador,
          Épico,
          Espéculo.

Roma 1962

Grafito para Casimir Malevitch

Casimir Malevitch pintor
Situa o objeto abatido
Esgotado pelo futuro:
Suprime-o
Instalando em seu lugar
Uma paisagem de cilindros & triângulos
Onde passeamos; dentro.

Depois cria:

Quadrado negro em campo branco,
Estema do tempo moderno.

•

Casimir Malevitch
Destrói o córtex da natureza.
Enfrenta a forma do zero-círculo.
(Tudo cabe no espaço do zero
Igual ao círculo).

Adota a esfera, sua própria filha.
Nomeia o deserto ao qual chegou
Pelo esvaziamento do objeto.

Dentro do espaço agredido cabe
A pintura futura:

Quadrado negro em campo branco.

Ajustam-se antagonismos
Na calma dinâmica visível.

Florença 1963

Grafito para Vladimir Maiacóvsky

Um cosmonauta cantando dá a volta ao cosmo
Enquanto eu desfaço a barba.

Constrói-se a décima musa
Economia dirigida Unatotal
Que deverá mover o homem novo

Planifica-se nos laboratórios
A futura direção dos ventos
Extrai-se energia das algas
Opera-se o sol

Eletrifica-se a eternidade
Reversível

Entretanto

O PLANETA NÃO ESTÁ MADURO
PARA A ALEGRIA.

Roma 1963

A Luciana Stegagno Picchio

Murilograma ao Criador

Desde o osso do abismo
In-voquei Teus pés.

Nasço — um dia — entre parêntesis
Morrerei — quando — entre parêntesis.

Sou meu heterônimo
Nada eletrônico:
Nunca um nasce
Suficientemente.

•

Portando a téssera de Jonas
In-voco Teu número
Descer sobre meu úmero.

Existo no osso e pelo osso
Que me confere identidade.
Do céu às avessas aguardo
O timbre da electroplessão.

•

Meu trabalho: exceder-me do meu nada,
Do meu contexto de ossos.

Sou tudo menos o universo
Que emprestaste ao homem
Físico nuclear
À tua imagem e semelhança:
Expansionista.

•

Constróis minha fôrma em cruz
Desde nove bilhões de anos.
Minha forma
Devo eu fabricá-la no tempo
Com estas mãos autônomas:
A WORK IN PROGRESS
OPERA APERTA

•

Armados do olho de um milhão de volts
Descobrimos as galáxias
Que escondias no teu bolso:
Tornam-se agora
Cotidianas cadeiras.

Nossa problemática progride
À dimensão do universo.
Esquadrinhando-o
Esquadrinhamos-Te
Ex-tóteme.

Caçamos-Te com astronaves:
Não mais nosso álibi,
Aguilhão sim.

Roma 1964

Murilograma a N.S.J.C.

C'est le Christ qui monte au ciel mieux que les aviateurs
Il détient le record du monde pour la hauteur
Apollinaire

A

Peixe triangular. Pedra angular.

•

Pastor da eternidade. Herói do tempo.

•

Sol cooperativo, Oculto em catacumba.

•

Único ator de milmãos. Teatro aberto.

•

Equipolente a Deus. Filho do homem.

B

Cordeiro de Deus icástico
panifica
vinifica
pacifica
vivifica o mundo ex-mundo.

C

Santíssimo cordeiro
Alfa e ômega do verbo

Suspendido na tua cruz
— Alta máquina polêmica —

Dá-nos até o fim do fim
O pão subversivo da paz.

D

Qui tollis:

Roma 1965

Murilograma a João Sebastião Bach

João Sebastião
mete o som na mão
João Sebastião
mete o sol na mão
João Sebastião
martelando o órgão
João Sebastião
espaventa o górgão
João Sebastião
temperando o cravo
João Sebastião
tolhe-nos o travo
João Sebastião
restaurando Orfeu
João Sebastião
mestre vosso e meu
João Sebastião
tua vontade louvo
João Sebastião
movimento novo
João Sebastião
pule apura poda
João Sebastião
roda roda roda
João Sebastião
ouvido da Paixão
João Sebastião
esfera em rotação.

Roma 1965

Murilograma a Clara Rocha

1

Vislumbrei-te uma única vez / No claroescuro / Entreaberta Clara / Telepessoa. / Levantada pelas colunas do teu pai.

A noite era. / Estava. / Tinha tu própria. / Da linhagem de Bernardim Ribeiro e Memling.

Mas não querubim nem aurora nem resedá nem futura sibila / Depositados no porão da linguagem.

Binocularmente soube te delimitar: jovem relâmpaga.

2

Quando cresceres / Acelerado o século / Lerás um manual de fenomenologia descrever-te / Objeto.

Te acreditarás — corporal sim — um objeto? Portador de outros já superados objetos. Nem sacro nem leigo. Mas um ser.

3

Que é um ser? Tal determinado ser / Algo terrível / Macho ou fêmea / Tempoespacial / Solidamente espuma / franja concreta aderindo à substância do sonho / Encantésimo / Condensação de matéria e forma:

Vejo-o sem ver / Nem sou digno de o tocar ou cheirar / Diurno / Noturno / Sempre o idêntico ser.

Algo que se abrefecha / Labirinto cotidiano / Máquina que se levanta e se autodestrói / Cedo ou tarde cambiando-se em alegoria / "Aboli bibelot d'inanité sonore?" / Mas força.

4

Não sei precisamente quem tu és / Muito menos — ahimé — o que sou. / Também o microscópio elude.

Sei que dormes. Futuros esqueletos que já são / Dormem todos os entes no ar duplo. / Dormem todos / Ainda o físico que no seu laboratório / Detecta a energia do cosmo. / Até mesmo O espírito sempre acordado.

Muitos tocam / No diorama do sonho / A cidade fraterna / Agora construída por mãos paralelas /

Esta própria terra / Onde armas sobrevivem no museu: passou da necessidade à liberdade.

5

Dorme, Clara./ As galáxias comunicam-se com outras / Transmitindo-se viaradar / Os últimos realizados / Contos de fadas.

Dorme: A Bomba não descerá nem subirá. / Sabe que lhe faltaria o respiro e a resposta. / Não existe alternativa para a Bomba /Que pretendeu substituir-se ao homem.

6

Um cosmonauta pilotando uma nave gestatória / Domina longimirante A terra / E te fotografa: tu num barlume / Livre livre / Tocas a futura cidade construída por mãos paralelas.

7

Amarro à tua porta o Mondego. / Regresso-me. / Paz?

Coimbra-Roma 1963

Clara Rocha, menina, filha de Miguel Torga.

Murilograma a Bashô

O grito gris
Das aves altas
Com seu realejo.

•

Mira estas flores gigantes
Arrumadas em ikebana:
São duras que nem cadeiras.

•

As hastes do boi
Majestosas determinam
O ritmo do seu andar.

•

O diamante despertou
Quando sentiu infiltrar-se
O braço branco da lua.

•

A flecha voa no ar:
Desce, porta uma mensagem
Da minha amiga giróvaga.

•

O habitante de Hiroshima
Aponta a nuvem no céu
E chora.

Roma 1964

Murilograma a Guido Cavalcanti

Così ha tolto l'uno all'altro Guido
La gloria della lingua; e forse è nato
Chi l'uno e l'altro caccerà dal nido.
PURG. XI, 97-99

Radiograficamente entrego-te o texto táctil
Interrogo o que / sem transístor / vês apalpas ouves

Nesses teus próximos bulevares
entre Júpiter e Saturno

Ou então em galáxias
Pressentidas / num baleno / ao telescópio.
Faixa de galáxias / desarmadas /
matemática-sonho.

•

Também agora se funda um novo estilo.
Ahimé! Já o novíssimo súbito se eclipsa:
No mundo / semiótico / deflagrado pela história
Suspenso
Do anticanto da Bomba.

Agora / opacos / espectrais
comunicantes em superfície
Com téssera de alienados,
Nem criamos grafitos: grafito se é.

Alguns pensam-se télamons eletrônicos
Portando / o terrestre teclado.
Quem atinge a dimensão moderna?
Resíduos de barroco enfrentam
As futuras ruínas da linha reta.

•

De pouco amor / tememos / trememos:
Sitiados pela linguagem tóteme
Num oblíquo tempo táctil-visivo.
Rompendo espaço criador
Regressamos / com mísseis / à caverna.

•

Cavalcanti
No esdrúxulo território tipográfico
Atravessado pela espada do teu nome

Tu autômato
Explicas a automatização:

"IO VO COME COLUI CH'È FUOR DI VITA,
CHE PARE, A CHI LO SGUARDA, COME SIA
FATTO DI RAME O DI PIETRA O DI LEGNO,

CHE SÉ CONDUCA SOL PER MAÏSTRIA."

Roma 1963

Murilograma a Hölderlin

1

Poeta lacerado pelo BR
— Univercidade nascente —

Lutando para modelar o caos
Liber'ação

À tua grave Ode ou Delfos
Chego Hölderlin

Procurando o eco elíptico
Do canto órfico;

(que a espada atinge
em Delfos, Rio ou Tubingue?)

O pórtico de oliveira;
Mensageiros da poiesi
Coloquiais
Aeroviando,
Usando a cabeça.

2

Saíste das Madres antigas.
Passaste do oval ao esférico

Tentando a ortopedia
Das ruínas do Sagrado.

3

Vacante de Diotima
Ex-Nausícaa mineral
Fixada na estrela santa:

Abolido Scardanelli
Assumes o corpo apêndice.

4

A quem entregar sigla e senha?
A quem a chave do verbo
Se todos: ex?

5

Tudo é fábula da fábula
Mitologema do mitologema
Tudo é força do vento (macho)
E da ventania (fêmea).

Roma 1965

Murilograma a Leopardi

1

Em que medida / Leopardi

Será tua linguagem
Tangente à — rompida — nossa?

Não fui a Recanati: vou aos CANTI.

Teu verso élego-polêmico
Implica o cosmo no seu pessimismo.

2

A janela te abre:
Tempo em que nasciam
Janelas paralelas.
Janela um ser, duplo da língua.

A janela te abre:
Natureza totalmente soletrada
Exausta à ardósia;

Inesgotados espaços
Sobre-humanos silêncios.
A estrela é doméstica,
Mesmo vaga, da Ursa.

3

A noite desossada
Te incorresponde.
Pões a nu sem aspas
O inelegante sofrimento.

Atinges a colina com palavras.
Adivinhas talvez
A próxima aurora elétrica
Desligando-nos do teto
Das Ideias, antigo.

Vais contactando
A sempre apalavrada morte.

4

Destróis o quadrado
Conservando a esfera.

•

Esse dandismo da melancolia
Ou da imparidade;

O grito como sistema.

•

Antefilmas o tédio,
Restos da adombrada natureza
No irrealizado refúgio Recanati.

5

Retrato. Gaveta. Diário.
Zibaldone da memória.

De Sílvia / Nerina / Aspásia
Elípticas / iterativas / obliteradas

"Lingua mortal non dice..."

Assim tua carne épica enfrenta
Amor menabó da morte.

6

Sofres a transição
De um cosmo provisório a
Outro cosmo elevado a ^{n}potência.

Quando escreves
"La lima è consumata; or facciam senza"
Nos tangencias.

Roma 1965

Murilograma a Gérard de Nerval

Desposa a cidade sardenta.
Sol brancopreto da melancolia.

Vomita a aurora feroz.
Invoca a númera 13.

•

Condena
Suspende Vogais consoantes na corda
Violenta

Cancela jornal, telégrafo.
Levanta o véu da Quimera.

•

Homem apócrifo, transferido.

Desliga a corrente poética,
Automorrendo à palavra.

•

Que mais lhe importa, punido,
Aurélia, o herói, a uremia,
A gárgula, o gueto, o gasômetro.

•

Aquele corpo lhe despertencia:
Fora-lhe o "mundo" emprestado.

Roma 1965

Murilograma a Baudelaire

Traz o pecado orígin = existir.

•

Maneja o caos que regula.

•

Palavra: pessoa, despessoa.

•

Desventra a rua-universo.

•

Enfanterrible totalizador.

•

Debruça-se à janela da pintura.

•

Poesia e coração, áreas opostas.

•

Heautontimoroumenos.

•

Inventa a simetria dissonante.

•

Negro luminoso: a cor do seu estema.

•

Telefona = lhe a Medusa.

•

Sofre de modernidade ou de ser B?

•

Funda um reinoilhasalão.

•

Assume o espaço da música.

•

Paralelo à putain, ao pária.

•

Constrói a mulher naviforme.

•

Razão + cálculo: supernatureza.

•

Anexa o leitor, sósia e sigla.

•

Mineral. Artificioso. Ri-se.

•

Fantasia, alquimia e álgebra.

•

Metáfora: equivale a épura.

•

Aurora citadina, aurora “autre”.

•

Aloprado. A lógica do absurdo.

•

Sonho: sinal matemático.

•

Da morte — operação extrai o novo.

•

Morte: única novidade pros modernos.

•

Terrible Baudelaire toujours recommencé.

Roma 1965

Murilograma a Rimbaud

Inventa. Excede do século.

•

Porta a partitura do caos.

•

Blouson noir / beat / arrabbiato:

•

Duro. Ar vermelho. Górgone.

•

Orientaliza o Ocidente.

•

Barcobêbedo. Anarqlúcido.

•

O céu-elétrico-no Índex.

•

Fixa a vertigem, silêncios.

•

Dioscuro, exclui o Oscuro.

•

Abole Musset, astro ocíduo.

•

Refratário. Ambíguo. Fálico.

•

Osíris de T e açoite

•

Canta: retira-se a flauta.

•

“Merveilleux”: lê “merdeilleux”.

•

Desdá. Desintegra. Adenta.

•

Consonantiza as vogais.

•

Perpetuum mobile. Médium.

•

Ignirouba. Se antecede.

•

Morre a jato: se ultrapassa.

•

Desdiz a noite compacta.

•

Autovidente & do cosmo.

•

Além do signo e do símbolo.

•

A ideia do Dilúvio senta-se.

Roma 1965

Murilograma para Mallarmé

No oblíquo exílio que te aplaca
Manténs o báculo da palavra

Signo especioso do Livro
Inabolível teu & da tribo

A qual designas, idêntica
Vitoriosamente à semântica

Os dados lançando súbito
já tu indígete em decúbito

Na incólume glória te assume
MALLARMÉ sibilino nome

Paris 1961

Murilograma para Maria da Saudade

Mulher toda sal e espuma,
Filha e neta de altos entes,

Companheira de arte-vida,
A tua medida é única:

Deus te criou, destruiu o molde,
Tens um lado cartesiano,

Submetes pessoa e fato
Aos ritos da acupuntura

— Não movida por crueldade —
Com lucidez vigilante.

•

Teu fado: o de Celme, um dia
Transformada em diamante

Por ter dito aos seus patrícios
Que Saturno era um mortal.

•

Talhada para o feérico,
operaste-me do tédio.

•

Sempre entramos comovidos
Nas densas naves de Bach,

Nos terraços de Mozart.
De raro timbre é teu gosto:

Gosto certeiro, total,
Se revela na unidade

Desde a escolha de um cordel
Até à do livro, uma casa

Com sua vida dentro e fora.
Assim através dos tempos,

Temperamentos diversos
Portando sendos sinais,

Na soave concordia-discors
Construímos nossa paz.

•

Senhora do mundo enigma,
De labirintos Ariana,

Tu serena aparecida
Tu poesia liberdade

Com um livro-cristal sublinhas
O teu dançado destino.

Roma 1965

Murilograma a Camões

Sim: lavrador da palavra =
Teto e pão da nossa língua =

Desde meninos mamamos
Nos rudes peitos da Lírica =

Livro central semovente
Que parte do particular

Até investir o alto cume
De onde o Todo se contempla.

•

Na tua página o movimento =
Rotação do substantivo

Sustentado pelo verbo.
Provocas a transformação

Da antiga cítara em órgão,
Mudando-se o eco em grito.

Levantam-se os versos = nervos
Ligando a estrutura sólida.

•

Homem de carne e sentidos
Teu elenco de femininos

Se enriqueceu a-vicenda
De Natércia a Dinamene

Diretas participantes
Ou mesmo oblíquas = da outra

Epopeia inda mais dura
Do que a marítima: Eros.

•

Só italiano e platônico?
Não, português e ecumênico.

A ti = lavrador da palavra
Que herdaste dos pluravós

Juntando-lhe a experiência
Da tua tensa humanidade =

A ti lavrador da palavra =
Teto e pão da nossa língua.

Roma 1965

Murilograma a Antero de Quental

Disse;
        definiu a dúvida
        descerrou (quase) o Ser
Deixando
        desvontade
        desespero
        desarrumação
Desadorado
        desabotoa o pensamento
Dispara
        no dedo
        o dado

        desencarna-se

Lisboa 1961

Murilograma a Antônio Nobre

Não sei se haverá lugar
Para o poeta elegíaco,

E se poderão coexistir
FINNEGANS WAKE e o SÓ.

•

Anulando-te, Antônio Nobre,
Anulo o menino que fui.

Cesário Verde e tu próprio
Assinalam a transição

Da minha infância à descoberta =
Até Baudelaire chegar

Portando instrumento afim:
Soava a modernidade

No seu timbre dissonante.
Tua ternura campestre

Contaminando-me o espírito
Com a sua guitarra dócil

Cede o passo a outro espaço
Forte-esdrúxulo-exigente

Que nos constringe até o osso.
Palavra urbana — inurbana —

Duríssima-alienada =
Que nos propondo ruptura

Agride o século XX
Com o seu canivete anti;

Enquanto teu poema humano
Não é objeto: uma pessoa.

Roma 1965

Murilograma a Cesário Verde

Cesário Verde ————————> agrocitadino
Com dedos de tocar terrestrefruto

Terrestreflauta
Linguagem sensorial:
A terra precedendo
Curva laranja
& polpa do texto,
Servindo o léxico
A terra que já nutre
Do vinhocorpo sápido
Textos de NÓS

Consideras tal moça:
Traz ferro de engomar,
PseudoBaudelaire
A solferina rua
Retrocena dos teus
O estil (o) ete afiado
Ocidentalexaustos.
Regressas ao quarto só
O ato de operar na mesa
Exata matéria tua

& ácido nervosa
esta conhece
a própria testa
satélite portátil
a síntese aguda
próximo do tacto:
o sangue forte
afluindo nos
atuais microLUSÍADAS

nasce novamusa,
acesa lira.
anoiado percorres
tão relida
decassílabos retos.
agride os peitos de Lisboa
Noite nas sílabas:
do real extraindo
o próprio texto,
extrovivendo.

Lisboa 1964

Murilograma a Fernando Pessoa

Regressando sempre do não-chegar,
O gume irônico da palavra
Pronto a estimular-te o sólito ócio
De guarda-livros do Nada.
Não dás o braço a. Dás-te o braço.

Guardas o cansaço de quem palmilhou
Quilômetros de palavras camufladas
Em Ode adversativa: a ti adere
Sob o látego dum céu que não consentes
Donde se debruçam Parcas eruditas:
E ainda a contrapelo atinge o cosmo.

Exerces o fáscino
De quem autocobaia se desmembra
A fim de conhecer o homem no duro
Da matéria escorchada.
Ninguém alisa teu corpo e teu cabelo.

•

Sebastianista duma outrora gesta, dramaturgo
Retalhas o não-acontecido que te oprime
E determina o eterno contingente
Na área do sem-povo, já que o povo
Ao Fatum reduzido, desnavega.

Por sono sustentado e aspirina,
Sofista manténs a música que não tens
Entre dez dedos dividida. Morse transmitindo o não do sim,
Já isento em vida do serviço de viver. Anúmero.

•

Quanto a mim adverso ao Nada, teu ímã,
Eis-me andando nas ruas do gerúndio.
Ensaio o movimento, voo portátil.
Devolvo-te grato o que não me deste,
Admiro-te por não dever te admirar,
Na linha da atração reversível dos contrários
Contrapassantes.

Roma 1964

Murilograma para Manuel Bandeira

A poesia antojada / as pianesas /
O cinema em diorama
Que viste cedo nascer
Conduziram-te muito presto
À tua eleita Pasárgada

Universal brasileira,
Manuel.

•

Teu riso humano
Animal / mineral / múltiplo
Abrange largas faixas de vida,
Resgata a aspereza dos díscolos.
Anticacto és.

Teu riso: manifesto / programa
Orvalhoperdão
Que desce do pluricéu.
Risoartepoética
Aderente à palavra
                    do teu mundoeixo.

•

Tua poética
Indigitou-nos o caminho
Do inconformismo na metamorfose:
Durante um ciclo de semente & giro
Nossa lírica
Se manuelizou.
Todos nós catecúmenos
Bebemos no teu Canto.

•

Este tempo não ama os alumbrados
Nem os pacíficos a oriente e a ocidente.
Tempo sem esfumatura / prênsil / túrgido
Da cólera armazenada pelos séculos
À espera do post-objeto: explosivo.
Os exagitados adiantaram os relógios,
O futuro antechega.
Também culpa do clarim:
O clarim puxa a espada, nasce a guerra.

Nossa esperança: que a Bomba
Não ouvindo o clarim, adormeça.
Tu Manuel idêntico a ti mesmo
Pacífico subsistes.

•

Fazei soar o vinho essa flauta:
Na gentileza da luz
Louvamos
Manuel Bandeira.

Roma 1964

Murilograma a Oswald de Andrade

1

Fui a Troia sem cavalo
Fui a Troia choverando
No autocavalo de Troia:
Mando tiro tiro lá.

Fui a Troia solerrando
Fui a Troia soletrando
(No oco das Minas Gerais)
A minha primeira metáfora
Em forma de redondilha:
Fui a Troia solerrando.

Retifico:

Nunca fui a Troia
Ninguém jamais foi a Troia

Mesmo porque não há
não houve
nunca haverá Troia

Nunca houve cavalo
Nem Troia nem guerra
Nem eu

In illo tempore
Houve o nome Troia
Houve o nome cavalo
Houve o nome guerra
Houve o nome eu.

Expulsa-se o nome do nome
Ninguém haverá mais
Com nome ou sem

In illo tempore
Vanitas vanitatum
Omnia van ————————————, Oswald.

2

"Nous ne sommes pas au monde."

Ubi Troia non fuit.

A Coisa devora a coisa.

Houve.
Sempre houve.
Mas nunca houve o verbo houver (^)
Nem houverá.

Troia Troia choverando
Mando tiro tiro lá

Não fui a Troia ou Brasílex.

Roma 1965

Murilograma a Graciliano Ramos

1
Brabo. Olhofaca. Difícil.
Cacto já se humanizando,

Deriva de um solo sáfaro
Que não junta, antes retira,

Desacontece, desquer.

2
Funda o estilo à sua imagem:
Na tábua seca do livro

Nenhuma voluta inútil.
Rejeita qualquer lirismo.

Tachando a flor de feroz.

3
Tem desejos amarelos.
Quer amar, o sol ulula,

Leva o homem do deserto
(Graciliano-Fabiano)

Ao limite irrespirável.

4
Em dimensão de grandeza
Onde o conforto é vacante,

Seu passo trágico escreve
A épica real do BR

Que desintegrado explode.

Roma 1963

Murilograma a Aníbal Machado

Nasceste para driblar a guerra
Em suas formas menores ou maiores:
Desde o ventre de tua mãe
Trazias no punho
                    um ramo de oliveira.

•

Civilíssimo paisano
No teu novo espaço
                    cósmico
                    cooperativo
Até mesmo as máquinas amam,
As dálias dão-se bom-dia
Ninguém *bate* nas portas
Mesmo porque não existem portas.
Grã-finos de casaca servem barnabés.

No teu novo espaço
As pessoas portando telêmetros
Circulam sem código.
Tudo é grátis; o amor caminha
À velocidade de 300 000 quilômetros por segundo.
Do teu novo léxico
Náusea & conflito se excluem
O V cede o lugar ao W.

Teus próprios textos te acompanham
Passados a ferro estampados
Incólumes:
Vencerás tua eternidade
Refazendo JOÃO TERNURA.

Que língua se escreverá
Se falará nesse outro mundo?

•

Trazias o futuro no teu bolso.
Surrealista heterodoxo
Cartesiano de Sabará
Livre anarquista sem bombas
Mais cristão sei que marxista
Foste involuntário do caos.

Com uma nuvem pessoal a tiracolo
Distraído tomaste por engano
Sem passaporte
O avião Morte K. N. 666.

Vais abrindo tuas próprias janelas
De onde súbito descerras
Um outro universo de ternura,
Do alto das Três Marias
Columbrando as seis Marias.
Pedindo-lhe desculpa
Dás um puxão de orelha
Na morte maleducada.

•

Involuntário do caos
companheiro de aventura
Realizas tua própria essência
Estranhas tua própria ausência
Deste teu mundo ex.

•

Não.
Nunca serás inaugurado.

Roma 1964

Murilograma a Cecília Meireles

Dorme no saltério & na magnólia,
Dorme no cristal & em Cassiopeia.

Dorme em Cassiopeia & no saltério,
Dorme no cristal e na magnólia.

O século é violento demais para teus dedos
Dúcteis afeiçoados ao toque dos duendes:

O século, ácido demais para uma pastora,
De nuvens, aponta o revólver aos mansos

Inermes no guaiar & columbrando a paz.
Armamentos em excesso, parquesombras de menos

Se antojam agora ao homem, antes criado
Para dança, alegria & ritmos de paz.

•

A faixa do céu glauco indica-te serena,
Acolhe a ode trabalhada, nãogemente

Que ainda quer manter linguagem paralém.
Altas nuvens sacodem as crinas espiando

Teu sono incoativo. A noite vai inoltrada,
Prepara úsnea de seda à ságoma da tua lira

Que subjaz no corpo interrompido, diamante
Ahimé! mortal que os deuses reclamaram.

•

Dorme em Cassiopeia & no saltério,
Dorme no cristal e na magnólia.

Roma 1964

Murilograma a C. D. A.

No meio do caminho da poesia
                                selva selvaggia
Território adrede
Desarrumado
Onde palavras-feras nos agridem
Encontrei Carlos Drummond de Andrade
           esquipático   fino
                                    flexível
                                    ácido
                                    lúcido
                                    até o osso.

Armado
De lente compasso
Gramática não-euclidiana
                                & humor nuclear
Na oficina-laboratório
Itabiromem claroenigmático
Extrai do léxico
Uma lição de coisas.
Enxuto abre o manúbrio
À brisa sarcástica de Minas.
Dorme acordado.

•

Glossógrafo declancha
Com seus olhos de termômetro
A máquina do mundo da linguagem
Em contacto contraste atrito & rotação
Diurna.

•

Deflagrando história & semântica
Radiografa o
Desgaste do mundo coisificado.

Destrói o córtex do verbo
Dispara o contexto insólito
Descobre a "obsolescence"
                    os "rifiuti"
                    os restos do zero.
Contrapõe às galáxias poetizadas
O inframundo
Antigaláxias da náusea
                    das fezes
                    da poeira
                    do medo
Os labirintos íntimos
A paisagem delével do sexo
A paisagem de smog
Os pontapés do amor
A insuportável dor-de-corno
A esquírola de osso do homem.

•

"Balançando
entre o real e o irreal",
Investido
Do "solene
sentimento de morte"
O poeta no seu trabalho ácido
Confessando-se
                    confessa-nos.

•

E agora, Josés?

Além de Cummings & Pound
Além de Sousândrade
Além de "Noigandres"
Além de "Terceira Feira"
Além de Poesia-Praxis
Além do texto "Isso é aquilo"
Sereis teleguiados?

Resta a ságoma de Orfeu
Com discurso ou sem.

•

Sobre a página aberta
Único campo branco
Drummond fazendeiro da cidade
(Esperamos)
Lançará de novo
a semente.

Roma 1965

Murilograma a João Cabral de Melo Neto

1

Comigo e contigo o Brasil.
Comigo e contigo a Espanha.

Entre mim e ti a caatinga.
Entre mim e ti a montanha.

Comigo e contigo Velázquez,
Graciliano, o moriles.

Entre mim e ti o barroco,
A cruz, Antonio Gaudí.

Comigo e contigo o Andalú,
Flamenco, Écija, los toros.

•

Entre mim e ti o símbolo,
Entre mim e ti o "pattern",

A estrovenga, a sondareza,
O oxímoron, o anacoluto,

O mitologema, o eucológio,
O compasso, o eléctron-volt?

•

Comigo e contigo o antifascio,
Comigo e contigo a Gestalt.

Comigo e contigo a antibomba,
A flor azulbranca da paz

Nascida de fértil convívio
& ritmo alternado recíproco.

2

Sim: não é fácil chamar-se
João Cabral de Melo Neto.
Força é ser engenheiro
Mesmo sem curso & diploma,
Pernambucano espanhol
Vendo a vida sem dissímulo;

Construir linguagem enxuta
Mantendo-a na precisão,
Articular a poesia
Em densa forma de quatro,
Em ritmos de ordem serial;
Aderir ao próprio texto
Com o corpo, escrever com o
Corpo;
Exato que nem uma faca.

Força é abolir o abstrato,
Encarnar poesia física,
Apreender coisa real,
Planificar o finito;

Conhecer o vivo do homem
Até o mais fundo do osso,

Desde o nove de um Mondrian
Até o zero dum cassaco
Espremido pelos homens
Na sua negra engrenagem;
Radiografar a miséria
Consentida, estimulada
Pelos donos da direita,
Levantar-se contra a fome
Sem retórica gestual;

Descobrir o ovo, a raiz,
O núcleo, o germe do objeto;

Ter linguagem contundente,
"A palo seco"; e portar
— Sem nenhum superlativo —
Olho e mão superlativos
Com o suplente microscópio.

Roma 1964

Murilograma a Gabriela Mistral

Num território de trigo
& cobre te criaste criança
De voo sólidoterrestre.

Eu te datilotoquei:
Encorpada tal a terra.
Horizonte semovente.
Mesa posta afeto aceso.

Índia de alto coturno
Incorporas maya & quíchua
Ao teu espaço de família.

Os pés giróvagos traçam-te
Mapa total, periferia & centro
Do teu toque corpóreo, dom.
Andina. Transandina. Íntegra

Integras tua saga, humana
Linguagem de vinho culto
Nutrindo um hóspede áspero

Chegado de qualquer vento.
Portavas o sal, a raiz
No prato, na própria boca
Comunicando homem & cosmo.

Roma 1964

Murilograma a Teilhard de Chardin

Apenas começou-se a rodar
A semente da ideia planetária

Onde o zênite alcança o nadir
Onde o A dispara para o Z.

Para além da noosfera paralém do cosmo
O pensamento vostock... (teleguia)

Topando com os harponautas catecúmenos
Egressos do irreal cotidiano

Atinge o próprio núcleo da energia
Que nos identificará, fogo altíssimo.

Roma 1965

Murilograma a Claudio Monteverdi

Fanfarras azuis travestidas em fanfarras vermelhas
Empunhando estandartes verdes travestidos em estandartes brancos
Aceleram os músculos de jovens mulheres vermelhas
Travestidas em jovens mulheres azuis

inclinadas à
ocisão do homem.

Roma 1963

Murilograma a Debussy

1

Tangencia Stéphane Mallarmé.

•

Considera a estrutura do silêncio.

•

Abole o eixo da tonalidade.

•

Balança vertical pesa a medida.

•

Clepsidra separa o dia da noite.

•

Suspende a fúria do ventomemwagner

2

Com um sol frio agarrado no ombro
Pronuncia a palavra: acordes livres.

Reserva ritmo e sangue para um outro
Que nunca o viu nem vê; mal o ouvirá.

•

O espaço da pauta se concede margens
Entre puras IMAGES assimétricas.

Não falarei cristal, já deformado:
Mas falo a fortespuma da escritura.

3
A música que — consciente — planejou
Era-lhe imposta qual estrela ou nuvem.

Roma 1965

Murilograma a Dallapiccola

O homem atonal rompe a tônica,
Não rompe a figura do som.

•

O som feito de folha ou de ferro
Impele o homem coral, o homem solista.

•

Uma alta música pro-visiona
O deserto.
Uma alta música gira-soa
O verbo.
Uma alta música move-ecoa
O epos.

•

Sem o ritmo que atrai a cosmocáritas
O homem seria címbalo insonante. / S. PAULO

•

Ruptura. Drama. Comunicação.
O músico sacraliza o espaço laico;
Funda a cosmopauta,
Dallapiccola sim.

Roma 1965

Murilograma a Webern

Je EST UN AUTRE
RIMBAUD

O quadrado inserido no redondo / Alude a um microcosmo portátil. / Tempo matemático que se autodefine / Por fragmentos paralelos de minuto: / Contidos em prismas alinhando-se na partitura. / Decanta-se Guillaume Dufay. / O som da praxis. / A praxis do som.

Fuzilando-te / Anton Webern / Por engano / Fuzilaram quem? / Ofereceram-se uma falsa vista / E uma audição fantasma do mundo. / Tal ocisão contrai-se / Num simulacro de morte. / Mas tu / Intacto Anton Webern / És concreto. / Teu espaço desaprende o voo. / Disseste o funda-mental.

Não podes contactar no paralém / O pulso da cidade arrítmica. / Nem podes captar / As atuais sirenes de alarme / Antecipando o deflagrar do século futuro. / Não somos fuzilados por engano. / *Je* EST UN AUTRE.

Roma 1964

Murilograma a Ezra Pound

Marca a transição do manuscrito
Ao texto novo datilografado.

Com "eyes of Picasso" investe o espaço
Da então palavra a duas dimensões.

Scriptor inventor desce de másc'ara
No tablado onde esgrime sua pessoa.

•

Exposto numa jaula expia a culpa
De colab. speaker do fascismo:

Página tristobscura no contexto
Da sua vocação de dramaturgo.

•

Alterna Arnaut Daniel e Cavalcanti.
Cedo suscita / o descordo e a tense.

Ao projetar o tema sobre o tema
Explota a área linguística do verso:

Condensa a estrutura sua prismática
Ideo. gramando o cosmotexto.

Roma 1965

Murilograma a T.S. Eliot

NO MEU PRINCÍPIO ESTÁ MEU FIM.
Os tempos se sucedem se acavalam, engrenagem
Se autoesfregando, se roendo, se recriando
Em contínua autoinvenção & metamorfose.

•

A luz cai vertical no princípio & no fim,
No osso do homem & na sua pele.
Matéria & forma se ajustam no alto & no baixo.

Tudo já foi escrito repensado
Na caverna & no espaço do reator.
Já vivemos & fomos vividos por outrem
Já usamos & fomos usados por outrem
No renovado atrito & rotação
De coisas & pessoas levigadas
Pela terra a teologia a matemática.
Se encontram claro & escuro, se abraçando.
Poeta & economista,
Filólogo & físico nuclear
Se embatem, se penetram.

•

Já morri. Já fui julgado. Já ressuscitei.
Já esteve. Já foi. Já principiou.
Já pensou. Já explodiu.

IN MY BEGINNING IS MY END.

Amanhã é súbito antigamente.
Antegiro. Antepoeira. Antepalavra
Exausta ressurrecta.
Já posthouve. Já postfui.
Antes & post.
Antepost.

Genebra 1964

Murilograma a Ungaretti

Conhecer os limites da linguagem
Afrontando as palavras travestidas.

"Uomo ferito" ir, prestes arando
Para fundar o ser, próprio à palavra.

Recompor o espaço ocupado por outrem
Com inútil ornato. Refazer a base.

Assumir a palavra refratária
Nossa única herança e território.

Frioviolento, já extrair a coisa
Sinônimo de palavras, revelando-a.

•

Álacre. Fogo interno, não fogo-fátuo
Elétrico, nutre-lhe o silêncio-grito.

A natureza, didascália informe,
Exaure-se, frente ao diagrama abstrato.

Roma 1965

Murilograma a Nanni Balestrini

Truncar a palavra / coisa
Podá-la nas patas
Estilhaçá-la consciente.

A um engenho eletrônico
Entregar o osso de um texto
Que resultará noutro texto
Cifrado:
O do engenho eletrônico?

FORSE GLI AUTOMI
HANNO RAGIONE
Montale.

Começo: sem fim.
Começo: sem intermédio
Nem começo.

•

Que é finalmente o poema:
Palavra ou frase?
Sem frase levanta-se palavra?

•

O poeta planifica
O texto de linhas retas.
Não o que o texto quer.

O texto não-total
Será mesmo divisão:

Unidade aristotélica
Só funciona no tratado,
Na matéria do homem não.

Dante / Petrarca / Leopardi
Operaram quando ainda
Subsistia
O homem-metáfora.

O homem
Hoje
Não ——————————————

Roma 1965

Murilograma a Pascal

O ruído interno & a figura desses espaços
Me aterrorizam.

Universos:

Universos desencadeados

Universos-leopardos
Caçam trilhões de universos dispersos
Universos-pilotos tripulam
Universos-naves

Universórgãos
Univerloncelos
Universoboés
Constroem universons

Universos tossindo assobiando

Galáxias:

Faixas-galáxias
Amamentam galáxias antípodas

Betelgeuses fabricam Betelgeuses
Pluricéus reinventam pluricéus
Em movimento fogo & número
Ruído rotação
O galaxial ferve.

•

Esses múltiplos territórios desconhecem
Nossa palavra, metáfora do silêncio:

Microuniverso
Autosatélite
Portátil
Lábil
Glória do homem & transístor.

•

Construído com peças sobressalentes
Num duplo espaço
Racional   subliminar

Espírito & autômato
O homem é.

Subimos no porão / descemos no astro.

Roma 1963

Murilograma a Heráclito de Éfeso

Polémos panton patér

Pelo idêntico princípio reversível
Tudo marcha
                    progressivamente
                                        para a paz
Ekpyrósis
Pressupõe diakósmesis

Sim:

Panta rhei
Todas as coisas fluem
                    correm
                    decorrem
Sob o sol grão
Sob o sol grande
Que nem pé de homem

Heráclito de Éfeso:
Tudo flui
Transforma
Se trans-forma

De ti Heráclito
Pai antigo descendem
               o méson

o eléctron
o próton

Heráclito de Éfeso
Tudo flui
Deflui

No devir
Tudo devirá devém
• ar
• água
• terra
• fogo

Tudo devém
visa
devisa

Heráclito de Éfeso
move mente
pai movimento

Humanos todos nós
desaramos
desaguamos
desterramos
desfogamos

Ar texto
água texto
terra texto
fogo texto
com texto
no
universo
contexto

Roma 1964

Final e começo

Lacerado pelas palavras-bacantes
Visíveis tácteis audíveis
Orfeu
Impede mesmo assim sua diáspora
Mantendo-lhes o nervo & a ságoma.

Orfeu Orftu Orfele
Orfnós Orfvós Orfeles

FIM?

SINTAXE

À fabulosa memória de Oswald de Andrade

Texto de informação

1

Noitefazes
Ou diafazes?

Noite redonda
Cararredonda
Ar voando:
Sono da palavra
Coisa-feita.

Dia quadrado
Caraquadrada
Ar parando:
Insônia da palavra.
Coisa-fazes.
Diafazes.

2

Tiro do bolso examino
Certas figuras de gramática
de retórica
de poética
Considero-as na sua forma visual
Fora de função / no seu peso específico
& som próprio
de palavras isoladas:
Oxímoron; anáclase. sinérese
Sinédoque. anacoluto. metáfora
Hipérbato. hipérbole. hipálage
Assíndeto

3

Ponga, s.f. (Bras. Norte) Espécie de jogo. Consiste num quadrilátero de madeira ou papel em que se traçam duas diagonais e duas perpendiculares que se cruzam e em que se jogam dados.

4

Inserido numa paisagem quadrilíngue
Tento operar com violência
Essa coluna vertebral, a linguagem.

Esquadrinho nas palavras
Meu espaço e meu tempo justapostos.
E dobro-me ao fáscino dos fatos
Que investem a página branca:

Perdoai-me
Valéry
Drummond.

5

... as palavras / coisas / são belas
No seu vestido justo
Criado por alfaiates-óticos.

6

Eu tenho a vista e a visão:
Soldei concreto e abstrato.

Webernizei-me. Joãocabralizei-me.
Francispongei-me. Mondrianizei-me.

Roma 1964

A corda

O navio amarrado. O pássaro amarrado.
A pedra amarrada.
O homem.

Explosões

A ode explode. O bode explode.
O Etna explode. O erre explode.
A mina explode. A mitra explode.
Tudo agora e amanhã explode.
Exceto a Bomba: o homem não pode.
O homem não pode. O homem não pode. O homem não pode.

•

O homem pode:
Soltar a vida. Fuzilar a Bomba. Reinventar a ode.

O olho da janela

Agora lá se vai a pessoa quadrada
Agora lá se foi a pessoa redonda
Agora lá se foi, agora lá se vão.

Nunca mais voltará, nunca mais voltarão.

Um dia voltará a pessoa-quadrada?
Um dia voltará a pessoa-redonda?
Um dia voltará, um dia voltarão?

Um dia voltará, um dia voltarão:

A pé ou de avião um dia voltarão.
Um dia voltará a pessoa quadrada.
Um dia voltará a pessoa redonda:

No dia do juízo, a pé ou de avião.

As válvulas

As válvulas da valva. As válvulas da vulva.
As válvulas da viola. As válvulas do vulgo.
As válvulas do povo. As válvulas do polvo.
As válvulas da valsa. As válvulas da viúva.

A escova

Toda escôva escova a coisa.
Nenhuma escôva escova a cova.
Mas a cova não é coisa?
É coisa, sim, mas é cova:

A mínima sombra do ovo
Inicial do homem; a (mínima) nova
Casca onde o homem, esse ovo,
Dispensa escôva, inda nova.

A idade da prata

As tenazes da flor. A flora das irmãs.
O Deus desarticulado. O cangote das primas.
O amanhecer do filme. As flautas do horizonte.
A goiaba madura. As índias de Alencar.

Marcha do poeta

Allons enfants de la poésie
Le jour de lutte arrive chaque jour.

Allons enfants de la poésie
Le jour de gloire arrive chaque jour.

O imperador

O sol do imperador. O som do imperador. O trem do imperador. O trono do imperador. O não do imperador. A noz do imperador. A mão do imperador. O mau do imperador. O bol do imperador. O bel do imperador. O til do imperador. O tal do imperador. O pum do imperador. O pó do imperador. O pai do imperador. O pau do imperador. O chá do imperador. O xis do imperador. O fez do imperador. A foz do imperador. Os reis do imperador. Os réis do imperador. Os fãs do imperador. O fim do imperador.

Isabel

Isabel. Isabelanda. Isabelenda. Isabelinda, Isabelonda. Isabelunda.

As ondas de Isabel. As rondas de Isabel. As ancas de Isabel. Os incas de Isabel. Os fogos de Isabel. Os figos de Isabel. As latas de Isabel. As lutas de Isabel. Os doces de Isabel. Os disses de Isabel. As facas de Isabel. As focas de Isabel. Os cravos de Isabel. Os crivos de Isabel. Os dados de Isabel. Os doidos de Isabel. As fúrias de Isabel. As férias de Isabel. As farsas de Isabel. A força de Isabel. Os mantos de Isabel. Os montes de Isabel. O garfo de Isabel. O grifo de Isabel. O rosto de Isabel. Os rastos de Isabel. O reino de Isabel. Os restos de Isabel.

Os ademanes

Os ademanes de Adão. Os ademanes de Adônis.
Os ademanes do leão. Os ademanes do pênis.
Os ademanes do pé. Os ademanes da mão.
Os ademanes da foca. Os ademanes do fogo.
Os ademanes do pássaro. Os ademanes da flor.
Os ademanes do gato. Os ademanes da gueixa.
Os ademanes do amor. Os ademanes da atriz.
Os ademanes do padre. Os ademanes de Adélia.
Os ademanes da viva. Os ademanes da porta.

O passarão

Um grande pássaro poderoso investe e veste as janelas do hotel.

•

Os pássaros um dia
passarão de moda.
As astronaves um dia
passarão de moda.
A roda do tempo
passará.
Passarão. Passarão. Passarão.

•

Ó Salomão. Ó São João. Ó Jeroboão,
Bem sabeis:
O Passarão, o Pantocrátor
Subsistirá.

O vinho

As redondezas do vinho. As asperezas do vinho.
As veleidades do vinho. As veludezas do vinho.
As calorias do vinho. Os labirintos do vinho.
As branquidades do vinho. As verdolências do vinho.
As rosaledas do vinho. As inverdades do vinho.
As bordalesas do vinho. As borgonhesas do vinho.
As fluidezas do vinho. As espessuras do vinho.
Os jaguardentes do vinho. As águas duras do vinho:
As florisbelas do vinho. As florisfeias do vinho.

•

Os operários do vinho. As excelências do vinho.
As sonolências do vinho. Os maremotos do vinho.

Desdêmona

A dêmona. A demona. A demoná.
A dissonante. A anfisbena. A aliciadora.
A serpentina. A sulfurosa. A solferina.
A de olho-em-pé. Sexo-porta. Nuca-dente.

A torcionária. A torquês-dama. A horizontal.
A teatrosa. A feminua. A cabradona.
A enrodilheira. A venuseira. A espantadeira
Que "me fazia tremer a veia e os pulsos"
Na minha idade 15, desmamado.

Arcanos

Os arcanos do sol. Os arcanos do chão.

Os arcanos da cal. Os arcanos da Callas.

Os arcanos do bem. Os arcanos de Mao.

Os arcanos do rum. Os arcanos da roda.

Os arcanos do "boom". Os arcanos dos panos.

Os arcanos do til. Os arcanos do Tao.

Os arcanos do céu. Os arcanos dos canos.

Os arcanos do zero. Os arcanos do zoo.

Os arcanos da fome. Os arcanos do oboé.

Tambores

Os tambores da água. Os tambores de pele.
Os tambores do ar. Os tambores do vento.
Os tambores do sexo. Os tambores da fome.

•

Os tambornus. Os tambornãos. Os tamboretes
Trazidos ao tambor. Os tamborins.

•

O tambar. O também. O tambor.
O tambor do tantã. O gongo do tambor.

Ulalume

O livro de Ulalume. O leque de Ulalume. Os laços de Ulalume.
A luva de Ulalume. A lenda de Ulalume.

•

O ulo. O lençol. O lenho. O lume.

•

G
A garganta. A gargantilha. A garra. O grito. A Górgone.

Colagem para Drummond

As pedras de Itabira. A pedra de Drummond.

•

O ferro de Itabira. As farpas de Drummond.
As tropas de Itabira. Os tropos de Drummond.
Os tetos de Itabira. O tato de Drummond.
As madres de Itabira. Os mortos de Drummond.
Os podres de Itabira. Os padres de Drummond.
Os couros de Itabira. A cara de Drummond.
O frio de Itabira. O frio de Drummond.
As fotos de Itabira. Os fatos de Drummond.
As serras de Itabira. O sarro de Drummond.
As noras de Itabira. Os netos de Drummond.
O lombo de Itabira. A lomba de Drummond.
Os matos de Itabira. Os ratos de Drummond.
As bundas de Itabira. Os bondes de Drummond.
As filhas de Itabira. As folhas de Drummond.
As nugas de Itabira. A náusea de Drummond.
As donas de Itabira. Os donos de Drummond.

•

O enigma de Drummond. O enigma do Brasil.
As minas de Drummond. As minas do Brasil.
O norte de Drummond. O norte do Brasil.
As noites de Drummond. A noite do Brasil.
A época de Drummond. A épica do Brasil.
O áporo de Drummond. O áporo do Brasil.
Os parques de Drummond. As parcas do Brasil.

•

O Cristo de Itabira. O Cristo de Drummond.

A rotativa

A rotativa gira a rotativa dói
A rotativa mira a rotativa mói

A rotativa vira a rotativa vai
A rotativa tira a rotativa vem.

•

A rotativa puxa o revólver do livro.
A rotativa puxa a faca do jornal.

As plumas

As plumas do pavão as plumas do avestruz
As plumas do flabelo as plumas do repuxo.

As plumas do tubarão nos paços da cidade
As plumas do Xangô a pluma de Cabral.

"O cão sem plumas"

Dois tempos

Ouviu-se um estampido: era Hitler cuspindo.
Ouviu-se um estampido: era Hitler cuspido.

Estudos da letra V

Lá vai a letra V
Lá vai a letra V voando

Lá vai o vector da letra V levando o avô

Lá vai o avô da letra V
Lá vai o avô na letra V
Voando. O avô da letra V.

Lá vai o veleiro o vizinho o vector

Tudo vai tudo leva tudo vê

Tudo voa tudo ova ahimé! tudo desvoa.

•

"Alô!" Voou na moça. A moça
Voou. Victor vazio sem vector desvê.

•

Vênus multiplicada nos desvãos do avô.

•

Do mar Vênus nasceu matando minha avó. !

! ORVÂMPOLA !

O silêncio

O silêncio do papa. O silêncio da paina.
As rodas do silêncio. O silêncio do avô.

O silêncio da bela. O silêncio da bola.
O pulo do silêncio. O silêncio do polo.

Não toques no silêncio:
Os esquimós dormindo.

As delícias etc.

A delícia de ser. As delícias do ser.
A náusea de não-ser. As náuseas do não-ser.

•

As delicias do ver. As náuseas do não-ver.

•

A estação "Las Delicias", no centro de Madri,
A estação "Las Delicias", feia de doer.

•

A hortelã-pimenta a hortelã de mel
A hortelã-romana a hortelã da porta

A hortelã-pimenta a hortelã de mel
A hortelã-do-campo a hortelã da aorta.

•

Os cântaros de barro os cântaros da Grécia
Os cântaros de vidro os cântaros da Suécia.

Rotas

A rota do serrote. A rota do algodão.
A rota da colomba. A rota da Baía.
A rota da montanha. A rota da baleia.
A rota do relâmpago. A rota da fumaça.
A rota da mazurca. A rota da galáxia.

•

A de-rrota da fome. A de-rrota da espada. A de-rrota da Bomba.

Rotação

A rotação da roda. A rotação do tempo.
A rotação do pé. A rotação do vento.

A rotação de Cristo. A rotação da pedra.
A rotação do som. A rotação da terra.

A rotação do não. A rotação da sombra.
A rotação do sim. A rotação do sal.

A rotação do sim. A rotação da sombra
A rotação do não. A rotação do sol.

A rotação da água. A rotação do grão.
A rotação do ar. A rotação do fogo.

•

A rotação da pena. A rotação da fome.

Comícios

O comício no campo o comício na usina
O comício na igreja o comício no trem

O comício na praça o comício na pressa
O comício proibido o comício partido

O comício da bola o comício do touro
O comício da sombra os fogos do comício.

•

O juízo universal, comício dos comícios.

O erre

Os erres do erro. O erre da culatra.
O erre do erpe. O erre do tambor.

Os erres da errata. Os erres do erradio.
Os erres da derrota. Os erros do esquimó.

Sem erre, na rota do rangífer
Rangendo os dentes de ferro, de frio, de terror.

A roda de Roma

As ondas redondas dos mares com fome
As ondas redondas dos mares com fim

As ondas redondas das rodas de Roma
As ondas redondas da Roma sem fim.

Lâminas

As lâminas afiadas do ar do século XX.
As lâminas afiadas da tensão do século XX.
As lâminas afiadas da atenção do século XX.
As lâminas afiadas da rotação do século XX.

•

As lâminas afiadas da multifoice, da multiface do século XX.

O desomem

O desomem sem h desova o desomem a desmulher a descriança.

O desomem desova o desamor o antissemitismo o anticristismo

as câmaras de gás os campos de concentração o pânico
o serrote o martelo a torquês o pânico dos pânicos.

O desomem desova a desarte a despoesia a desmúsica a despedida
do homem.

O desomem desova a fome a peste a guerra a morte.

Homenagens

Homenagem a Chardin. Homenagem a Cézanne.
Homenagem a Platão. Homenagem a Plotino.
Homenagem a Quevedo. Homenagem a Queneau.
Homenagem a Ravel. Homenagem a Racine.

O serrote

O serrote parado o serrote correndo o serrote rangendo
Os dentes de serrote.

O serrote gemendo no aço do serrote.

O serrote serrando o lenhador a lenha.

O serrador. O serra-dor. O servo do serrote.

O vértice da serra. O vértice da terra. O vértice do serrote.
O serrote sem margem sem saída.

•

Nas terras onde passa o serrote as pombas levantam
imediatamente o voo em sinal de protesto.

Margens

A margem do orçamento. A margem do caderno.

A margem do navio. A margem da cabeça.

O marginal maginando à margem / o marginal

magicando.

O mágico magica à margem.

A margem do marginal o marginal do mágico.

Macho & fêmea

O leão a leonesa
O tigre a tigresa
O piano a pianesa
O martelo a martelesa
O turco a turquesa
O clavicórdio a clavicordesa
O serrote a serrotesa
O bordel a bordalesa
O avião a avionesa
O radar a radaresa
O bonde a bondesa
O veronês a veronesa
O pavês a pavesa
O touro a touresa.

•

O pavão a pavana
O paxá a pachorra
O rei-cláudio a rainha-cláudia
O macho a macha.

O navio

O espaço do navio. Sua majestade.

•

Os paços do navio. Os passos do navio. As naves ao ar livre do navio. Os órgãos do mar do navio. As rodas do navio. A ronda do navio. O radar.

•

O navio amarrado. O navio flutuante. O ritmo do navio. Os remos do navio. O rumo do navio. O navio correndo. O navio comendo. O navio fumando. O navio ventando. O navio horando. O navio chorando. As praias do navio. Os morros do navio. Os ogres do navio. As órgias do navio. Os filmes do navio. A dança do navio a barlavento. As donas do navio a sotavento: vamos a bordo delas, balançando. O enjoo do navio. O ô-ô-ô do navio.

•

O navio de passageiros, passageiros. O navio mercante, mer cando águas. O navio avionando, ave. O navio de guerra, ahimé! As hélices do navio. Os lenços. O navio da paz. O navio sem bombas. O navio da paz com as pombas atracando.

O medo

O medo shakespeariano
O medo pirandelliano
O medo kafkiano
O medo vaticano
O medo americano
O medo muriliano.

•

O medo medra o medo merdra
o medo poroso o medo contagioso o medo rotativo o
medo definitivo
sobrevivente ao fim do mundo,
carne e osso de medo, anterior ao átomo.

Estudos de Czerny

Estudos de Czerny
escadas volantes
escalas volantes
escadas ascendentes
escadas descendentes
escalas ascendentes
escalas descendentes
arpejos dançantes
arpejos volantes
escadas dançantes
escalas dançantes
estudos em movimento
escadas em movimento
escolas de cromatismo
escalas de cromatismo
estudos de Czerny
estudos dançantes

Metamorfoses (1)

Girafal. Girafel. Girabol. Girassal.

•

O avelame. O averlame.
O averleme. O averlima.
O averlomem. O averlume.

O lume da avelã. A lã do averlume.
A vela da avelã. Ave, lã da avelã.

O lumarve.
O larvume.

•

A pira. La Pira. O piromante. A pira do Pireu. A pira de La Pira.
O Pireu do piromante.

•

O vidro. O vírus. O vidromem. O viromem. O viromem vira vírus. A vara do viromem. Chove no vidromem. Chove na vidraça do vidromem. A viração na vidraça do vidromem. A viração vidrando.

O vidromal. O vidromel. O vidromil. O vidromeu. A vera Vidrolândia. As landes da Vidrândia. As ânsias do Vidronde.

O viracão. O vidracão. O vidramor.

O redondo do vidro. O vidro do redondre. O redondo do vírus.
O vírus do redondro.

Metamorfoses (2)

O vidromar. O vidromir. O vidromur.

•

O dilema. O trilema. O xilema.
O dilume. O trilume. O xislume.

•

Abóbora. Arbóbora. Arbárbara.
Abreóboe. Abreoboé.
Arbôba.

•

O melodrama. O felodrama. O Rimbaudrama.

•

O trauma do menino. O trauma do serrote.
O trauma da ternura. O trauma da torquês.

Metamorfoses (3)

A infância giravênus. A infância viravênus. A atração de Vênus. A atracação de Vênus. A extração de Vênus. A Vênus de Venúsia. A Vênus de Veneza. A veneziana de Vênus. A ventana de Vênus. A vestaglia de Vênus. A gelosia de Vênus. A rótula de Vênus. O rótulo da casavênus. Gesualdo da Venosa. O madrigal de Vênus. O madrugal de Vênus. A camisa-de-vênus. A camisa-de-força ao fanático de Vênus. Os planetas de Vênus. Vênus ao vinavil.

•

Água natural.
Água artificial.
Água vegetomineral.

Água urinada.
Água coisada.
Água aguada.

•

O pano levanta-se sobre a mesa feltrada.
O feltro do chapéu o feltro do texto o feltro do piano.
O feltro dos martelos do piano.

Feltro planta feltro.

O texto de feltro o triângulo de feltro.

Alinhavar o feltro.
Alilavar o texto.

Texto textomem testículo.

Feltromem ferromem textomem.

Feutre feu feutrine feutré.

O feltro.

IL VELTRO.

Formidável

FORMIDÁVEL
FORMADÁVEL
FORMADÔVE
FORMADÔVO
FORMADÔVEL
FORMODÔVEL
FORMIDÁBLIU
FORMIDÁCTIL
FORMITÁCTIL
FORMIDANÇA
FORMADANÇA
FORMIDEDO
FORMIDENDO
FORMIDADO
FORMIDOIDO
FORMIDOÍDO
FORMIDONDO
FORMÓFILO
FORMÓFOBO
FORMIAUDÍVEL
FORMIVÁVEL
FORMIGÁVEL
FORMIDÁVEL

Triangular

TRIANGULAR
TRIENGOLIR
TRIANGULLAR
TRIANGULOSO

TRIANGULAR
TRIANGULTERRA
TRIANGULFOGO
TRIANGULÁGUA

TRIANGULAR TRIANGULARESA

Metamorfoses (4)

Homem: esferomem, esperomem.

O pensar descansa o homem. O des-pensar cansa. Gira-se o pensar, esfera.

O ditador: exterior ao homem. Deterior, posterior ao homem. O ditador é um estercomem. Nenhum ditador tem poder sobre o esferomem, somente sobre o externomem. A bala atinge a pele não a bola, a esfera do esferomem.

•

O caracol
O caracal
O caracul

O caramel
O caromel
O carofel

O carretel de linha
O carretel de Lisa
O carretel na linha
O carretel totem
O carretel total.

•

As neves do novelo. O novelo da neve.

Metamorfoses (5)

Descubro a rosa da cenoura, a cenoura da rosa.

•

A retina além do ouvido gira o eco.

•

A flor enorme gira asfixiando a jiboia.

•

O reverso do eco: sempre o eco.

•

O reverso da fome: sempre a fome.

•

O aprumo da régua. O aprumo do compasso.

•

Os apuros do prumo sempre a prumo.

•

Esqueleto ainda deitado sempre a prumo.

•

O prumo da razão arromba o escuro.

•

A pomba perde o aplomb ao desvoar.

•

O pássaro desova o espaço que desvoa.

•

A pérola certo dia perde as pétalas.

•

"Horizonte: des-vendável", diz o mercador.

•

O rádio: premem um botão no país ao lado.

•

Uma mulher soluçando. Um homem solo-ursando.

Metamorfoses (6)

•

O terror estampado
O terror estampido

O terror o terrar o aterrar
O terror de aterrar. Terror de decolar.

A decolagem do avião
A decolagem da mão
A decolagem do não.

•

O til. O tom. O Tao.

•

O transradar
O transrodar
O transformar
O transfoamor
O transmontar
O tremdescer
O subirtrem

•

Os trovões do espaço. Os trovões do espesso. Os trovões da espada.

As mãos do amanhecer. Os pés do anoitecer.
Os pais do amanhecer. As mães do anoitecer.

Metamorfoses (7)

•

A copla. A manopla. O óplon.

•

O aguilhão. O diapasão. O giramão.

•

Tempo de rodomel? Tempo de rodofel.

•

O hidromel. O hidrofel. O hidroavião.

•

O rodar do radar. O radar do rodar.

A noite etrusca

Quatro mil anos antes considero
A Etrúria escura desovando Roma.

Câmaras

A câmara municipal. A câmara municipool. A câmara dos deputados. A câmara dos despeitados. As câmaras de gás. A câmara da quimera. A câmara da química.

Roma

Roma não tolerava a rima com outras Romas e outras rimas e outros ramos de outras Romas e outros remos e outros rumos e outros ritos e outros ratos e outras retas e outras rotas e outras ratas.

Datas

Os magos janeiram dia 6
Os peixes abrilam dia 1
A Virgem setembra dia 8
Os mortos novembram dia 2.

A pedra

A mulher-pedra de Dante a pedra de São Pedro

A pedra de Drummond
Prevista neste poema
De pedra.

•

A pedra preciosa a pedra vira-lata.

A pedra dura na água dura
Tanto dá tanto deu até que fura

A pedra de dentro a pedra de fora
A pedra do centro a pedra te fura.

A pedra no sapato a pedra na sapota.

•

A pedra do bem a pedra do mil
A pedra-bomba te espera

Áspera

A pedra do filme do fim.

A pedra pomes

A pedra pomes.
O padre Pomes.
A pedra pomos.

Na mão do padre a pedra pomes
A pedra pomes na mão do padre Pomes
Pomos.

Os pomos de pedra pomes.

O padre Pomes põe a pedra na sua mão
O padre Pomes põe a pedra no missal
Ou no míssil?

Téssera

Literato (sic) até o mínimo osso
Desafio a lente o longe a lontra

Abraço o teorema a tesoura o trilema

Encaro o metro a memória a medusa

Afronto a afronta a afta a África;

Empunho o copo ácopo, bebo à saúde do enigma: sem o qual não se manifestará a clareza, nosso branco alvo, alfa e ômega da reta.

Metamorfoses (8)

O mar abre a janela sobre Vênus.

•

As janelas da putain dão sobre o falo do vizinho.

•

O cavaleiro o cinemeiro o navieiro.

•

O giracundo o girafundo o giramundo.

•

Ana Lívia Plurabala
Ana Lívia Plurabela
Ana Lívia Plurabola
Ana Lívia Plurábula

•

Manucear manusear manutear

•

As sacerdotisas dóricas
As sacerdotisas délficas
As sacerdotisas druidesas
As sacerdotisas dúcteis

•

Ester solava. Esmeralda noitava. Débora ventava. Madalena chovia. Flora relampejava.

Metamorfoses (9)

O sardo. A sarda da Sardenha. A sarda do rosto. A sardenta.
A sardanisca. A sardana. A sardinha.

•

Retroceder. Retroveder. Retromedir. Retropedir. Retrometer. Retromotor. Retropensar. Retrogirar. Retromirar.

•

Venusear. Venusfagar. Venusarder.

•

O séptuor de Beethoven. O séptuor de Bartók. O séptuor de Mallarmé.

Romarias

As romarias a Roma. As romarias a Santiago. As romarias a Congonhas, ao Bom Jesus de Matosinhos.

As romarias ao amor. As romarias ao mato. As romarias ao teatro.

As romarias em círculo. As romarias em fila indiana. As romarias às romanzeiras. As romarias em flor.

A roda das romarias. O rude das romarias. Os rogos das romarias. A musiquinha das romarias.

As romarias. As Roluísas. As Robeatrizes. As romarias às Roluísas, às Robeatrizes.

Palavras inventadas (em forma de tandem)

Ardêmpora	neclauses
Bisdrômena	guevolt
Canéstrofa	trapesso
Desdômetro	fanúria
Ervêmera	valdert

Ferdúmetri beliús
Glamífero glavencs
Hedvâmpero notraut
Irglêmone pantêusis
Jirtófelo jivórnea
Kastrúnfera vidrolt
Lirtêmola dergalt
Mirpólita corvecss
Normúfilo zemiltz
Orgântula vernodr
Pordênola punerv
Quervídrola forguenz
Rindáutera norlun
Sernôfelant obcúrima
Terrábile viednon
Urtêmbrola regrit
Vercáubero tanélia
Xisdêrdalo verdinktra
Zedráufila perclômeno

Dido

1

mísera
Dido
pelos
paços
brancos
de
Évora
u
lu
lulu
lã
do
tira

dado
dedo:
au au
aurora
aurosa
de Hómero
Virgílio
Purcell
Gárção

2

Dido
Flor
bela
Es
panca
na Évora
deserta
sem Éneas
tira
(bela)
bala
a barca
de Flege
tonte
tanto
tonta
surcando
vai

Ferrara

As musas inquietantes de Ferrara.
As m-usas inquietantes de Ferrara.
Os rr (inquietantes) de Ferrara.
As farras inquietantes de Ferrara.

Os Tassos inquierrantos de Ferrara.
Os Turas inquietantes de Ferrara.
As • moças inquietontas de Ferrara.
As massas in-quietas de Ferrara.

•

Os senhores d'Este. O castelo d'Este. O palácio Schifanoia.
O Primeiro De Chirico
inquietantos.

O piano e seus parentes

O pianoforte. O pianofraco. O pianopiano.

O piano de cauda, de cauda de mulher, de sereia, de cavalo.

Os pianos de armário. As pianolas de Arminda.

O pianopluma. O pianopeso. O pianopazzo.

O piano celibatário. O piano da pianesa. O pianino.

A pianesa intacta. A pianesa violada. A pianesa abolida.

Os problemas do piano. Os problemas da paz. Os problemas do pó.

O pó

O pé geral espera. A pá geral espera. O pó geral não espera.

O pó: áspero. Ácido. Uma épura.

O pó esporeia.

O pó da pá, o pó do pé, o pó do p.

O pó de Persefone, do telefone, do linguafone, da fonética, da ética, da estética.

Dédalos de pó, Piranesis de pó, galáxias de pó sem ao menos o mínimo nome: pó.

Móbile

O móbile do prisma. O móbile da nuvem. O móbile navio. O móbile piorra. O móbile do rio. O móbile do Rio. A móbile baía. A móbile Baía. O móbile da esfera. O móbile da roda.

La donna è mobile.

O móbile da luta, o móbile de Calder.

Urso & Úrsula

As garras maiúsculas do urso.
As gangorras da maiúscula.
As piorras da maiúscula.
O teatro branco e preto do urso.

As ursadas de Úrsula.
As pernas maiúsculas de Úrsula.
Os subterrâneos de Úrsula.
A plástica da Úrsula maior.

Maiuscular, Ursular.
Ursulamaiorar, Ursulamajorar.

•

As estrelas da URSSA.
Os martelos e foices da URSSA.
As astronaves da URSSA.
As galas e galáxias da URSSA.

•

O maior do menor. O menor do maior.

Metamorfoses (10)

Mar (sic)
Mar maior
Mármore (sic)
Moármore
Moarmármore
Moermármore
Mortomármore
Mortomoermármore
Marmoriçado

•

Trevo
Trevo de quatro falhas
Trevo de quatro filhas
Trevo de quatro folhas

Trevo trave treva trova

Trevo una trovata
Na treva na trova na trovoada

Metamorfoses (11)

Astronave
Astroneve
Astronive
Astronovo
Astronuvem
Astronável

•

Pesca submarina
Pesca sub Marina

•

Vaidade
Vai dado
Vai dedo
Vai Dido
Vai doido
Vai tudo
Vãidade
Vaidar

•

Paul Klee
Paul clé

A insônia

A insônia da girafa a insônia do farol
A insônia da tesoura a insônia do dicaz
A insônia do sapato a insônia do revólver
A insônia de Lenine a insônia de Max Ernst.

•

A insônia do nó a insônia do espadarte
A insônia do gargalo a insônia do hipsilo
A insônia da Indonésia a insônia do Vietnã
A insônia do diafragma a insônia do roedor.

•

A insônia do morto milenário.

•

A insônia do "cérebro" eletrônico.

•

Os preliminares da insônia. Os percevejos da insônia. A topografia da insônia. As voltas redondas da insônia. As Rosalindas da insônia. As Samarcandas da insônia. Os rinocerontes da insônia. As astronaves da insônia. O juízo final da insônia.

As andorinhas

As andorinhas giram miram viram, piam piadas, microfilmam a nuvem, sobrevoam casos, sobrevoam casas, quebram fios, quebram copos, falam mal de mim, falam mal de mim. Não existe mam, não existe mem, não existe mom, não existe mum. Portanto elas falam mal de mim. Giram, miram, piram.

As an-dorinhas: na minha infância houve uma Dorinha quase sem peitos, mas cheirava bem. Quebrava sempre copos.

O céu é adorável, andorinhável, andorável, acoplável com a terra, inquebrável.

Ditado pisano: "Per l'Annunziata la rondine è arrivata; e se non è arrivata è per strada o è malata".

Lunik

Estrela da terra Lunik 9
Nova prova dos nove Lunik

Nave 9 neva 9 na nova
Lua sem lues: Lunik
Nik nik Urssa.

Rodas

O arco da menina Guiomar rodando numa praça de Juiz de Fora em 1910.

•

A roda do arco. A roda de Guiomar. A roda do vestido de Guiomar. A cabeça de Guiomar rodando. As rodas da minha cabeça rodando por causa de Guiomar.

•

As rodas dos arcos das meninas de Juiz de Fora rodando numa praça em 1910. Os laçarotes das cabeças dessas meninas rodando. Essas meninas rodando na minha cabeça.

•

Todas as rodas do mundo rodando desde o começo da roda até a consumação final dos tempos rodando, rodando.

•

As cabeças sem rodas, os desrodados, os deserdados das rodas, os antipoetas sem rodas, os operadores das rodas infernais dos carros bélicos, a roda de Íxion, as rodas antirodas dos homens sem imaginação, os marginais das rodas, os conspiradores das rodas, os reis das antirodas, os assassinos das rodas, os expulsos das rodas, os díscolos das rodas, os inimigos da roda da história;

a roda redonda das rodas redondas rodando nas rotas redondas das ruas sem fim das retas sem fim dos rios sem fim dos ritos sem fim nas rodas redondas das romas redondas das rodas redondas das romas sem fim.

Texto de consulta

1

A página branca indicará o discurso
Ou a supressão do discurso?

A página branca aumenta a coisa
Ou ainda diminui o mínimo?

O poema é o texto? O poeta?
O poema é o texto + o poeta?
O poema é o poeta – o texto?

O texto é o contexto do poeta
Ou o poeta o contexto do texto?

O texto visível é o texto total
O antetexto o antitexto
Ou as ruínas do texto?
O texto abole
Cria
Ou restaura?

2

O texto deriva do operador do texto
Ou da coletividade — texto?
O texto é manipulado
Pelo operador (ótico)
Pelo operador (cirurgião)
Ou pelo ótico-cirurgião?

O texto é dado
Ou dador?
O texto é objeto concreto
Abstrato
Ou concretoabstrato?

O texto quando escreve
Escreve
Ou foi escrito
Reescrito?

O texto será reescrito
Pelo tipógrafo / o leitor / o crítico;
Pela roda do tempo?

Sofre o operador:
O tipógrafo trunca o texto.
Melhor mandar à oficina
O texto já truncado.

3
O texto é o micromenabó do poeta
Ou o poeta o macromenabó do texto?

4
A palavra nasce-me
fere-me
mata-me
coisa-me
ressuscita-me

5
Serviremos a metáfora?
Arquivaremos a?

Metáfora: instrumento máximo;

CASSIRER,

A própria linguagem do homem.

ORTEGA Y GASSET

Invenção / translação.

6
A palavra cria o real?
O real cria a palavra?
Mais difícil de aferrar:
Realidade ou alucinação?

Ou será a realidade
Um conjunto de alucinações?

7

Existe um texto regional / nacional
Ou todo texto é universal?
Que relação do texto
Com os dedos? Com os textos alheios?
Giro
Com o texto a tiracolo

Sem o texto

Não decifro o itinerário.
Toda palavra é adâmica:
Nomeia o homem
Que nomeia a palavra.

Querendo situar objetos
Construímos um elenco vertical.
Enumeração caótica?
Antes definição.
Catalogar, próprio do homem.

8

Morrer: perder o texto
Perder a palavra / o discurso

Morrer: perder o texto
Ser metido numa caixa
Com testo
Sem texto.

9

Juízo final do texto:
Serei julgado pela palavra
Do dador da palavra / do sopro / da chama.

O texto-coisa me espia
Com o olho de outrem.

NÉ POUR D'ÉTERNELS

PARCHEMINS

(MALLARMÉ)

Talvez me condene ao ergástulo.

O juízo final
Começa em mim
Nos lindes da
Minha palavra.

Roma 1965

Ipotesi / Hipóteses (1968)

Tradução de Maurício Santana Dias

I - INFORMAZIONI

Qualcuno

Qualcuno è assurdo / lucido
nutrito di Kafka / Descartes
qualcuno prende l'insonnia a mo' di
[pastiglia
qualcuno soffre di guerra
come altri soffre di cancro.
Qualcuno sa che la materia
è metafisica.

•

Esisteranno veramente per lui
il radar / la lucertola
lo strutturalismo / la telepatia?

•

Qualcuno odia le dittature / le patate fritte
qualcuno si vede circondato da insetti o da
[ipotesi.

•

Qualcuno è un romantico irreversibile:
la cibernetica non cambierà la sua mente.

Informazione

Già sul limite del nulla
che abbaia soffia e ringhia
piú ancora del sistema,
portando la mia inerzia,
insofferente di vitalità
sotto il fuoco delle galassie

mi nascondo dietro un segno
strutturale di ferro
sconosciuto a me stesso,
a Barthes e a Cassirer.

•

Se tutto è morte
ci sarà anche la morte della risurrezione.

I - INFORMAÇÕES

Alguém

Alguém é absurdo / lúcido
nutrido de Kafka / Descartes
alguém toma insônia como se fosse
[remédio
alguém sofre de guerra
como outros sofrem de câncer.
Alguém sabe que a matéria
é metafísica.

•

Haverá de fato para ele
o radar / a lagartixa
o estruturalismo / a telepatia?

•

Alguém odeia as ditaduras / a batata frita
alguém se vê cercado por insetos ou
[hipóteses.

•

Alguém é um romântico irreversível:
a cibernética não mudará sua mente.

Informação

Já no limiar do nada
que ladra sopra e rosna
mais ainda que o sistema,
carregando minha inércia,
impaciente de vitalidade
sob o fogo das galáxias

me escondo atrás de um signo
estrutural de ferro
desconhecido a mim mesmo,
a Barthes e a Cassirer.

•

Se tudo é morte
haverá também a morte da ressurreição.

•

Tocco il cielo falso bersaglio
di un creatore irreversibile
persuasore occulto
già travestito da Padre.

•

Consultiamo la statistica:
quest'angoscia: definibile?
Non so dialogare con l'Altro
né soffrire con il mio simile.

•

Il cosmonauta cerca informazioni
sugli spazi interstellari
oppure sull'uomo stesso?

•

Asfissiato dal sistema
dentro la mia piaga
ne porto un'altra.
Pranzo a rate questa fame.

•

Nemmeno mi vedo uno zero:
lo zero, circolo perfetto.

•

Toco o céu falso alvo
de um criador irreversível
persuasor oculto
antes disfarçado de Pai.

•

Consultemos a estatística.
Esta angústia: é definível?
Não sei dialogar com o Outro
nem sofrer com meu semelhante.

•

O cosmonauta busca informações
sobre espaços interestelares
ou sobre o próprio homem?

•

Asfixiado pelo sistema
dentro de minha chaga
trago ainda uma outra.
A prazo almoço esta fome.

•

Nem mesmo me vejo um zero:
o zero, círculo perfeito.

Scheda

"Nous n'irons plus au bois, les lauriers sont
[coupés".

•

Ho tagliato il ponte con la natura
striptiseuse prevista.
Anche il mare turistico mi annoia
la stessa luna stanca d'ozio
diventa spia spaziale.

•

Assillato da pensieri arcaici
e da pensieri avveniristici,
zimbello degli dèi superstiti,
costruito e distrutto dal sistema
che non riesco a rovesciare
nemmeno in fotogrammi

Ficha

"Nous n'irons plus au bois, les lauriers sont
[coupés".

•

Queimei as pontes com a natureza
striptiseuse previsível.
O mar turístico também me entedia
e mesmo a lua exausta de ócio
se torna espiã espacial.

•

Assediado por pensamentos arcaicos
e por pensamentos futurísticos,
escárnio dos deuses sobreviventes,
construído e destruído pelo sistema
que não consigo reverter
nem mesmo em fotogramas

incarno coscientemente
l'assoluto del relativo.

encarno conscientemente
o absoluto do relativo.

Epitaffio

Amò prima di tutto la libertà
la donna
il dialogo
la musica
le galassie
la pietra ovale
il teatro fuori del teatro.

Il suo cervello fu rivoluzionario
la sua fisiologia conservatrice.

Cercò sempre di abbinare
ragione e fantasia.

Fece la guerriglia contro se stesso
capí l'irrealtà della realtà.
Crocifisse il Cristo
e liberò Barabba.

Epitáfio

Amou acima de tudo a liberdade
a mulher
o diálogo
a música
as galáxias
a pedra oval
o teatro fora do teatro.

Seu cérebro foi revolucionário
sua fisiologia, conservadora.

Buscou sempre combinar
razão e fantasia.

Fez guerrilha contra si mesmo
captou a irrealidade da realidade.
Crucificou o Cristo
e libertou Barrabás.

II – IPOTESI

La Catastrofe

La catastrofe sa travestirsi in figure
[ammirevoli

La catastrofe può essere
paziente / persuasiva
scaltra / sinuosa

la catastrofe ha artigli di velluto ali
[d'alcedine
una pettinatura ispirata alla regina
[Nefertiti

II – HIPÓTESES

A catástrofe

A catástrofe sabe disfarçar-se em figuras
[admiráveis.

A catástrofe pode ser
paciente / persuasiva
sagaz / sinuosa

a catástrofe tem garras de veludo e asas
[de alcédone
um penteado inspirado na rainha
[Nefertite

talvolta si presenta in calzamaglia
conosce bene le regole del galateo
[bellico
sa usare dispositivi sottili o violenti.

La catastrofe coltiva ottime relazioni con
[Wall Street
con molti personaggi del set
[internazionale
soggiorna qualche volta in un
[maniero
dove i lupi si nutrono di neve
e note attrici
fanno lo spogliarello per fantasmi scelti.

La catastrofe è anche cólta
discorre di Heidegger / Husserl /
[Foucault
aderisce al gruppo strutturalista
ma quel che piú le piace
è la fisica nucleare.

La catastrofe si insinua nelle nostre arterie
ma prima — dama educatissima —
bussa alla porta
perché si abbia il tempo di forgiare l'arma
che lei da molto aspetta.

La catastrofe infine
è quasi sempre reversibile.

Il Cosmonauta

Il cosmonauta
dopo essersi sottoposto a mille prove
[biochimiche e di autocontrollo
sale in orbita.

Il cosmonauta dorme nella capsula
[spaziale
eppure il suo naso vigila

às vezes se apresenta em colante
conhece bem as regras do cerimonial
[bélico
sabe usar dispositivos sutis ou violentos.

A catástrofe cultiva ótimas relações com
[Wall Street
com muitos personagens do set
[internacional
de vez em quando se hospeda em um
[castelo
onde os lobos se nutrem de neve
e famosas atrizes
fazem striptease para fantasmas seletos.

A catástrofe é até culta
discorre sobre Heidegger / Husserl /
[Foucault
adere ao grupo estruturalista
mas o que mais lhe apetece
é a física nuclear.

A catástrofe se insinua em nossas artérias
mas antes — dama educadíssima —
bate na porta
para que se tenha tempo de forjar a arma
que ela há muito espera.

A catástrofe enfim
é quase sempre reversível.

O cosmonauta

O cosmonauta
depois de submeter-se a mil testes
[bioquímicos e de autocontrole
entra em órbita.

O cosmonauta dorme na cápsula
[espacial
e seu nariz fica à espreita

ma non riesce a fiutare
le nuvole gotiche i pesci volanti di
[Andromeda
le città sommerse i deserti ovali
il corpo di Marilyn sdraiato sullo schermo.

Il cosmonauta dorme. Eppure i suoi piedi
[vigilano
felici di liberarsi durante alcune ore
dal peso di quella massa robusta senza
[sogni.

mas não consegue farejar
as nuvens góticas os peixes voadores de
[Andrômeda
as cidades submersas os desertos ovais
o corpo de Marilyn estendido sobre a tela.

O cosmonauta dorme. Entretanto seus pés
[espreitam
felizes de se libertarem por umas horas
do peso daquela massa robusta e sem
[sonhos.

Il viaggio

Sarò un androide? Sono forse un prodotto
del divario tecnologico
tra Juiz de Fora e Pechino.

Nel tempo della mia infanzia
volevo andare dal Brasile in Cina
a cavallo.

Il viaggio si è effettuato
nessuno se ne è accorto
nemmeno io.

A viagem

Serei um androide? Sou talvez um produto
do abismo tecnológico
entre Juiz de Fora e Pequim.

No tempo de minha infância
queria ir do Brasil à China
a cavalo.

A viagem aconteceu
ninguém se deu conta
nem mesmo eu.

Gli orologi

In quell'ufficio deserto
camminano pianpiano
scambiandosi tictac
due orologi.

L'orologio A confida all'orologio B:

Sono stanco di non far nulla
mi sento un automa inutile
è scomodo nascere
mi annoio soffro di fegato
temo la carie

Os relógios

Naquele escritório deserto
avançam pouco a pouco
trocando tique-taques
dois relógios.

O relógio A confidencia ao relógio B:

Estou cansado de não fazer nada
me sinto um autômato inútil
é incômodo nascer
me entedio, sofro do fígado
temo a cárie

temo l'infarto il malocchio
che ne penserebbe Moravia
che ne direbbe Drummond?
Vedo la manopola dell'uomo
incombente su di me
la gente spesso mi consulta
e non mi guarda mai.

L'orologio B replica all'orologio A:

Caro compagno io invece
non voglio far niente di utile
ho lavorato a fatica
per un tempo in forma di fungo
che sconosce la mia struttura
pacifica.

Vorrei andare in pensione
ricevere lancette piú nuove
avere una sedia a dondolo
trovare un'orologia simpatica
dalla vulva di velluto
— anche svizzera —
che suonasse per me il transistor
fosse brava in ikebana
e mi accompagnasse sollecita
in un lago di pesci azzurri
senza orologi.

temo o infarto o mau-olhado
o que pensaria Moravia
o que diria Drummond?
Vejo a manopla do homem
pesando sobre mim
a gente em geral me consulta
mas não me olha nunca.

O relógio B replica ao relógio A:

Caro companheiro, já eu
não quero fazer nada útil
trabalhei à exaustão
para um tempo feito em cogumelo
que desconhece minha estrutura
pacífica.

Queria me aposentar
receber ponteiros mais novos
ter uma cadeira de balanço
achar uma reloja simpática
com a vulva de veludo
— quem sabe suíça —
que tocasse pra mim o transístor
fosse hábil em ikebana
e me acompanhasse solícita
a um lago de peixes azuis
sem relógios.

Tesi di Laurea

Il sapone
l'acqua
il vino
Cassiopea o l'Orsa Maggiore
lo sguardo obliquo di una calcolatrice
[svedese
lo spettro danzante di Francesca da
[Rimini
l'energia animale della Vostok I
la nuvola nobile nubile

Conclusão de curso

O sabão
a água
o vinho
Cassiopeia ou a Ursa Maior
o olhar oblíquo de uma calculadora
[sueca
o espectro dançante de Francesca da
[Rimini
a energia animal da Vostok I
a nuvem nobre núbil

un giocattolo in forma di gru
l'ombra tonda fabbricata dagli alberi
il sapore arancione del mango di
[Pernambuco
il meditare su Rimbaud/Giordano Bruno/
[Kandinsky
il babbuino che mi tende la mano

e tu Wolfgang Amadeus Mozart

mi consolate di non esistere.

um brinquedo em forma de grua
a sombra rotunda fabricada pelas árvores
o gosto laranja da manga de
[Pernambuco
o meditar sobre Rimbaud/Giordano
[Bruno/Kandinsky
o babuíno que me estende a mão

e você, Wolfgang Amadeus Mozart,

me consolem por não existir.

L'esplosione demografica

La donna incinta mi fa paura:
nasconde un motociclista
che dopo aver bevuto
il mio bicchiere di vino mangiato il mio
[pane
subito mi investirà.

A explosão demográfica

A mulher grávida me mete medo:
oculta um motociclista
que depois de ter bebido
meu copo de vinho e comido meu
[pão
logo me atropelará.

Ipotesi

La morte sarà ovale o quadrata?
chi la ospita con un teorema?
chi veramente spezzando
il sole arcaico dell'essere
la potrebbe agognare?

•

Ragiono di amore e di tempo:
la morte ahimè! "mi fa tremar le vene e i
[polsi"
ma personifica sarà la fine
di ogni sistema.

•

La morte ovale o quadrata
non sarà mai scritta.

Hipóteses

A morte será oval ou quadrada?
quem a abriga com um teorema?
quem realmente rompendo
o sol arcaico do ser
a poderia ansiar?

•

Penso no amor e no tempo:
a morte, ai!, "me faz tremer as veias e os
[pulsos"
mas personifica o fim
de todo sistema.

•

A morte oval ou quadrada
nunca será escrita.

L'uovo n. 1

C'è una calma da portar via
un silenzio pianificato
ottuplicato:
cosí nei quadri di Vermeer de Delft
•
Peter de Hooch.

Ovo n. 1

Há uma calma de levar embora
um silêncio planificado
octuplicado:
assim nos quadros de Vermeer de Delft
•
Pieter de Hooch.

Il Cavernicolo

Le operazioni belliche le operazioni
[bancarie
Le operazioni chirurgiche le operazioni
[spaziali
le operazioni diplomatiche

spaventano
il fanciullo che spunta dal mio covo
e che pur flemmatico digerisce
un po' di Marx/Marcuse/Mao Tse-tung.
•
Sarò forse un cavernicolo dell'avvenire
quando le automobili
diverranno dinosauri

e l'uomo salirà nello spazio cosmico
senza l'aiuto meccanico
di ali né di ordigni.

O cavernícola

As operações bélicas as operações
[bancárias
As operações cirúrgicas as operações
[espaciais
as operações diplomáticas

assombram
o menino que desponta de meu covil
e que mesmo fleumático digere
um pouco de Marx/Marcuse/Mao Tsé-tung.
•
Serei talvez um cavernícola do futuro
quando os automóveis
se tornarão dinossauros

e o homem subir ao espaço cósmico
sem o auxílio mecânico
de asas e artefatos.

Il sole

Il sole è un'ipotesi scientifica
sulla quale Einstein aveva molti dubbi

il sole è un'invenzione di Giosuè
ripresa da Galileo Galilei

il sole è ovviamente succubo delle
[galassie piú anziane

O sol

O sol é uma hipótese científica
sobre a qual Einstein tinha muitas dúvidas

o sol é uma invenção de Josué
retomada por Galileu Galilei

o sol é obviamente súcubo das galáxias
[mais antigas

il sole è lo pseudonimo di un dio alla
[finestra

il sole è un giocattolo dei nostri nipotini
il sole è la luna bollente

il sole è un chirurgo che se ne infischia
[della nostra morte
il sole è un girasole stanco di esserlo

il sole è una bandiera del cosmo senza
[bandiere
il sole è un uccello di fuoco che gira
[attorno alla terra

il sole: una cartolina che non mi è mai
[piaciuta.

Episodio

A Delft non ci sono quadri di Vermeer
ho incontrato lí due donne in gramaglia
che mi chiedevano in olandese ossia in
[babilonese
un certo difficile indirizzo.
Le ho seguite per le strade.

Una donna camminava sull'asfalto
l'altra donna pure camminava
[sull'asfalto
l'una era bassa l'altra era pure bassa
l'una tossiva l'altra pure tossiva
l'una non pensava a Vermeer l'altra pure
[non pensava a Vermeer
l'una scuoteva la testa l'altra pure
[scuoteva la testa
l'una interrogava il cielo l'altra pure
[interrogava il cielo
che purtroppo non disponeva di nessuna
[sillaba
l'una acquistò un formaggio l'altra pure
[acquistò un formaggio.

o sol é o pseudônimo de um deus à
[janela

o sol é um brinquedo dos nossos netos
o sol é a lua escaldante

o sol é um cirurgião que se lixa pra nossa
[morte
o sol é um girassol cansado de o ser

o sol é uma bandeira do cosmo sem
[bandeiras
o sol é um pássaro de fogo que gira em
[torno da terra

o sol: um cartão-postal que nunca me
[cativou.

Episódio

Em Delft não há quadros de Vermeer
encontrei lá duas mulheres de luto
que me perguntaram em holandês ou seja
[babilônio
sobre algum endereço difícil.
Acompanhei-as pelas ruas.

Uma mulher caminhava no asfalto
a outra mulher caminhava no asfalto
[também
uma era baixa e a outra era baixa também
uma tossia e a outra também tossia
uma não pensava em Vermeer e a outra
[tampouco pensava em Vermeer
uma balançava a cabeça e a outra também
[balançava a cabeça
uma interrogava o céu e a outra também
[interrogava o céu
que infelizmente não dispunha de
[nenhuma sílaba
uma comprou um queijo e a outra
[comprou um queijo também.

L'uovo n. 2

Nessuno conoscerà
la mia tenda di ovatta
sotto l'albero cilindrico
dove un uccello cinguetta
mentre noi due aspettiamo
il coltellino di fuoco
che presto ci spezzerà.

Ovo n.2

Ninguém conhecerá
minha tenda de algodão
sob a árvore cilíndrica
onde um pássaro gorjeia
enquanto nós dois esperamos
a pequena faca de fogo
que pronto nos partirá.

Talvolta

Talvolta ad uno spiace tuffarsi con la
[Callas
talvolta anche la formica lavora di cattivo
[umore
talvolta le tavole rotonde funzionano
[perfettamente
talvolta ci ripugna pranzare dai
[Somaschi
talvolta con l'infarto si può salire in
[montagna
talvolta chi è avvilito vomita il sistema.

Às vezes

Às vezes alguém não gosta de mergulhar
[com a Callas
às vezes até a formiga trabalha de mau
[humor
às vezes as mesas redondas funcionam
[perfeitamente
às vezes nos repugna almoçar com os
[somascos
às vezes infartado se pode subir à
[montanha
às vezes quem é aviltado vomita o sistema.

Ricordo di Melchisedec

Altissimo lo vidi ansimante
portava il piviale nero
con la stella gialla
reggeva un calice di bronzo
alzato
in direzione del nulla.

Lembrança de Melquisedeque

Altíssimo o vi arquejante
vestia o pluvial negro
com a estrela amarela
trazia um cálice de bronze
erguido
em direção ao nada.

Haicai n. 1

La luna dopo aver mangiato s'addormenta.
Lontanissimo s'indovina
l'eco di un ariston.

Haicai n. 1

A lua após ter comido adormece.
Muito longe se adivinha
o eco de um ariston.

Haicai n. 2

Dicembre indossa il cappotto
sentiamo i primi passi della neve
l'elicottero oscilla.

Haicai n. 2

Dezembro enverga o casaco
ouvimos os primeiros passos da neve
o helicóptero oscila.

Uno spazio

Uno spazio in forma di losanga
dove non entrano il giorno e la notte.
Uno spazio dove non si scrive né si
[descrive:
sfuggito alle proposte-favole di Einstein
ed all'occhio-macchina di Piranesi.

•

Lí non vorrei esplodere né rimpiangere
l'itinerario disacralizzato dell'uomo
l'energia alla rovescia sperperata nelle
[guerre
l'amore testo distrutto o interrotto.

Lí vorrei non esaminarmi piú
neanche sentire "Dido and Aeneas":
indifferente all'avvenire
immemore dell'aquilone
che non ho alzato in nessun cielo

aspetterei costruendo qualche filosofema
lo schiudersi del velo di Maya.

Um espaço

Um espaço em forma de losango
onde não entram o dia e a noite.
Um espaço onde não se escreve nem se
[descreve:
escapado às propostas-fábulas de Einstein
e ao olho-máquina de Piranesi.

•

Não gostaria ali de explodir ou lamentar
o itinerário dessacralizado do homem
a energia ao avesso desperdiçada nas
[guerras
o amor texto destruído ou interrompido.

Gostaria ali de não mais me examinar
nem de escutar "Dido and Aeneas":
indiferente ao futuro
esquecido da pipa
que nunca empinei em nenhum céu

aguardaria construindo algum filosofema
o descerrar do véu de Maya.

III – EPIGRAMMI E ALTRO

L'ultimo uomo

Premo un bottone
sopprimo verticalmente il Padre eterno
distruggo l'orologio che indicava l'ora
[sbagliata

III – EPIGRAMAS E OUTROS

O último homem

Aperto um botão
suprimo verticalmente o Pai eterno
destruo o relógio que marcava a hora
[errada

eccomi solo dinanzi alla bomba atomica:
andremo a letto?

eis-me só diante da bomba atômica:
vamos para a cama?

Il pedone

Stufo di portare il mio corpo macchina
[preistorica
faccio agli dèi una proposta a priori
[respinta:
trasformarmi in K lettera ormai scomparsa
da quest'altro corpo che sono anche stufo
[di subire:
il vocabolario propulsore di un sistema
[obsoleto
che non regge nemmeno dinanzi ai figli
[che non ho avuti.

O pedestre

Cheio de carregar meu corpo máquina
[pré-histórica
faço aos deuses uma proposta recusada
[de saída:
transformar-me em K letra já extinta
deste outro corpo que também estou
[cheio de suportar:
o vocabulário propulsor de um sistema
[obsoleto
que sequer se sustenta diante dos filhos
[que não tive.

La consumazione

Prima di consegnarci alla ruota dell'Ade
dove gireremo, occhi spenti di pesci
che neppure un cane vuol guardare,
la morte puttaneggia col sistema.

A consumação

Antes de nos entregarmos à roda do Hades
onde giraremos, olhos baços de peixe
que nem mesmo um cão vai querer olhar,
a morte faz putaria com o sistema.

Lo Scirocco

Lo scirocco è duro / aspro / vulcanico
ma esso non mi annuncia
la vicinanza di Marrakech
o la distruzione del tempio.

O siroco

O siroco é duro / áspero / vulcânico
mas não me anuncia
a vizinhança de Marrakech
ou a destruição do templo.

Epigramma

Il male che non abbiamo mai fatto
ci punge qualche volta
piú di un rimorso ottuso.

Epigrama

O mal que jamais fizemos
por vezes nos aferroa
mais que um remorso obtuso.

L'astronomo

Mi bruciavo studiando l'Almagesto
mentre le stelle figurative
dopo aver girato tutta la notte
erano già andate a letto
senza l'aiuto di nessun sonnifero.

O astrônomo

Eu ardia estudando o Almagesto
ao passo que as estrelas figurativas
após terem girado toda a noite
já tinham ido para a cama
sem a ajuda de nenhum sonífero.

Giovedí Santo

Nessuno lava i piedi dell'altro. Molti
uccidono i piedi dell'altro, anche senza
guardarli; ma chi guarda i piedi dell'altro,
clandestini, coperti dalle
scarpe che talvolta portano schegge di
metallo o vetro?

Quinta-Feira Santa

Ninguém lava os pés do outro. Muitos
matam os pés do outro, sem sequer
olhá-los; mas quem olha os pés do outro,
clandestinos, cobertos pelos
calçados que às vezes levam lascas
de metal ou vidro?

Marianna

Secondo l'anagrafe
Marianna è nata a New York
città creata apposta per lei:
i grattacieli tremano sospirano
quando lei cammina sui marciapiedi.

•

Marianna gira il mondo con una Leica
sua segretaria e confidente
che l'aiuta a separare la luce dalle tenebre.

•

Marianna è una donna-meteora:
viene a salutarmi ogni tanto
dopo avermi telefonato
da Parigi / Santorin / Tokyo / Saturno.

•

Marianna arriva
discorre di fotografia / musica / balletti,
di poesia nordamericana:

"... I am waiting for someone
to really discover America".

Marianna

Segundo a certidão
Marianna nasceu em Nova York
cidade criada à sua medida:
os arranha-céus tremem suspirando
quando ela caminha nas calçadas.

•

Marianna roda o mundo com uma Leica
sua secretária e confidente
que a ajuda a separar a luz das trevas.

•

Marianna é uma mulher-meteoro:
vem me visitar de vez em quando
depois de haver telefonado
de Paris / Santorini / Tóquio / Saturno.

•

Marianna chega
fala de fotografia / música / balé,
de poesia norte-americana:

"... I am waiting for someone
to really discover America".

"... I am waiting
to see God on television
piped unto church altars".

•

Ha il loplop della semplicità
viso ovale ovvero quasi ovale
occhi
"attirants comme ceux d'un portrait"
sorriso in sol maggiore
che ipnotizza le dalie
gesti farfalleggianti
disinvoltura di chi danza o nuota.
Piú vicina alla barca
che all'automobile.

•

Stella ignota al telescopio di Palomar
Marianna sparisce.
Al suo ritorno
mi ritroverà piú oppresso di prima:
c'è la rivoluzione mondiale
c'è lei.

"... I am waiting
to see the God on television
piped unto church altars".

•

Tem o loplop da simplicidade
rosto oval ou quase oval
olhos
"attirants comme ceux d'un portrait"
sorriso em sol maior
que hipnotiza as dálias
gestos borboleteantes
desenvoltura de quem nada ou dança.
Mais próxima da barca
que do automóvel.

•

Estrela ignota ao telescópio de Palomar
Marianna desaparece.
Em seu retorno
me encontrará ainda mais oprimido:
é a revolução mundial
é ela.

La scelta

1 Un telegramma trasmesso da uccelli in
[volo
2 La foto di una stazione interplanetaria
3 L'urlo d'amore di una troglodita
4 Una scultura obliqua della Polinesia
che ci permetta di comunicare con la
[morte altrui;

oppure

1 Due settimane di vacanze a Malebolge
2 Il "cannocchiale della peonia equina"
3 Una versione di me stesso ancora
[sconosciuta
4 Il colpo di rivoltella rimandato da Adamo

A escolha

1 Um telegrama transmitido por pássaros
[em voo
2 A foto de uma estação interplanetária
3 O berro de amor de um troglodita
4 Uma escultura oblíqua da Polinésia
que nos permita comunicar com a
[morte alheia;

ou

1 Duas semanas de férias em Malebolge
2 O "telescópio da peônia equina"
3 Uma versão ainda desconhecida de
[mim mesmo
4 O tiro de revólver devolvido por Adão

L'irreversibile

Non andrò piú con te a salutare i pesci
sulle orme del Cristo in Palestina e
[altrove.
Non andrò piú con te a seguire il
[cahora
— alta lezione di poesia povera.

Non andrò piú con te a studiar le galassie,
traguardo di energia piú che di
[abbagliamento.
Non andrò piú con te a sentire il "Don
[Giovanni"
dove scorgo già la soglia della morte.

O irreversível

Não irei mais contigo saudar os peixes
nas pegadas de Cristo na Palestina e
[alhures.
Não irei mais contigo acompanhar o
[cahora
— alta lição de poesia pobre.

Não irei mais contigo estudar as galáxias,
meta de energia mais que de
[alumbramento.
Não irei mais contigo ouvir o "Don
[Giovanni"
onde já diviso o limiar da morte.

Il caos

Anche in quel paese lontano
nei confini di Oga Magoga
il caos diventa
un fatto di ordinaria amministrazione
come in paesi piú vicini a noi.

O caos

Mesmo naquele país distante
nos confins de Oga Magoga
o caos se torna
um fato de extraordinária governança
como em países mais próximos de nós.

L'ippopotamo

L'ippopotamo
è una seducente ipotesi di lavoro
spesso lo trascuriamo
per altri argomenti meno
[persuasivi
consunti dalla tradizione o
[dall'avanguardia.

L'ippopotamo:

O hipopótamo

O hipopótamo
é uma sedutora hipótese de trabalho
com frequência o transcuramos
em favor de argumentos menos
[persuasivos
gastos pela tradição ou
[vanguarda.

O hipopótamo:

La notte

Circondata di radiogrammofoni
[motociclette semafori

A noite

Circundada por radiolas motocicletas
[semáforos

la notte non riesce a dormire / i suoi denti
[impazziti
stridono piú forte delle trombe
[strappate
ai pensieri di Mao in giro per le strade.

Proposta

Installiamo
in tutte le strade
orologi variopinti
con lancette che indichino
ore diverse.

L'uomo verrà
strappato dal tempo
ciascuno sceglierà la sua ora personale
libera invenzione
accelerando il conteggio alla rovescia
[della storia
e la disgregazione del sistema.

Ritorno

Una volta ritornerò
per salutare il regno minerale
dove il disordine è minimo.

IV – OMAGGI

Il quadro

È vero che Giovanni Arnolfini
non guarda la moglie — forse incinta —
guarda piuttosto lo spettatore
anche lui protagonista / oltre che
[testimonio.

a noite não consegue dormir / seus dentes
[enlouquecidos
estridem mais alto que as trombetas
[arrancadas
aos pensamentos de Mao rodando pelas ruas.

Proposta

Instalemos
em todas as ruas
relógios multicores
com ponteiros que indiquem
horas diversas.

O homem será
arrancado do tempo
cada um escolherá sua hora pessoal
livre invenção
acelerando a contagem ao revés da
[história
e a desagregação do sistema.

Retorno

Um dia retornarei
para saudar o reino mineral
onde a desordem é mínima.

IV – HOMENAGENS

O quadro

É verdade que Giovanni Arnolfini
não olha a esposa — quem sabe grávida —
olha sobretudo o espectador
também ele protagonista / além de
[testemunha.

•

C'è un rumore di macchine a Trafalgar
[Square
che altera la regola indispensabile
all'esatto svolgimento delle nozze
come lo ha voluto Van Eyck.

•

Il grande copricapo del negoziante
conclude un ordine un sistema
dove apparentemente
"tout n'est qu'ordre et
[beauté,
luxe, calme et volupté".

•

Il gesto della mano destra benedice il
[cosmo.
La donna china il viso orientalizzante,
la testa è coperta da un velo in merletto di
[Malines;
il vestito verde s'atteggia in larghe pieghe.

•

Nello sfondo lo specchio, solita spia
[fiamminga,
riflette i coniugi e altre due figure;
reca dieci tondini con episodi della
[Passione.
Il candeliere a sei bracci è nobile:
potrebbe stare in cucina.

•

Le pantofole / il cane / sono pronti ad
[ubbidire.
La frutta sulla tavola rappresenta
un minimo di natura.

•

Per la finestra aperta entra l'aria di Bruges.
Il gran letto nuziale è vermiglio: l'amore.

•

Le Fiandre raggiungono il vertice del
[potere economico
scambiano cultura e merci con i mari
[distanti.

•

•

Há um rumor de carros em Trafalgar
[Square
que altera a regra indispensável
ao exato andamento das núpcias
tal como quis Van Eyck.

•

O grande chapéu do comerciante
condensa uma ordem, um sistema
onde aparentemente
"tout n'est qu'ordre et
[beauté,
luxe, calme et volupté".

•

O gesto da mão direita abençoa o
[cosmo.
A mulher inclina o rosto orientalizante,
a cabeça coberta por um véu em renda de
[Malines;
o vestido verde se dispõe em largas dobras.

•

O espelho ao fundo, usual sentinela de
[Flandres,
reflete o casal e outras duas figuras;
traz dez medalhões com episódios da
[Paixão.
O candelabro de seis braços é nobre:
poderia estar na cozinha.

•

As chinelas / o cão / estão prontos a
[obedecer.
A fruta sobre a mesa representa
um mínimo de natureza.

•

Pela janela aberta entra o ar de Bruges.
O grande leito nupcial é vermelho: o amor.

•

Flandres alcança o ápice do poder
[econômico
permuta cultura e mercadorias com
[mares distantes.

•

La coppia umana esiste ancora,
comanda ancora il sistema:
tutto si regge perché appunto essa si regge.

Bruegel

Il volo triangolare degli uccelli fiamminghi
mai servirà di tenda
ai ciechi agli storpi slittanti sulla
[neve.

Joachim Patinir

Invidio i tuoi eremiti (contestatori)
che si godono il nuovo blu scuro
inventato da te Patinir.

Con il tuo segno blu
sarà meno duro per noi
traversare un giorno il lago stigio
alla ricerca di quei contestatori.

•

Incontreremo quei contestatori
per l'operazione scendere o salire?

•

Le Fiandre (immaginarie) limitano
[l'uomo:
un asterisco incorporato nel paesaggio.

Magnelli

Un uomo dagli occhi grifagni
allucia la prospettiva di Firenze
allucia la prospettiva di Parigi
con l'impeto del Quattrocento
e del secolo XX.

•

Un artigiano dalle mani memori,
fedele alla propria disciplina,

O par humano existe ainda,
comanda ainda o sistema:
tudo se firma porque ele mesmo se firma.

Bruegel

O voo triangular dos pássaros flamengos
jamais servirá de tenda
aos cegos aos estropiados derrapando na
[neve.

Joachim Patinir

Invejo teus eremitas (contestadores)
que se deleitam com o novo azul-escuro
inventado por ti, Patinir.

Com o teu sinal azul
será para nós menos duro
atravessar um dia o lago estígio
à procura daqueles contestadores.

•

Encontraremos os contestadores
na operação de descida ou subida?

•

A Flandres (imaginária) limita o
[homem:
um asterisco incorporado na paisagem.

Magnelli

Um homem de olhos vorazes
aluz a perspectiva de Florença
aluz a perspectiva de Paris
com o ímpeto do *Quattrocento*
e do século XX.

•

Um artesão de mãos mêmores
fiel à própria disciplina

domina il tempo / costruisce lo spazio
con gli strumenti della tradizione.

•

Un artigiano diurno / vigilante / lucido
inventa la realtà,
la rende solida:
cambia figure labili
in forme astratte che durano.

domina o tempo / constrói o espaço
com os instrumentos da tradição.

•

Um artesão diurno / vigilante / lúcido
inventa a realidade
torna-a sólida:
converte figuras lábeis
em formas abstratas que duram.

Klee

Nei tuoi quadri c'è un paese segreto
cresciuto con te
fino alla dimensione del cosmo.

•

Hai inventato la geometria del fantastico
hai messo ordine
nel movimento spazio-temporale.

•

Sotto il segno della misura
il laboratorio Paul Klee
sopprime le immagini: superflue.

•

Ciascuno vive del suo proprio volo.
Uomini-uccelli costruiscono
una città turrita / inalienabile.

Nei tuoi quadri c'è un paese segreto
cresciuto con te
fino alla dimensione del cosmo.

Klee

Em teus quadros há um país secreto
crescido contigo
até a dimensão do cosmo.

•

Tu inventaste a geometria do fantástico
puseste ordem
no movimento espaçotemporal.

•

Sob o signo da medida
o laboratório Paul Klee
suprime as imagens: supérfluas.

•

Cada um vive de seu próprio voo.
Homens-pássaros constroem
uma cidade torreada / inalienável.

Em teus quadros há um país secreto
crescido contigo
até a dimensão do cosmo.

Jean Arp

Jean Arp
complice della natura
inventa un'altra natura
di forme più ribelli.

Jean Arp

Jean Arp
cúmplice da natureza
inventa outra natureza
de formas mais rebeldes.

Jean Arp
ha un vestito con cento tasche
colme di oggetti magici.

Jean Arp sostituisce un leone verde con
[una farfalla rossa
una ferita con una nuvola.

Jean Arp
è ricercato da gnomi / fate / spiritelli
che danzano apposta per lui
nella foresta di Meudon.

Jean Arp è un collage
fatto da Jean Arp
con mille pezzi di Jean Arp.

Ebdòmero

I figli di Platone
ovoidi
si siedono
senza sillabe
nell'esedra.

•

Sopra i portici
un orologio
immemore del tempo
arbitrario
sbadiglia.

•

Sulla piazza deserta
due manichini
rosso e nero
occhi vuoti
pranzano teoremi
sfidano la storia
sotto lo sguardo
di un guanto.

Jean Arp
tem uma roupa de cem bolsos
cheios de objetos mágicos.

Jean Arp substitui um leão verde por uma
[borboleta vermelha
uma ferida por uma nuvem.

Jean Arp
é procurado por gnomos / fadas / duendes
que dançam só para ele
na floresta de Meudon.

Jean Arp é uma colagem
feita por Jean Arp
com mil peças de Jean Arp.

Hebdômero

Os filhos de Platão
ovoides
se sentam
sem sílabas
na êxedra.

•

Sobre os pórticos
um relógio
imêmore do tempo
arbitrário
boceja.

•

Na praça deserta
dois manequins
vermelho e preto
olhos vazios
comem teoremas
desafiam a história
sob a vista
de uma luva.

Morandi

Morandi controlla il sonno delle bottiglie
che a loro volta controllano
la veglia di Morandi.

•

Sotto i portici bolognesi
Morandi cammina
orfano di padre e di bottiglia.

Morandi

Morandi controla o sono das garrafas
que por sua vez controlam
a vigília de Morandi.

•

Sob os pórticos bolonheses
Morandi caminha
órfão de pai e garrafa.

Henry Purcell

Qualcuno / maschio e femmina / suona il
[recorder:
oppure il pianeta mobile
si fa leggero / la guerra
subito abbandona
il vocabolario?

•

Una materia solido / fluida
ci avvolge ci penetra
al di fuori dello schema
"Pomp and circumstances":

la danza diventa
calligrafia del ritmo
le tracce di Purcell si perdono
dietro l'eco (o l'elica)
dell'organo.

Henry Purcell

Alguém / homem e mulher / toca o
[gravador:
ou será que o planeta móvel
se torna leve / a guerra
súbito abandona
o vocabulário?

•

Uma matéria sólido / fluida
nos envolve nos penetra
por fora do esquema
"Pomp and circumstances":

A dança se transforma
em caligrafia do ritmo
os rastros de Purcell se perdem
atrás do eco (ou da hélice)
do órgão.

John Donne

Cristo

la tua parola è una nuova macchina di pace
puntata sulla mia anima
anacronistica macchina di guerra.

Il mondo / la carne / il demonio
assediano questo microcosmo, io stesso

John Donne

Cristo

sua palavra é uma nova máquina de paz
apontada para minha alma
anacrônica máquina de guerra.

O mundo / a carne / o demônio
assediam este microcosmo, eu mesmo

fatto di sgomento / sperma / schiuma:
io che cerco altre sfere altri laghi
dove ospitare il mio corpo stanco
di combattere notte e giorno contro il
[Padre,
contro la parola sacra o profana,
contro le gioie sublunari,
contro la subdola malattia:
araldo di morte.

feito de desânimo / esperma / espuma:
eu que busco outras esferas outros lagos
onde hospedar meu corpo exausto
de combater noite e dia contra o
[Pai,
contra a palavra sagrada ou profana,
contra as alegrias sublunares,
contra a doença sub-reptícia:
arauto de morte.

Charles Fourier

Nel nuovo diagramma soltanto libertà e
[morte
saranno obbligatorie.

Si lavorerà ogni volta di meno:
nella dimensione del sogno / della pace.

Passeggeremo in giardini sferici
dove si leggerà la luce
obliqua.

Tutti gli uomini diventati poeti
nei falansteri con la mensa comune
inventeranno fra il finito e l'infinito
la vita reale.

L'antitopo ucciderà il leone.

Charles Fourier

No novo diagrama apenas liberdade e
[morte
serão obrigatórias.

Cada vez se trabalhará menos:
na dimensão do sonho / da paz.

Passearemos em jardins esféricos
nos quais se lerá a luz
oblíqua.

Todos os homens transformados em poetas
nos falanstérios com a mesa comum
inventarão entre o finito e o infinito
a vida real.

O antirrato matará o leão.

Melville

Non ho bisogno di un arpione
per afferrare la balena:
è qui,
straripa dal mio petto,
diversa delle balene comuni
è un sole oblungo
che inserisco nel mio libro.

Melville

Eu não preciso de um arpão
para aferroar a baleia:
está aqui,
transborda de meu peito,
distinta das baleias comuns
é um sol oblongo
que introduzo em meu livro.

Lautréamont

Lautréamont
approvo l'abolizione dell'anagrafe
l'anonimato lo pseudonimo della morte
disapprovo le tue apostrofi romantiche
"Vieil Océan" e simili:
meglio l'angolo segreto del tuono.

Sono vicino a te quando precorri Max
[Ernst:
"La rencontre fortuite sur une table de
[dissection
d'une machine à coudre et d'un parapluie".

•

Compiuti ventiquattro anni
cosa si potrebbe fare a Parigi o
[altrove
nell'Ottocento? Essere se stesso stanca
essere Isidoro Ducasse stanca
ti cambiasti allora in Lautréamont.

•

Propongo alcuni temi scelti
da inserire in Maldoror:

La bomba / l'infarto
la camera a gas / la sedia elettrica
il genocidio / il napalm.

Lautréamont

Lautréamont
aprovo a abolição do cartório
o anonimato o pseudônimo da morte
desaprovo tuas apóstrofes românticas
"Vieil Océan" e semelhantes:
melhor o ângulo secreto do trovão.

Estou mais perto de ti quando antecipas
[Max Ernst:
"La rencontre fortuite sur une table de
[dissection
d'une machine à coudre et d'un parapluie".

•

Completados vinte e quatro anos
o que se poderia fazer em Paris ou onde
[fosse
no século XIX? Ser tu mesmo cansa
ser Isidore Ducasse cansa
então te transformaste em Lautréamont.

•

Proponho alguns temas escolhidos
a inserir em Maldoror:

A bomba / o infarto
a câmara de gás / a cadeira elétrica
o genocídio / o napalm.

Gerard Manley Hopkins

Secondo i filosofi e i giornali
Dio è morto.

•

L'innocenza è agli arresti, la "bellezza"
[sciopera.
La ferocia: il nostro pane quotidiano.
Il fuoco e il pensiero divisi,
l'oscurità: sempre attenta.
Piove pazzia.

•

Gerard Manley Hopkins

Segundo os filósofos e os jornais
Deus está morto.

•

A inocência está presa, a "beleza" faz
[greve.
A ferocidade: nosso pão cotidiano.
O fogo e o pensamento divididos,
a escuridão: sempre atenta.
Chove sandice.

•

Adesso dormi fra virgolette
senza rapporto
con l'orologio / il dodecaedro / lo
[stroboscopio
con il mare che sbatte sempre le porte.
Abbandonato da qualsiasi beatrice,
inserito nella perfezione del nulla.

•

Più mortali di te
le nuvole ignorano le tue ceneri.
L'elicottero le sorvola
senza salutarle.

•

Forse potrai offrirci
altre parole nuove
che avrai imparato dalla morte
crescente

maestra piú abile
di un poeta
tipograficamente risorto
(come te)

dalla poesia, sedia elettrica.

Agora dormes entre aspas
sem relação
com o relógio / o dodecaedro / o
[estroboscópio
com o mar que sempre bate as portas.
Abandonado por toda beatriz
inserido na perfeição do nada.

•

Mais mortais que tu
as nuvens ignoram tuas cinzas.
O helicóptero as sobrevoa
sem cumprimentá-las.

•

Talvez possas nos dar
outras palavras novas
que terás aprendido da morte
crescente

mestra mais hábil
que um poeta
tipograficamente ressurgido
(como tu)

da poesia, cadeira elétrica.

Camillo Sbarbaro

Oltre che scrivere e versi e prosa
e tradurre liriche dal greco
per sbarcare il lunario
che cosa mai facevi
nella tua casa di Spotorno
con la sorella sollecita
e senza telefono?

•

Osservavi il crescere dei licheni
i ghirigori astratti delle nuvole
la guerriglia tra vocale e consonante
tra virgola e punto esclamativo.

Camillo Sbarbaro

Além de escrever versos e prosa
e de traduzir lírica grega
para fechar o mês
o que mais você fazia
em sua casa de Spotorno
com a irmã solícita
e sem telefone?

•

Observava o crescer dos liquens
os rabiscos abstratos das nuvens
a guerrilha entre vogal e consoante
entre vírgula e ponto de exclamação.

Il pesce morto sul piatto ti guardava
raccoglievi bestemmie di cani
[girovaghi
consultando l'orologio senza lancette
sentivi nel giardino i passi barcollanti di
[Euripide.

•

Sdraiato sul divano di muschio
(sempre vuota la buca delle lettere)
costruivi la tua storia da camera
rifiutando l'altra storia grande.

•

Non ti ho conosciuto di persona.
Avrò mai conosciuto qualcuno?

O peixe morto o espreitava do prato
você recolhia blasfêmias de cães
[andarilhos
consultando o relógio sem ponteiros
ouvia no jardim os passos vacilantes de
[Eurípides.

•

Estirado no sofá de musgo
(sempre vazia a caixa dos correios)
construía sua história de câmara
recusando a outra história grande.

•

Não o conheci pessoalmente.
Já terei conhecido alguém?

Dino Campana

Una Sfinge una Chimera
Musa Medusa
dai capelli bronzei brutti
centofoglie
falsa regina in pensione:

una donna qualunque
portiera o cameriera o troia

ieri furibondo
la martellai

(il faro è il galeotto
dei nostri torbidi amori).

•

Genova elettrica coronata di pietra
mi appare di scorcio
mi attacca alla gola

poi si sventola
enorme giornale
sopra i piroscafi e il cordame.

Dino Campana

Uma Esfinge uma Quimera
Musa Medusa
de brutos cabelos brônzeos
milefólio
falsa rainha aposentada:

uma mulher qualquer
porteira camareira ou puta

ontem furioso
a martelei

(o farol é o galeote
de nossos túrbidos amores).

•

Gênova elétrica coroada de pedra
me aparece de esguelha
me ataca a goela

e depois se abana
enorme jornal
sobre os batéis e o cordame.

Antonin Artaud

"Il n'y a pas de piédestal".

•

Dalla tua nascita eri stufo del mondo alla
[rovescia
dove il teatro siamo noi stessi
incapaci di trasportare altrove la nostra
[angoscia.

Chi conosce le radici del male?
Chi potrà misurare lo spazio delle
[tenebre
e attingere il terrore con un cintolo?
Via lo psicanalista l'antropologo il
[legislatore.

•

Sapevi che il tuo corpo era alienato
senza testimoni
sapevi che anche la farfalla
porta dentro di sé un cancro.
L'uomo puzza dall'inizio dei tempi.
La morte è visibile; la vita, clandestina.

Antonin Artaud

"Il n'y a pas de piédestal".

•

Desde teu nascimento te encheste do
[mundo às avessas
onde o teatro somos nós mesmos
incapazes de transportar nossa angústia
[para longe.

Quem conhece as raízes do mal?
Quem poderá mensurar o espaço das
[trevas
e alcançar o terror com uma corda?
Abaixo o psicanalista o antropólogo o
[legislador.

•

Sabias que teu corpo era alienado
sem testemunhas
sabias que até a borboleta
traz dentro de si um câncer.
O homem fede desde o início dos tempos.
A morte é visível; a vida, clandestina.

Ungaretti

Il viaggiatore non ancora stanco
di aver girato il mondo con le sue
[varianti
fantasticando sulle galassie
(lontanissime oppure centro dell'uomo?
that is the question)

portando gli emblemi della memoria
gli occhi alessandrini
sotto il colbacco nero

dopo aver guardato ammirato urlato
[ovunque
si ferma tutta la notte
e il giorno successivo
sulla dinamica delle parole

Ungaretti

O viajante ainda não cansado
de ter percorrido o mundo com suas
[variantes
fantasiando sobre as galáxias
(remotíssimas ou o centro do homem?
that is the question)

levando os emblemas da memória
os olhos alexandrinos
sob o colbaque preto

depois de ter mirado admirado gritado em
[toda parte
se debruça a noite inteira
e o dia sucessivo
sobre a dinâmica das palavras

MALLARMÉ
GONGORA
WILLIAM BLAKE

MEMORIA
CRISI
CATASTROFE.

•

Esisterà domani
la parola domani?

Lettera a Zavattini

1

Scrittori o no,
è vietato pensare alla morte in ufficio;
il concetto di morte
nuoce alle istituzioni / ai piani dello
[Stato
allo sviluppo dell'industria / alla stabilità
[del tecnocrate.

Anche ai cineasti non è consigliabile
alludere alla morte, specie in
[bianconero
(vedi Bergman e Dreyer;
soltanto per Buñuel la morte è
[commestibile).

In technicolor forse andrà meglio:
con un'abile regía
vedremo la morte
forma decorativa
incapace di colpire gli spettatori
che domani torneranno in ufficio
piú attenti alla macchina dello Stato,
al signor Better e al sistema.

2

Nessuno muore, muore sempre l'altro:
il morire si riduce a un annuncio sul
[giornale.

MALLARMÉ
GÔNGORA
WILLIAM BLAKE

MEMÓRIA
CRISE
CATÁSTROFE

•

Existirá amanhã
a palavra amanhã?

Carta a Zavattini

1

Escritores ou não,
é proibido pensar a morte no escritório;
o conceito de morte
é nocivo às instituições / aos planos do
[Estado
ao desenvolvimento da indústria / à
[estabilidade do tecnocrata.

Tampouco é aconselhável aos cineastas
aludir à morte, sobretudo em branco e
[preto
(veja Bergman e Dreyer;
apenas para Buñuel a morte é
[comestível).

Em technicolor talvez seja melhor:
com uma hábil direção
veremos a morte
forma decorativa
incapaz de atingir os espectadores
que amanhã voltarão ao escritório
mais atentos à máquina do Estado,
ao senhor Better e ao sistema.

2

Ninguém morre, morre sempre o outro:
morrer se reduz a um anúncio no
[jornal.

Peccato che non si riesca mai
a veder stampato l'annuncio della propria
[morte.
Morire è inelegante, fuorimoda,
offesa al galateo.

3

Ecco il punto:
sopportare gli uomini primitivi
camuffati dalla tecnica;

sopravvivere al Vietnam,
ai molteplici Vietnam
fuori e dentro noi,
sopravvivere
alla crudeltà teleguidata,
alla scoperta del vero cuore
(l'altro era una metafora)
alla psicanalisi
(preistorica)
allo strutturalismo
alla sofisticazione totale;

eludere l'occhio linceo del signor Better,
risorgere ogni giorno dal sistema,
distruggere (autocinesi)
i ruderi della propria biografia.

Ormai tutto è possibile,
eccetto che pensare alla morte
in ufficio e altrove.

cf. Cesare Zavattini, in *Parliamo tanto male di me*, cap. III.

Pena que nunca se consiga
ver impresso o anúncio da própria
[morte.
Morrer é deselegante, fora de moda,
ofensa à etiqueta.

3

Eis o ponto:
suportar os homens primitivos
camuflados pela técnica;

sobreviver ao Vietnã,
aos múltiplos Vietnãs
fora e dentro de nós,
sobreviver
à crueldade teleguiada
à descoberta do coração verdadeiro
(o outro era uma metáfora)
à psicanálise
(pré-histórica)
ao estruturalismo
à sofisticação total;

furtar-se ao olho de lince do senhor Better,
ressurgir todo dia do sistema,
destruir (autocinese)
as ruínas da própria biografia.

Agora tudo é possível,
exceto pensar a morte
no escritório e onde quer que seja.

Lawrence Ferlinghetti

Lawrence Ferlinghetti
tu che distribuisci dappertutto
distintivi antinucleari

Lawrence Ferlinghetti

Lawrence Ferlinghetti
você que distribui por toda parte
adesivos antinucleares

tu che reciti tante liriche
accompagnato dal jazz

quando giungerà la mia ora
prega per me
che amo invano la pace
che temo l'eclissi dell'uomo.

Prega per me
che non so pregare per nessuno.

Prega per me
che ascolto distratto il jazz
altissima invenzione.

Prega per me
con la parola e il sassofono.

você que recita tanta poesia
acompanhado de jazz

quando chegar minha hora
reze por mim
que amo em vão a paz
que temo o eclipse do homem.

Reze por mim
que não sei rezar por ninguém.

Reze por mim
que escuto distraído o jazz
altíssima invenção.

Reze por mim
com palavras e saxofone.

Hans Magnus Enzensberger

Le gru mi spaventano
piú delle Gorgoni.

Mancato prometeo di periferia
chiedo in prestito una scatola di fiammiferi:
vuota.

Un cucchiaino in sciopero
la metà di un secondo
l'eco di un'eco smarrita
sono.

Hans Magnus Enzensberger

As gruas me assombram
mais que as Górgonas.

Fracassado prometeu de periferia
peço emprestada uma caixa de fósforos:
vazia.

Uma colherinha em greve
a metade de um segundo
o eco de um eco perdido
sou.

Galileo Galilei

Eppur la terra dai lunghi piedi
che tu conoscevi da fanciullo
(anche senza strumenti di controllo)

si muoveva intorno al sole. Eppur
la terra dalle curve bianche rosse

Galileu Galilei

E no entanto a terra de longos pés
que conhecias desde menino
(mesmo sem instrumentos de medição)

se movia em torno do sol. E no entanto
a terra de curvas branco-vermelhas

donna desiderabile tenera
non mentiva mai.
Gli industriali e i fisici
non avevano ancora intaccato il suo volto.

Ti bruciavi piú della terra
ti muovevi piú della terra
intorno al sole
Galileo Galilei.

Einstein

Non saprei decifrare equazioni sibilline
— conosco soltanto le equazioni poetiche —
non saprei definire se l'universo
è una forza inerte concentrata
oppure una forza in espansione continua
generando trilioni di galassie.

•

Ma so che tu fosti semplice / puro:
una sfera o un triangolo.
So che avversavi la guerra / amavi
[l'altro
ormai inserito nello spazio=tempo
dove troviamo il nostro segno e limite.

V - CITTÀ

Roma

I topi gli scarafaggi in assetto di guerra
circondano i cesari che rotolano
[sull'asfalto
dove slittano le automobili in assetto di
[guerra
mentre lo scirocco disturba i transistor
[vicini
ed i turisti col cannocchiale rotto

mulher desejável tenra
não mentia nunca.
Industriais e físicos
ainda não haviam talhado seu rosto.

Te queimavas mais que a terra
te movias mais que a terra
em torno do sol
Galileu Galilei.

Einstein

Não saberia decifrar equações sibilinas
— conheço apenas equações poéticas —
não saberia definir se o universo
é uma força inerte concentrada
ou uma força em expansão contínua
gerando trilhões de galáxias.

•

Mas sei que você foi simples / puro:
uma esfera ou um triângulo.
Sei que abominava a guerra / e amava o
[outro
agora inserido no espaço = tempo
onde encontramos nossa marca e limite.

V - CIDADES

Roma

Ratos e baratas em formação de guerra
cercam os césares que rolam sobre o
[asfalto
onde deslizam os carros em formação de
[guerra
enquanto o siroco perturba os transístores
[próximos
e os turistas de binóculo quebrado

si godono le scolopendre nei ruderi
[piranesiani.

desfrutam escolopendras nas ruínas
[piranesianas.

Venezia

Sono sistemato dentro il gran leone di
[metallo e vetro
che indica le frontiere dei turisti di vetro
ogni turista porta la sua gondolaletto a
[tracolla
snobbando Francesco Pianta / Claudio
[Monteverdi.

•

All'entrata di San Marco
lo svizzero in bicorno e calzini vermigli
colpisce le donne troppo scollate
che pur riveriscono il Doge inesistente
sordo alla protesta degli operai subacquei.

•

Sordo alla protesta degli operai
[subacquei
il tempo assedia il labirinto dei canali
frantuma le interiora della pietra
[subacquea.

Il cronista subacqueo sbadiglia dinanzi al
[corteo del Bucintoro
pieno di calcolatrici macchine da scrivere
[manichini.

Veneza

Sou acomodado dentro do grande leão de
[metal e vidro
que indica as fronteiras dos turistas de vidro
cada turista traz sua gondolazinha a
[tiracolo
esnobando Francesco Pianta / Claudio
[Monteverdi.

•

À entrada de San Marco
um suíço de bicorne e meias escarlates
faz sucesso com mulheres muito decotadas
que ainda reverenciam o Doge inexistente
surdo ao protesto de operários subaquáticos.

•

Surdo ao protesto de operários
[subaquáticos
o tempo assedia o labirinto dos canais
tritura as entranhas da pedra
[subaquática.

O cronista subaquático boceja ante o
[cortejo do Bucintoro
carregado de calculadoras máquinas de
[escrever manequins.

New York

Nei grattacieli striminziti
non c'è posto per l'eternità.

•

L'automa ansimante si rade
per ricevere l'ex-aurora
frettolosa di prendere l'aereo:

Nova York

Nos arranha-céus esqueléticos
não há lugar para a eternidade.

•

O autômato ofegante se barbeia
para receber a ex-aurora
apressada para pegar o avião:

girerà in altri paesi
dove non si ammazzano i negri
né i contadini mangiatori di riso
peraltro distrutto dal napalm.

•

I magazzini della Fifth Avenue
ospitano manichini affascinanti:
sarò loro fedele fino alla morte.

Marrakech

La retina lincea
si amplia: ricuperiamo
lo spazio astratto-concreto
la gioia dell'aria pulita.

•

Vedi le donne velate
(belle o brutte?)
le lunghe muraglie rosse
che non limitano, ma allargano
l'orizzonte;
vedi insieme il tropico
e la neve sull'Atlante.

•

Gli ampli spazi liberi
eccitano la memoria
la spingono a riempire il vuoto.

•

Dietro l'Atlante
un cavallo nitrisce.

Lisbona

1

Un corteo di finestre gialle blu
s'affaccia sul fiume mare
stanco di sostenere navigazioni
dall'epoca dei fenici.

vai rodar por outros países
onde não se assassinam negros
nem camponeses comedores de arroz
aliás destruído pelo napalm.

•

As grandes vitrines da Fifth Avenue
hospedam manequins fascinantes:
serei fiel a eles até a morte.

Marrakech

A retina de lince
se amplia: recuperamos
o espaço abstrato-concreto
a alegria do ar limpo.

•

Veja as mulheres veladas
(bonitas ou feias?)
as longas muralhas vermelhas
que não limitam, mas alargam
o horizonte;
veja o trópico e a neve
juntos sobre o Atlas.

•

Os amplos espaços livres
excitam a memória
a impelem a preencher o vazio.

•

Atrás do Atlas
um cavalo relincha.

Lisboa

1

Um cortejo de janelas amarelas e azuis
se projeta sobre o rio mar
cansado de sustentar navegações
desde o tempo dos fenícios.

•

Secondo Baudelaire
Lisbona sarebbe una città
quasi astratta:
senz'alberi
tutta luce e minerale.

•

Dopo il terremoto del '700
Lisbona ha perso la memoria:
parallelamente perde la sua libertà.
L'Europa la trascura.

2

Mai toccherò
nemmeno in fotografia
la città anteriore al disastro
che sussiste:

•

posso toccare un'altra Lisbona
nei quadri di Vieira da Silva
dove non entrano
la prigione / la paura / la censura.

•

L'occhio vi ritrova la pace
troncata dai dittatori-poliziotti
e dai poliziotti-dittatori.

•

Segundo Baudelaire
Lisboa seria uma cidade
quase abstrata:
sem árvores
toda luz e mineral.

•

Depois do terremoto do Setecentos
Lisboa perdeu a memória:
paralelamente perde a liberdade.
A Europa a ignora.

2

Nunca hei de tocar
nem mesmo em fotografia
a cidade anterior ao desastre
que subsiste:

•

posso tocar outra Lisboa
nos quadros de Vieira da Silva
onde não entram
a prisão / o temor / a censura.

•

O olho aí recupera a paz
rompida por ditadores-policiais
e por policiais-ditadores.

VI – IL PROGRAMMA

1

Signora, ammetto che non sono un
[avverbio. L'ombra
per esempio è una parola che io non
avrei dovuto adoperare, essa non fa parte
del testo, dunque del contesto. Preferirei
dimenticare Kant. Agosto è colpevole.
Le finestre si annoiano di tanto danzare.

VI – O PROGRAMA

1

Senhora, admito que não sou um advérbio.
[A sombra
por exemplo é uma palavra que eu não
deveria ter usado, ela não faz parte
do texto, portanto do contexto. Preferiria
esquecer Kant. Agosto é culpado.
As janelas se entediam de tanto dançar.

Il gatto discoleggia. Anche la metafora si
[stanca.
Affittansi camere per assistere alla
[contestazione.

O gato azucrina. Até a metáfora se
[cansa.
Alugam-se quartos para assistir ao
[protesto.

2

Fra Meo Abbracciavacca e Bahia c'è uno
scarto enorme. Morire nell'autobus.
La danzatrice sarda / sorda svuota i
[bicchieri.
Niente da fare lontano dalla Birmania:
ed io non l'ho mai vista.
Spezzare il ritmo stanca piú che costruirlo.
La parola d'
ordine è oramai diurna.
Tutti noi abbiamo le mani
sporche.

2

Entre Meo Abbracciavacca e Bahia há
uma distância enorme. Morrer no ônibus.
A dançarina sarda / surda esvazia os
[copos.
Nada a fazer longe da Birmânia:
e eu nunca a vi.
Quebrar o ritmo cansa mais que o construir.
A palavra d'
ordem agora é diurna.
Todos estamos com as mãos
sujas.

3

Kierkegaard temeva le mosche / le
[galassie / la religione / se stesso.
Il Pentagono uccide con euforia. La notte
[ed i suoi satelliti
inventano problemi / uomini / draghi.
Le minigonne passano e — ahimè —
[passeranno.
La bambina invita il lupo. I pesci nuotano
spinti da dubbi metafisici. Le arance
[diurne
dialogano.

3

Kierkegaard temia as moscas / as galáxias
[/ a religião / a si mesmo.
O Pentágono assassina com euforia. A
[noite e seus satélites
inventam problemas / homens / dragões.
As minissaias passam e — ai de mim —
[passarão.
A menina convida o lobo. Os peixes nadam
impelidos por dúvidas metafísicas. As
[laranjas diurnas
dialogam.

4

L'isola prepara il suo dossier. Quanto al
diagramma del futuro:
cosmico o individuale? La grammatica senz'
altro dovrà scomparire. Meglio rimandare

4

A ilha prepara seu dossiê. Quanto ao
diagrama do futuro:
cósmico ou individual? A gramática certa-
mente vai desaparecer. Melhor adiar

l'appuntamento col bilboquet. Il treno
è solito dimagrire. Majakovskij sparandosi
ha fatto la contestazione globale.
Sono ufficialmente le ore 18:
secondo Max Ernst, l'Europa dopo la
[pioggia.
La stilografica ha bisogno di udire.

5

Qualsiasi suicidio è una distrazione. Sono
[sempre stato
al centro del balletto che altri ha voluto
[creare.
La geometria da camera sí, la geometria
[sinfonica no.
L'energumeno scalzo attira un po' meno
[l'attenzione.
Le locomotive sbadigliano, il paesaggio le
[divora.
I pedoni sudano, anch'io sudo per
[contagio.
Proverò ad invitare Lichtenberg a cena:
non ci penserà l'antropologo.

6

Si può avere un solido infarto anche a
[rate
che farebbero in Norvegia per esempio i
[caschi blu?
Si combatte il piano pilota mondiale
[contro la fame
persone investite da macchine muoiono
[per eccesso di velocità.
Io non vorrei volere comunque bisogna
[campare
anche i provos rinunciano ad esser
[sempre provos
il guaio è che gli eccetera prendono
[posizione non scioperano mai.

o encontro com o bilboquê. O trem
costuma emagrecer. Maiakovski ao se matar
cometeu um protesto global.
Oficialmente são 18 horas:
segundo Max Ernst, a Europa depois da
[chuva.
A caneta-tinteiro precisa escutar.

5

Qualquer suicídio é uma distração.
[Sempre estive
no centro do balé que outros quiseram
[criar.
A geometria de câmara, sim, a geometria
[sinfônica, não.
O energúmeno descalço atrai um pouco
[menos a atenção.
As locomotivas bocejam, a paisagem as
[devora.
Os pedestres suam, eu também suo por
[contágio.
Tentarei convidar Lichtenberg para jantar:
nem vai atinar o antropólogo.

6

Pode-se ter um sólido infarto até em
[prestações
o que fariam por exemplo na Noruega os
[capacetes azuis?
Combate-se o plano piloto mundial contra
[a fome
pessoas atropeladas por carros morrem de
[excesso de velocidade.
Eu não queria querer de todo modo é
[preciso seguir
até os provos desistem de ser sempre
[provos
o problema é que os et cetera tomam
[posição e nunca fazem greve.

7

L'Oratorio del Borromini non c'è a
[Congonhas.
Le gambe femminili: paesi assai diversi
dalle gambe maschili. Presto
i greci saranno vinti dagli etruschi:
[anch'essi
dormono nelle urne a Volterra e altrove.
Dormire è un pregiudizio: forse lo avrà
[detto

Ho Chi Min.

8

Gli alberi diventano anarchici: anche i
[gendarmi
li avversano.
Ho visto crescere i verbi, sono tanti, non li
[distinguo piú.
A portata di mano c'è sempre il limite
indicatoci dai pittori fiamminghi.
In quello spazio fondato sull'ordine e la
[precisione
morirò di invidia:

le mie finestre insonni
dànno sul Vietnam.

9

La terra partorisce una rivoluzione
[inaudita.

7

O Oratório de Borromini não está em
[Congonhas.
As pernas femininas: países bem diferentes
das pernas masculinas. Logo
os gregos serão vencidos pelos etruscos:
[também estes
dormem nas urnas em Volterra e alhures.
Dormir é um prejuízo: talvez o tenha
[dito

Ho Chi Min.

8

As árvores se tornam anarquistas: até os
[gendarmes
as combatem.
Eu vi os verbos crescendo, são muitos,
[não os distingo mais.
Ao alcance da mão há sempre o limite
indicado pelos pintores flamengos.
Naquele espaço fundado na ordem e na
[precisão
morrerei de inveja:

minhas janelas insones
dão para o Vietnã.

9

A terra engendra uma revolução
[inaudita.

NOTE DI M.M. A *IPOTESI*
NOTAS DE MURILO MENDES A IPOTESI

p. 723 – EPITAFFIO *Ispirato all'epitaffio di Stendhal.* EPITÁFIO Inspirado no epitáfio de Stendhal

p. 735 – *Cahora: uccello indiano che secondo la leggenda si alimenta di raggi lunari.* Cahora: pássaro indiano que, segundo a lenda, se alimenta de raios lunares

p. 725 – *Juiz de Fora: città natale dell'autore.* Juiz de Fora: cidade natal do autor

p. 726 – *Drummond: Carlos Drummond de Andrade, uno dei maestri della poesia brasiliana moderna.* Drummond: Carlos Drummond de Andrade, um dos mestres da poesia brasileira moderna

p. 729 – EPISODIO *Derivato da una lirica di Corrado Costa,* I due passanti, *in "pseudobaudelaire", Scheiwiller 1964.* EPISÓDIO Derivado de um poema de Corrado Costa, "I due passanti", em *Pseudobaudelaire*, Scheiwiller, 1964.

p. 734 – *Loplop: parola coniata da Max Ernst nel suo libro "La femme 100 têtes". Loplop, ora un uomo, ora un uccello, è incaricato di alimentare i lampioni di Parigi. Nel mio lessico personale lo adopero come aggettivo: designa qualcosa di insolito, bizzarro, ecc. Lo stesso Max Ernst potrà essere considerato come l'artista piú loplop del secolo.* Loplop: palavra cunhada por Max Ernst em seu livro *La femme 100 têtes*. Ora homem, ora pássaro, Loplop é encarregado de acender os lampiões de Paris. Em meu léxico pessoal, emprego-o como adjetivo: designa algo de insólito, bizarro etc. O próprio Max Ernst pode ser considerado o artista mais loplop do século.

p. 750 – *Cannocchiale della peonia equina*: cf. Rossana Ombres, *Pavana per un trentesimo anniversario di matrimonio*, da "L'ipotesi di Agar", Einaudi 1968. Telescópio da peônia equina: cf. Rossana Ombres, "Pavana per un trentesimo anniversario di matrimonio", em L'ipotesi di Agar, Einaudi, 1968.

p. 730 – RICORDO DI MELCHISEDEC Cf. *Genesi*, XIV-17/20. LEMBRANÇA DE MELQUISEDEQUE Cf. *Gênesis*, 14 -17,20.

p. 756 – *Congonhas: Congonhas do Campo, città dello stato di Minas Gerais, in Brasile. Vi sono molte delle piú famose opere di Antonio Francisco Lisboa (l'"Aleijadinho"), architetto e scultore brasiliano del '700.* Congonhas do Campo, cidade do estado de Minas Gerais, Brasil. Nela estão muitas das obras mais famosas de Antônio Francisco Lisboa (o "Aleijadinho"), arquiteto e escultor brasileiro do século XVIII.

APPENDICE – POESIE ITALIANE NON INCLUSE IN *IPOTESI*

I

L'Etna

• Madame
si avvicini all'abisso
è piuttosto stimolante
ci sono alcuni fiori
incapaci di cantare
c'è qualche carro armato
[in pensione
una scheda del totocalcio
con i numeri vincenti

• Madame
si avvicini all'abisso
il Vietnam è lontano
i mafiosi
[dormono
non ci sono avverbi
o aggettivi
[qualificativi
attenzione ai suoi sandali
pensi a Empedocle

1973

Rapporto di Edipo

• La vidi (ma non in sogno)
posava le zampe
su di un computer

APÊNDICE – POEMAS ITALIANOS NÃO INCLUÍDOS EM *HIPÓTESES*

I

O Etna

• Madame
aproxime-se do abismo
é de fato estimulante
há algumas flores
incapazes de cantar
há tanques de guerra
[aposentados
um bilhete de loteria
com os números sorteados

• Madame
aproxime-se do abismo
o Vietnã está distante
os mafiosos estão
[dormindo
não há advérbios
nem adjetivos
[qualificativos
cuidado com as sandálias
lembre-se de Empédocles

1973

Relato de Édipo

• Eu a vi (mas não em sonho)
pousava as patas
em um computador

- Guardando la sua testa
  gli occhi ferrigni
  le gettai un sasso triangolare

- Olhando sua cabeça
  os olhos ferrosos
  atirei-lhe uma pedra triangular

- Eccomi senza finestre
  con le mani vuote

- Aqui estou sem janelas
  com as mãos vazias

- Ora parlo
  per circoscrivermi

  incapace di scegliere
  fra il grido e il numero

- Agora falo
  para circunscrever-me

  incapaz de escolher
  entre o grito e o número

Il Figliol Prodigo

- Non potrei far niente
  con le mani piene d'avverbi
  dinanzi alle mura incolumi
  di Gerico e New York.

- Ritorno a casa
  senza emblemi né sortilegi
  senza il conforto di un remo
  o di un computer.

- Ogni testo: materiale consunto.
  Mai mi consolerò
  di non avere un sosia
  che smetta di scrivere.

- Compagni senza pane e senza vino
  rinnegate la terra
  dove giacciono i morti:
  non ci hanno spiegato l'enigma.

O filho pródigo

- Não poderia fazer nada
  com as mãos cheias de advérbios
  diante dos muros incólumes
  de Jericó e Nova York.

- Volto para casa
  sem emblemas ou sortilégios
  sem o conforto de um remo
  ou de um computador.

- Todo texto: material gasto.
  Nunca vou me consolar
  por não ter um sósia
  que pare de escrever.

- Companheiros sem pão e sem vinho
  reneguem a terra
  onde jazem os mortos:
  não nos explicaram o enigma.

Mancato Cireneo

Lo intravvedo nella penombra:
trascina sanguinante
un suo greve pezzo di legno.

Cireneu falhado

Entrevejo na penumbra:
ele arrasta sangrento
sua pesada trave de madeira.

La luna si spoglia:
aspetta due, tre clienti

A lua se despe:
espera dois, três clientes

passa una donna qualunque
in vestito cremisi

passa uma mulher qualquer
em vestido carmesim

un gatto dagli occhi stralunati
la pedina

um gato de olhos arregalados
a acompanha

studenti inneggianti a Mao
alzano strisce rosse
l'Occidente e l'Oriente
ci disputano il futuro
aspetto
l'urto tra il computer e il libro
sotto l'occhio
del carro armato

estudantes louvando Mao
erguem faixas vermelhas
o Ocidente e o Oriente
disputam nosso futuro
espero
o choque entre o computador e o livro
sob a mira
do tanque

Lunedí

Lunedí è un giorno scomodo
da me scomunicato

il sabato la domenica
uno ha potuto bighellonare altrove
guardare il suo simile senza fretta
girare le maniglie del maniero sferico
oppure il collimatore

oggi invece (lunedí)
uno deve tornare in ufficio
per guadagnarsi la morte
— anche a lunga scadenza

Segunda-Feira

Segunda-feira é um dia incômodo
excomungado por mim

sábado e domingo
foi possível vadiar por aí
olhar o próximo sem pressa
girar as maçanetas do castelo esférico
ou o colimador

já hoje (segunda-feira)
é preciso voltar ao escritório
para ganhar a morte
— mesmo que a longo prazo

Il Gran Cinese

Un giorno — forse oggi —
nostro Padre antico
distruggerà il proprio universo
— gesto pianificato di amore e rabbia.

O Grande Chinês

Um dia — talvez hoje —
nosso Pai antigo
destruirá o próprio universo —
gesto planificado de amor e raiva.

Non resterà pietra su pietra
affinché il fuoco elimini tutte le questioni
e le anime ascendenti si liberino del
[sistema.

•

L'uomo è un'esperienza che Iddio ha
[abbandonato.

Não vai ficar pedra sobre pedra
até que o fogo elimine todas as questões
e as almas ascendentes se libertem do
[sistema.

•

O homem é uma experiência que Deus
[abandonou.

Ipotesi

Lo scheletro che a malincuore ospito
certo vorrà inventare cose nuove
e serbare cose arcaiche
— tranne la memoria.

Hipótese

O esqueleto que a contragosto hospedo
decerto vai querer inventar coisas novas
e conservar coisas arcaicas
— exceto a memória.

Il Mare Nemico

Il mare (dal cattivo alito)
possiede uno stock inesauribile di radar/
[televisori

Il mare pubblica centomila edizioni di arie
[del suo rotocalco
mentre montagne di onde brontolano si
[disfano
dinanzi agli spettatori
ignari di Moby Dick.

•

Andare al mare fa malissimo al fegato
anche perché esso eccita i nervi stanchi

•

il mare talvolta sembra calmo verde blu
[viola
invece pianifica
imboscate ai pescatori / marinai /
[turisti
ai gabbiani portando la veste nuziale
anche ai pesci piú piccoli di francobolli.

•

Attualmente si fabbricano in Giappone

O Mar Inimigo

O mar (de hálito intragável)
tem um estoque sem fim de radar/
[televisores

O mar publica cem mil edições diárias de
[suas revistas
enquanto montanhas de ondas rugem e se
[desfazem
diante de espectadores
que desconhecem Moby Dick.

•

Ir ao mar faz muito mal ao fígado
até porque ele excita os nervos cansados.

•

O mar às vezes parece calmo verde azul
[lilás
e no entanto planifica
emboscadas a pescadores / marinheiros /
[turistas
a gaivotas em vestes nupciais
e até aos peixes menores que selos postais.

•

Atualmente se fabricam no Japão

petroliere di 500 000 tonnellate.
Spero che il mare le distrugga senza pietà:
paralizzate tutte le automobili
ormai torneremo a camminare in pace.

Le Nazioni Disunite
ordineranno un anti-monumento di
[schiuma e merda
al mare nostro benefattore
che pur risparmia sempre
il Pentagono e tutti gli eserciti-robot.

L'anonimato

"Perch'i' non spero di tornar giammai"
nello spazio dei cuori dove non ho vissuto,
[che non mi
hanno ospitato, che non si sono accorti
di me che ero vicino, che tendevo loro le
mani, che cercavo di fotografarli
senza pensieri di trapianto, solo per
[sentirli pulsare
senza che loro (bis) mai se ne accorgessero,

preferirei inconcludere:

vai monologhetto in Toscana
in Europa in Brasile e altrove
ad annunziare a tutte le amiche

— terrestri o galassiche —
il mio premorire
un fait divers
senza importanza / come il mio stesso
[morire

Il traffico

Lasciare libero il passo carrabile
diventa una favola: i motori

petroleiros de 500 000 toneladas.
Espero que o mar os destrua sem dó:
paralisados todos os carros
agora voltaremos a caminhar em paz.

•

As Nações Desunidas
vão encomendar um antimonumento de
[espuma e merda
para o mar nosso benfeitor
que mesmo assim sempre poupa
o Pentágono e todos os exércitos-robô.

O anonimato

"Porque não espero retornar um dia"
ao lugar dos corações onde não vivi, que
[não me
acolheram, que não se deram conta
de mim que estava próximo e estendia as
mãos a ele, que buscava fotografá-los
sem pensamentos transplantados, só para
[os sentir pulsar
sem que eles (bis) jamais se dessem conta,

preferiria não concluir:

vai meu solilóquio à Toscana
à Europa ao Brasil e além
a anunciar a todas as amigas

— terrestres ou galácticas —
meu pré-morrer
um fait divers
sem importância / como minha própria
[morte

O tráfego

Deixar livre a entrada da garagem
se torna uma odisseia: os motores

invadono anche l'angolo riservato ai
[fantasmi
che certi cineasti vorrebbero
[ospitare.

invadem até o canto reservado aos
[fantasmas
que certos cineastas gostariam de
[hospedar.

Linguistica

Franz Kafka conosce perfettamente
il tedesco il ceco il francese l'inglese
ma prima di tutto il kafkese.

•

Quale lingua parleremo nell'"eternità"?
Sull'argomento occorre consultare Roman
[Jakobson.

•

Spero che nell'"eternità"
l'inglese sia abolito:
dovrei usare la traduzione
[simultanea
riportandomi ai peggiori tempi terrestri.

Linguística

Franz Kafka conhece perfeitamente
o alemão o tcheco o francês o inglês
mas antes de tudo o kafkês.

•

Que língua falaremos na "eternidade"?
Sobre o assunto se deve consultar Roman
[Jakobson.

•

Espero que na "eternidade"
o inglês seja abolido:
eu precisaria recorrer à tradução
[simultânea
remontando aos piores tempos terrestres.

La mancata invenzione

Eppur ci muove sempre
un desiderio di felicità
(cambiare il vuoto in consistenza)

purtroppo né gli uomini né gli dèi
— antipodi o paralleli —
non sono mai riusciti a soddisfarci.

A invenção falhada

No entanto nos move sempre
um desejo de felicidade
(mudar o vazio em consistência)

infelizmente nem homens nem deuses
— antípodas ou paralelos —
jamais conseguiram nos satisfazer.

I Russi Bianchi

Conosco a Rio
un gruppo di russi bianchi
sprovvisti di caviale vodka
vegetariani
sempre vicini al samovar.

•

Os Russos Brancos

Conheço no Rio
um grupo de russos brancos
desprovidos de caviar e vodca
vegetarianos
sempre perto do samovar.

•

Credono alla metempsicosi
al progresso della città futura
— nuova Bisanzio —
vedono San Basilio nel Pan di Zucchero
pregano per l'anima di Stalin
sognano
il ritorno della monarchia brasiliana.

•

Nel centro dell'iconostasi
c'è una foto di Tolstoi.

Acreditam na metempsicose
no progresso da cidade futura
— nova Bizâncio —
veem São Basílio no Pão de Açúcar
rezam pela alma de Stálin
sonham
o retorno da monarquia brasileira.

•

No centro da iconóstase
há uma foto de Tolstói.

La latteria

Dinanzi al televisore
vediamo l'Apollo 7
l'occupazione di Praga
la strage del Biafra e del Vietnam.

•

I triangoli di latte pastorizzato
sognano che i clienti non li porteranno
[via
e si scambiano progetti
per un avvenire migliore.

A leiteria

Diante da televisão
vemos a Apolo 7
a ocupação de Praga
o massacre em Biafra e no Vietnã.

•

Os triângulos de leite pasteurizado
sonham que os clientes não os levarão
[embora
e discutem projetos
para um futuro melhor.

Luogo Comune

L'uccello sembrava piccolo
d'improvviso scuote le ali
è diventato enorme
vittorughianamente enorme
poi piccolino
leopardianamente passero
solitario

provvisorio

passero o aereo
annunzia un viaggio a rate
o una catastrofe
le nuvole lo bevono

Lugar-comum

O pássaro parecia pequeno
de repente sacode as asas
se tornou enorme
victorhuguianamente enorme
depois pequenino
leopardianamente pardal
solitário

provisório

pardal ou avião
anuncia uma viagem em prestações
ou uma catástrofe
as nuvens o sorvem

piú immenso di una parola
anche rarefatta
anche mai scritta.

mais imenso que uma palavra
mesmo rarefeita
mesmo nunca escrita.

Incubo

Annaspando nel buio cercavo
alcune parole italiane
in un vocabolario cinese

che proprio un cinese in seguito
ha per fortuna distrutto.

Íncubo

Tateando no escuro eu buscava
umas palavras italianas
em um dicionário chinês

que em seguida justo um chinês
por sorte destruiu.

Il verbo dimagrire

Dordorona
balena esistenzialista in vacanze
irrompe nel centro del mare:
guarda angosciata
la sagoma di due gabbiani
che girano su e giú
alternativamente.

O verbo emagrecer

Dordorona
baleia existencialista em férias
irrompe no centro do mar:
observa angustiada
o perfil de duas gaivotas
que voam pra cima e pra baixo
alternadamente.

La velocità

Guardate la morte: modernissima.
Appena salita in orbita
è già arrivata al cosmo.

A velocidade

Vejam a morte: moderníssima.
Assim que subiu à órbita
já alcançou o cosmo.

Asfissia

L'uccello recidivo
vuol gridare. Invano.

Vola senza moglie
senza fonte
senza grano
senza compagni paralleli

Asfixia

O pássaro recidivo
quer gritar. Em vão.

Voa sem parceira
sem fonte
sem grão
sem companheiros paralelos

senza cosmonauta
senza giardino giapponese

e senz'aria.

sem cosmonauta
sem jardim japonês

e sem ar.

La seconda famiglia

Per discutere un problema metafisico
avevo prescelto
una giraffa / una scimmia / una foca
oltre a un'avvenente gatta-squillo
a mo' di compagna di spasso.

Volevo anche offrirle una festa
in una villa con parco e piscina
costruita da Le Corbusier o Nervi:

ma mi hanno snobbato
guardandomi con occhi di marziani.

Sono rimasto solo / tapino
e nemmeno mi posso rivolgere
alle macchine elettroniche.

A segunda família

Para discutir um problema metafísico
eu tinha escolhido
uma girafa / um macaco / uma foca
além de uma graciosa gata-atendente
como acompanhante de folga.

Queria até oferecer uma festa
numa villa com parque e piscina
construída por Le Corbusier ou Nervi:

mas todos me esnobaram
mirando-me com olhos de marciano.

Continuei sozinho / mísero
e nem mesmo posso me dirigir
às máquinas eletrônicas.

Mancato Euclide

Durante il silenzio quadrato della notte
il mio fegato secerne un teorema
che il sogno prossimo sopprime.

Euclides falhado

Durante o silêncio quadrado da noite
meu fígado secreta um teorema
que o sonho seguinte suprime.

Monito

Tacete galassie
lasciate dormire la magnolia
con il suo cane pastore
che la sorveglia dall'uscio.

Advertência

Calai galáxias
deixai dormir a magnólia
com seu cão pastor
que a vigia desde a porta.

II

Cosmè Tura

La tua linguistica
talvolta supera la lezione di Piero.

Costruisci uno spazio monumentale
dove non c'è posto
per la tenerezza o il fluido.

Aspro rude ferrarese
di furore sei fatto.

Gauguin

Non c'è Tahiti né Attuana non c'è l'
odore di dalie ipocrite né il filobus né il
[mare
paisible blu né il tempo incurioso
[d'orologio
né la presenza parigina né la sensazione
[di
evadersi né di essere una colonna delle
arti né plancton né veramente la
sostanza delle domande autobiografiche:
"donde veniamo che siamo dove
[andiamo?"
Non c'è Pahura non c'è neanche Tehura.
Comunque: "non c'è" implica "c'è".

Giacomo Balla

La finestra rossa mi guarda / nessuno ci
[guarda
nessuno ci è piú contemporaneo / non si
[sa bene
dove e quando siamo / il presente risulta
[postumo

II

Cosmè Tura

Sua linguística
às vezes supera a lição de Piero.

Você constrói um espaço monumental
onde não há lugar
para ternura ou fluidez.

Áspero rude ferrarense
todo feito de furor.

Gauguin

Não há Taiti nem Atuona nem há o
cheiro de dálias hipócritas nem o trólebus
[nem o mar
paisible azul nem o tempo incurioso do
[relógio
nem a presença parisiense nem a
[sensação de
evadir-se nem de ser um pilar das
artes nem plâncton nem realmente a
substância das perguntas autobiográficas:
"de onde viemos quem somos para onde
[vamos?"
Não há Pahura não há sequer Tehura.
De todo modo: "não há" implica "há".

Giacomo Balla

A janela vermelha me olha / ninguém nos
[olha
ninguém nos é mais contemporâneo / não
[se sabe bem
onde e quando estamos / o presente se
[mostra póstumo

si studia la verticabilità
[dell'orizzontalità
le curve discendenti si moltiplicano
(vedi l'elettricità del sogno).

•

Fosti costretto a morire: ecco il futuro.

estuda-se a verticabilidade da
[horizontalidade
as curvas descendentes se multiplicam
(tu vês a eletricidade do sonho.)

•

Foste obrigado a morrer: eis o futuro.

Capogrossi: "superficie 576"

Scorgo uno spazio bianco
una forma staccata dalla Vostok I
forma bianca o vicebianca
con la coda bianca
un segno significante
che mi interroga
mi propone
un punteruolo per forare il tempo
mi spinge fuori di me stesso
verso un territorio che
devo pianificare costruire
svuotare da oggetti superflui
— un orologio un organigramma
un cruciverba una bomba —

Questo segno indica a me
l'avvicinarsi dell'artista
allo speleologo
al fisico nucleare

•

Cosí (è) la forma capogrossiana:
dado bianco lanciato
sull'universo nero.

Capogrossi: "superfície 576"

Percebo um espaço branco
uma forma destacada da Vostok I
forma branca ou vicebranca
com a cauda branca
um sinal significante
que me interroga
me propõe
uma sovela para furar o tempo
me impele para fora de mim mesmo
rumo a um território que
devo planificar construir
esvaziar de objetos supérfluos
— um relógio um organograma
uma palavra-cruzada uma bomba —

Esse sinal me indica
a proximidade do artista
com o espeleólogo
o físico nuclear

•

Assim (é) a forma capogrossiana:
dado branco lançado
sobre o universo preto.

Monumento a un musicista ignoto

Non ti sei prosternato a Salisburgo
non hai capito bene l'usignolo
che è solito ascoltar l'aurora questo flauto.

Monumento a um músico desconhecido

Você não se prosternou em Salzburg
não entendeu bem o rouxinol
que costuma escutar na aurora esta flauta.

Un giorno di chiarezza e smanie
lacerasti il pentagramma vergine
suonasti il clavicembalo
dentro la balena di Giona.

Salito in paradiso
la Santissima Trinità
immemore dei bombardamenti terrestri
sonnecchiava
nel sabato dei tamburi.

Num dia de clareza e ânsias
rasgou o pentagrama virgem
tocou o cravo
dentro da baleia de Jonas.

Subido ao paraíso
a Santíssima Trindade
olvidada dos bombardeios terrestres
cochilava
no sábado dos tambores.

Rameau

Esaurita la parola "cristallo"
Jean-Philippe Rameau
quale immagine o cosa potrei inventare
per dire
la flessibilità dei tuoi ritmi
e il tuo discorso esatto
nel segnare la dialettica del tempo
superiore al cronometro?

Rameau

Exaurida a palavra "cristal"
Jean-Philippe Rameau
que imagem ou coisa eu poderia inventar
para dizer
a flexibilidade de seus ritmos
e seu discurso exato
ao marcar a dialética do tempo
superior ao cronômetro?

Mrinalini Sarabhai

Recavi nei tuoi sàri nel tuo corpo
frammenti delle Scritture indiane
riunivi la malia del mito
e la tradizione della materia.

I tuoi segni / gesti / passi
scaturivano dalle origini.

•

Sei venuta per riassumere l'India
dinanzi a me
succubo della tua liturgia.
Discorrevamo di Siva
il Rigveda il Samaveda

Mrinalini Sarabhai

Levavas em teus saris e no corpo
fragmentos das Escrituras hindus
reunias o feitiço do mito
e a tradição da matéria.

Teus sinais / gestos / passos
se desatavam das origens.

•

Vieste para resumir a Índia
diante de mim
súcubo de tua liturgia.
Discorríamos de Shiva
o Rigveda o Samaveda

Nandita Kripalani

Per te l'eternità diventa vera:
la porti nei tuoi occhi rotativi
che dialogano alla finestra,

nei tuoi piedi dormienti ma danzanti,

e ti scusi di sciogliere le tenebre,
di non attingere piú
gli uccelli migratori in diagonale,
di non poter redimere tutti i paria,

ora che la nostra madre India
s'impoverisce del tuo corpo,

e gli stivali della notte armata
calpestano la terra.

Nandita Kripalani

Por ti a eternidade se torna verdadeira:
ela vem em teus olhos rotativos
que dialogam à janela,

em teus pés dormentes mas dançantes,

e te escusas por dissolveres as trevas,
por não alcançares mais
as aves migratórias em diagonal,
por não poderes redimir todos os párias,

agora que nossa mãe Índia
se empobrece de teu corpo,

e as botas da noite armada
espezinham a terra.

William Blake

La realtà terrestre
è ospite dell'immaginazione.

•

Siamo formati di
"Reasoning, Doubt, Despair and Death."

•

Un giorno hai nutrito Adamo ed Eva.
Hai studiato la simmetria della tigre
che discende da Dio. Come l'agnello.

•

Hai saputo abbinare poesia e pittura
dopo avere annunziato
lo sponsalizio del cielo e dell'inferno.

William Blake

A realidade terrestre
é hóspede da imaginação.

•

Somos formados de
"Reasoning, Doubt, Despair and Death."

•

Um dia você nutriu Adão e Eva.
Estudou a simetria do tigre
que descende de Deus. Como o cordeiro.

•

Soube aliar poesia e pintura
após ter anunciado
as núpcias do céu e do inferno.

Pirandello

Trainato da due cavalli imbizzarriti
morto ritornasti ad Agrigento
anonimo senza seguito

Pirandello

Arrastado por dois cavalos arredios
retornaste morto a Agrigento
anônimo sem séquito

portando la tua altra persona
che non c'era.

Agrigento è crollata
sussistono le tue ceneri
— forse le ceneri altrui.

•

Smarriti disarmati in un tempo di
[carnefici
spenti il fuoco sacro la memoria originale
Enrico IV siamo tutti noi.

levando tua outra pessoa
que não existia.

Agrigento desmoronou
subsistem tuas cinzas
— talvez as cinzas alheias.

•

Atônitos desarmados em um tempo de
[carnífices
extintos o fogo sacro a memória original
Henrique IV somos todos nós.

Palazzeschi

A Firenze / Roma il poeta
costruisce e distrugge il crepuscolo
guarisce la fontana malata
cambia il mito in realtà.

Si drizza su Venezia:
piú efficace del doge
verifica se tutto è a posto
se l'immaginazione e la fiaba
vanno sempre scatenate
sulla laguna.

•

Accompagnato dalle sorelle Materassi
da Perelà / dai fratelli Cuccoli / dai buffi
spunta sulla strada
con passi di flauto
scarpe di zaffiro

viene da un obelisco / da un caffè / da un
[astro

Palazzeschi

Em Florença / Roma o poeta
constrói e destrói o crepúsculo
cura a fonte adoecida
transmuta o mito em realidade.

Se ergue sobre Veneza:
mais eficaz que o doge
verifica se tudo está certo
se a imaginação e a fábula
correm sempre irrefreáveis
sobre a laguna.

•

Acompanhado das irmãs Materassi
de Perelà / dos irmãos Cuccoli / dos bufões
desponta na rua
com passos de flauta
sapatos de safira

vem de um obelisco / de um café / de um
[astro

Montale

Upupa è una parola
che incontrai molti anni fa
in un testo di Montale:

Montale

Upupa é uma palavra
que encontrei muitos anos atrás
em um texto de Montale:

secondo il vocabolario
una parola diurna
e non notturna
come credeva il Foscolo.

Non la conoscevo prima
e mi ha urtato.

•

La parola Dora Markus:
meno strana di upupa.
La donna che la porta
è piú affascinante
anche senza il ciuffo:

dopo tanto tempo
rimasta fresca attiva
spesso mi invita a spasso
cita altre parole recise
di Montale
che iridano come le scaglie
della triglia moribonda.

segundo o dicionário
uma palavra diurna
e não noturna
como pensava Foscolo.

Não a conhecia antes
e me sacudiu.

•

A palavra Dora Markus:
menos estranha que upupa.
A mulher que a carrega
é mais fascinante
mesmo sem o penacho:

depois de tanto tempo
continuando fresca ativa
com frequência me convida a passeio
cita outras palavras precisas
de Montale
que irisam como as escamas
da trilha moribunda.

Leonardo Sinisgalli

1 • Dentro una sfera
Leonardo Sinisgalli
poeta = ricercatore
circondato di computers
dice:

"Archimede
con i tuoi lumi i tuoi lemmi
scoprici nuove geometrie,
dimensioni, figure inaspettate,

dacci un antidoto di Cartesio,
illumina la nostra irrazionalità
occulta sotto la specie della ragione."

2 • Il tuo furor mathematicus
riesce ad abbinare

Leonardo Sinisgalli

1 • Dentro de uma esfera
Leonardo Sinisgalli
poeta = pesquisador
cercado de computadores
diz:

"Arquimedes
com suas luzes os seus lemas
nos descubra novas geometrias,
dimensões, figuras inesperadas,

nos dê um antídoto de Descartes,
ilumine nossa irracionalidade
oculta sob a espécie da razão."

2 • Seu furor mathematicus
consegue combinar

fantasia e regola,
Pitagora e Lautréamont.

fantasia e regra,
Pitágoras e Lautréamont.

Dove finisce per te il numero
e incomincia il verso?

Onde para você termina o número
e começa o verso?

3 • Conosci
l'automa / il Minotauro / l'acquedotto
la sagoma degli uccelli
quando perdono quota,
il lirismo della macchina
— Arcadia del secolo xx.

3 • Conhece
o autômato / o Minotauro / o aqueduto
a forma dos pássaros
quando perdem altura,
o lirismo da máquina
— Arcádia do século xx.

4 • Un giorno svelerai la linea astratta
che unisce Montemurro all'astroporto.

4 • Um dia vai revelar a linha abstrata
que une Montemurro ao astroporto.

Chlébnikov

Girovago

"presidente del globo terrestre"
dove le farfalle comandano
dove nessuno perseguita nessuno
dove il cane saluta il gatto
dove la forza / la malvagità
non si uniscono mai alla tecnocrazia
dove i generali dalla loro nascita
vanno automaticamente in pensione
dove gli uomini e i popoli dialogano.

Khlébnikov

Peregrino

"presidente do globo terrestre"
onde as borboletas comandam
onde ninguém persegue ninguém
onde o cão cumprimenta o gato
onde a força / a crueldade
nunca se unem à tecnocracia
onde os generais desde o nascimento
são automaticamente aposentados
onde os homens e os povos dialogam.

e.e. cummings

Un poeta spezza il testo
cambia la sintassi
tronca il discorso

e sa interrogare:

"who dares to call himself a man?"

•

e.e. cummings

Um poeta parte o texto
muda a sintaxe
corta o discurso

e sabe interrogar:

"who dares to call himself a man?"

•

Un poeta definisce il nostro nulla
fatto di parentesi / reticenze
quando ci descrive in modo scarno
il suo incontro segreto con il Cristo

"made of nothing
except loneliness".

•

Potrei offrirti
una zampogna / una zangola / una zana?
No.

Ma neppure una poesia-oggetto
una poesia non-oggetto
una "stravaganza" tipografica
simile alle tue invenzioni.

•

Forse gradiresti
una comunicazione matematica di segni
uno strumento per annullare la distanza
fra la mano e il cervello.

Jack Kerouac

Il calciatore vince una borsa di
[studio
alla Columbia University
percorre tutta l'America
valendosi dell'autostop.

•

Piú tardi arriva alla soglia dello Zen
senza capire la differenza
tra il mentale e il reale:
ma capisce l'haicai.

•

Il viaggiatore arriva alla soglia del mondo,
stenta a tradurlo in parole:
non riesce a conoscerlo bene.

"Who's going to ever know the world
[before
it goes?"

Um poeta define o nosso nada
feito de parênteses / reticências
quando nos descreve descarnadamente
seu encontro secreto com o Cristo

"made of nothing
except loneliness".

•

Poderia oferecer-lhe
uma bateria / uma batedeira / uma bacia?
Não.

Mas tampouco um poema-objeto
um poema não-objeto
uma "extravagância" tipográfica
semelhante às suas invenções.

•

Talvez você apreciasse
uma comunicação matemática de signos
um instrumento para anular a distância
entre a mão e o cérebro.

Jack Kerouac

O jogador de futebol ganha uma bolsa de
[estudos
na Columbia University
percorre toda a América
recorrendo a caronas.

•

Mais tarde chega às portas do Zen
sem entender a diferença
entre o mental e o real:
mas entende o haicai.

•

O viajante chega às portas do mundo,
pena para traduzi-lo em palavras:
não consegue conhecê-lo bem.

"Who's going to ever know the world
[before
it goes?"

Torricelli

Torricelli è un personaggio
della mia infanziadolescenza.

•

In quell'epoca lo vedevo
con il suo cannocchiale:
una torre coronata da uccelli
senza alfabeto né bussola.

•

Arriva il professore
a spiegarmi il teorema di Torricelli:
cado subito nel vuoto.

Torricelli

Torricelli é um personagem
de minha infânciadolescência.

•

Naquela época eu o via
com seu telescópio:
uma torre coroada de pássaros
sem alfabeto nem bússola.

•

O professor chega
para me explicar o teorema de Torricelli:
caio logo no vazio.

III

III

Pisa

Due torri a Pisa oscillano
si toccano — gemelle — si abbracciano
due torri a Pisa oscillano
nella Piazza dei Miracoli.

Pisa

Duas torres em Pisa oscilam
se tocam — gêmeas — se abraçam
duas torres em Pisa oscilam
na Praça dos Milagres.

Foto di Creta

Heraclion, da molto non ti vedo:
precisamente, dal giugno 1957. So
[benissimo
che il paese è sempre lí, rassomiglia
a una Castiglia marittima, forse per questo
Domenikos Theotocopoulos aveva
[scelto
Toledo come residenza.
Purtroppo
il labirinto non funziona
soltanto nel tuo suolo: l'hanno riprodotto
[ovunque

i colonnelli.

Foto de Creta

Heráclion, há muito não a vejo:
precisamente, desde junho de 1957. Sei
[bem
que a cidade está sempre lá, se parece
com uma Castela marítima, talvez por isso
Domenikos Theotocopoulos tenha
[escolhido
Toledo como residência.
Infelizmente
o labirinto não funciona
apenas em seu solo: o reproduziram em
[toda parte

os coronéis.

Malaga

Evito la parola
cattedrale.

•

Hanno bruciato Malaga la rossa
durante la guerra civile

sono avanzati gli alberi
iterativi
piú numerosi degli uomini
il mare ridondante rotondo
la casa natale di Picasso

e una certa donna periferica
dagli occhi metallici
vagamente marocchina
che guardando la darsena
mi ha detto no

Málaga

Evito a palavra
catedral.

•

Queimaram Málaga a vermelha
durante a guerra civil

sobraram as árvores
iterativas
mais numerosas que os homens
o mar redundante redondo
a casa natal de Picasso

e uma certa mulher periférica
de olhos metálicos
vagamente marroquina
que olhando a doca
me disse não

Oceania

Continente dimenticato
la radio / la televisione / il giornale
non si occupano di te
Oceania,
Micronesia / Melanesia / Polinesia.

•

Continente scomparso
nuova Atlantide-Pacifica
nessun Platone
grande o tascabile
ti addita.

•

Esisterai veramente in carne e ossa,
sgabuzzino del mondo, Oceania?

•

Forse ospiterai
l'uccello travestito da pesce,
il fiore-lampo.

Oceania

Continente esquecido
o rádio / a televisão / o jornal
não se ocupam de ti
Oceania,
Micronésia / Melanésia / Polinésia.

•

Continente desaparecido
nova Atlântida-Pacífica
nenhum Platão
grande ou de bolso
aponta para ti.

•

Existirás realmente em carne e osso,
cubículo do mundo, Oceania?

•

Quem sabe hospedarás
o pássaro disfarçado de peixe,
a flor-relâmpago.

Forse inventerai
uno spazio dove il cerchio e il quadrato
si toccano una volta l'anno.

•

Ora mi ricordo che tu esisti:
l'hanno detto
Gauguin / Bandeira / Apollinaire.

Quem sabe inventarás
um espaço onde o círculo e o quadrado
se encontrem uma vez ao ano.

•

Agora lembro que existes:
o disseram
Gauguin / Bandeira / Apollinaire.

Papiers / Papéis (1931-1974)

Tradução de Júlio Castañon Guimarães

Paysage

Le soleil bleu se lève
derrière les derrières
des femmes en éventail.

Une bouteille a recueilli
le fleuve dans son sein étroit.

Le monde est si petit, mon amie:
le voilà enfermé dans ton maillot.

1931

Paisagem

O sol azul se levanta
por trás dos traseiros
das mulheres em leque.

Uma garrafa recolheu
o rio em seu seio estreito.

O mundo é tão pequeno, minha amiga:
ei-lo fechado em teu maiô.

1931

Pour Guillaume Apollinaire

Les flammes m'ont parlé aux pieds
Elles découvrent des secrets de l'enfer
Beaucoup plus visible que le ciel

Le rosier ce soir accouche des oeillets
Pour que les poupées puissent regarder
[par les yeux d'autrui
Quel chemin dois-je parcourir
Ayez pitié de moi émigrant qui fuis le
[ciel
On m'a chassé de ma jeunesse sans
[photos
On m'a chassé de la mort monument de
[cristal
Pardon l'étoile bleue

Apprenez de moi cascades sangsues
Apprenez de moi nouveaux-nés
Je suis dans une île battue de vents de
[bronze
Personne ne se souvient de moi
J'ai joué un personnage
Et maintenant je suis mangé par lui
Cloches écoutez-moi

Para Guillaume Apollinaire

As chamas me falaram aos pés
Elas descobrem segredos do inferno
Muito mais visível que o céu

A roseira esta noite dá à luz cravos
Para que as bonecas possam olhar pelos
[olhos de outrem
Que caminho devo percorrer
Tenham piedade de mim emigrante que
[fujo do céu
Expulsaram-me de minha juventude sem
[fotos
Expulsaram-me da morte monumento de
[cristal
Perdão estrela azul

Aprendam comigo cascatas sanguessugas
Aprendam comigo recém-nascidos
Estou em uma ilha batida por ventos de
[bronze
Ninguém se lembra de mim
Representei um personagem
E agora sou comido por ele
Sinos escutem-me

La terre fond sur moi comme un aigle ou
[un baiser
Les augures tombent sur la plage
Mannequins de sable
Il me faut le poison
Qui me rendait la méchanceté la violence
Je n'ai pas de sens politique ni de sens
[religieux
Quelqu'un est mon fantôme
On me copie à l'encre de Chine
Qui suis-je?

Trouvez-moi la clef de l'avenir
Haïssez-moi
Avec l'aide de pianos et de bibles volantes
Pendant que les Premiers Parents se
[tiennent dans le tonnerre
Aussi tranquilles que le liège
Phénomène obéissant

Rio, 28-7-42

A terra se lança sobre mim como uma
[águia ou um beijo
Os áugures caem sobre a praia
Manequins de areia
Preciso do veneno
Que me dava a maldade a violência
Não tenho senso político nem senso
[religioso
Alguém é meu fantasma
Copiam-me a nanquim
Quem sou?

Encontrem-me a chave do futuro
Odeiem-me
Com a ajuda de pianos e de bíblias volantes
Enquanto os Primeiros Pais se mantêm
[no trovão
Tão tranquilos quanto a cortiça
Fenômeno obediente

Rio, 28-7-42

À un peintre

- La terre est un feu oval,
Un arbre à minéraux, un cube qui jette
[des couleurs
C'est le pays de mille anamorphoses
Qui changent leurs visages, se
[réfléchissent
Réciproquement.

- La terre est le champ fertile et limité
Même par le pinceau qui s'aventure
Dans le probable territoire inconnu:
Il cherche en même temps destruction/
[construction.

1954

A um pintor

- A terra é um fogo oval,
Uma árvore de minerais, um cubo que
[lança cores
É a região de mil anamorfoses
Que mudam seus rostos, se
[refletem
Reciprocamente.

- A terra é o campo fértil e limitado
Mesmo pelo pincel que se aventura
No provável território desconhecido:
Ele busca ao mesmo tempo destruição/
[construção.

1954

Salut à Arpad Szenes

Dans les crevasses du blanc,
Dans les noirs miroirs du blanc,
Dans les palais noirs, gris et jaunes du
[blanc,
Esprit je te reencontre,
Ombre réelle, concrète,
De cristaux superposés,
De fines épées.

Je te déduis
De la convexité des miroirs;
De l'étoile des cristaux
Qui s'unissent, blancs,
Pour un seul exemple,
Pour un seul silence,
Un amour concis,
Une seule éternité issue
De cette terre même,
De cet espace dompté:

Atome pur
Dont les traces disparaissent
Dans les labyrinthes noirs du blanc;
Atome devenu égal à lui-même
Par l'ascèse et la rigueur du blanc.

Paris, 6-5-1955

Saudação a Arpad Szenes

Nas rachaduras do branco,
Nos negros espelhos do branco,
Nos palácios negros, cinza e amarelos do
[branco,
Espírito te reencontro.
Sombra real, concreta,
De cristais superpostos,
De finas espadas.

Eu te deduzo
Da convexidade dos espelhos;
Da estrela dos cristais
Que se unem, brancos,
Para um único exemplo,
Para um único silêncio,
Um amor conciso,
Uma única eternidade oriunda
Dessa terra mesma,
Desse espaço domado:

Átomo puro
Cujos traços desaparecem
Nos labirintos negros do branco;
Átomo que se tornou igual a si mesmo
Pela ascese e pelo rigor do branco.

Paris, 6-5-1955

À Pierre-Louis Flouquet

L'étoile qui est montée au ciel
En était d'abord descendue.

O poète humain,
Tu connais maintenant la vaste zone
[d'ombre
Illuminée par un point minime:
Mais ce point ouvre sur des galaxies
De nouveaux éléments insoupçonnés,

A Pierre-Louis Flouquet

A estrela que subiu para o céu
Dele primeiro desceu.

Ó poeta humano,
Conheces agora a vasta zona de
[sombra
Iluminada por um ponto mínimo:
Mas esse ponto se abre para galáxias
De novos elementos insuspeitados.

Voici la musique jamais ouïe auparavant,
La forme insaisissable à tout pinceau.

Pourquoi l'étoile est montée au ciel
Si ce n'est pour t'annoncer
La cinquième dimension de la souffrance,
L'attente de la résurrection?

Ainsi dans le tableaux des anciens
[Flamands
Un champ de minuscules fleurs
Produit la perspective infinie.

Rome, 1957

Eis a música nunca ouvida antes,
A forma inapreensível para qualquer pincel.

Por que a estrela subiu para o céu
A não ser para te anunciar
A quinta dimensão do sofrimento,
A espera da ressurreição?

Assim nos quadros dos antigos
[flamengos
Um campo de minúsculas flores
Produz a perspectiva infinita.

Roma, 1957

Toast

Quand je retournerai à Paris
Un homme vertical au béret catalan
Assisté de neuf ombres de muses
Me tendra une main fraternelle.
Puis on se partagera l'étoile.

La poésie nous sera servie directement,
La poésie aimée d'amour par cet homme
[essentiel
Qui, n'ayant rien demandé, a tout reçu:
Et les grands Espagnols, Apollinaire,
Sponde et Scève seront parmi nous.

Dans l'île de Saint Louis,
Dans le Paris oval/médieval
Je me promènerai avec le typographe
Qui sait, magicien, manier les lettres:
C'est lui l'artisan rigoureux
Et le poète:
J'ai nommé Guy Lévis Mano.

Rome, 1957

Brinde

Quanto eu voltar a Paris
Um homem vertical de boné catalão
Assistido por nove sombras de musas
Me estenderá uma mão fraterna.
Depois partilharemos a estrela.

A poesia nos será servida diretamente,
A poesia amada de amor por esse homem
[essencial
Que, nada tendo pedido, tudo recebeu:
E os grandes espanhóis, Apollinaire,
Sponde e Scève estarão entre nós.

Na ilha de Saint Louis,
Na Paris oval/medieval
Eu passearei com o tipógrafo
Que sabe, mágico, manejar as letras:
É ele o artesão rigoroso
E o poeta:
Nomeei Guy Lévis Mano.

Roma, 1957

Joan Miró

- Un vase en verre majorquin
Déborde de pinceaux et tubes de
[couleurs:

Soudain ils se dressent énergiques
Échangent des mots inventés
Au-delà du catalan

Suscitent des flammes vertes
Qui jouent à cache-cache
Avec le vent venu de Tarragone

Nos étoiles-filles manoeuvrent un
[collimateur
Des lignes courbes et droites
Se mettent à danser la sardane

Un cerf-volant jaune/bleu/rouge
Salve un Poisson orangé/índigo/violet

La réalité No. 1
Se bat avec la réalité No. 2

- Le désordre devient l'ordre
[fantastique
De la peinture-poésie miròïenne

Le soleil regarde le peintre-poète
Par le trou de la serrure:

Voilà Joan Mirò
Entouré de pierres/d'insectes/d'étoiles
[de mer
Voilà Joan Miró
Qui depuis 75 ans — ou 3000? —
Naît et renaît tous les jours
De lui-même
Du passé/du présent/du futur

Joan Miró

- Um vaso de vidro maiorquino
Cheio de pincéis e tubos de
[tintas:

Súbito eles se erguem enérgicos
Trocam palavras inventadas
Para além do catalão

Suscitam chamas verdes
Que brincam de esconde-esconde
Com o vento vindo de Tarragona

Nossas estrelas-meninas manobram
[um colimador
Linhas curvas e retas
Põem-se a dançar a sardana

Uma pipa amarela/azul/vermelha
Saúda um peixe laranja/índigo/violeta

A realidade N. 1
Briga com a realidade N. 2

- A desordem torna-se a ordem
[fantástica
Da pintura-poesia miroana

O sol olha o pintor-poeta
Pelo buraco da fechadura:

Eis Joan Mirò
Cercado por pedras/insetos/estrelas
[do mar
Eis Joan Mirò
Que há 75 anos — ou 3000? —
Nasce e renasce todos os dias
De si mesmo
Do passado/do presente/do futuro

D'un énorme conte de fées
Écrit et filmé exprès par Joan
[Mirò.

Rome, 1969

De um enorme conto de fadas
Escrito e filmado expressamente por Joan
[Mirò.

Roma, 1969

Vieira da Silva

Nous devinons le labyrinthe cartésien.
Une ligne en lave une autre.
L'imagination critique la réalité:
Lucide, elle ne la détruit pas.
Le tempérament est dompté par la culture.
Le cristal mûr médite.
De grands plans s'humilient.
Comprimée
L'eau
Trace
Son
Histoire
Droite.

Le pinceau a conscience de la géométrie a conscience de la solitude. La solitude a conscience de l'espace. L'espace affronte le temps fluide et successif. Le temps dévide des problèmes. Les problèmes assaillent le labyrinthe. Le labyrinthe se connaît: il construit au-dedans de lui-même un autre labyrinthe.

Vieira da Silva

Percebemos o labirinto cartesiano.
Uma linha lava outra.
A imaginação critica a realidade:
Lúcida, ela não a destrói.
O temperamento é domado pela cultura.
O cristal maduro medita.
Grandes planos humilham-se.
Comprimida
A água
Traça
Sua
História
Reta.

O pincel tem consciência da geometria tem consciência da solidão. A solidão tem consciência do espaço. O espaço enfrenta o tempo fluido e sucessivo. O tempo desenrola problemas. Os problemas assaltam o labirinto. O labirinto se conhece: constrói dentro de si mesmo um outro labirinto.

Jeanne D'Arc

L'enfant Jeanne d'Arc.
L'arc de Jeanne d'Arc.
La roue de l'arc de Jeanne d'Arc.
Les autres jouets de Jeanne d'Arc:
[l'églantine, l'alouette,
[la comptine, le bilboquet
[de Jeanne d'Arc.

Joana D'Arc

A criança Joana d'Arc.
O arco de Joana d'Arc.
A roda do arco de Joana d'Arc.
Os outros brinquedos de Joana d'Arc: a
[madressilva, a cotovia,
[a canção infantil, o bilboquê
[de Joana d'Arc.

Le pain et le vin, le fromage: les hommages
[de Jeanne d'Arc.
La jeune Jeanne d'Arc.
Le jeûne de Jeanne d'Arc.

L'"hombre" de Jeanne d'Arc.
L'ombre de Jeanne d'Arc.

Le moi de Jeanne d'Arc.
L'émoi de Jeanne d'Arc.

La voix de Jeanne d'Arc.
Les voix de Jeanne d'Arc.

La foi de Jeanne d'Arc.
Le foie de Jeanne d'Arc.

Le roi de Jeanne d'Arc.
L'Ubu roi de Jeanne d'Arc.

L'oui de Jeanne d'Arc.

Le feu de Jeanne d'Arc.

L'hôtel de Jeanne d'Arc.
L'autel de Jeanne d'Arc.

L'arc-en-ciel de Jeanne d'Arc.

L'arcanisation de Jeanne d'Arc.

•

L'avenir sans Bombe. Sans épée. La paix.

O pão e o vinho, o queijo: as homenagens
[de Joana d'Arc.
A jovem Joana d'Arc.
O jejum de Joana d'Arc.

O "hombre" de Joana d'Arc.
A sombra de Joana d'Arc.

O eu de Joana d'Arc.
A comoção de Joana d'Arc.

A voz de Joana d'Arc.
As vozes de Joana d'Arc.

A fé de Joana d'Arc.
O fígado de Joana d'Arc.

O rei de Joana d'Arc.
O Ubu rei de Joana d'Arc.

O sim de Joana d'Arc.

O fogo de Joana d'Arc.

O hotel de Joana d'Arc.
O altar de Joana d'Arc.

O arco-íris de Joana d'Arc.

A arcanização de Joana d'Arc.

•

O futuro sem Bomba. Sem espada. A paz.

O infinito íntimo meditação em quinze partes (1948-1953)

Primeira meditação

O infinito íntimo
Eis o que aspiramos conhecer:
O infinito íntimo
Revelado pelo espírito de Deus
Ao próprio Deus
Que se comunica ao homem
Encarnando-se nele.
O infinito íntimo
Que inventou o primeiro germe
Desdobrado em planos múltiplos.
Assim compreendemos nascimento e sucessão de mundos
Até o desenlace final do tempo:
Pois é preciso consumir o tempo
Situando-se o homem no infinito íntimo
Que o tempo não atinge na sua essência,
O infinito na sua célula mais íntima,
Na sua virtualidade, no seu núcleo de amor,
Na sua ínfima oferenda, na sua minúscula doação
Que a rosa fechada e o pássaro percebem,
Que o relógio recusa.
O infinito íntimo
De onde nada se retira
E a que nada se pode acrescentar,
O infinito íntimo
Calculado humanamente
Em número, peso e medida,
O infinito ao seu mínimo reduzido,
O infinito que a cruz indica,
Ante o qual a mesma história é serva:
Só no tempo exterior dependemos da história,
Intimamente não.
Em nós princípio e fim se avizinham
Para manifestação do infinito íntimo,
O infinito pelo qual o homem se conhece
Em curvas e espirais,

O infinito íntimo
Que independe da natureza, tempo e espaço,
Que regista o passado, o presente, o futuro
E que os transcende.
O infinito íntimo,
O núcleo simplissíssimo de Deus
Que em nós anônimo reside
E pelo qual amamos e nos restauramos,
Que inspira a paternidade de Deus,
Sua encarnação e processão.

•••

•••

•••

Segunda meditação

Ó Deus abandonado
Tu te consolas na tua solitária justiça,
Tu te consolas
Dos que não te amam nem te reconhecem,
Dos que coroam de flores a estátua do Tempo
E te voltam a face e os pés.
Tu te consolas no teu próprio equilíbrio
Insondável ao olhar e ao espírito do homem.
Tu te consolas na geração incessante do teu Verbo
E no amor em espiral do teu Espírito.
Tu te consolas sem auxílio da natureza,
Sem o ritmo e o vaivém das asas dos arcanjos,
Tu te consolas sem consolo
No infinito íntimo que revelaste ao homem
E que ele resistente rejeita.
Ó Deus absurdo e nu
Tu te consolas no teu próprio conhecimento
E na qualidade de seres em ti mesmo eterno.
Ó Deus ácido

Tu te consolas dos criminosos,
Dos homens que romperam a tua e a sua lei.
Tu te consolas da morte
Que o homem quis conhecer e provocou,
Tu te consolas dos massacres e misérias que consentes
Mas a tua face não regista a angústia
Porque és anterior e posterior a todo sofrimento.
Ó Deus
Tu te consolas da crucifixão e morte do teu Filho unigênito
Porque podes gerá-lo eternamente e agora
Conhecendo que pela sua morte ele matou a morte.
Na tua plenitude e perfeição
Tu te consolas do desvio da tua raça terrestre.

O homem se transformará no teu conhecimento
Mesmo árido,
Mesmo em parcela e enigma,
Captando assim o infinito íntimo
Que um dia lhe deste em testamento.

•••

•••

•••

Terceira meditação

Suave é o silêncio noturno
Receber o infinito íntimo
Quando a alma do homem
Despida provisoriamente da contingência
— Ocultos na penumbra o jornal e o relógio —
Se debruça sobre si mesma,
Procede à prospecção do seu pecado
E adivinha seu abismo.

Nobre é no silêncio noturno
Quando o espírito pálido percebe
As tesouras da morte se movendo
Palpar o que Deus desdobra na penumbra
Ao homem que de joelhos aceita.
Nobre é no silêncio noturno
Captar o que da antiga origem recebemos,
Pensando a imóvel eternidade.
Suave é no silêncio noturno
Voar sem mecânica de asas,
Voar sem remover a vidraça do quarto,
Voar sem observação e pela fé.
Pois é na fé que destruiremos nosso corpo,
Que romperemos a miragem de Babilônia
E queimaremos o trajo pestífero
Herdado um dia do primeiro pai.
Pela fé vivemos: substância e criação,
Ó visibilidade do invisível,
Pórtico e prelúdio de futuros mundos...
Investimos assim a novidade
E a totalidade do Senhor.

Nobre é no silêncio noturno
Esquadrinhar os espelhos da fé.
Pela fé viveremos em temor e tremor,
Cobertos de andrajos e de angústias,
Tidos como mortos, ainda vivos.
Pela fé enfrentaremos o terror atômico
E ousaremos interpelar o próprio crucifixo.
Pela fé esvaziaremos nossa habitação terrestre,
Pela fé o infinito íntimo
Se tornará nossa ração cotidiana.

•••

•••

•••

Quarta meditação

Ó Deus tua solidão
Quando desde toda a eternidade
Conheces tua própria força e teu poder.
Tua solidão quando sopraste sobre o homem
Sabendo que ele te iria abandonar:
Tua solidão foi rompida pela intimidade
Que te incarnando concedeste ao homem...
E ao mesmo tempo que rompida, se agravou.
Ó Deus tua solidão
Porque o homem à tua sombra severa e suave
Prefere a companhia de imperfeitos
Ídolos à base de terror.
Ó Deus tua solidão
Porque o homem não te pesquisa paciente
No Santo dos santos do seu próprio espírito
Mas observando sempre o espaço e o tempo.
Ó Deus tua solidão
Porque aceitaste experimentar a morte
Decretada pelo teu próprio Pai
E assim do enxerto da tua morte de homem
O homem um dia despontasse Deus.
Ó Deus tua solidão
Porque morte, fome, peste e guerra
Não te podem atingir nem alterar.
Ó Deus tua solidão
Porque abandonado nos abandonas.
Ó Deus tua solidão
Não te distancia — te aproxima de nós.
Ó Deus tua solidão
Te manifesta pobre, fraco e nu,
Ainda mais fraco do que o próprio homem
Usando seu poder de usurpação,
Ó Deus desfeito em sangue, verme vil.

Ó Deus tua solidão
Te desloca domado
Do infinito físico em que te limitaram
E te faz descer até nós
No infinito íntimo,
No recesso de miséria em que te recebemos,
No santuário sinistro do pecado,
Ó Deus que capitulas
E que te fazes semelhante a nós
Em nossa intransferível solidão.

•••
•••
•••

Quinta meditação

Amém e adeus
São palavras do princípio e do fim.
Amém para que tudo se consume um dia
Segundo foi prometido e está escrito.
Amém da manifestação concreta do mistério,
Amém para o recém-nascido e para o recém-morto,
Que tudo se inscreva no amém.

Adeus tanto ao partir como ao chegar,
Adeus para aceitar antecipadamente
Que Delícia e Prazer
Sejam anulados amanhã,
Adeus inscrito em letras de pastores no topo do berço,
Adeus ao universo que desde já se descola,
Adeus ao irreversível jasmim de amor,
Adeus a todos que nos precederam
E àqueles mesmos que virão depois,
Adeus e amém.

Adeus, palavra da intimidade da desolação,
Amém, palavra da intimidade do juramento e da promessa,
Amém para transformação do símbolo em realidade,
Amém e adeus da luz branca,
Amém do olhar funerário e ressurgido,
Amém e adeus, palavras do infinito íntimo
Que também se manifesta
Em núcleos de letras mínimas e de som,
Adeus dos sinos e da fonte oculta,
Adeus da asa do pássaro e da vela,
Adeus e amém.

•••
•••
•••

Sexta meditação

Estrela pequenina,
Estrela que baixaste sobre o próprio Presépio
Para mostrar fisicamente
Que baixou o infinito sobre nós,
Que o infinito se tornara íntimo,
Que no tempo irrompeu a eternidade,
Estrela de Belém
És a mesma estrela de Penedo
Por mim assimilada neste instante.

Estrela que já no princípio Adão e Eva
Contemplaram espantados em silêncio,
Estrela que indicaste a redenção,
Estrela que despontas a um só tempo
No céu e no cântico da alma,
O infinito íntimo
Muitas vezes até se manifesta

Pela candeia de uma estrela tímida
Distante e próxima de nós
Como o são nossos mesmos olhos mutuamente.

•••
•••
•••

Sétima meditação

Guadalupe, longa noite, se aproxima:
Acende a lanterna propícia
E deixa o resto da terra obscurecer.

Eis o tempo da reconstituição do tempo,
Eis o tempo da ternura
Nas pupilas que de tão próximas
Nunca se tocam.
Eis a mesa posta e o gnomo dos cristais.
Esta sombra dançando nas palavras baixas
Vem da época distante
Em que se corria nos estreitos corredores
Ou em que debruçados à janela
Contemplávamos brancos em silêncio
O dorso das colinas sob a lua.
Que elemento de comunicação era assim o silêncio...

Traze o caderno de apontamentos,
A caixinha de música, o álbum de lembranças,
Traze os retratos que sabes,
Os retratos de que um dia herdamos
Experiência e revelação.
Traze elementos permanentes
Para que as coisas mortais sejam absorvidas pela vida;
Traze o crucifixo.

Em silêncio observamos
As relíquias de comunidade extinta.
Pequeno é o mundo, e a lágrima o percorre
De ponta a ponta:
E não baixa na lágrima o infinito?
O infinito íntimo, Guadalupe, sim,
Este baixa na lágrima.
Não a torrente de lágrimas,
O choro convulsivo e a descabelada paixão;
Mas uma só lágrima minúscula
Que, vindo o Senhor com sua lanterna,
Esquadrinhando a alma, num cantinho a encontra;
A lágrima que resume a infância para sempre perdida
Mas recriada nessa mesma lágrima;
O filtro de todos os prazeres e agonias,
A relíquia do que morreu mal tendo começado,
O espanto diante da eterna bruxa visível
Em luta com o nosso próprio anjo da guarda;
A lágrima que ficou do destruído mundo,
Das promessas não cumpridas, do juramento falhado,
Do amor que principiou em doçura
E termina em golpes e blasfêmias...

Ó pensativa e branca entre as ruínas severas,
Tudo nos resta, sim, porque tudo acabou.
Inda do desespero, somos:
Vivemos no centro do celeste inferno,
Pisados pelo tempo, sem feitiço,
Mas levantando o véu do enigma oculto aos séculos,
Mas levantando o véu:
Prontos para a ressurreição,
Sobre os destroços do universo em pânico
O escândalo do crucifixo nós alçamos.

•••

•••

•••

Oitava meditação

Branca no silêncio,
Branca em silêncio na tortura
É tua missão fazer baixar na nossa carne
Pela tua carne bem-aventurada
O infinito íntimo.

Tua vida consiste
Em aceitar e transmitir o infinito íntimo
Desde o instante em que o anjo te anuncia
No sereno da madrugada,
Desde que vais veloz visitar Isabel,
Desde as primícias das bodas de Caná
Até que sobes à guilhotina do Calvário.
Transfunde-se em ti o infinito íntimo.
E tão simples, serena e verdadeira
No-lo transmites ao mover a mão.
Senhora branca e pura
Tua missão é mesmo
Tornar o infinito íntimo:
Sem ti o Pai não inventaria a intimidade
Porque tu és o centro escolhido
Gerando o próprio Ente que te gerou.

Teu filho não guardaste, no-lo deste.
Nas tuas arquiteturas de silêncio
Trazias o Verbo transferido à carne
Pelo poder do Espírito teu esposo;
Por isso sempre observas o silêncio
E ao Pai apresentas em silêncio
Teu coração sete vezes traspassado
Até que Ele finalmente se comova
E por tua mediação mantenha o mundo.

És da lua e do sol formosa eleita,
És da meia-noite e da manhã.

Tua pátria é o Rosário,
Infatigavelmente oras
Pelos que não podem ou não sabem orar.

Para nós nasceste em maio
Na alegria plástica e na palma,
Na música e na luz da luz.
Teu ritmo, o ritmo de Maria,
Determina o consolo e embala a alma
Porque tu amas, conheces e observas
A pausa do silêncio
E em silêncio vives
E geras alternativamente a ternura e a esperança,
O silêncio e a Palavra.

•••
•••
•••

Nona meditação

Ó Deus, prodigioso operador,
Tu que trocas teu coração perenemente jovem
Pelos nossos corações enferrujados, gastos,
Tu sabes te fazer
Mais íntimo a nós do que nós mesmos.
Reduziu-se o infinito voluntariamente
A mínimas parcelas de trigo e vinho.
Cada vez que se anuncia tua morte,
Ó Deus, máquina eucarística, te lucramos.

Eucaristia,
O mais interior e abrigado recesso da intimidade,
Categoria da absorção e da assimilação
Do teu corpo e do teu sangue

Nunca sujeitos ao tempo!
Vasto campo de trigo é nossa alma
Em que ceifando baixas
Pelo infinito íntimo.
Teu sacrifício total que percorre o universo
Amplia o sacrifício oculto de cada um.

A cabeça de João Evangelista
E teu peito sagrado ó Jesus Cristo
Formam o ponto de interseção do infinito íntimo
Dado à alma do homem em alimento
Pelo cálice da tua santa Ceia
Até que no dia anunciado se complete
A entrevista com o Pai nos vinhedos eternos.

•••
•••
•••

Décima meditação

A morte de pessoa amada
Determina abstração de espaço e tempo.
Súbito somem os ornamentos vãos:
Para que mesmo valem agora flores,
Senão para significar em forma frágil
A derradeira etapa da contingência?
Fechai-vos, palmas e escabiosas provisórias,
A surda eternidade principia.

A morte de pessoa amada
Situa o homem no centro do infinito íntimo.
Desaparecei, figuras de negro, panejamentos...
Agora começa para o observador
A vida verdadeira e lúcida do morto.
Agora, tempo amordaçado,

Líquida tua ilusória lição.
Agora, tempo sinistro do relógio,
Não mais, nada mais, nunca mais.
O morto agasalhado em nós
Acorda idêntico a si mesmo,
Anula as contradições.
Até o falso encanto da infância finaliza...
Ternura oclusa pelo espaço e tempo,
Ternura crucificada,
Ternura que ressuscita
No silêncio, nossa pátria antes do céu,
Eis a dupla vida em nós do morto amado
Até a reunião final sem véus.

•••

•••

•••

Décima primeira meditação

Tudo o que clama e ruge é exterior.
Exterior é o mar,
Exterior a fúria da ventania...
Não nos transmitem a ideia do infinito
Mas a ideia exterior do que protesta
E que se inscreve no elemento aberto

Secreta é a queixa,
Fechada a rosa nos comove mais.
A meia-noite do espírito e do coração
É mais intensa, forte e comovente
Que a mesma treva física.
Sutil e aproximativa é a confidência,
Secreta a queixa,
Gemido em ritmo cifrado

Desbasta os elementos negativos,
Talha o diamante,
Prepara o chão obscuro da alma
Para a vista do silencioso Deus.

Lamparina fiel e vigilante,
Sereno da madrugada
É a confidência.
O próprio turbilhão detém-se ali,
Todo choque de sangue e desespero,
De instintos insatisfeitos,
As ondas da iniquidade
Vêm morrer no limiar da confidência
Ante uma simples e severa força
Que na noite do homem se recorta,
O infinito íntimo.
O infinito íntimo
Acolhe qualquer lamentação secreta,
Acolhe toda queixa anônima
Que não se pode pesar nem definir.

Pela confidência,
Pelo secreto lamento
A alma em levitação se eleva,
Sua forma retrospectiva reconhece.
Pela queixa secreta nos domamos
Tendo tuas letras de vitória à frente,
J H S.

Pela queixa oculta
O julgamento do mundo se abstrai.
Companheira física é a sombra,
Companheira sobrenatural a queixa oculta.

O secreto lamento é santuário,
No seu interioríssimo recesso
Vem o infinito íntimo habitar.

Eis o instante noturno de Nicodemus,
tempo moroso e oculto da magnólia.

•••

•••

•••

Décima segunda meditação

Quem do abismo te evocou, jasmim de amor?
Quem mesmo te evocou?
Pois cobrem-se todos de máscara taciturna,
Nenhum remove do ligar a cadeira de cinzas
E todos ante ídolos de sangue se prosternam.

Quem do abismo te evocou, jasmim do amor?
Sobre o homem solidão sombria pesa,
Domado é o livre curso das águas da ternura
E a forma perde a forma,
Perde a substância sua categoria de certezas.
Do amargo sono partimos sem direção;
Na estante do ódio os deuses se acumulam
Tipograficamente instaurando a vida do conflito,
Resultam em vacuidade e desconsolo.
Desconsolo, palavra de iniciação geral...
De todas as perspectivas se aboliu a cruz.
Soltaram o leopardo no labirinto
Sem lâmpada nem lei.
Quem do abismo te evocou, jasmim de amor?
Tua pele branca ao mínimo contato
Enegrece, no mesmo instante fecha.
Jasmim de amor és tu, poesia,
Serva terrestre do infinito íntimo,
Infinito reduzido ao justo da palavra
Essencial à vida mesma do consolo,
Palavra que Deus no último dia pesará...

Jasmim de amor que vibra a qualquer toque,
Vibra e depois de receber a centelha do sol,
A sagração da água, o consolo da lua,
Fecha-se sobre si mesmo e à catacumba desce,
Guardando cerrado o inviolável segredo.

•••

•••

•••

Décima terceira meditação

Deus escondido,
Deus manhoso e sibilino,
Na verdade tu és um Deus oculto.

Nossa maior tarefa é te encontrar.
Gostas de jogar conosco a cabra-cega...
Nós somos mesmo ingênuas criancinhas.
Deus escondido
Cresces no escuro,
Progressivamente vais te desvelando
À nossa tristeza e tibieza.
Mas empregas também o claro escuro,
Assim te contemplamos em pintura flamenga...
Caminhas muita vez ao nosso lado
Sem que saibamos distinguir-te a sombra.
E só te manifestas mesmo abertamente
Na cruz.

Se tua transfiguração alude à nossa,
Se tua cruz é a nossa mesma cruz,
Muda-se o sofrimento em alegria,
Somos logo justificados pelo amor.
Se tua páscoa é nossa própria páscoa,
Batizados somos para a vida eterna.

És um Deus escondido e silencioso
Mas não consegues te esconder na cruz.
Ali te pegamos como a um bicho acuado...
Mesmo quando restituis simples jardim
À primitiva ordem do perdido Paraíso,
Mesmo quando te disfarças em hortelão
E uma mulher te aponta ao nosso olhar,
Mesmo quando sereno ao céu ascendes
A única relíquia deixada é tua cruz.
Tua cruz aboliu a distância e o deserto
Tornando-se de golpe o infinito íntimo,
Sua forma cotidiana, manifesta,
De clara observação e dura experiência.

•••

•••

•••

Décima quarta meditação

Pela fome e pela sede
Imprevistas medidas conhecemos
Que pela satisfação raramente se revelam.
Pela fome e pela sede da justiça
Conhecemos a transcendente medida
De avaliar o destino do homem.
Pela fome e pela sede da justiça
Em novo território nos tornamos,
Em nova criatura recapitulada.

Beatos seremos todos
Quando principiarmos a perceber o infinito íntimo
Que se revela pela fome e a sede:
Nada é tão difícil de ser atingido
Como o objeto mais próximo de nós,
Mais perlustrado, mais familiar, mais íntimo...

Ó Sião, ó espiritual Sião!
Ó íntima Sião
De que temos a contínua nostalgia
Uma vaga nostalgia de distante flauta,

Ó Sião espiritual
Que desces do céu
Para as núpcias novíssimas
Com a alma apontada por Deus
Para lhe transmitir o infinito íntimo.
Sião, casa sideral do homem terrestre,
Ó tu que abominas o terror e a guerra
E te alegras com os deserdados do mundo,
Sobrenatural Sião
Onde palma, lírio e rosa se entrelaçam
Para o *Magnificat* da aceitação da tarefa divina
Porque nós somos um instrumento novo
Com que Deus mede a sua habitação eterna;
Porque o Filho nos espera na sua parúsia
Mais ansioso do que nós o esperamos
E assim será coroado o infinito íntimo:
Sião dos cânticos soprados lá da esfera branca,
Sião da infância espiritual
Preserva-nos da seta volante do meio-dia,
Alta Sião preserva-nos dos confabuladores da treva
E do abismo que sempre enxergaremos
À nossa direita e à nossa esquerda.

•••
•••
•••

Décima quinta meditação

O ponto-final não é fim,
Mas um simples episódio. Eis o fim:
Fim do princípio e do fim.
Nascemos desde já no fim
Contido antecipadamente no princípio.
Fim é pura palma e prêmio
Para quem penetrou a medida do tempo
Conhecendo a relatividade das medidas.
Grandioso e consolador é o fim do fim,
Não o fim na terra áspera e podre:
O fim no Fim absoluto e sem fim
Que em si mesmo se define o fim.
Só no fim sem limite e sem fim
Teremos de nos consolar da tristeza do fim:
Na beatitude não existindo nem princípio ou fim
Absorveremos em sua infinita intimidade
O infinito íntimo.

Contemplamos que os novíssimos do homem
Não são movidos nem atingidos pelo tempo.
Essencial e reconstituidora é a morte,
Augusto e matemático o juízo,
Progressivo e corregedor o inferno,
Centro de benção, castelo da consolação o paraíso.

Sonoro será o último estremecimento nosso:
Ei-lo que vem vindo em negra nuvem
Pelo troar tremendo da trombeta.
Depois de abalado até a medula
O homem enfim conquistará seu fim
E, destruídas as medidas do tempo,
O desnecessário espaço esvaziado,
Saberá que é limite toda ciência,
Que o reino de Deus nunca vem
Como objeto de observação.

Atingiremos enfim todos
O final do universo físico:
Viscoso, belo, imundo, repelente,
Vaticanos de ossadas,
Constelações de podridão se descolando,
Imensos monumentos de areia,
Solidões de poeira,
Infindas galerias de membros dispersados,
Sombras da sombra, exércitos de zeros...
Depois mais tarde tudo isso mesmo
Tombará no oco abismo
Para vitória do infinito íntimo,
Aniquilada morte.
Será conhecido e glorificado então
O anônimo, o ocluso, o clandestino,
O não-visto, o esquecido, o rejeitado.
Depois da trombeta, a suave concertina,
Depois do leão e do leopardo
O bicho da mangedoura manso e humilde,
Novíssimo inocente cordeirinho,
Desespero do demônio dissonante,
Criador e comunicador da Caridade
Ressurge o mundo com o sinal da cruz,
Tu santo Sacramento do universo,
Tu Alpha e Ômega do infinito íntimo.

•••
•••
•••

Agulhas Negras, 1948
Ouro Preto, 1949

Quatro textos evangélicos (1956)

O paralítico de Betsaida

A Carlos Pinto Alves

1

Em torno da piscina de Betsaida
Cinco pórticos levantam suas colunas.
Jazem ali cegos, estropiados, paralíticos,
Aguardando o movimento circular da água:

Em certo momento um mensageiro do Senhor
Por sua mão invisível
Ordena à água inerte se mover;
O espírito de Deus soprando nela
Confere-lhe sua antiga virtude
E os corpos são curados.

A água retorna aos tempos da criação,
Às seis épocas iniciais
Figuradas no Gênese por seis dias.
A água ri circularmente, roda e dança.
Esconde sua ulterior perfídia
E, tornada companheira e serva do homem,
Liga-se à luz e ao santo Espírito
Contra os poderes do mal.
Água, plástica nas mãos do anjo que a remove,
O fogo e a terra espiam-na secretamente.
Mas o ar, soprando onde quer, ajuda-lhe a circulação:
Sagrado pneuma
Reconstitui os nervos e tecidos pobres.

2

Ali é a morada obscura dos doentes
Mostrando ao sol e à noite suas moscas e seu tédio.
Passam ao largo o levita, o soldado, o operário:
Quem irá se ocupar
Desses restos rastejantes,
Olhos côncavos, narizes carcomidos;

Quem suas feridas pensará sem bálsamo e sem gaze,
Asfixiando os demônios que os habitam;
Quem anulará o tédio de todos, quem matará a morte?

3

Simão, doente há trinta e oito anos,
Ali está esticado no seu grabato.
Conhece a fundo o seu mal,
A correspondência entre mormaço, tédio e moscas.
Ainda que morna e suja prefere suportar a vida,
A pele da vida sem porosidade.

Recorda épocas extintas,
A luz dando forma ao campo sossegado,
As primeiras danças e a brusca mulher sob sua mão,
Os meninos rindo em volta da sopa fumegante.

Ainda recorda amigos a lhe proporem aliança e negócio.
O som vermelho do clarim orientando a batalha.
O tempo do jubileu, quando os homens em festa
Imprimiam sangue novo a suas terras e bens.

Das ilhas distantes aportavam navios
Carregados de alfaias, vinhos e especiarias,
Trazendo mulheres de outra cor, outro cheiro, outras formas.
Então seu espírito e seu corpo se dilatavam:
Conhecendo o mundo debruado de olhos,
Tocava cada dia uma criação nova.

Ei-lo agora aporrinhado à beira da piscina,
Sob as moscas e um som rachado de realejo.
Apagou-se o facho de lembranças:
O homem não imagina mais nada, nem palpa o seu viver.
Não se acha no céu, na terra ou no inferno,
Acha-se num morno território
Tangente ao limbo.
Nem percebe que a água se movendo

Súbito logo forma um corpo estranho,
Líquido cavalo branco deitado,
O anjo conforme ao Texto.

4

Aproxima-se da piscina o Cristo em glória.
À força do universo que se expande
Responde sua energia descendente do Pai.

Ele é a imagem do Deus invisível, o primogênito de toda a criatura,
Nascida dentre os mortos:
Nele reside a plenitude inteira.
Recapitulando em si as formas da criação,
Reconcilia o céu e a terra.

O ser absoluto, o Ente dos entes,
O próprio movimento, força e vida,
Sabendo que participa de Simão o inerte,
Súbito pergunta-lhe se ele quer sarar.

"Senhor, não tenho ninguém que me mergulhe na piscina
Quando a água for agitada.
O anjo é rápido e enquanto me preparo
Outro logo desce antes de mim".

Então impondo-lhe as mãos
"Levanta-te, toma o teu leito e anda".
Assim disse o Cristo porque sua palavra
Agindo em relação com o Pai eterno
Corresponde ao ato criador.
Porque não veio para diminuir mas para ampliar,
E quando se comove manifesta a vida.
Seu coração não é a sede de sentimentos vagos:
Uno com seu espírito libera o homem da morte,
Iniciando-o à prática do Pai
Que ama ainda mais a ternura que a justiça
E torna todos os seres comunicantes.

5

Desligado do seu demônio, Simão marcha,
Aderindo outra vez à corrente da vida.
Nem olha para trás, andando voa.
O inferno late.
Simão, tornado inculpe, considera o mundo novo
E sua estrutura reconstituída.

Ele, até então deitado no seu leito,
Volta a conhecer a vida vertical.
Em pé agora noite e dia,
Palpa o bicho pasmado, corpo da mulher, o fruto aceso.

E Simão volta ao sol sem tédio e moscas,
O sol que ele possuirá pela primeira vez,
O sol voltado para o futuro,
Iluminando as coisas que nascerão amanhã.
A árvore dança,
Os morros batem palmas,
A criação desvela seu teatro:
Para trazer-nos a alegria
O Cristo veio ao mundo.

6

O Senhor entra no templo dos antigos
Onde se ensina a doutrina do Pai.
Os fariseus pedem seus papéis de identidade.
O mesmo Simão, curado ontem por ele,
Até agora o desconhece e pensa:
Quem é este que domina os demônios e a morte?

Como o Cristo cura inda no sábado,
Os burocratas, servos da lei e da aparência,
Não podem suportar a transgressão
E planejam entre si crucificá-lo.

Seu verbo gerado desde toda a eternidade,
Idêntico ao do Pai, levanta os mortos:
Alpha e Ômega de todos os que nascem,
É o santo sacramento do universo.

As núpcias de Caná

1

Alegra-te Caná de Galileia,
Levanta-te nas torres brancas e nos cedros,
Levanta-te na aurora e no incenso:
Foste chamada a manifestar o Cristo taumaturgo,
Foste chamada às núpcias com a divindade.

O que rege o sacramento e o rito,
O que está sempre entre os dois esposos,
Sendo Ele mesmo Esposo e mestre da vida,
O criador de todos os pares desde o fundamento do mundo,
O Cristo preside as núpcias solenes em Caná:
A relação entre o homem e a mulher unidos
Numa só carne, num só espírito,
É a idêntica relação entre ele e a sua Igreja.

Alegra-te Caná de Galileia,
Alegra-te ao receberes a iniciação:
O Senhor e meus discípulos te visitam.
Eis o instante da festa, eis a tensão da vida,
Eis o movimento circular e a dança,
O esposo e a esposa esgrimindo olhares,
A alegria contagiada pelo vinho
Que o mesmo Deus inspirou ao homem
Desde os tempos de antiga perspectiva,
Desde os ritos de Abraão e Melquisedec.
O esposo e a esposa, verticais nas túnicas de linho,
Trocam senhas de conhecimento, revelação e contato.
Suas faces têm a translucidez da pérola,

O oriente da pérola que se vê
Traduzindo a luz oculta,
O esposo e a esposa submetem-se ao Senhor
Que, lhes impondo as mãos,
Do âmago da Trindade extrai a benção.

O esposo e a esposa
Mirando o Cristo em majestade
Conhecem o sentido real da própria forma,
Tornando-se insensíveis ao tempo.
Nasceram um para o outro
E agora entendem seu mútuo significado.

2

Eis o movimento circular e a dança
Em Caná de Galileia,
Eis a rotação dos corpos na grande sala,
A graça dos pares jovens que se unem,
A sinfonia crescendo idêntica no tempo,
Já que tudo foi criado em número, peso e medida.

Alegra-te Caná de Galileia,
Porque o Senhor das núpcias te visita.

Súbito para o movimento:
Maria, a mãe do Homem-Deus,
A que o gerou para o tempo e a história,
A Rosa de Judá, medianeira das graças,
A Torre de Davi adianta-se no salão
E segreda ao seu Filho bem-amado
Que os convidados já não têm mais vinho.
O Cristo logo responde:
"Mulher, deixa-me fazer;
A hora marcada pelo Pai ainda não chegou".

E Maria diz aos servidores:
"Cumpri tudo que Ele vos ordenar".

Apresentam-se os servos com seis vasos
Destinados ao rito de purificação dos judeus.
O Cristo manda que os encham todos d'água
E que os levem logo ao mestre-sala.

Alegra-te Caná de Galileia,
Porque Cristo benzeu a criatura d'água,
Porque o mestre-sala com espanto
Prova da água recriada agora em vinho,
E a substância generosa que acelera a força
Volta a circular em sangue nos convivas.
Alegra-te Caná de Galileia,
Porque o Mestre da vida e da morte
Indica seu domínio sobre a natureza
E procede à permutação dos elementos;
Porque o Esposo que está entre os dois esposos
Abençoa a diurna e a noturna fusão do corpo e da alma,
E prefigurando a mudança do vinho no seu próprio sangue
Faz-nos participantes da sua vida íntima.

3

O esposo e a esposa entram no quarto das núpcias.
Eis que vão se unir para renovarem a face de terra,
Continuando a paternidade divina.
Os dois são uma só carne; este mistério é grande.
Eles se apresentam um ao outro,
Trocando cânticos de amor, revelação e conhecimento.

O esposo:

"Quem é esta que sobe do deserto como colunas de fumo,
Perfumada de mirra e de incenso?
És toda formosa, amada minha,
Senhora e escrava minha,
E em ti não há falha nem sinal de homem.
Enlevaste-me o coração, pomba minha,
Enlevaste-me o coração com um só dos teus olhares,
Com uma das pulseiras do teu braço.

Que belo é o teu amor, minha irmã, minha noiva.
Quão melhor é o teu amor do que o vinho;
O cheiro dos teus vestidos vem das plantas de Líbano.

Jardim fechado és tu, minha irmã,
Guardas nos teus peitos o nardo e o narciso,
O cinamomo e a canela.
Guardas o segredo dos jardins, minha noiva.
És o poço de águas vivas,
A fonte dos jardins de Engadí.
Formosa és como Tirzah,
Bela como Jerusalém,
Terrível como um exército e suas bandeiras.
Desvia de mim os teus olhos,
Porque eles já me tomaram de assalto.
Teus cabelos são como o rebanho das cabras
Que pastam nos flancos de Galaad.
Tua cabeça é como o Carmelo,
Teus olhos de pomba entre teus cabelos,
Teu ventre, como um monte de trigo
Cercado de açucenas.

Teu nariz assemelha-se à torre do Líbano
Que olha para Damasco.
Teus colares se alegram ao contato do teu pescoço.

Eis-me preso nas tuas tranças, especiosa.
De ti nasce o amor, amada minha,
De ti nasce a delícia e a trama da vida,
Ó minha cúmplice, minha confidente.
Teu nome, Sulamita, esposa minha,
É concorde aos meus ouvidos
E aplaca meus temores.
Vem, amada minha, especiosa,
Meu coração se dilatará de gozo
E conhecerá sua plenitude".

A esposa:

"Eu sou o narciso de Saaron,
Uma açucena dos vales de Engadí.
Morena sou, já que o sol mirou-se.
Morena sou, mas formosa
Como as tendas de Kedar e as cortinas de Salomão.
Sento-me com grande gozo à sombra do meu amado,
E o seu fruto é doce ao meu paladar.
Ele me leva à sala do banquete,
E seu estandarte sobre mim
Sua mão esquerda está debaixo da minha cabeça,
E sua direita me abraça.

Saquitel de mirra é o meu amado,
Vai morar nos meus peitos.

Eu durmo, mas meu coração vela:
É a voz do meu amado. Eis que ele vem.
O meu amado é como o filho da gazela,
Eis que vem por detrás da nossa parede,
Espreita pelas janelas,
Lança os olhos pelas grades.

Confortai-me com vasos de vinho,
Cercai-me de nozes e maçãs,
Pois desfaleço de amor.
Vem, amado meu,

Levantemo-nos cedo para ir às vinhas:
Vejamos se a vide já lançou os olhos
E se as romãs já florescem.
Ali te darei meu amor, amado meu.
As mandrágoras libertam seu perfume;
E junto à nossa porta
Há toda a sorte de frutos especiosos,
Que guardei para tua fome, amado meu.
Oxalá que fosses como meu irmão

Que mandou no peito de minha mãe!
Põe-me como sinete
Sobre teu coração e teu braço:
O amor é forte como a morte,
O amor brilha como o fogo,
Como a chama de Sabaoth.
Muitas águas não poderiam consumi-lo,
Nem os rios afogá-lo.

Apressa-te amado meu,
Que meu corpo desfalece de amor.
Quero extinguir-me nos teus braços.
Sê rápido como o filho da gazela
Sobre os montes de aromas".

O esposo e a esposa despem as vestes. Fundem-se.
O universo é reduzido e adaptado
Às dimensões do meu quarto nupcial.

4

Alegra-te Caná de Galileia,
Porque nos teus muros
O Cristo manifestou sua iluminação e seu poder,
Porque os discípulos criaram na sua força.
Alegra-te Caná de Galileia,
Levanta-te nas torres de cedro e de incenso;
Levanta-te na aurora dos sinos e da benção,
Levanta-te nos véus da nossa deificação.

O Cristo aclamado

1

Aproxima-se a hora prevista pelo Pai:
Convém que o Cristo, em breve obscurecido pela morte,
Se manifeste já na sua glória.

Jerusalém, Jerusalém,
As trombetas do templo aproximam o horizonte.
Jerusalém, Jerusalém,
Confrontada agora com teu Príncipe e Senhor
Que logo crucificarás.

Desconhecidos entregam a dois apóstolos
O jumento e a jumentinha para o Cristo montar.

O povo das ruas, das oficinas e das feiras
Estende capas, tapetes no caminho.
Cortando ramos de árvores e folhagens
Junca o chão para receber o Rei de glória.

Jerusalém de ramos, palmas e magnólias,
O reino vegetal levanta-se de pé,
O cedro dá sua sombra ao Senhor e ao jumento.

Aí vem o Cristo na sua túnica inconsútil,
Conhece a multidão brandindo palmas.
Sob o dossel de palmas e magnólias
O Príncipe da Paz abençoa.
É o mais perfeito dos filhos do céu e da terra,
O ente absoluto, pai e mestre,
Gerado em graça desde toda a eternidade,
Que se encarnou para matar a morte
E atirar no tanque de fogo o lado feio da criação.
É o homem de sentidos perfeitos,
Previsto e anunciado desde o tempo antigo
(Antes que Abraão fosse ele é).
Prefigurado pelos patriarcas e profetas,
O Deus coeterno ao Pai e ao santo Espírito.
É ao mesmo tempo o homem contemporâneo,
Que se senta à nossa mesa, rompe o pão e bebe o vinho,
Conversa com as mulheres da vida
E muda pelo avesso os pecadores.

Eis o ser fantástico e realista
Que dorme na tempestade e vigia à hora do sono,
Que se banqueteia com Lázaro e Simão
Ou jejua quarenta dias e quarenta noites.
Mais grego do que o grego, mostra a sabedoria andando,
Organiza longos reides com os apóstolos
E discute sob o pórtico do templo
A permanência da alma e a levitação dos corpos.

Ei-lo que marcha à frente, inspirando o louvor.
Não é glorificado mas glorifica o povo:
Somente do eterno Pai recebe a glória.

A multidão profetiza em ramos exclamando:
"Bendito o que vem em nome do Senhor!
Glória ao reino já chegado de Davi!"
E descendo os degraus do templo ilustre
O coro recebe o Cristo com suas vozes:
"Louvado seja o Deus eterno
Que outrora desceu a nós nas nuvens
E encaminhou seu profeta a Israel.
Louvai a Deus Sabaoth,
Abismos da altura e das profundezas,
Coral dos querubins, clamor dos homens,
Sol e lua, congregação das estrelas,
Louvai-o, céu dos céus.

Louvai-o, terra dos vivos,
Plantas respirando, gado e peixes,
Bichos da sombra, formas semoventes,
Louvai aquele que nos mantém com seu braço,
O Deus que divide o ar
E dá sua parte a cada um.
O Deus manifestado aos nossos ancestrais
E a todos os homens antigos desde o dilúvio.
Louvai ao que justiça o oprimido
E liberta o encarcerado.

Todos os dias da nossa vida, ó Deus, te exaltaremos
Para que nossos filhos crescendo com a força do cedro
Agasalhem o peregrino,
E nossas filhas se tornem colunas do templo;
Levantando-se em beleza e majestade.
Para que nossos celeiros transbordem,
Para que nossos bois puxem carros bem carregados;
Para que não haja invasão de nossas terras,
E, reinando a paz no meio da nossa gente,
Nosso coração se dilate de gozo:
Assim se cumprirá o texto antigo.

Louvai o Deus de Israel,
Louvai-o no templo construído
Pela vontade e a energia do homem.
Louvai-o no santuário com danças,
Louvai-o com o incenso e a alma subindo,
Louvai-o com címbalos altissonantes,
Louvai-o com instrumentos de cordas e de percussão,
Louvai-o na alegria e na tristeza:
Todo o ser que respira louve a Deus".

2

Ó povo dos séculos posteriores, cegaste.
Não divisas que este é o único Rei perene?
Por que incensas o ídolo da verdade transitória
E te ajoelhas ante falsos reis e ditadores?

Rejubila-te, povo de Jerusalém,
Amplia tua visão do Príncipe da paz,
A quem dedicas o ramo de oliveira
Trazido pela pomba desde o tempo do dilúvio.
Conhecendo teu Deus conhecerás a ti mesma,
Jerusalém, Jerusalém.
Louva o Cristo
Que é escândalo para o judeu e loucura para o gentio.

Segue os passos do Rei e serás transformada
Pelo Cristo que recebeu a investidura do mundo,
E a quem se deu a estrela e o poderio.
É pelo Cristo que se forma a terra e se liberta o átomo;
É por ele e para ela que as gerações se sucedem.
Ele, porque Deus nos falou,
A quem constituiu herdeiro da criação,
Que é o resplendor da sua glória e a figura da sua substância,
E tudo sustenta e move com a palavra do seu poder.
É este o Cristo Jesus
Que expulsa os demônios e levanta os mortos,
É este o Senhor da vida
Que depois de te inspirar, Jerusalém,
Será crucificado e ressuscitará,
Atraindo todas as coisas a si mesmo.

3

O Cristo entra no templo em palma e candelabro,
Ouvindo o coro dos meninos:
"Glória a Deus nas alturas,
Hosana ao filho eleito de Davi!"
Ante a fúria dos escribas o Senhor observa
Que ao silêncio do homem responderá a voz da pedra.

E, empunhando a cólera consentida por Deus,
A arma provocada pela injustiça do homem,
O Cristo sem chicote,
Usando só as mãos que extinguem o vento,
Expulsa os tubarões, antigos sugadores do povo.
E logo reconstitui cegos, coxos e alienados.

Debruçando-se nos terraços do templo
O Senhor da profecia e do futuro exclama:
"Jerusalém, Jerusalém,
Ah se ao menos neste dia teu
Ouvisses a mensagem da minha paz
E soubesses o que ela te poderia trazer.

Jerusalém, Jerusalém,
Serás sitiada:
Teus inimigos derrubando teus muros e teus filhos
Não deixarão pedra sobre pedra,
Porque não conheceste o tempo em que Deus te visitou".

E mirando as muralhas e a pedra madura,
O Filho do homem volta ao seu reino pessoal.

Judas Iscariotes

1

Na aldeia de Betânia, em casa de Simão leproso,
Uma mulher da vida tocando o Cristo
Derrama um bálsamo raro em sua cabeça.

Judas Iscariotes manifesta sua surpresa:
Com tal soma trezentos pobres se alimentariam.

O Cristo responde que os homens terão sempre os pobres,
Mas que a ele não o haveriam de ter sempre:
Aquela mulher o ungira
Já na perspectiva da sua sepultura;
Esse ato permaneceria até o fim do mundo.

2

Judas Iscariotes não é só homem da noite e do silêncio.
É também homem diurno, áspero, maquinando negócios.
Mas na comunidade de apóstolos
Serão mesmo todos puros e perfeitos?
Pedro, que recebeu a investidura do reino,
É fraco e vacilante.
Menos preciso que o galo
Três vezes trairá seu Mestre.
João, severo, intransigente, duro,
Reclama para Samaria a tempestade de fogo.

Tomé, racionalista, debruça-se na dúvida:
Desconfiado, exige a prova oficial do milagre,
Quer arrastar o Cristo até o laboratório.

Judas recebeu a iniciação como os outros:
Atraído pelo Cristo e seu enigma,
Responde ao seu apelo, permanece na missão.
Tratado como semelhante e afim,
Deus o admite à sua intimidade.
Quem sondaria os contrastes do Cristo,
Sua maneira de medir o mundo?
Duro e terrível,
É viver com um Deus e homem totalmente livre,
Margear sua calma e sua cólera,
Suportando seu pensamento em criação contínua,
Sua porosidade,
Suportando seu olhar, sua palavra
Que fendem o espírito de alto a baixo.
Duro e terrível é enfrentar a própria lucidez
Que conhecendo o homem, seu limite e seu abismo,
Esquadrinha-lhe o mais íntimo recesso.
Duro e terrível é viver ao lado da Certeza:
O Filho do homem
Planta a eternidade no cotidiano,
Sua boca se abre em parábolas
Para manifestar coisas ocultas desde a criação do mundo:
Pois que o homem só conhece a verdade em fragmentos,
Não sua soma total, mostrada duma só vez.
Ó verdade absoluta, intolerável à nossa carne,
À nossa reduzida lente,
Ao nosso olhar oblíquo.
Duro e terrível é captar a Linguagem
Que não tropeça,
Que define tudo em termos essenciais.

Chamados para deuses, habitando o núcleo dum Deus,
Para a participação à economia do mistério

Oculto desde os séculos,
Apenas entrevisto por Abraão e sua descendência;
Chamados para transfigurarem suas vidas estreitas,
Estes pescadores, coletores de impostos, marginais,
Hesitam, escondem o rosto, desfalecem:
E não somente Judas Iscariotes.

3

Dura vida!
Mal a manhã se desencarna da noite espessa,
Já o Mestre os convocando ao ofício rude
Retira-se com eles na solidão
Habitada só da ave de rapina e do raio.
Trata-se da comunicação com o eterno Pai,
De elucidar os mistérios da Trindade idêntica.
De abstrair, meditando, espaço e tempo,
Outras vezes fazem-se ao largo numa barca.
Quem aprofunda como o Cristo o universo do mar,
Perfurando seus abismos
E atravessando sua cólera?
Quem conhece como ele a porosidade da criação,
A força antiga da natureza,
As constelações de peixes e a virtude da água,
Quem dialoga com a terra e o fogo
E sabe que os elementos trocam suas propriedades,
E decifra a linguagem do pássaro e o código do vento?
Deixando a solidão ou o mar,
Reunido o grupo de iniciados na praça pública,
O Cristo prega e catequiza o povo,
Anuncia o reino de Deus e o fogo da caridade,
Contrariando hábitos comuns.
Destrói a inércia,
Manda os mortos sepultarem os mortos,
Levanta o futuro
(Quem olha para trás é indigno de segui-lo),
Procura ovelhas além do seu aprisco,
Expulsa os demônios, restitui os doentes,

Intervém a todo o instante na matéria da vida,
Come e bebe com fariseus e publicanos.
Dominando os elementos e o sangue,
Uno e igual a si mesmo em suas contradições,
Julga o homem, muda o horizonte das almas,
E, definidor e rigoroso, mostra cada um a si mesmo.
Dura vida lhes dá! E sem mulher.

4

Judas Iscariotes vê chegado
O momento da ruptura interior,
Quando o discípulo
Já abomina a força espiritual
E o jugo do mestre,
Quando a vizinhança do absoluto fatiga.
Qual teria sido esse momento obscuro,
A súbita passagem do amor à negação?
Talvez quando o Cristo
Proferiu aquela dura palavra
Anunciando sua própria ressurreição,
Ou quando prometeu mudar o pão e o vinho
No seu próprio corpo e sangue.
Ó força intolerável dessa palavra,
Que lúcido diamante,
Que sol novo poderia enfrentá-la?

E Judas, agarrado à sua bolsa, congemina:
Certamente o Cristo usou duma figura
Quando se definiu Filho de Deus, igual ao Pai;
O filho do carpinteiro José e de Maria
Poderá restaurar o antigo reino de Israel?...

5

O apóstolo, comungando sacrilegamente
Na ceia em que o Senhor se consagra,
Entra nele o demônio que o conduz
Ao príncipe dos sacerdotes e magistrados:

Logo recebe trinta peças de prata
E combina a senha para entregar o Mestre.

6

Judas, a polícia e uma parte do povo
Aproximam-se com espadas, lanternas e varapaus:
Esta é a hora deles, o poder das trevas.
Pedro, papa militar, saca da espada
E corta a orelha direita do servo Malco.
O Senhor que poderia pedir ao Pai eterno
O exército do céu em sua defesa,
Manda-lhe que guarde a espada na bainha
(Pela força material Deus não se manifesta)
E, tocando a orelha do servo, a restaura.

O apóstolo antagônico beija o Cristo na face.
O Senhor diz: AMIGO, a que vieste?

Ninguém jamais saberia definir
Qual a parte de Deus e a parte do demônio
Nessa justaposição de duas faces adversas.
Judas Iscariotes, criado à imagem e semelhança de Deus,
Entrega a Segunda Pessoa da Santíssima Trindade
Ao clero israelita,
Ao poder romano, aos magistrados e à polícia.
E com Ele nós todos traímos o Senhor.
Comunicantes de Judas,
Nascidos e crescidos sempre no claro-escuro,
Todos nós até o fim dos tempos, salvo a Virgem Maria,
Traímos o Cristo. Somos todos *displaced persons*
Em relação ao nosso Redentor e Deus.

O mal instalado desde o princípio no coração do homem,
O antigo mal oculto sob ornatos barrocos,
O mal que cresce progressivamente com a marcha do mundo,
Exulta um instante no íntimo de Judas
Que se crê libertado da opressão do mestre.

Separa-se de Quem era sua consciência implacável,
Daquele que falando em linguagem desconhecida
Traduzia o mundo,
A energia eterna que reside no Pai
E que nunca foi revelada.
Judas manifesta a concupiscência da vida,
Entregando à operação do demônio
Um mínimo de amor que lhe sobrava.

Então os discípulos fugindo
Abandonam o Cristo à sua própria sorte:
Até mesmo João e Pedro o abandonam.
Um certo moço entretanto o seguia,
Um desconhecido coberto com um lençol,
Que os soldados ali mesmo prendem.
Mas ele, largando o lençol, escapa-lhes nu.

Judas regressa ao seu restrito espaço,
O espaço do que não respira ninguém fora de si próprio,
O espaço de quem não se inclina sobre outro;
Regressa à dimensão da recusa, regressa à zona da sua pele.

7

O Cristo pende a cabeça do madeiro:
Ante essa projeção da sua culpa
Judas atira no templo as moedas de prata
Que nem os próprios sacerdotes querem,
E sentindo já no flanco as esporas da morte,
Atinge os subúrbios da cidade.
Cumpriam-se assim as profecias:
O Filho do homem
Deveria ser entregue aos pecadores,
Morrer e ressuscitar na manhã do terceiro dia.
Quanto a Judas Iscariotes melhor fora
Que um tal homem não nascesse nunca.
Ter um Deus ao alcance da mão e renegá-lo!

8

Marchando em direção à figueira
O apóstolo reverte ao tempo anterior,
Quando, ao seguir o Cristo em longos reides,
Seu coração respirava a palavra divina.
A vida então floria-se em promessa:
Ele contava assumir a investidura solene
E com os apóstolos idênticos
Sentar-se num trono e julgar as doze tribos de Israel.

Ei-lo agora no território de Oblívion,
Só com o demônio que lhe serve a angústia
Ao mesmo tempo que lhe estende a corda.
Ei-lo no terreno baldio já tangente ao inferno:
Rejeitado da luz, rejeita-se a si mesmo,
Sentindo a criação dissolver-se e cair.
No instante mesmo de cerrar os olhos,
Na passagem pendular da vida para a morte,
Vê o templo suspenso destacar-se
Em meio à subversão dos elementos:

Altas janelas do templo,
Altas janelas da Palestina e da morte,
Altas janelas da profundeza de Deus.

A invenção do finito (1960-1970)

A Dürer

O consolável, o inerói, o amareloso.
Supero o sol negro dar melancolia.
Que suspendeu Nerval no alto da rua.

Roma, 1964

Conversa portátil (1931-1974)

Canto novo

O espírito suspende a lâmpada do encanto
no terraço do mundo.
Formas dormindo
carnes na sua verdadeira atitude
quem definirá a estrela da manhã
sem a influência de corpos multiplicados
tapando a vista dos problemas celestiais?
Luz eterna sobre a matéria
noite sobre o espírito
nascimento de ideias múltiplas
na arquitetura do previsto,
menina que vira flor
substância que vira abstração
canto que vira dança
deus que morre numa cruz pra variar de essência
tudo me invoca para ultrapassar minhas dimensões
ó elasticidade da minha memória
ó eternidade!

The Responsive Eye

O olho responde ao ataque da luz.

O olho responde à cor planificada.

O olho responde ao ataque do olho.

O olho agride com luvas.

O olho irresponde à bomba atômica.

O olho, alavanca do quadro.

O olho responde à língua, ao ouvido.

O olho não tateia: vai ao núcleo.

O olho constrói no futuro.

O olho dispara a câmara lenta, a câmara veloz.

O olho espicaça meu poder de construção; por isto
sofri de pintura informal como do duodeno.

O olho amarelo expulsa o olhar azul.

O olho do pintor resfolega.

1961

W. A. M.

Sentado à sombra do teu monumento aéreo
venho conversar contigo, ó Wolfgang Amadeus.

A noite enrola as montanhas de Salzburg.
As espadas dos ditadores confabulam no escuro.
Recolhem as flautas, os címbalos, os violinos
e barram o horizonte com tanques, canhões, paraquedas.

Destroem a caixinha de música
que alimentou nossa infância
põem abaixo os teatros de marionetes
e erguem gigantes de chumbo.

Ó Wolfgang Amadeus, conspiram contra o ritmo,
constroem as falsas pátrias e mutilam a unidade.
O coração do universo
estala, não pode mais,
o peso do Minotauro
esmaga a asa da música.

Sufocam a dança da manhã primeira da criação.
Sufocam a liberdade de dançar e de errar.
Fascinado pelo teu cristal
que permanece altivo e simples acima do massacrre,
venho te confessar minha fidelidade
enquanto os raios dos ditadores desabaram sobre a Europa.

É de ti que o mundo precisa,
ó dominador dos elementos, dos instintos.
Acima das baionetas e dos tanques dos tiranos
canta, pura chama, dança, Wolfgang Amadeus
para que o homem retorne ao paraíso.
Teu canto é liberdade,
teu nome: vitória.

dezembro 1941,
150º aniversário da morte de Mozart

Jorge:

Há quantos anos te assisto trabalhar, escrever, compor silenciar,
Há quantos anos compreendo através da superficial vitória
Teu sorriso de desânimo.
Eu te vi rodando febril, agitado mas calmo,
No laboratório, na prancheta, no cavalete, na oficina de poemas,
No telescópio, no automóvel ou agarrado ao barro,
Na sala da composição, nos caminhos da Galileia.
Poeta regional e cósmico tu és,
Poeta das anônimas bonecas de pano e das suntuosas rainhas egípcias,
Do homem comum e do Cristo Pantocrátor.
Há quantos anos observo dia a dia tomar corpo
Essa vasta fotomontagem da tua vida!
Tua ternura secreta e riqueza de irmão.
Essa alergia à dureza
Que faz menos grande tua bondade...
Monge oculto sob as espécies da exigente carne,

Um terrível decreto divino condenou-te aos contrastes
E te inspira náusea ao teu próprio aparente dinamismo
Jorge, irmão pródigo, oficialmente Jorge de Lima,
Não deixes de contemplar o Tibet atrás da linha dos arranha-céus.
Desiste da oferenda e do festim
E permanece para sempre tu mesmo nosso
Jorge, Jorge, Jorge.

maio 1948

O Céu

Ao meu querido amigo Álvaro Ribeiro da Costa

O céu total
Indica outros abismos do nosso espírito.
Herdamos o céu,
É dele que nascem múltiplos pensamentos
Em que se conciliam a harmonia e a morte,
A novidade do objeto
E a antiguidade da tradição.
Lá onde a treva é luz,
Debaixo das estrelas tão familiares
Este é o prodígio:
Poderíamos viver quarenta anos
Com pessoas ao nosso lado
Ou no andar de cima das nossas casas
Sem lhes conhecermos o nome?
Entretanto vivemos deste o princípio do mundo
Com estes astros quase anônimos
Embora figurem nos tratados.

Talvez seja através do céu
Que melhor poderemos reconstituir a infância.
Certos frutos, certos brinquedos, certos pássaros,
A vista de um carrossel, de um girassol,
A audição de uma cantiga perdida

Podem súbito nos reverter a nossa infância,
Mas o máximo de infância,
O mínimo de maldade e de apetite,
Aquilo onde o Príncipe deste mundo não tem a menor parte
Talvez consista em se olhar para o céu
Onde um dia movidos pela mão materna
Localizamos Deus na esfera das noites estreladas
Quando em fevereiro
A Virgem da Candelária as velas acendia,
Quando maio revelava a rosa e o cântico.
Deus era para nós a constelação maior
Pairando na pureza inacessível.
Não podíamos ainda compreender que Deus se move em nós

Sendo tão semelhante ao homem
Que como todos nasceu de um ventre de mulher.
Olhar para o céu durante horas inteiras
Procurando ali o rastro divino
Era o ato absoluto de religião.
Recordas-te Adelaide
Quando debruçados sobre o pequeno lago
Eu queria tocar o céu noturno com uma vara,
Tu me dizias com ardor "Deixe Deus quieto".
Assim crescemos:
O filho pródigo conheceu o sabor voluptuoso da Terra
Mas para o céu se voltaram seu espírito, seus olhos
Porque deveis saber existem dois céus,
Existe um céu total e coletivo
E outro céu para cada um, pessoal e intransferível
Cada um modela o céu,
Cada um cria, transforma o céu à sua imagem,
Quanto mais ignorante, mais inventivo e criador,
Criamos um céu à revelia dos astrônomos,
Antes de tudo o céu
Que é a mais remota habitação de Deus,
Depois um céu especial,
Ampla arena para se brincar em liberdade,

Céu para o pique, a roda, a cabra-cega,
Para se balançar na gangorra
E se correr desenfreadamente a cavalo pelas campinas infinitas,
Céu de onde caem frutos dourados,
A barca nova, andorinha e vagalumes;
Depois um céu onde passearemos a primeira namorada
E um céu que ao mesmo tempo inspira
O estudo e a contemplação
Depois o céu científico, a carta do céu
Que pensamos igualar ao céu original;
E o céu juiz que nos ajuda a informar a consciência;

Criamos o céu que cobre a cabeça do ser de eleição,
A mulher amada
Na qual miramos o mistério da origem do homem,
Da qual tiramos filhos para conhecerem o Pai do céu
E que recebe a confidência da nossa vocação do céu;
Depois o céu da música
De onde vem o canto dos pastores de estrelas,
Canto perene que o tempo não alcança;
Depois o céu dos mortos
Para onde projetamos em constelações
A figura imortal dos que morreram.

Cada um inventa o céu a sua imagem
Na dupla comunicação do Sol e da lua.
Sabei pois que conheço recantos particulares do céu
Que identifico e esquadrinho
Esperando às vezes semanas que retorne
Aquela estrela, aquele diamante dos abismos
Que desde muito cedo eu crismara a meu jeito!
Ciei a constelação de Adelaide
Minha amiga de infância que morreu menina,
A do Dançarino, a da Harpa, a do Veleiro,
A de Cristo Oculto, a de El Greco, a de Ulalume,
E muitas outras que não quero revelar.
São minhas, e jamais ninguém mas roubará.

Fomos criados para o céu,
Herdamos o céu
E devemos transmiti-lo aos que vierem depois.
Para deuses fomos criados,
Poderemos disfarçar nossa vocação
Porque trouxemos a imagem do homem terreno.
Mas até a liquidação dos tempos
A voz descida do céu
Continuará secretamente a murmurar
No céu informado em nosso coração:
Para o céu nascemos,
Para deuses fomos criados.
O que é semeado em vileza
Há de ressuscitar na glória
Trazendo a imagem do homem celestial.
Para deuses fomos criados,
Tidos como mortos mas vivendo,
Sem consolo nenhum mas consolando,
Enviados para a nudez, o frio, a fome,
Enviados para os campos de concentração,
Enfrentando os pelotões de fuzilamento
Sentimos a nostalgia do céu acima de nós,
Do céu dentro de nós
Porque herdamos o céu,
Porque para o céu nascemos,
Para deuses fomos criados,
Subiremos ao céu na máquina da cruz
Porque para o céu nascemos,
Por que para o céu sofremos, morremos e ressuscitamos.

Rio de Janeiro, 1948

Saudade de Jaime Ovalle

"Um certo moço O seguia, coberto só com um lençol;
e o prenderam. Ele, porém, largando o lençol, lhes escapou nu".
S. Marcos, XVI, 51-52

1

Azulão, azulão,
Voa, azulão companheiro,
Ai não voltes nunca mais.
Da tua cidade, antes bela e humana,
Nasce desfigurada uma outra,
Nem plástica nem musical.
Não voltes, azulão, não voltes.
Quem canta agora como tu cantavas?
Como tu quem bebe música?
Voa, azulão, não voltes,
Ai não voltes nunca mais.

2

Conhecias o silêncio,
O silêncio que pousa nas pautas da música,
Sabias do ritmo
E da sua vida progressiva,
De seus mundos contrastantes em marcha.
Sondaste os dois infinitos,
O minúsculo e o superlativo.
Viste o infinito no fogo,
Na estrela, no olho do pássaro,
Na história de Cristo Senhor nosso,
E no silêncio poroso.

Teus amigos se reunindo às vezes
Comunicam-se tua história única,
Azulão conversador.

Um simples harmônio
Te restituía a dignidade do órgão.

Que marcha descobrias no andar de uma negra,
Que samba em suas pupilas sincopadas!
Com teu jeito molengão
Imprimias a marca do absoluto
Ao mínimo objeto, ao momento precário
Que nunca se desdobraria,
Misturando
As fronteiras do frívolo e do grave,
Do brasileiro e do universal.

Teu monóculo não era de elegante,
Mas de vidente mesmo.
E quando nos olhavas de três quartos,
E quando o ponteava o violão,
Simplesinho, profundinho foste.
Seu mano.

3

Ovale, azulão,
Voa, azulão, voa,
Ai não voltes ao Brasil.

Não te falarei mais de violão, mulata e pinga
não precisas também mais da Alfândega,
Nem mesmo do nosso padrinho comum
João Sebastião Bach.
Nem ouvirás aí no outro mundo
Dez milhões de corações batendo em Londres
Dez milhões de ingleses conversando.

Queres notícias do Brasil, Ovalle?
Continuamos a dar bofetadas em Nosso Senhor
Que começa e acaba por perdoar.
Vamos tocando a vida, chateados.
Pouco amor, poesia pouca.
E é só.

Nem precisa também mais de anjos.
Na terra os praticavas todo o dia,
Amando ou repetindo,
Praticaste o anjo mole
Que corrigias e doutrinavas com doçura,
Fosse o padeiro, o poeta, o funcionário,
Fosse o sacristão ou o invertido.
Mas praticaste ainda o varão áspero,
O mesmo que entrou em luta com Jacó,
Na ladeira da Lapa,
Nessa casa assombrada por ti mesmo
Brigavas com ele na escuridão
Até o despontar da madrugada:
E o duro mentor desanimava
Porque tinhas aprendido a capoeira.
Tu o odiavas; e no fim da luta
Lhe pedias a benção humildemente.
A manhã se organizando rumorosa
Encontravam palhetas do harmônio fora do lugar,

Jasmins em soluço, estrelas despedaçadas fugindo a galope
E uns restos da canção do último bêbedo...
Enquanto batias no peito e te xingava de judeu.

4

Quantas vezes me convocaste
Para sondar contigo em tom menor
As profundezas da Revelação.
Impermeável ao progresso material
Confiaste-me uma noite.
“Telefone não adianta,
É invenção ainda muito primária
Não se pode conversar a Santíssima Trindade”.

O que sobre fundos mistérios me contavas
Nunca o poderei transmitir
Por que era ligado à tua voz,

Ao teu jeito de olhar,
À tua comunicação pela ternura.
Uma vez me segredaste algo terrível:
"Cristo, irmãozinho, era também mau",
Ai que bico, azulão!

5

Vias no Carnaval uma descida em nós mesmos,
Metamorfose do rito ancestral,
Explosão de instintos comprimidos,
Muito mais do que safadeza.
Quem canta, João, como tu cantavas?
Como tu, quem dobra a música?
Como tu, quem a sofre e goza?

Não viste maldade na mulher da vida,
Chamando-a de irmã e companheira.
"São simples e humildezinhas"
Sabendo o que está escrito, no Livro eterno:
EM VERDADE VOS DIGO, OS PUBLICANOS E AS MULHERES DA VIDA
ENTRARÃO PRIMEIRO QUE VÓS NO REINO DE DEUS.
quantas vezes tu lhes trouxeste flores
e tocaste harmônio só para elas.

Dominavas, Ovalle, a bebedeira:
"Me dê um pouco mais de uísque, neguinha,
É para minh'alma".

6

Tua única leitura sendo a Bíblia e o crucifixo,
Não precisavas aprender mais nada.
Inútil ler a tradução da tradução
Se iremos breve assimilar o Texto único,
E logo conhecer a partitura original do mundo.

O fato plástico não te seduzia,
Eras música, azulão. Por isso

Ao chegar o Exterminador soprando,
Reunindo vivos e mortos para o alto fim,
Nem perceberás que o universo expele fogo,
Que as gerações levantam-se das covas:
Atento ao som da trombeta rachando o céu,
Talvez te lembres da sonata pistão e piano de Hindemith
Ou da entrada dos trombones no *Requiem* de Mozart.

7

E nos reuniremos (não andará muito longe)
A conhecer enfim o próprio Amor,
Suas Galáxias em expansão contínua
Tu que já conversas a verdade,
Que com os outros benditos pais-de-santo
Mário de Andrade, Jorge de Lima e Santa Rosa
Entraste no terreiro do Grande Culto
Onde o enigma da morte se decifra,
Prepara-te para o xangó dos teus amigos,
Prepara-te, João do amor e da música...
A sede da gente é muito grande mesmo.

João, azulão,
Seremos todos um só,
Companheiros unidos para sempre,
Não mais política, nem mercados, nem a Bomba.
Não mais te ocupará o preço do uísque,
A água sendo transmutada em vinho.
Viveremos em terras sem fronteiras
Que a energia de Deus cultiva,
Nossas romas, toledos e pequins da eternidade,
Onde até a força atômica é obsoleta.

Viveremos num universo dilatado
Onde não germinarão mais ódio nem violência,
Onde serão todos múltiplos em Um.
E serás para sempre do amor,
E serás para sempre da música,

E serás para sempre João,
Categoria única, sem letra,
Nos largos terreiros onde é dança e dança,
Onde ninguém manda nem é mandado
Nem precisará de eletrola ou de lâmpada,
Ovalle, azulão do sem-fim,
Voa, azulão companheiro,
Ai não voltes nunca mais.

1958

A Antônio preso

Preso de honra e galhardia,
Prenderam-te por seres lúcido:
Aos cegos não prenderão.

Preso de honra e galhardia,
Prenderam-te por seres bom:
Aos cruéis não prenderão.

Preso de honra e galhardia,
Prenderam-te por seres reto:
Aos curvos não prenderão.

Preso de honra e galhardia,
Foste livre, ainda és livre
Nas grades da tua prisão:
Estes sim, presos estão.

Roma, 18-7-1958

Jaime Cortesão

Na ciência, rigor extremo,
No cotidiano, ternura.

Ajustado à natureza
E ao lirismo franciscano
Restaura antigos roteiros,
Obedecendo a um chamado
Ecumênico português.

Liberdade, engenho, arte,
Força do amor e da vida
Se encontraram, reunindo-se
No navegante de ideias
Aberto aos ventos do mundo,
No homem Jaime cortesão

Roma, 29-4-58
no 74º aniversário de J. C.

Poema de Natal

Humilhada pela morte original, a carne
Restaura-se no ventre de uma virgem,
Capelinha branca pelos anjos feita,
Que do trono do eterno Pai desceram,

À luz trazendo as bem-aventuranças,
Pelos vagidos do sublime infante
A Santíssima Trindade arrulha ao homem,
De mistura com o cântico do boi.

Ó *felix culpa* do primeiro Adão
Que provocou este mistério augusto
Encarnado no Kyrios recém-vindo.

A vil matéria, pó transfigurado,
Torna-se em Deus e sobe pelos sins
Da Redenção, que tange Gabriel.

20-12-1963

IMPROVISO — TEXTO DE MONTREAL

O poeta e a terra dos homens[1]

Depois de nos terem anunciado a morte de Deus, anunciam-nos agora a morte do homem. Basta percorrer o livro recente (e notável) de Michel Foucault, *As palavras e as coisas*, para se dar conta de que, por trás da morte do homem que nos é profetizada, há no fundo a morte do Sistema. Pessoalmente, jamais me baterei pela sobrevivência de um sistema em que tantas coisas me desagradam e — estou bem seguro — desagradam também a todos vocês. Digo isso para sugerir que o poeta, ou melhor, a poesia atual está empenhada a fundo em uma luta terrível: "o combate espiritual é tão brutal quanto a batalha entre homens", disse Rimbaud. Ora, a batalha do poeta se passa sempre no nível da linguagem. O drama atual consiste exatamente no fato de que a linguagem poética, o Verbo que criou o mundo, está ameaçada de destruição. O homem, que deve repetir a operação grandiosa, a operação inicial que consiste em separar a luz das trevas, talvez esteja condenado a ver essa luz morrer.

Não acredito de modo algum no poder do poeta de hoje como dispensador do sagrado, pois estamos instalados na dessacralização total, ou seja, na desintegração dos signos do amor. Tendo em vista que a linguagem foi deformada, o drama do poeta confunde-se com o do homem. Hoje não se sabe mais qual o valor exato das palavras. Em diversos setores, propõem-nos a destruição da linguagem aristotélica. Concordo, pelo menos em parte, pois essa linguagem corresponde a conceitos ultrapassados. E o que é formidável em nosso mundo atual é que tudo deve ser reconstruído. É preciso de fato reconstruir a linguagem. E isso não será jamais trabalho de um único homem. Temos perto de nós o caso de Mallarmé que, apesar de tudo o que ele trouxe de maravilhoso, teve consciência de seu fracasso. Assim, na véspera de sua morte, escreveu a sua mulher e a sua filha Geneviève: "E no entanto era tão belo!" o que ele quisera fazer, o Livro Órfico da revelação cósmica, o livro da terra. Pois estamos engajados, estamos na terra. Nossa linguagem deve

1 Este texto de Murilo Mendes originalmente não tem título; o que lhe é atribuído aqui é o do colóquio internacional de poesia em que Murilo o apresentou, em 8 de setembro de 1967, realizado no âmbito da Exposição Universal de Montréal. O texto foi publicado na revista *Études Littéraires*, v. 1, n. 3, dezembro de 1968 (Les Presses de l'Université de Laval), número subintitulado "O poeta na sociedade contemporânea" e que apresenta as intervenções do colóquio. Foi incluído, em francês, no volume *Poesia completa e prosa*, com o título "Texte de Montréal", trazendo no final a indicação: (IMPROVISATION)/Montréal, septembre, 1967. A tradução é de Júlio Castañon Guimarães.

ser, portanto, uma linguagem concreta, baseada em valores racionais e em concordância com todas as possibilidades do mundo atual. Cervantes pediu: "*Un poco de luz e no más sangre*".

A distinção entre a poesia dita gratuita e a poesia "engajada" não tem mais sentido, já que o poeta, a partir do momento em que toma consciência de sua condição de poeta, está *ex officio* engajado no drama humano, e antes de tudo evidentemente no drama da linguagem, que é o drama do homem. Mas, como eu dizia, não acredito de modo algum no poder do poeta, acredito antes em sua impotência. Alegra-me saber que na Rússia soviética, nos Estados Unidos, na França e talvez em outros países, há uma comunicação do poeta com a massa. Mas eu me pergunto se essa comunicação tem possibilidades de sobrevivência, se as algumas centenas ou os alguns milhares de pessoas que, nas grandes assembleias, nos estádios, escutam a voz dos poetas se lembrarão dela depois de dois ou três dias.

Acho que o poeta é um ser obscuro e dilacerado. Primeiro, ele não se conhece bem, torna-se um enigma para ele mesmo, e mais que os outros tem consciência do grande enigma do mundo, inicial e final. Lautréamont escreveu que a poesia deve ser feita por todos, mas não disse que deve ser feita para todos. Acredito, porém, que todo homem traz o germe da poesia e que cabe ao poeta manifestá-lo mais claramente.

Quanto à tese do poeta como instaurador de novos mitos, devo dizer que acredito nisso. Há muitos mitos atuais que eu rejeito, como aliás vocês também: o mito das classes, o mito nacionalista ou racista que têm levado o mundo ao drama de que temos conhecimento. Mas o poeta, por sua vez, pode dar outra dimensão aos grandes mitos da humanidade. Aqui, por exemplo, no quadro dessa magnífica exposição, tudo testemunha em favor do poder do homem para criar sem a intervenção dos deuses, tal como o fez Prometeu, que roubou o fogo celeste. É verdade que, a seguir, o abutre roeu-lhe permanentemente o fígado, e cada poeta terá esse abutre para o roer de modo incessante. Isso quer dizer que, mesmo se conseguisse abolir por completo a transcendência, o homem será sempre inquieto.

Falei da impotência do poeta de hoje, pensando sobretudo na guerra que tanto nos ameaça a todos. A guerra não está mais ou menos distante. Não está no Sudeste Asiático. Está entre nós, em nosso quarto, e nos desperta a má consciência. Os líderes das grandes religiões, os poetas, os jovens protestam, e eu mesmo sempre o fiz e o continuarei a fazer. Mas o terrível é que nosso esforço é vão. Vemos dia a dia os exércitos aumentarem seu poder e disso se orgulharem. E acho isso assustador, desanimador. Assim, para encerrar estas poucas palavras improvisadas, faço um voto, talvez utópico mas essencial: que o mundo possa ver um dia a destruição de todas as tiranias, seja de esquerda seja de direita, e a instauração da paz e da fraternidade universal.

Murilo Mendes

NOTAS

p. 280 – *fiat*: em latim, usada na expressão *fiat lux*, "haja luz", no livro do Gênesis

p. 407 – *loup:* em francês, um tipo de máscara

p. 540 – *Mester trago fermoso, non es de juglaria*: em espanhol, "Mester trago formoso, não é de *juglaria*" [gênero literário medieval espanhol]

p. 540 – *Qualquier omme que la oya, si bien trobar supiere/ Puede más añadir e enmendar lo que quisiere*: em espanhol, "Qualquer homem que a ouça, se bem trovar souber/ Pode mais acrescentar e emendar o que quiser"

p. 540 – *Conmigo solo contendo/ En una fuerte contienda,/ Y no hallo quién me entienda,/ Ni yo tampoco me entendo*: em espanhol, "Comigo sozinho luto/ Numa forte contenda,/ E não acho quem me entenda,/ Nem eu tampouco me entendo"

p. 540 – *Peñascosa pesadumbre:* em espanhol, "Penhascosa tristeza"

p. 544 – *faena*: em espanhol, "faina", "trabalho"

p. 551 – *comuneros*: em espanhol, pertencente às Comunidades de Castela

p. 594 – *Favilla fasulla*: em italiano, "centelha falsa"

p. 612 – *Je regrette l'Europe aux anciens parapets* (Rimbaud): em francês, "Sinto falta da Europa nos antigos parapeitos"

p. 632 – *C'est le Christ qui monte au ciel mieux que les aviateurs/ Il détient le record du monde pour la hauteur*: em francês, "É o Cristo que sobe ao céu melhor que os aviadores/ Ele detém o recorde mundial de altura"

p. 633 – *qui tollis*: em latim, "que tirais" [os pecados do mundo]

p. 635 – *Aboli bibelot d'inanité sonore* (Mallarmé): em francês, "Abolido bibelô de inanidade sonora"

p. 636 – *Barlume*: em italiano, "vislumbre, pequena luminosidade"

p. 637 – *Cosí ha tolto l'uno all'altro Guido/ La gloria dela lingua; e forse è nato/ Chi l'uno e l'altro caccerà del nido* (Dante): em italiano, "Assim um Guido tomou ao outro/ A glória da língua; e talvez tenha nascido/ Quem expulsará um e outro do ninho"

p. 638 – *baleno*: em italiano, "relâmpago"

p. 638 – *Ahimè*: em italiano, "ai de mim"

p. 639 – *Io vo come colui ch'è fuor di vita,/ Che pare, a chi lo sguarda, come sia/ Fatto di rame o di pietra o di legno,// Che sé conduca sol per maïstria* (Guido Cavalcanti): em italiano, "Eu vou como um ser sem vida,/ Que parece, a quem o olha, como se/ Feito de bronze ou de pedra ou de madeira,// Que segue somente por mestria"

p. 642 – *menabó*: em italiano, "projeto gráfico", "maquete"

p. 642 – *La lima è consumata; or facciam senza*: em italiano, "A lima [o esmero no trabalho] consumiu-se; então façamos sem"

p. 644 – *heautontimoroumenos* (Baudelaire): em grego, "o que se vinga de si mesmo"

p. 646 – *blouson noir*: em francês, "blusão negro", "jovem delinquente"

p. 646 – *arrabbiato*: em italiano, "enraivecido"

p. 647 – *merveilleux, merdeilleux*: em francês, "maravilhoso", "merdalhoso"

p. 647 – *perpetuum mobile*: em latim, "movimento perpétuo"

p. 650 – *soave concordia-discors*: em italiano e latim, "suave concórdia discordante"

p. 651 – *a-vicenda*: em italiano, "sucessivamente"

p. 655 – *Fatum*: em latim, "destino"

p. 658 – *In illo tempore*: em latim, "naquele tempo"

p. 658 – *Omnia van*[*itas*]: vaidade das vaidades, tudo é vaidade

p. 658 – *Nous ne sommes pas au monde* (Rimbaud): em francês, "não estamos no mundo"

p. 658 – *Ubi Troia non fuit* (Virgílio): em latim na negativa, "onde Troia não existiu"

p. 664 – *rifiuti*: em italiano, "sobras", "restos", "recusados"

p. 665 – *moriles*: tipo de vinho espanhol

p. 665 – *Andalú*: língua da Andaluzia

p. 670 – *cosmocáritas*: caritas, em latim, significa "caridade"

p. 671 – *Je est un autre* (Rimbaud): em francês, "eu é um outro"

p. 674 – *forse gli automi/ hanno ragione*: em italiano, "talvez os autômatos/ tenham razão"

p. 677 – *polémos panton patér*: em grego, "o conflito é o pai de todas as coisas"

p. 677 – *Ekpyrósis*: em grego, "destruição do cosmo"

p. 677 – *Diakósmesis*: em grego, "formação do cosmo"

p. 677 – *Panta rhei*: em grego, "tudo se move"

p. 683 – *Allons enfants de la poésie/ Le jour de lutte arrive chaque jour.// Allons enfants de la poésie/ Le jour de gloire arrive chaque jour.*: em francês, "Vamos, filhos da poesia/ O dia de luta chega todo dia.// Vamos, filhos da poesia/ O dia de glória chega todo dia."

p. 698 – *vestaglia*: em italiano, "roupão"

p. 698 – *vinavil*: marca de produtos como adesivos e acetatos

p. 698 – *Feutre feu feutrine feutré*: em francês, "feltro", "fogo (ou morto)", "tipo de feltro", "feltrado"

p. 699 – *Il veltro*: em italiano, "o galgo"

p. 703– *municipool*: composto com a palavra inglesa *pool*, "piscina"

p. 710 – *pianopazzo*: em italiano, "piano maluco"

p. 711 – *La donna è mobile* (Verdi): em italiano, ária da ópera *Rigoletto*, "a mulher é volúvel"

p. 714 – *Per l'Annunziata la rondine è arrivata; e se non è arrivata è per strada o è malata*: ditado italiano, "Para a Anunciação a andorinha chegou; e se não chegou está a caminho ou está doente"

p. 718 – *né pour d'éternels parchemins* (Mallarmé): em francês, "nascido para eternos pergaminhos"

p. 722 – *Nous n'irons plus au bois, les lauriers sont coupés*: verso inicial de uma antiga canção francesa que fala de modo cifrado sobre o fechamento dos bordéis ("bosques") parisienses pelo rei Luís IX, em 1254, após uma epidemia de doenças venéreas: "Não vamos mais ao bosque, os loureiros foram abatidos"

p. 730 – *l'eco di un ariston*: em italiano, "aríston" é o nome de um instrumento de manivela, uma espécie de realejo. A palavra ocorre em português também como "aristão"

p. 734 – *... I'm waiting for someone/ to really discover America// ... I am waiting/ to see God on television/ piped unto church altars* (Lawrence Ferlinghetti): versos do poema em inglês: "Estou esperando alguém/ que de fato descubra a América// ... Estou esperando/ ver Deus na TV/ transmitido aos altares das igrejas"

p. 734 – *attirants comme ceux d'un portrait* (Baudelaire): em francês, "Atraentes como os de um retrato"

p. 734 – *Malebolge*: em italiano, oitavo círculo do Inferno dantesco, dividido em dez valas concêntricas, onde os fraudulentos são punidos

p. 737 – *tout n'est qu'ordre et beauté/ luxe, calme et volupté* (Baudelaire): em francês, "tudo é apenas ordem e beleza/ luxo, calma e volúpia"

p. 743 – *Vieil Océan*: em francês, "Velho Oceano"

p. 743 – *La rencontre fortuite sur une table de dissection/ d'une machine à coudre et d'un parapluie*: em francês, "[Belo como] o encontro fortuito numa mesa de dissecção/ entre uma máquina de costura e um guarda-chuva"

p. 745 – *galeote*: em italiano, além do significado comum, de "condenado a remar nas galés", há aqui uma provável referência a Galeotto (Galeaut), personagem do ciclo arturiano que foi intermediário do amor entre Lancelote e Ginevra

p. 746 – *Il n'y a pas de piédestal*: em francês, "Não há pedestal"

p. 755 – *provos*: corruptela holandesa do francês "provocateur", com a qual se designava um movimento jovem de protestos iniciado em Amsterdam (1964-1966)

p. 762 – *Perch'i' non spero di tornar giammai*: do verso inicial em italiano da famosa "Ballatetta" de Guido Cavalcanti, "Porque não espero retornar um dia"

p. 770 – *Reasoning, Doubt, Despair and Death* (William Blake): em inglês, "Razão, Dúvida, Desespero e Morte"

p. 845 – *Kyrios*: em grego, "senhor", que designa a divindade na Bíblia

Sobre a obra

Algo

(Sobre Murilo Mendes)

DAVI ARRIGUCCI JR.

A Laura, presente sempre

1. ENIGMA

Dentre as muitas coisas sensíveis que de repente podem chamar nossa atenção, às vezes se acha um poema. Em meio ao conjunto de elementos desordenados e indistintos do universo, sua formação surpreendente diante do caos pode atrair nosso olhar, feito um objeto privilegiado para a vista, mas resistente à reflexão, tal como uma flor, um cristal, uma concha, de que nos falou um dia Paul Valéry.[1]

Embora produto do fazer humano, o poema se assemelha a esses entes da natureza em razão de sua forma. Como eles, desafia nossa compreensão, porque também não sabemos exatamente como chegou a ser o que é. Procuramos conhecer a matéria de linguagem de que é feito, como está construído em sua organização de palavras e até o porquê de ter sido escrito. Sua natureza mais íntima, no entanto, nos escapa.

Apesar disso, o poema pode tratar da própria semelhança que o aparenta a esses seres naturais, debruçando-se sobre si mesmo, de modo a nos aproximar do mistério de sua constituição. Por seu meio verbal, torna-se capaz de explorar a analogia que o faz similar aos objetos perfeitos e aparentemente impenetráveis da natureza. É o que ocorre com um breve poema de Murilo Mendes — o mais difícil de nossos grandes poetas modernistas —, cuja oculta "coerência e a escarpada beleza"[2] obedecem ao dom de uma imaginação que tem o poder de transfigurar o real e rearrumar o mundo conforme as leis insólitas do arbítrio poético:

1 P. Valéry, "L'Homme et la coquille". In: *Variété. Oeuvres*. Ed. Jean Hytier. Paris: Gallimard, 1957, v. I, pp. 886 ss. Col. Bibliothèque de la Pléiade.

2 Antonio Candido e José Aderaldo Castello, *Presença da literatura brasileira. III. Modernismo*. São Paulo: Difusão Europeia do Livro, 1968, p. 178.

ALGO

A Maria da Saudade

O que raras vezes a forma
Revela.
O que, sem evidência, vive.
O que a violeta sonha.
O que o cristal contém
Na sua primeira infância.

Com a brevidade condensada e misteriosa de uma adivinha, o pequeno poema nos interroga e desconcerta; com sua cristalina transparência nos propõe o paradoxo de um fundo inalcançável trazido à limpidez da superfície, como que ao alcance da mão. No todo mínimo, essa espécie de mônada nos provoca com aquele "oh!" imaginativo que ela própria guarda em segredo, no qual W. H. Auden viu certa vez a marca dos dedos da grande poesia.[3]

Murilo Mendes foi sempre fiel a si mesmo e ao que buscava exprimir, arriscando-se a encarar frente a frente o difícil. Daí a obscuridade constitutiva de sua obra, que por vezes afasta o leitor, impedindo o reconhecimento de sua plena grandeza, cuidadosamente resguardada, no entanto, nesse fundo secreto e esquivo de custoso acesso, como "Algo". Neste se mostra, assim, o caráter propriamente enigmático de sua poesia, descendente direta, nesse sentido, da tradição moderna, de Edgar Allan Poe e Charles Baudelaire, através do simbolismo e da geração de Stéphane Mallarmé, a que viria se casar ainda, em seu caso, o hermetismo de um certo surrealismo, assentado sobre a base cristã de um catolicismo primitivo, tal como pregara seu "maior amigo", Ismael Nery.[4] A mescla de materiais diversos e até contraditórios está na raiz, portanto, desse traço de aparente ininteligibilidade, que, contudo, torna essa poesia tão característica de nosso tempo e de seus desafios, pois não só o caráter enigmático vincula a obra à história, como corresponde à percepção estética contemporânea — para a qual, conforme frisou Theodor Adorno, "as obras de arte, e a arte em geral, são enigmas".[5]

De fato, desde que apareceu, em 1930, com seus *Poemas*, Murilo sempre

3 Traduzi livremente a expressão "*imaginative awe*", espanto imaginativo em que Auden viu a raiz do poema. Cf. W. H. Auden, "Making, Knowing and Judging". In: *The Dyer's Hand and others Essays*. Nova York: Vintage Books, 1968, pp. 31-60. A expressão citada está na p. 60.

4 Expressão usada pelo próprio poeta numa nota de seu *Poliedro*. São Paulo: Companhia das Letras, 2017, p. 167.

5 Theodor W. Adorno, *Teoria estética*. Trad. portuguesa de Artur Morão. Lisboa: Edições 70, 1970, p. 140.

manifestou, com o senso de humor de seu pensamento, uma "bagunça transcendente". Ela é fruto da mistura perturbadora e da articulação inesperada dessa matéria em si mesma heterogênea e por vezes discordante, a que deu um tratamento muito peculiar. Por isso nos faz pensar, feito um eco de gosto barroco, numa poética do assombro, levando Manuel Bandeira a considerá-lo um "conciliador de contrários".[6] Pela surpresa e por seu poder de encanto (o que faz supor um candor fundamental — dobrado também de humor — do poeta diante do mundo), nosso poemeto é uma espécie de quinta-essência dessa poética e parece exigir do leitor, com seu tom discretamente interrogativo, uma resposta.

2. ADIVINHA

"Algo" apareceu pela primeira vez, ainda sem a dedicatória a Maria da Saudade,[7] na primeira edição de *Poesia liberdade* (1943-1945), em 1947, fazendo parte, portanto, da obra madura do poeta e de um livro decisivo, dos mais belos que publicou.

Entre tantos poemas que falavam então da Segunda Grande Guerra e da ameaça do caos, registros sensíveis da experiência histórica vivida no cotidiano daqueles anos terríveis,[8] sempre à beira do apocalipse, é como se o poemeto se refugiasse em si mesmo, recolhido no segredo de sua própria forma, a qual parece concentrar em si, com alto poder de revelação, o outro lado da realidade visível. Como diria Murilo: "O invisível esconde-se no visível".[9]

Escolhendo, assim, exprimir o difícil, ao falar de *alguma coisa indeterminada*, que não se deixa ver, o poeta adota a escrita cifrada de um hieróglifo ou ideograma, para traçar por meio da mescla de imagens visuais e conceptuais uma paradoxal definição do indefinido. A arte poética se torna, mais uma vez, um meio de determinar o indeterminado.[10]

A princípio, nos três primeiros versos, essa determinação depende de frases de forte sonoridade expressiva, à força sobretudo das aliterações, do

6 No poema "Saudação a Murilo Mendes". *Estrela da vida inteira*. Rio de Janeiro: José Olympio, 1966, p. 215. In: *Opus 10*.

7 Em 1947, Murilo se casou com Maria da Saudade Cortesão.

8 Ver, nesse sentido, o excelente estudo de Murilo Marcondes de Moura: *O mundo sitiado: A poesia brasileira e a Segunda Guerra Mundial*. São Paulo: Editora 34, 2016.

9 Em seu *Poliedro*, op. cit., p. 159.

10 Ainda Adorno: "A finalidade da obra de arte é a determinação do indeterminado" (op. cit., p. 145).

ritmo compassado como o de uma litania e da sutileza dos conceitos postos em movimento, o que nos mantém cativos de seu poder de encanto, extáticos frente a seu fascínio. Depois, os outros três versos restantes se mostram mais pictóricos do que sonoros, mediante as imagens visuais da violeta e do cristal. Mas, no conjunto que essas partes paralelas compõem como um criptograma, fica em aberto a definição que se insinua e se esboça sem se precisar de todo, e a indeterminação continua para nós desafiadora.

Com efeito, o título é já a proposta indicativa do motivo temático de que se vai tratar, o pronome indefinido "algo", que provém, conforme se sabe, de *aliquod*, forma neutra de *aliquis*, e que significa, em latim, "alguma coisa indeterminada", "qualquer coisa", de modo que, desde o princípio, o poema suscita no leitor uma surpresa interrogativa pelo sentido que possa ter essa "alguma coisa" de que se vai falar. Por sua própria natureza, o pronome indefinido não indica, precisamente, o ser a que se refere, e o leitor, devolvido, por assim dizer, aos jogos da infância, deve adivinhar do que se trata, posto que se vê surpreendido num mecanismo indireto de pergunta que pede resposta, próprio da adivinha.[11]

O traço mais geral da composição que se segue é a descrição que troca o título do poema por imagens igualmente cifradas, metonímias indiciais, contidas numa série de orações interrogativas indiretas, reiteradamente introduzidas pelo mesmo pronome demonstrativo neutro (o = aquilo), seguido do pronome relativo (que). Forma-se, assim, uma enumeração anafórica que, pela repetição rítmica dos dois termos iniciais, a uma só vez desdobra e reafirma o enigma. A cadeia metonímica, que constitui o tropo a que a retórica dá o nome de metalepse,[12] é uma espécie de permuta ou troca que propicia, pelo desdobramento do título do poema nas imagens seguintes, a difusão semântica do segredo da adivinha. Desse modo, intensifica o significado dela e lhe confere certo poder de encanto primitivo, oracular, que a construção repetitiva, feito uma fórmula ritualística, só reforça, expandindo a imaginação do mistério.

A adivinha, enquanto produto da tradição popular, requer uma linguagem especial cujos termos devem escapar do significado unívoco dos dicionários para a significação ambígua das imagens capazes de ocultar o que elas mesmas contêm, pois dependem desse jogo de cifrar o conteúdo que revelam ao escondê-lo, mediante a linguagem figurada. O amendoim sobre o qual se

11 Sobre a adivinha, ver o que diz André Jolles em seu estudo das *Formes simples* (tradução do alemão de A. M. Buguet. Paris: Seuil, 1972, pp. 103-19. Há tradução brasileira de José Paulo Paes, publicada pela Cultrix).

12 Ver os desdobramentos da metalepse em José Luiz Fiorin, *Figuras de retórica*. São Paulo: Contexto, 2014, pp. 103-6.

debruça a curiosidade infantil se transfigura, com graça perene, na "caixinha de bom parecer que nenhum marceneiro sabe fazer".

Assim as adivinhas velam e revelam a uma só vez. Atualizada no poema de Murilo como um eco da forma simples e primitiva da oralidade popular, a adivinha neste caso depende da linguagem poética, que tudo entretece em outra forma, polissêmica e ambígua por princípio, cuja significação complexa e plurivalente depende, por sua vez, de uma atitude do poeta que se traduz em versos sucintos e aforismáticos. São de fato versos definitórios e como que empenhados numa paradoxal definição que não define, lacônica e opaca ao mesmo tempo, mas capaz, ainda assim, de revelar o indefinido que ela oculta por meio das imagens.

Essa técnica de composição, mediante uma descrição indireta de um objeto, lembra poemas célebres da poeta norte-americana Emily Dickinson, como o de nº 1463, que se refere a um beija-flor, sem nunca mencionar abertamente o pássaro, descrevendo-o por meio de imagens enigmáticas que não dispensam os subentendidos da ironia:

A Route of Evanescence
With a revolving Wheel —
A Resonance of Emerald —
A Rush of Cochineal —

And Every Blossom on the Bush
Adjusts its tumbled Head —
The mail from Tunis, probably,
An easy Morning Ride —[13]

Contudo, o poema de Murilo não tem como objeto um ente concreto e definido da natureza, oculto pelas imagens encantatórias de cores e movimentos que o descrevem.[14] Ao contrário, ele apenas se abre para o indeterminado de "Algo".

13 "Um rastro de evanescência e/ Uma roda a rodopiar —/ Ressonância de esmeralda —/ Arremesso de carmim; —/ E em seu ramo cada flor/ Reergue tonta a cabeça —/ Mala postal da Tunísia, com certeza/ Fácil rota matinal —". Tradução de Aíla de Oliveira Gomes, em *Emily Dickinson: Uma centena de poemas*. São Paulo: T. A. Queiroz; Edusp, 1985, pp. 1140-1.

14 A propósito da "*riddle-poet*, Emily Dickinson", Northrop Frye aponta o procedimento retórico da pseudodefinição. Ver, nesse sentido, "Charms and Riddles", em *Spiritus Mundi*: *Essays on Literature, Myth, and Society*. Bloomington; Londres: Indiana University Press, 1976, p. 143.

Neste caso, a descrição oblíqua pela cadeia imagética exige análise mais detida e interpretação arriscada, pois o texto aponta para o que não se pode dizer com clareza precisa, ainda que se deixe sugerir pelo sortilégio da dicção figurativa. Trata-se, na verdade, de alguma coisa complexa e inexaurível, em cuja indeterminação pode estar implicada a natureza da própria poesia, envolta nas palavras do poema que a uma só vez a vela e revela.

"Algo" não é somente uma peça antológica, mas ontológica. São breves versos que configuram a definição da razão de ser do poema, em busca talvez do que seja a própria poesia que ele secretamente abriga. A poesia, como já foi dito um dia, ama ocultar-se.

3. VELAR E REVELAR

"Algo" está composto de versos irregulares,[15] cujas sílabas poéticas variam de duas a oito, descontada a sílaba final de cada verso (como na contagem regular dos versos metrificados terminados em paroxítonas). Em sua maioria, porém, oscilam entre seis e oito sílabas e são visualmente pouco discrepantes, exceto o segundo, brevíssimo, que dá continuidade sintática ao primeiro, e o último, que complementa a frase da penúltima linha, preenchendo o verso final inteiro.

Com efeito, a forma verbal "Revela", que constitui o núcleo da oração absoluta, iniciada no primeiro verso, e o adjunto adverbial de tempo que fecha a composição — "Na sua primeira infância" — são as duas únicas irregularidades que rompem a perfeita simetria do conjunto restante. Ela é reafirmada quatro vezes pelas repetições anafóricas, já referidas acima, nas orações interrogativas indiretas introduzidas por "O que...". Tais irregularidades demonstram que não há coincidência absoluta entre a sintaxe da frase e a linha do verso, e que o poeta tira partido disso. De fato, elas resultam da quebra do limite do verso e de seu transbordamento para a linha seguinte, de modo que a ruptura do limite formal passa a significar também ruptura do ponto de vista semântico, como reforço intensificador da indeterminação.

Quer dizer: o poema parece encerrar, no seu processo de constituição, no método de organização interna das palavras que o compõem, no próprio modo de ser mais íntimo, a forma simétrica de um cristal, apenas quebrada

15 Preferi chamá-los assim, pois não são exatamente os versos livres modernistas.

por duas irregularidades. Estas realçam o limite da simetria dos demais versos e, ao mesmo tempo, sublinham o desejo de ir além. A composição como um todo deixa, pois, transparecer na estrutura de sua forma concreta aquilo mesmo de que trata em sua interrogação do indeterminado, do que não se pode dizer explicitamente.

Essa espécie de isomorfismo, pelo qual a expressão imita o conteúdo expresso, faz do poema uma superimagem, ao mesmo tempo cristalina e enigmática, parecida ao sólido geométrico que é o cristal. Nela, as imagens menores, metonímias indiciais, atuam como facetas contíguas, simétricas e semelhantes entre si, reinsistindo na pergunta pelo segredo do todo. São componentes efetivas do cristal em que transparece o enigma, o "claro enigma".

Ao lado delas, as irregularidades atuam como assimetrias que se abrem para o indeterminado; intensificam a estrutura inteira por aludirem à essência da indeterminação, que escapa às tentativas de definição precisa, com um além do limite, um paralém, como talvez dissesse Murilo:[16] na verdade, um *ápeiron*, um sem-fim, inalcançável.

Nisso tudo, ecoa de algum modo a interrogação milenar sobre a natureza do universo que ficou gravada, desde a infância da filosofia ocidental, num breve fragmento do filósofo pré-socrático Anaximandro,[17] sobre a qual o poeta parece agora se debruçar, quando se abisma na busca do sentido do que ele mesmo exprime.

A busca pela natureza da poesia não é diferente da busca pela natureza do universo a que conduzem o desenvolvimento e as implicações do poema. No fundo da adivinha há um caroço que no mínimo ainda deixa transparecer o todo. O infinitamente pequeno corresponde, mediante o espelhamento da imagem, ao infinitamente grande.

É que, para Murilo, o poético, enquanto poesia informe, sem a carnadura do poema, é esse *algo*, um eterno vir a ser que se origina do ilimitado e a ele tende, sem princípio nem fim. Não é à toa que um de seus livros mais relevantes se chama *As metamorfoses*.[18] De sua perspectiva, o poema é o milagre, o que

16 Diversas vezes, em seus aforismos, o poeta utilizou esse neologismo referindo-se ao além da morte ou a algum hipotético espaço-tempo. Ver, por exemplo, o "Setor texto délfico", no *Poliedro*, op. cit., p. 142 "Os homens ameaçam os deuses com o paralém".

17 Ver "Anaximandro de Mileto", em *Os pré-socráticos*. Seleção de textos e supervisão de José Cavalcante de Souza. São Paulo: Abril Cultural, 1973, pp. 19-53.

18 Livro fundamental de afirmação da maturidade do poeta, foi publicado pela primeira vez em 1944, pela Editora Ocidente, do Rio de Janeiro. Ver a importante reedição pela Cosac Naify, organizada por Júlio Castañon Guimarães e Murilo Marcondes de Moura, em 2015.

só se dá raramente, encarnação momentânea da errante poesia do mundo. E na mínima parte da forma poética que alude sempre a si mesma e ao mundo que a rodeia, em cada mínima imagem, acha-se cifrada, feito uma partícula em que tudo se resume, a poesia total, síntese mimética do que há — espécie de "infinito íntimo", como nomeou Murilo, em outra parte de sua obra, a natureza transfigurada do universo.

4. O DIFÍCIL, DE NOVO

Uma consequência desse modo de compor é que os detalhes exigem exame detido, pois num poema tão breve, tão intenso e complexo, cada sílaba tem seu peso significativo, correspondente ao conjunto, como partícula cristalina que repete no ínfimo o feitio do todo.

Os dois primeiros versos compõem uma imagem conceptual que nos desafia:

O que raras vezes a forma
Revela.

O vínculo entre o sujeito ("forma") e o predicado verbal ("revela") vem materialmente muito ressaltado por um enredamento sonoro concreto: as aliterações da vibrante /r/. Elas se estendem às "raras vezes" e manifestam, pela reiteração acentuada, não apenas a relação entre a noção de "forma", que supõe limite determinado, e seu poder de revelação ("Revela"), mas a limitação contraditória desse fato. Assim se enfatiza mais uma vez a dificuldade de expressão do indeterminado que está em jogo quando se toma o pronome indefinido do título como tema. Dizendo de outro modo, como exprimir essa "alguma coisa" de que nem sempre a forma poética dá conta?

Quando pensamos, porém, no poético, poesia informe, difusa em toda parte, em contraste à "poesia erguida"[19] do poema, "caracol de linguagem" em que pode ecoar tanto a música quanto o ruído do mundo, sabemos que a

19 A expressão pertence a Octavio Paz, em sua tentativa de opor a poesia em estado amorfo do "poético" à "poesia erguida" do poema. Ver: *El arco y la lira*. 2. ed. México: Fondo de Cultura Económica, 1967, p. 14. Paz também se referiu ao poema com "*caracol en donde resuena la música del mundo* [...]" (ibid., p. 13). Julio Cortázar, por sua vez, tratou da forma esférica do conto contemporâneo, a partir de Edgar Allan Poe, nos termos de um "*caracol del lenguaje*", feito um irmão da poesia em outra dimensão do tempo literário.

expressão verbal a que chamamos poema é uma forma, um meio delimitado e potente de garantir que a poesia em estado amorfo ganhe corpo concreto nas exatas palavras. E de novo seja um modo de renomear o universo.

Renomear o universo é, para a poesia, ainda se afirmar como parte dele, feito uma semente do sentido.

Mas a forma pode falhar; nem sempre há poesia no poema. Para que tenha êxito, para que a magia da nova nomeação do mundo se cumpra, é preciso que o ilimitado habite a forma em seus limites e se diga novamente com eficácia o fiat lux, capaz de tudo transformar. A forma poética está sempre às voltas com o ilimitado que precisa conter, como o cristal, em sua entranha transparente, desde "sua primeira infância".

A forma verbal "Revela" é também uma imagem e, como tal, uma figura de linguagem em miniatura. Tem poderes parecidos ao de uma minúscula adivinha e é capaz também, em sua tessitura, de mostrar, encobrindo. O prefixo /*re*/, que a constitui, significa "movimento ao contrário" e desfaz o "velar" do radical da palavra: o véu que, na origem metafórica, recobre o significado, recua assim, mediante a *forma*, deixando à mostra o conteúdo. A forma é apenas outra feição do conteúdo; é conteúdo formado, armado em palavras, feito arquitetura verbal.

Entretanto, o que é que se revela no erguido e exposto conteúdo?

O que não pode ser revelado, pois é o que vive na latência, sem demonstração perceptível, conforme se lê no terceiro verso, em nova imagem conceptual:

O que, sem evidência, vive.

Um vínculo sonoro — a repetição da sílaba /*vi*/ e as aliterações da fricativa /*v*/ — intensifica o contraste entre a falta de manifestação e a presença da vida encoberta. Entretanto, uma vida não aparente, já que lhe falta o sinal sensível da existência, encaramujada em si mesma, pode não se prestar à descrição minuciosa de seus traços reais ou fantasiosos, a que se dá também o nome de evidência,[20] mas ainda nos fala à imaginação.

Assim como a semente recoberta que pode germinar e vir a ser, essa vida latente pulsa, mesmo oculta dos olhos da consciência. O inconsciente e as

20 Em termos da retórica, a evidência pode ser outro modo de se designar a écfrase ou hipotipose, ou seja, a descrição detalhada, viva e enérgica de um quadro, de um determinado objeto.

ideias são ambos invisíveis e podem latejar profundamente, ocultos no visível, para dizer como o poeta. Há alguma coisa de vida onírica, de conteúdo do psiquismo humano, nesse dormitar de semente que o verso exprime, aparentemente com objetividade distanciada. E isso o relaciona, com funda e extrema coerência, às imagens personificadas do restante do texto, em que o sonho da violeta e a infância do cristal cumprem um papel decisivo. Por meio dessas imagens se interligam o mundo vegetal e o mundo mineral à interioridade humana, como se tudo fosse uma coisa só, agora contida no cristal de palavras.

"Algo" alude a alguma coisa que, sem princípio nem fim, sempre se transforma em reiteradas metamorfoses, mas pode ser contida nesse cristal de palavras num instante em que de repente se condensa a poesia. A presença recorrente e significativa do motivo das "passagens" na obra de Murilo, cuja importância já foi assinalada pela melhor crítica do poeta,[21] se deixa compreender na esteira desta brevíssima adivinha, com o encanto das coisas passageiras da infância.

No poema, frente ao vir a ser de tudo no universo, o ilimitado se faz uno; a aparente dispersão, síntese espelhada de uma totalidade. A poesia, no instante poético resguardado em palavras, é o universo resumido na parte. Nela se aninha o projeto do todo. A parte é ainda e sempre a imagem espelhada do universo: tudo em um.

Num comentário ao fragmento do pré-socrático Anaximandro, o jovem Nietzsche afirmou com agudeza: "Para que o vir-a-ser não cesse, o ser originário tem de ser indeterminado".[22] Não é diferente com relação ao ser da poesia, imitação da natureza, do que é no mais fundo, oculto e revelado em "Algo".

21 Ver, nesse sentido, o posfácio de Murilo Marcondes de Moura à *Antologia poética de Murilo Mendes*, op. cit.

22 Cf. *A filosofia na época trágica dos gregos*, § 4. In: Friedrich Nietzsche, *Obras incompletas*. Seleção de textos de Gérard Lebrun. Trad. Rubens Rodrigues Torres Filho. São Paulo: Abril Cultural, 1974, p. 42.

Um poeta pleno

MURILO MARCONDES DE MOURA

Em seus cinquenta anos de atividade poética (1925-1975), Murilo Mendes foi sempre um autor experimental. Sua trajetória, da literatura de combate dos anos 1920 às vanguardas dos anos 1950-1960, manteve-se permanentemente receptiva ao espírito de "pesquisa estética", e é das mais coerentes e radicais em nossa literatura moderna. *Poesia liberdade*, mais do que título de livro, é insígnia de um projeto contumaz de livre criação artística.

O experimentalismo de Murilo Mendes consiste na construção de um ponto de vista interno aos poemas, capaz de abranger o máximo possível de realidade, uma perspectiva de descortino do variado e do heterogêneo. No poema "Ofício humano" — e tantos outros poderiam ser convocados como exemplo —, o verso "É preciso desdobrar a poesia em planos múltiplos" expressa uma das muitas variações dessa ideia central. Não por acaso, no mesmo poema, essa autêntica postulação estética vem antecedida da imagem: "O poeta abre seu arquivo — o mundo —". Assim, ao reconhecimento da profusão inexcedível do mundo, corresponde a exigência de propor uma forma igualmente ampliada.

A necessidade de expansão da linguagem poética é absolutamente crucial no projeto de Murilo Mendes. De início, cabe observar que tal concepção guarda uma postura fortemente refratária ao cotidiano imediato, quando não uma franca oposição a este, identificado sobretudo como limitação, compartimentação estanque daquilo que só pode ser compreendido em suas relações dinâmicas. "Mundo inimigo" e "mundo enigma" são dois dos muitos nomes que Murilo Mendes deu a esse estado de coisas, e que podem ser associados ao "mundo caduco" ou ao "mundo errado" de Drummond. Essa atitude abre-se também para a vertente polêmica do temperamento de Murilo Mendes — seu inconformismo e a funda indisposição com o trivial. Decorre daí uma visão da poesia como contestação dos discursos correntes e do poeta como necessariamente antagônico ao establishment, de modo que "viver a poesia" pode ser até "mais importante e necessário do que escrevê-la". Ou, como afirmou de outra maneira, ao comentar as fotomontagens de Jorge de Lima: "Movimentos paralelos: revolução política, revolução artística". Essa junção entre ética e estética aproximou-o do surrealismo, sobretudo na primeira metade da trajetória de Murilo Mendes. Breton, por exemplo, em circunstância mais diretamente politizada do movimento (1935), propunha a identificação da palavra de ordem de Marx — "Transformar o mundo" —, àquela de Rimbaud — "Mudar a vida".

Para cumprir essa proposta expansiva, o poeta se preparou muito. De início, cabe sublinhar o diálogo absorvente que manteve com outras artes — música, pintura, dança e cinema. Em relação às duas primeiras, Murilo Mendes foi profundamente cultivado e escreveu sobre ambas em alto nível. Dessa convivência, ao lado da frequentação de um amplo repertório, sempre crescente, da poesia brasileira e internacional, o poeta extraiu alguns procedimentos essenciais, que convergem todos para uma estética associativa. Esses procedimentos talvez possam ser sintetizados em uma técnica específica — a da montagem, entendida em sentido largo, como arte combinatória.

De acordo com essa concepção, o poema deve ser uma estrutura inclusiva e não especializada, que permita ao poeta elaborar com a devida complexidade seus assuntos de eleição. Entre aqueles que mais se destacam: a mulher e o erotismo, os conflitos sociais, a questão da identidade, a "vocação transcendente" do homem, o tempo, a própria poesia, a morte, o universo da cultura. O mais frequente é a interação entre esses núcleos, o que implica muitas vezes a justaposição de tempos e espaços diferentes. Esses "simultaneísmos", para retornar a um procedimento das vanguardas históricas caro ao poeta, não são exercícios vagos de linguagem, nem proposições de certezas ou dogmas; ao contrário, têm uma proposta vital de busca incessante de compreensão do mundo e de si mesmo: "Desde muitos anos insisto em que a poesia é uma chave do conhecimento, como a ciência, a arte ou a religião; sendo portanto óbvio que lhe atribuo um valor muito superior ao de simples confidência ou de jogo literário".

Essa passagem, extraída do importante texto de Murilo Mendes "A poesia e nosso tempo" — importante porque sintetiza a poética do autor no momento (1959) em que lançava a primeira reunião de suas poesias completas —, reitera essa visão. Outras passagens são também exemplares para o nosso ponto:

> Preocupei-me com a aproximação de elementos contrários, a aliança dos extremos, pelo que dispus muitas vezes o poema como um agente capaz de manifestar dialeticamente essa conciliação, produzindo choques pelo contato da ideia e do objeto díspares, do raro e do cotidiano.
>
> Atraído simultaneamente pelo terrestre e o celeste, pelo animal e o espiritual, entendi que a linguagem poderia manifestar essa tendência, sob a forma dum encontro das palavras extraídas tanto da Bíblia como dos jornais; procurando mostrar que o "social" não se opõe ao religioso.

Leituras breves de três momentos da trajetória de Murilo Mendes podem especificar melhor seu projeto. Iniciemos por "Tédio na varanda", de seu segundo livro, *O visionário*, escrito entre 1930 e 1933:

Hesito entre as ancas da morena
Deslocando a rua,
E o mistério do fim do homem, por exemplo.
Dormir!

As camélias lambem
O sexo de teus lábios
Os pássaros da vertigem
Bicam estátuas de pano.
O mar fala a língua de p
Enquanto eu não tenho
Pés de vento.
Mãos de metal.

As botas de sete pedras
Comem léguas de aborrecimento.

Poeta afeito à música, Murilo Mendes conhecia o valor expressivo das aberturas e o explorou em incontáveis poemas. No caso presente, pela apresentação abrupta do sujeito "hesitante", dividido entre o chamamento erótico e a inquietação metafísica, entre aderir ao mundo ou transcendê-lo. A divisão é tão forte que tem alguma comicidade. Não parece haver dualidade mais irremediável: acompanhar com os olhos desejantes a morena que passa enquanto considera a condição humana em sua finitude e mistério. Reforça ainda o traço cômico o "por exemplo", a assinalar a repetição da postura indecisa do sujeito, o que o leva à paralisia e desta ao tédio, seu sentimento confesso. O conflito ou a hesitação do sujeito recorda a formulação baudelairiana, que Murilo Mendes citou mais de uma vez:

> Há em todo homem, a todo instante, duas postulações simultâneas: uma para Deus, outra para o diabo. A invocação a Deus, ou espiritualidade, é um desejo de ascender; aquela de Satã, ou animalidade, é uma alegria de descer. É a esta última que devem ser relacionados os amores pelas mulheres.

O "dormir", potencializado pela irônica exclamação, fecha coerentemente esse primeiro movimento, apenas prolongando o confronto, insolúvel, entre o desejo pela morena e a ânsia pela transcendência. Mas o adormecer cria também a disponibilidade para as coisas mais surpreendentes, na trilha do onírico e do devaneio.

Efetivamente, o insólito — um dos traços mais característicos da poesia de Murilo Mendes — predomina no miolo do poema, sobretudo pela personificação. As camélias lambem; os lábios têm sexo; os pássaros são da vertigem (produzidos, pois, pela atividade onírico-visionária do poeta), as estátuas são de pano, o mar fala, o sujeito se define pelo que não tem: pés [de vento] e mãos [de metal]. Mas parece haver um método nessa loucura. "Camélias" e "pássaros" compõem um mínimo recorte da natureza, uma espécie de jardim, contíguo à "varanda", da qual se observa ou pelo menos se ouve o "mar". Na "rua", provavelmente defronte, caminha uma mulher. Há um cenário, portanto, em que o sujeito está inserido, e que o leitor de Murilo Mendes não deixará de associar à experiência carioca do poeta, mais precisamente em Botafogo, bairro onde ele habitou na década de 1930. Mas, é claro, tudo se acha também transfigurado, por força de um impulso abstratizante dessa lírica, que se compraz em quadros sintéticos e universais.

Entediado e dormente, espécie de máquina desligada, ao sujeito falta dinamismo, intensamente presente, em contraste, nas coisas ao seu redor, que lambem, bicam e falam, sem contar a morena, que "desloca" a rua com seu andar provocante. "A coisa mais bela do mundo, penso: uma mulher andando", escreveria anos depois em "Cláudia", de *A idade do serrote*.

Portanto, a forte dualidade do início prossegue nessa parte central. A dimensão erótica é ostensiva. Os versos "As camélias lambem/ o sexo de teus lábios" dispensam comentários; a inversão do trecho final "pedras" por "léguas", propõe, retrospectivamente, outras possibilidades de inversões, acentuando ainda mais a sexualidade já tão pronunciada. A "camélia" tem tradição na obra de Murilo Mendes, passível de ser associada à "magnólia", normalmente substitutiva do feminino. Por sua vez, a ação de "bicar", dos pássaros da vertigem, poderia talvez ser incluída nesse setor erótico do poema, embora nessa imagem acredito estar presente, sobretudo, a outra direção — metafísica ou transcendente.

Em sua adesão ao mundo mítico, Murilo Mendes mostrou especial predileção pelo mito de Prometeu. Assim como ocorre com a paisagem, o mito aparece também transfigurado no poema, embora reconhecível por alguns traços: os pássaros, a ação de bicar, a estátua de pano. Murilo Mendes interessou-se pelo mito exatamente pelo seu caráter de mediação entre o baixo e o alto; entre a humildade da condição humana e a possibilidade de sua elevação. Em outras palavras, Prometeu representa para o poeta um índice da "vocação transcendente" do homem. Nesse sentido, "Os pássaros da vertigem/ bicam estátuas de pano" corresponderiam à outra parte da abertura: "o mistério do fim do homem".

Na estrofe final, a inversão entre "léguas" e "pedras" é muito expressiva, inclusive da própria situação do sujeito imobilizado entre alternativas contrárias. À velocidade das "botas de sete léguas", d'*O pequeno polegar*, opõe-se o peso das "botas de sete pedras". É curiosa essa apropriação (paródica) de narrativas míticas ou edificantes, nas quais o poeta, no entanto, sempre buscou sugestões e mesmo respostas. Talvez na mesma direção possamos compreender a "língua de p", associada ao barulho do mar: ela também pertence ao universo infantil e lúdico dos contos da carochinha, ao qual o poema ambiguamente se vincula.

A última palavra do poema — "aborrecimento", retoma o "tédio", do título, travando definitivamente o sujeito no estranho círculo do desejo que o espicaça e do projeto espiritual que mal consegue sustentar.

Na obra do poeta, o tédio permaneceu como sintoma de uma divisão insuperável. O sujeito se arrasta pesadamente por "corredores" e "galerias" e tantos outros espaços figurados na poesia de Murilo Mendes que concretizam geometricamente o labirinto do tempo, onde se erra e se pena. "Meu corpo está cansado de suportar a máquina do mundo", desabafa em "O exilado", de *A poesia em pânico*. No segmento final de "Janela do caos", também observamos a ênfase no sentimento do "tédio" e da "fadiga", assim como a insuficiência da "carne miserável":

Pulsação da humanidade
Que desde a origem até o fim
Procura entre tédios e lágrimas
Pela carne miserável,
Entre colares de sangue,
Entre fadiga e prazer,
A bem-aventurança

Da varanda, da janela, do alto de uma pirâmide, dos telhados abstratos: eis os postos de observação do eu lírico na obra de Murilo Mendes. Postos elevados, de onde se pode descortinar um horizonte mais vasto, talvez inacessível ao homem comum imerso em sua rotina. Esse lugar se constrói a partir da fé na transcendência, num sentido maior que pouco a pouco se revela. Mas essa visão teleológica tem vicissitudes, e muitas vezes sobrevêm o tédio, o desencanto e a amargura.

Em "Indicação", do livro *Parábola* (1946-1952), situado no meio exato da obra, lemos:

Sim: o abismo oval atrai meus pés.
Leopardo familiar, a manhã se aproxima.
Preciso conhecer em que universo estou
E a que translações de estrelas me destinam.
Em três épocas me observo sustentado:
Na pré-história, no presente e no futuro.
Trago sempre comigo uma morte de bolso.
Assalta-me continuamente o novo enigma
E uma audácia imprevista me pressinto.
Arrasto minha cruz aos solavancos,
Tal profunda mulher amada e odiada,
Sabendo que ela condiciona minha forma:
E o tempo do demônio me respira.
Gentilíssima dama eternidade
Escondida nas raízes do meu ser,
Campo de concentração onde se dança,
Beatitude cortada de fuzilamentos...
Retiram-me o véu que sei de mim.
Ontem sou, hoje serei, amanhã fui.

Alguns aspectos saltam aos olhos do leitor: a abertura intrigante (como de hábito no poeta) com o sujeito "atraído" para baixo, para o "abismo"; imagens insólitas, embora passíveis de serem associadas ao que é próximo, como a de uma manhã corriqueira, "familiar", identificada a um "leopardo", talvez pela coloração ainda indecisa do dia que nasce, entre o claro e o escuro, mas também como aprofundamento da sensação de ameaça do primeiro verso, a que o eu responderá com uma "audácia imprevista"; o foco insistente no próprio sujeito, situado este, no entanto, em plano suprapessoal, de caráter cósmico, em que figuram, no alto, as "estrelas", para onde ele se julga "destinado"; a dimensão religiosa — "cruz", "eternidade", "beatitude", misturada a referências históricas muito concretas e emblemáticas das barbáries do século XX — "campo de concentração", "fuzilamentos"; o verso final, suposta síntese que, outra surpresa, antes amplia do que demarca, ao apresentar o baralhamento dos tempos — a sugerir, talvez, que toda definição só é válida na fusão dos seres e elementos. O título, "Indicação", por sua vez, parece flutuar entre a promessa de uma direção precisa e o mero indício de algum trajeto.

"Indicação" é um poema mais para o pensamento do que para os sentidos ou os afetos. Ele apresenta outra situação frequente na obra de Murilo Mendes — a do sujeito poético intensamente reflexivo num momento específico do tempo, no caso uma "manhã" (talvez mais numerosos sejam os "noturnos" escritos pelo poeta). Seus versos mais longos, com predominância dos de doze sílabas, ajustam-se à gravidade daquilo que é dito: o eu, "atraído" pelo "abismo", visando às "estrelas", ou, desde "o tempo do demônio", aspirando à "gentilíssima dama eternidade" (em outro momento, o poeta definirá a "história" como "dama agitadíssima"). No centro de tudo, a presença da morte, que ele carrega consigo, conforme afirma no alexandrino memorável — "Trago sempre comigo uma morte de bolso" (em outra passagem, o poeta especulava: "a morte será oval ou quadrada?"). Mas parece que o assunto maior do poema é o sentimento da espessura temporal, que abrange tanto a morte individual como a finalidade da vida ou o destino: Alguns anos antes, escrevera em "O tempo", de *Poesia liberdade*:

O tempo cria um tempo
Logo abandonado pelo tempo,
Arma e desarma o braço do destino.

Assunto vastíssimo, como se vê, que provocou inumeráveis discussões filosóficas, científicas e mítico-religiosas. Eis um assunto também reiterado em Murilo Mendes, e que sofreu várias metamorfoses ao longo de sua trajetória, como tudo o que ele incorporou em sua extensa e aberta prática poética.

A experiência do tempo se identifica no poema a um processo (penoso) de depuração — literalmente um desvelamento: "Retiram-me o véu que sei de mim". Só então sobrevém a totalização proposta pelo último verso, no qual se fundem — para citar termos de Santo Agostinho em sua famosa reflexão sobre o tempo, decerto uma das inspirações para o poeta — memória (passado), visão (presente) e expectação (futuro). É de notar que o poema está no presente até esse momento final, que ilumina, por assim dizer, todo o contorno da vida do sujeito, sua "duração", em expressão lapidar da ideia segundo a qual o momento derradeiro é o vislumbre vertiginoso do sentido da vida e da identidade, aqui sempre permeável a algo maior.

"Grafito para Vladimir Maiacóvsky", escrito em Roma, em 1963, e publicado no último livro em versos de Murilo Mendes escrito em português, *Convergência* (1970), talvez seja mais imediatamente apreensível do que "Tédio na varanda" ou "Indicação" e permite entrever outras características de sua poética:

Um cosmonauta cantando dá a volta ao cosmo
Enquanto eu desfaço a barba.

Constrói-se a décima musa
Economia dirigida Unatotal
Que deverá mover o homem novo

Planifica-se nos laboratórios
A futura direção dos ventos
Extrai-se energia das algas
Opera-se o sol

Eletrifica-se a eternidade
Reversível

Entretanto

O PLANETA NÃO ESTÁ MADURO
PARA A ALEGRIA.

Novo início marcante. A conjunção "enquanto", recorrente no poeta, indica aqui a simultaneidade de dois fatos de grandeza diferente: as viagens espaciais, naquele momento coqueluche da humanidade, e o sujeito se barbeando. A desproporção produz algum humor, pela sensação vertiginosa de ampliação ou de redução abrupta, conforme o ponto de vista. Indica sobretudo oposição entre dois fatos; um, irrelevante e de caráter inteiramente privado; outro, lance decisivo no progresso tecnológico da humanidade, como a corrida espacial. A oposição não se dá exatamente entre o poeta e o cosmonauta, que é apresentado com simpatia — "cantando", mas, sim, entre duas concepções — uma mítico-poética, outra técnico-científica, como a sequência do poema confirma.

Constrói-se, planifica-se, extrai-se, opera-se, eletrifica-se... As intervenções enérgicas e categóricas, tanto no mundo natural como no social, sucedem-se no corpo do poema, que se transforma, nessa parte intermediária, em uma espécie de celebração irônica do suposto progresso humanitário e científico, ao propor um breve catálogo de façanhas às avessas, que apenas resultam no completo controle social e na destruição sistemática da natureza.

Ao expor essa expansão totalitária, Murilo Mendes fazia coro com algumas vozes críticas muito atuantes (e polêmicas) daquela década. Herbert Marcuse, por exemplo, falava da "sociedade industrial avançada", "que fazia do progresso científico e técnico um instrumento de dominação", estabelecendo "comportamentos unidimensionais". Tratava-se, sobretudo, de crítica à sociedade norte-americana do tempo, em momento agônico da chamada Guerra Fria, de que a corrida espacial era uma das manifestações mais vistosas; outra, que assombrava toda a humanidade, era a ameaça da destruição atômica. Em uma entrevista de 1972, perguntado sobre o movimento hippie, Murilo Mendes explicitou sua posição:

> É uma forma de protesto contra o estilo de vida errado da civilização técnico-industrial. Mas devo lhe dizer que comigo se passou um fenômeno curioso. Desde há muitos anos que eu me sinto indisposto em relação ao sistema de vida desta civilização. Há quarenta anos já eu exprimia isso, não de forma polêmica, demagógica, mas poética. É uma espécie de rejeição de formas de viver erradas: o culto do dinheiro, a pressa, a incompatibilidade entre uma vida cultural e a velocidade dos tempos modernos, a mecanização do homem e todas essas coisas que sabemos. Num primeiro tempo eu julgava que era contra esse sistema porque estava envelhecendo. Depois, quando vi os jovens nos anos 60 se revoltarem contra essa forma, recebi como que uma injeção de vitalidade, eu me senti jovem também.

Retornando ao poema, ele inclui em sua crítica também o outro lado, a União Soviética, com seu dirigismo econômico. Talvez não por acaso, ele se encerre com uma citação do maior poeta russo do século XX.

Antes de comentá-la, porém, cabe atentar para uma imagem curiosa: "Eletrifica-se a eternidade/ Reversível". O poeta revisita aqui um velho motivo de seu horizonte religioso: a eternidade, último reduto a ser dominado pela técnica — "eletrificada", ou esclarecida. Transformada em uma espécie de estância turística, "reversível", os homens poderiam, quem sabe, visitá-la e retornar ilesos e recompostos ao tempo. A transcendência seria assim mais uma utopia colonizada.

Vem, afinal, o contraponto, preparado pela conjunção "entretanto". Importa muito que o poema de Murilo se encerre com uma imagem planetária, recuperando aquela do início, pois esse é seu horizonte de sempre. A utilização da caixa-alta hierarquiza as duas partes do texto. Para recuperar um conhecido aforismo de Murilo Mendes, o poema passa do "adjetivo" para o "substantivo". E se o primeiro se define pelo refinamento da técnica e pela coletivização compulsória, o segundo se caracteriza pelo que é muito simples e da esfera individual, ou pelo menos de relações interpessoais espontâneas — a alegria, que é tudo aquilo que falta e que deveria estar no centro das preocupações do homem. Aquela oposição inicial se expande, portanto, para o restante do poema, todo ele constituído de tensões.

O verso citado de Maiakóvski foi extraído do famoso poema "A Sierguéi Iessiênin" (1926), segundo o próprio autor "o mais atuante" de seus últimos poemas, "copiado e recopiado ainda antes da impressão", cuja leitura, nos famosos recitais do poeta, era "exigida pelo próprio auditório" que fazia tanto silêncio a ponto de se poder ouvir "o voo das moscas". Após a leitura, as reações também enchiam as medidas — "impropérios e elogios", "xingamentos e louvores". Foi esse poema que Maiakóvski escolheu como exemplo maior para sua mais relevante arte poética, o texto *Como fazer versos?*. Do verso em questão, ele afirma ter escrito doze versões, acrescentando o comentário: "quanto trabalho é necessário para elaborar umas poucas palavras". Essa exigência do artesanato, do apuro formal, em poeta tão politicamente empenhado e que atuou como autêntico bardo dos ideais da revolução de 1917, foi uma lição duradoura para outros poetas do século XX: "Sem forma revolucionária não há arte revolucionária".

O poeta russo-soviético voltou a ser lido sistematicamente nos anos 1960, outro momento de forte clivagem ideológica do século anterior. No Brasil, no início daquela década, Haroldo de Campos, em parceria com Boris Schnaiderman, publicava seus primeiros trabalhos sobre o poeta, inclusive sua tradução do poema a Iessiênin. Na Itália, onde morava então Murilo

Mendes, havia saído em 1958, pela Editori Riuniti, as *Opere* em quatro volumes. Na biblioteca do poeta, hoje no Museu de Arte Murilo Mendes (MAMM) em Juiz de Fora, encontra-se o volume *Poemi* (extraído das obras da Editori Riuniti), publicado em 1963, mesma data em que o poema foi escrito, indicando um modo de compor em que a criação se nutria profundamente da leitura de outros poetas (ou mesmo de textos teóricos), assim como da audição de peças musicais ou da convivência com artistas plásticos e seus trabalhos.

A decisão do poeta mineiro em dispor o verso de Maiakóvski, gritantemente, em letras maiúsculas, ao lado da fidelidade à poética do autor russo, que dizia ser necessário "ressaltar o berrante de cartaz que há nas palavras", conforme se lê na "Carta sobre o futurismo", pode ser lida também como incorporação de procedimentos das vanguardas da época, especialmente da poesia concreta, por exemplo nos poemas-cartazes. Em termos de sua função no poema, trata-se de contrapor ao martelo da certeza das experiências científicas (normalmente de inspiração bélica) e dos planejamentos sociais (quase sempre mantenedores da desigualdade), uma espécie de lembrete ou de advertência que difere da proposta do poeta russo. Neste, o verso em questão se completa naquele imediatamente posterior: "É preciso arrancar alegria ao futuro", assinalando para o porvir a solução possível da carência do presente, porvir que estava sendo forjado pela práxis revolucionária. Murilo Mendes concordaria com essa perspectiva de realização futura, mas de um ângulo bem diverso — como promessa de beatitude. Mas o fato é que no "grafito", o verso emprestado finaliza o poema, de modo que, isoladamente, ele precisa dar conta do contraponto pretendido. Isto é, a "alegria", ou, mais propriamente, a falta dela, deve bastar por si só para refutar todas aquelas ações triunfais de progresso. Pouco valem aquelas realizações grandiosas se falta o essencial — a alegria. Mas o que é a alegria?

O próprio Maiakóvski, naquelas doze versões que apresentou do verso, considerou igualmente utilizar "felicidade" ou "prazeres". O mundo dos afetos é sempre esquivo a uma conceituação muito precisa e talvez convenha recorrer nesse caso a outro poeta ainda: "A alegria é a prova dos nove". Assim fazendo, faríamos justiça também à significativa presença de Oswald de Andrade em *Convergência*, já que o poeta lhe dedicou não apenas um de seus "murilogramas", mas toda a segunda parte do livro, intitulada "Sintaxe" — "À fabulosa memória de Oswald de Andrade". Desse modo reitera-se aqui o quanto a trajetória de Murilo Mendes, de *Poemas* a *Convergência*, foi sempre receptiva aos experimentalismos, e o quanto ele se valeu dessas inovações de maneira personalíssima.

Anotação breve

JÚLIO CASTAÑON GUIMARÃES

> *O Murilo que escreveu: "Só o futuro é moderníssimo", e anotou: "O espírito de invenção em face da realidade produz o choque necessário à criação poética", é e sempre foi, no essencial de sua produção, um poeta inexoravelmente de vanguarda.*
>
> Haroldo de Campos

A publicação da poesia completa de Murilo Mendes oferecerá sempre a possibilidade de fazer um percurso estimulante por um extenso, intrigante e admirável espectro poético. E é de surpreender que, no caso de um escritor de tal porte, a presente edição seja não mais que apenas a terceira vez que se publica uma reunião de sua poesia.

Houve o volume de 1959, que apresentava a poesia produzida até então, quando o autor ainda estava em plena atividade, vindo ainda a escrever alguns outros grandes livros de sua obra. Em 1994, decorridos quase vinte anos de sua morte, saiu o conjunto da poesia completa, juntamente com uma reunião da prosa, numa edição crítica preparada por Luciana Stegagno Picchio, sendo de ressaltar que aí se incluíam alguns livros deixados inéditos pelo poeta. Por fim, decorridas desde aí cerca de três décadas, sai a presente edição.

Sai ainda esta edição pouco mais de cem anos depois das primeiras publicações do jovem Murilo Mendes na imprensa de sua cidade natal, os textos intitulados "Crônica Mundana", estampados em jornal a partir de 1920. Lembre-se também que, embora o poeta só fosse estrear em livro em 1930, os poemas que integram seu primeiro livro vinham sendo produzidos havia alguns anos, quando em finais da década de 1920 o poeta já colaborava com as revistas do modernismo, como *Revista de Antropofagia* e *Verde*.

Esse longo decurso de tempo e esses marcos editoriais e temporais assinalam a presença ampla e duradoura dessa obra na literatura brasileira — duradoura, como as datas referidas demonstram, e ampla não só pelo número de obras publicadas, mas pelo universo de que se ocupam e sobretudo por sua importância. Essa presença em livro se inicia com *Poemas* — um dos maiores da poesia modernista (e como tal saudado com efusão por Mário de Andrade), especialmente atento, entre outros aspectos, à vida urbana — e se encerra em

Convergência e *Ipotesi*, com sua experimentação construtiva, em diálogo com vanguardas como o concretismo (e no caso do segundo adotando o exercício de outra língua), e com uma constante convocação, também em ambos, de grandes figuras literárias e artísticas, especialmente do século XX. Entre esses dois extremos, o percurso passa, por exemplo, por *Poesia liberdade*, com seus poemas marcados por convulsões como a guerra, ou *Contemplação de Ouro Preto*, em que avulta a dimensão cultural, artística e histórica com uma reformulação do próprio poema (o livro é composto de um conjunto de longos poemas, mas seria possível considerar que se trataria de um longuíssimo poema com subdivisões).

Ao mesmo tempo, o número das edições das obras de Murilo Mendes indica uma espécie de dificuldade que de certo modo acabou se tornando própria dessa presença — que talvez se pudesse mesmo dizer problemática —, se então comparada com a de outros poetas de notoriedade similar, como Drummond ou Bandeira, que, diferentemente, tiveram e têm sucessivas edições de sua poesia. O trajeto editorial de Murilo Mendes, mesmo quando já poeta reconhecido, não foi condizente com sua importância, ao contrário dos dois outros poetas tomados como exemplo, que a partir de certo momento tiveram seus livros publicados regular e ciosamente por grandes casas editoriais. O último livro de poesia dado à publicação por Murilo Mendes, que estava chegando aos setenta anos, o importante *Convergência*, teve andamento editorial lento, ficando alguns anos à espera de edição.

Haverá algumas hipóteses para essa situação, mas aí talvez na verdade sobressaía uma questão. Entre os principais poetas modernistas brasileiros, Murilo Mendes com certeza é aquele que ao longo de sua produção não só apresentou mudanças de grande evidência, como também conjugou simultaneamente dimensões muito variadas. Nesse sentido, estaria a uma boa distância, por exemplo, de um João Cabral de Melo Neto. Há mudanças claras que se vão dando na sucessão dos livros, o que pode parecer mais compreensível. Ao mesmo tempo há como que o convívio de aspectos que não se organizam em consonância com essa sucessão, de modo que ocorrem articulações imprevistas. A seu respeito se pode falar em modernismo, surrealismo, humor, sátira, religiosidade, experimentação, preocupação social, inquietação amorosa, irreverência, exaltação, além de um amplo leque cultural, a que se associa a viagem como fonte frequente de seus trabalhos.

Isso talvez possa dificultar a leitura e a abordagem de sua obra, pois sem dúvida não é fácil lidar com aspectos por vezes muito distintos ao mesmo tempo. Deixar de lado algum desses aspectos pode acarretar incompreensões de leitura. Assim como também pode levar a viés falseado tomar de modo especial algum desses aspectos. Há ainda o risco dos anacronismos, como ao enfatizar certos aspectos ligando-os a momentos do trabalho em que seriam menos significativos. Talvez isso ocorra, por exemplo, com a dimensão religiosa, estendida a momentos de sua obra em que ela talvez não seja tão marcante. Ou ao contrário, onde ela é clara pode haver, no entanto, outras aproximações. Assim, os "Quatro textos evangélicos", deixados inéditos pelo autor, terão sem dúvida de ser lidos na perspectiva dessa vertente importante da poética muriliana. Parece, porém, que não seria sem razão lembrar as "Prosas evangélicas" do autor do "L'Idole. Sonnet du trou du cul", o Rimbaud tão prezado por Murilo, e assim acrescentar à leitura dos textos murilianos outra perspectiva, outra rede de relações que não apenas aquela mais evidente, e que lhes dê mais amplitude. A própria história dos livros pode indicar algo nesse sentido — *O visionário*, que data de 1930-1933, só foi publicado em 1941, mas, num poeta que reescreveu insistentemente seus poemas, não é de crer que a publicação se tenha feito sem nenhuma alteração no texto produzido alguns anos antes, tão diversas aliás foram as obras produzidas nesse interregno.

De uma edição para a outra, a reescrita ia desde pequenas alterações nos textos dos poemas até a eliminação de poemas e a alteração em sua ordem, bem como na ordem das partes dos livros. Isso reduz bastante a imagem que se possa ter de um poeta exclusivamente impulsivo, ainda que ardoroso. Ele eliminou de sua obra — no que se pode considerar como um movimento dentro desse espaço da reescrita — dois livros muito diferentes entre si (quase que como numa atitude que posteriormente se poderia considerar de equidade). Não incluiu na poesia completa de 1959 o *História do Brasil*, com sua visão satírica de episódios históricos, e retirou de circulação, em 1936, *Sinal de Deus*, com sua aproximação entre religiosidade e vida amorosa. Essas alterações, das menores às de maiores dimensões, apontam para uma preocupação do poeta com a formulação do seu texto que não será devida de modo isolado a mudanças conceituais, mas em muitos casos apenas a sua reelaboração da escrita.

Para recorrer a uma percepção poética, e assim sinteticamente iluminadora, sempre se pode lembrar o verso, com frequência citado, de Manuel Bandeira — "conciliador de contrários", com que num poema de homenagem a Murilo Mendes este é definido. Pode-se ainda lembrar o verso que se segue a este: "incorporador do eterno ao contingente". O primeiro refere o que se lê talvez de modo claro na sua prodigiosa e vigorosa criação de imagens; o segundo remete à própria natureza de uma visão de mundo mais ampla. Mas em Murilo Mendes não é de espantar que conciliação ou incorporação pudessem ser conflituosas. Num poema do livro *A poesia em pânico* (1937), diz logo o primeiro verso: "Meu corpo está cansado de suportar a máquina do mundo" (a máquina de que mais tarde tanto se falará a propósito de Drummond). Na verdade, Murilo em sua poesia explora insistentemente esses aspectos, nem sempre no sentido conciliatório, ou mesmo apaziguador, mas numa proporção digna de nota no sentido mesmo conflituoso, ainda que não necessariamente e nem sempre negativo.

Um poema sobre João Cabral de Melo Neto, em *Convergência*, é elaborado justamente com uma sucessão de oposições ou pelo menos de diferenças entre ele próprio, Murilo, e João Cabral; elas vão sendo arroladas, expondo-se como elementos de apreciação da obra e da figura de Cabral. Sobre outros dois poetas, ambos da preferência de Murilo, há, num texto em prosa sobre René Char, a observação de que este detestava Henri Michaux. Diz a passagem que Char "inventou o sol das águas", mas não tinha ainda descoberto "o sol da sombra" — este o de Michaux. Na identificação desses sóis opostos, fica subjacente um modo de operação muriliano. Mas esse modo pode incorporar ainda um procedimento talvez de maior sutileza. Há na obra muriliana a recorrência de uma noção que envolve um aspecto ligeiramente distinto — tangência. Frequentes vezes refere-se algo ou alguém como tangente a outra coisa ou outra pessoa. Indica-se aí que há algum ponto de contato, talvez mais que uma aproximação apenas, sem se chegar a maiores identificações — linhas ou percursos distintos que em algum momento ou em algum aspecto se põem em contato, por mínimo que seja. A oposição não impede a tangência.

No convívio com a obra poética muriliana — como de fato nas grandes obras — o leitor vai se defrontando com uma sucessão de questões poéticas propostas por uma criação especialmente inquieta. Estão interligadas tanto as frequentes reformulações de seu trabalho poético, nos mais diversos planos, como a amplitude de seus interesses, em especial no tocante à literatura, às artes plásticas e à música, interesses atentos à produção contemporânea sua, inclusive na área da crítica. Se há em sua obra um tom muitas vezes afirmativo, chegando até a formulações algo definidoras, por mais surpreendente que isso soe em meio à sua profusão de imagens inusitadas, há nela de modo preponderante e profícuo essa experimentação que lhe abre um horizonte investigativo, interrogativo.

BIBLIOGRAFIA DO AUTOR

Poemas. Juiz de Fora: Dias Cardoso, 1930.
História do Brasil. Rio de Janeiro: Ariel, [1933].
Tempo e eternidade (com Jorge de Lima). Porto Alegre: Livraria do Globo, 1935.
O sinal de Deus. Rio de Janeiro: José Olympio, 1938.
A poesia em pânico. Rio de Janeiro: Cooperativa Cultural Guanabara, 1938.
O visionário. Rio de Janeiro: José Olympio, 1941.
As metamorfoses. Rio de Janeiro: Editora Ocidente, 1944.
O discípulo de Emaús. Rio de Janeiro: Agir, 1945.
Mundo enigma. *Os quatro elementos*. Porto Alegre: Livraria do Globo, 1945.
Poesia liberdade. Rio de Janeiro: Agir, 1947.
Janela do caos (seis litografias de Francis Picabia). Paris: Imprimerie Union, 1949.
Contemplação de Ouro Preto. Rio de Janeiro: Ministério da Educação e Cultura, 1954.
Poesias (1925-1955). Rio de Janeiro: José Olympio, 1959.
Siciliana. Prefácio de Giuseppe Ungaretti. Edição bilíngue. Tradução italiana de Anton Angelo Chiocchio. Caltanissetta--Palermo: Sciascia, 1959.
Tempo espanhol. Lisboa: Livraria Morais Editora, 1959.
Antologia poética. Seleção e introdução do autor. Lisboa: Livraria Morais Editora, 1964.
Alberto Magnelli. Tradução para o italiano de Giuliano Macchi e para o francês e o inglês de N. Gagliardi. Roma: Edizioni dell'Ateneo, 1964.
Italianissima (7 murilogrammi). Milão: Scheiwiller; Strenna per gli amici di Paolo Franci, 1965.
Calderara: pitture dal 1925 al 1965. Texto em português com tradução para o italiano de Giuliano Macchi, para o francês de Giulia Veronesi, para o inglês de Lucia Krasnik e para o alemão de E. E. Baumbach. Milão: All'Insegna del Pesce d'Oro,1965.
A idade do serrote. Rio de Janeiro: Sabiá, 1968.
Convergência. São Paulo: Duas Cidades, 1970.
Nove serigrafie di A. Calderara, nove poesie inedite de M. Mendes. Roma: Editrice Magma, [s.d.].
Poliedro. Rio de Janeiro: José Olympio, 1972.
Retratos-relâmpago. 1ª série. São Paulo: Conselho Estadual de Cultura, 1973.
Murilo Mendes, di domenica. Introduzione di Annalisa Cima (Quattordici fotografie de Giovanna Piemonti con cinque poesie inedite di Murilo Mendes). Milão: All'Insegna del Pesce d'Oro, 1973.
Marrakech (litografias de G. L. Giovannola). Milão: All'Insegna del Pesce d'Oro, 1974.

PÓSTUMOS

Ipotesi. Organização Luciana Stegagno Picchio. Milão: Guanda, 1977.
Transístor. Seleção do autor e de Maria da Saudade Cortesão Mendes. Introdução Luciana Stegagno Picchio. Rio de Janeiro: Nova Fronteira, 1980.
Janelas verdes. Primeira parte (Desenhos em Tinta da China e 2 serigrafias de Vieira da Silva). Prefácio Luciana Stegagno Picchio. Lisboa: Galeria III, 1989.
Formação de discoteca. Organização e introdução Murilo Marcondes de Moura. São Paulo: Edusp; Giordano, 1993.
Poesia completa e prosa. Organização, preparação e notas Luciana Stegagno Picchio. Rio de Janeiro: Nova Aguilar, 1994.

Recordações de Ismael Nery. Prefácio Davi Arrigucci Jr. São Paulo: Edusp; Giordano, 1995.

Cartas a Edson Nery da Fonseca. Organização Edson Nery da Fonseca. Recife: Companhia Pacífica, 1995.

L'occhio del poeta. Organização Luciana Stegagno Picchio. Roma: Gangemi, 2001.

Cartas de Murilo Mendes a Roberto Assumpção. Organização, introdução e notas Júlio Castañon Guimarães. Rio de Janeiro: Fundação Casa de Rui Barbosa, 2007.

Cartas de Murilo Mendes a correspondentes europeus. Organização, introdução e notas Júlio Castañon Guimarães. Rio de Janeiro: Fundação Casa de Rui Barbosa, 2012.

BIBLIOGRAFIA SOBRE O AUTOR

ALONSO, Dámaso. "Poemas de Murilo Mendes". In: *Revista de Cultura Brasileña*, Madri, ano I, n. 1, jun. 1962.

AMOROSO, Maria Betânia. *Murilo Mendes: O poeta brasileiro de Roma*. São Paulo: Editora Unesp; Juiz de Fora: Museu de Arte Murilo Mendes, 2013.

ANDRADE, Carlos Drummond de. "Murilo Mendes temponauta". In: *Correio da Manhã*, Rio de Janeiro, 29 dez. 1968.

ANDRADE, Mário de. "A poesia em 1930". In: *Revista Nova*, São Paulo, n. 1, 15 mar. 1931. Republicado em *Aspectos da literatura brasileira*. Rio de Janeiro: Americ. Edit, 1943.

____. "A poesia em pânico". In: ____. *O empalhador de passarinho* [1946]. Rio de Janeiro: Nova Fronteira, 2013.

ARAÚJO, Laís Corrêa de. *Murilo Mendes: Ensaio crítico, antologia, correspondência* [1972]. São Paulo: Perspectiva, 2000.

____. "O modernismo desarticulado de Murilo Mendes. *Revista do Brasil*, Rio de Janeiro, ano 5, n. 11, 1990.

ARGAN, Giulio Carlo. "L'occhio del poeta, ovvero i ventagli di Murilo Mendes". *Letteratura d'America*, Roma, Bulzoni Editori, Estate, anno V, n. 23, 1984. "O olho do poeta ou *les éventails* de Murilo Mendes", tradução de Murilo Marcondes de Moura, *Letras*, *Folha de S.Paulo*, 11 maio 1991.

ARRIGUCCI JR., Davi. "Arquitetura da memória". In: ____. *O cacto e as ruínas* [1977]. São Paulo: Duas Cidades; Editora 34, 2000.

____. "Entre amigos", posfácio de *Recordações de Ismael Nery*, de Murilo Mendes. São Paulo: Edusp; Giordano, 1995.

BANDEIRA, Manuel. "Murilo Mendes". *Diário Nacional*, Rio de Janeiro, 29 nov. 1930. Republicado em *Crônicas inéditas I*, de Manuel Bandeira. São Paulo: Cosac Naify, 2008.

BARBOSA, João Alexandre. "Convergência poética de Murilo Mendes". In: ____. *A metáfora crítica*. São Paulo: Perspectiva, 1974.

BELCHIOR, Maria de Lourdes. "*Tempo espanhol*. Um abecedário poético de Espanha". *Jornal de Letras & Artes*, Lisboa, n. 54, 19 dez. 1962.

BRITO, Antônio Carlos de (Cacaso). "Murilo Mendes: eros psicopompos e hedonismo antropoplástico". *Opinião*, Rio de Janeiro, 20 ago. 1976. Republicado em *Não quero prosa*, de Cacaso. Organização e seleção Vilma Arêas. Campinas: Ed. da Unicamp; Rio de Janeiro: Ed. da UFRJ, 1997.

CAMPOS, Haroldo de. "Murilo e o mundo substantivo". In: ____. *Metalinguagem & outras metas* [1967]. São Paulo: Perspectiva, 2019.

____. "Murilo Mendes, Romano". *Correio da Manhã*, Rio de Janeiro, 7 abr. 1964.

CAMPOS, Paulo Mendes. "O itinerário de um livro em Paris" [*Janela do caos*]. *Sombra*, Rio de Janeiro, n. 97, jan. 1950.

CANDIDO, Antonio. "Pastor pianista/pianista pastor". In: ____. *Na sala de aula* [1985]. 9ª edição. Rio de Janeiro: Ouro sobre Azul, 2017.

____. "Poesia e ficção na autobiografia". In: ____. *A educação pela noite e outros ensaios* [1987]. 5ª edição revista pelo autor. Rio de Janeiro: Ouro sobre Azul, 2006.

____. "O mundo desfeito e refeito". In: ____. *Recortes* [1993]. 3ª edição revista pelo autor. Rio de Janeiro: Ouro sobre Azul, 2004.

CÂNDIDO, Antônio. "Viagem ao mundo planetário onde moram os poetas Carlos Drummond de Andrade e Murilo Mendes". *Suplemento Literário de Minas Gerais*, Belo Horizonte, n. 20/21, mar. 1976.

____. "Murilo Mendes: Office humain". *Suplemento Literário d'O Estado de S. Paulo*, São Paulo, n. 73, 15 mar. 1958.

CARPEAUX, Otto Maria. "A luz da perfeição" [1959]. In: ____. *Livros na mesa*. Rio de Janeiro: São José, 1960.

CARVALHO, Ricardo Souza de. *A Espanha de João Cabral e Murilo Mendes*. São Paulo: Editora 34, 2011.

CASTRO. E. M. de Melo e. "Murilo Mendes – Poesia Liberdade". In: ____. *Experiência de liberdade*. Lisboa: Diabril, 1976.

CORRÊA, Roberto Alvim. "Murilo Mendes". In: ____. *Anteu e a crítica: Ensaios literários*. Rio de Janeiro: José Olympio, 1948.

ESCOREL, Lauro. "As metamorfoses". *A Manhã*, Rio de Janeiro, 8 out. 1944.

FRIAS, Joana Matos. *O erro de Hamlet: Poesia e dialética em Murilo Mendes*. Rio de Janeiro: 7Letras; Juiz de Fora: CEMM; UFJF, 2002.

GULLAR, Ferreira. "Murilo". *Jornal do Brasil*, Rio de Janeiro, 4 out. 1959.

____. "Murilo Mendes". *Diario de Noticias*, Rio de Janeiro, 19 set. 1955.

GUIMARÃES, Júlio Castañon. "Elementos de um percurso". In: *Antologia poética*. Organização Júlio Castañon Guimarães e Murilo Marcondes de Moura. São Paulo: Cosac Naify, 2014.

____. "A forma severa – Ajustes de roteiro em Murilo Mendes". *Remate de Males*, Campinas, São Paulo, v. 32, n. 1, 2012.

____. *Murilo Mendes: 1901-2001*. Organização Júlio Castañon Guimarães. Juiz de Fora: CEMM; UFJF, 2001.

GUIMARÃES, Júlio Castañon. *Territórios/conjunções: Poesia e prosa críticas de Murilo Mendes*. Rio de Janeiro: Imago, 1993.

____. *Murilo Mendes: A invenção do contemporâneo*. São Paulo: Brasiliense, 1986.

JACOBBI, Ruggero. "Introduzione". In: *Poesie Libertá*, antologia poetica de Murilo Mendes. Org. Ruggero Jacobbi. Milão: Accademia-Sansoni, 1971.

____. "Da questa finestra interrogativa". *L'Europa letteraria e artistica*, Florença, Elvetica Edizione, anno 1, n. 7/9, set./dez. 1975.

____. "Introduzione". In: MENDES, Murilo. *Mondo enigma*. Tradução de Carlo Vittorio Cattaneo. Turim: Giulio Einaudi Editore, 1976.

LEITE, Sebastião Uchoa. "A meta múltipla de Murilo Mendes". In: ____. *Crítica de ouvido*. São Paulo: Cosac Naify, 2003.

LIMA, Luiz Costa. "Tríptico sobre Murilo Mendes". In: ____. *Intervenções*. São Paulo: Edusp, 2002.

LOPEZ, Óscar. "Tempo espanhol". *Comércio do Porto*, Porto, 11 out. 1960.

MACRÍ, Oreste. "Murilo Mendes, poeta brasiliano". *La Nazione*, Florença, 1 mar. 1962.

MASSI, Augusto. "Murilo Mendes: a poética do poliedro". In: PIZARRO, A. (org.). *América Latina: Palavra, literatura e cultura*. v. 3. São Paulo: Memorial da América Latina; Campinas: Ed. da Unicamp, 1995.

MELLO, Anna Maria Lisboa de (org.). *Cecília Meireles & Murilo Mendes. (1901-2001)*. Porto Alegre: Uniprom, 2002.

MERQUIOR, José Guilherme. "Notas para uma muriloscopia". In: *Poesia completa e prosa*, de Murilo Mendes. Rio de Janeiro: Nova Aguilar, 1994.

____. "À beira do antiuniverso debruçado ou introdução livre à poesia de Murilo

Mendes”. In: *Antologia poética*, de Murilo Mendes. Seleção João Cabral de Melo Neto. Rio de Janeiro: Fontana; Brasília: INL, 1976. Republicado em *Crítica 1964-1989: Ensaios sobre arte e literatura*, de J. G. Merquior. Rio de Janeiro: Nova Fronteira, 1990.

MERQUIOR, José Guilherme. “Le ‘Texto Délfico’ de Murilo Mendes. *Bulletin des Etudes Portugueses et Brésiliennes*, Portugal: Institut Français, 1975. Republicado em *Poliedro*, de Murilo Mendes. Tradução de Júlio Castañon Guimarães. São Paulo: Companhia das Letras, 2017.

____. “A pulga parabólica”. In: ____. *A astúcia da mimese*. Rio de Janeiro: José Olympio, 1972.

____. “Murilo Mendes ou a poética do visionário”. In: ____. *Razão do poema: Ensaios de crítica e de estética* [1965]. São Paulo: É Realizações, 2014.

____. “Tempo espanhol”. Suplemento Dominical do *Jornal do Brasil*, Rio de Janeiro, 18-9 jun. 1960.

MINISSI, Nullo. “Introduzione”. In: *Ipotesi*, de Murilo Mendes. Roma: Zona Editrice, 2004.

MORAES, Vinicius de. “Murilo Mendes”. *Última Hora*, Rio de Janeiro, 26 nov. 1959.

MOURA, Murilo Marcondes de. “Murilo Mendes”. In: ____ *O mundo sitiado: A poesia brasileira e a Segunda Guerra Mundial*. São Paulo: Editora 34, 2016.

____. “Posfácio”. In: MENDES, Murilo. *As metamorfoses*. São Paulo: Cosac Naify, 2015.

____. “As passagens do poeta”. In: *Antologia poética*. Organização Júlio Castañon Guimarães e Murilo Marcondes de Moura. São Paulo: Cosac Naify, 2014.

____. “Tédio e segredo: duas formas de recusa nos anos 1930”. *O eixo e a roda*, UFMG, v. 19, n. 1, 2010.

____. “Os jasmins da palavra jamais”. In: *Leitura de poesia*. Organização Alfredo Bosi. São Paulo: Ática, 1996.

MOURA, Murilo Marcondes de. *Murilo Mendes: A poesia como totalidade*. São Paulo: Edusp; Giordano, 1995.

____. “Murilo Mendes no início do anos 30”. *Revista do Brasil*, Rio de Janeiro, ano 5, n. 11, 1990.

NAVARRA, Ruben. “Uma edição brasileira em Paris” [*Janela do caos*]. *Diario de Noticias*, Rio de Janeiro, 28 ago. 1949.

NEHRING, Marta Moraes. *Murilo Mendes: crítico de arte: A invenção do finito*. São Paulo: Nankin, 2003.

NUNES, Benedito. “Apresentação de Murilo Mendes”. *Suplemento Literário de Minas Gerais*, Belo Horizonte, 29 jul. 1972.

PEDROSA, Mário. “Murilo, o poeta-crítico”. *Jornal do Brasil*, Rio de Janeiro, 23 jan. 1960.

PICCHIO, Luciana Stegagno. “O itinerário poético de Murilo Mendes”. *Revista do Livro*, Rio de Janeiro, INL, ano 4, n. 16, dez. 1959.

____. “Prosas de Murilo Mendes”. In: *Transístor*, de Murilo Mendes. Rio de Janeiro: Nova Fronteira, 1980.

RIBEIRO, Gilvan; NEVES, J. A. Pinho (orgs.). *Murilo Mendes. O visionário*. Juiz de Fora: EDUFJF, 1997.

RICARDO, Cassiano. “Grafitos e Murilogramas”. *Suplemento literário de O Estado de São Paulo*, 15 ago. 1971.

ROSA, António Ramos. “O olhar de Murilo Mendes”. *Jornal de Letras, Artes e Ideias*, Lisboa, 12 out. 1987.

____. “Tempo espanhol”. *República*, Lisboa, 16 fev. 1960.

SANTIAGO, Silviano. “ Poesia fusão: catolicismo primitivo/mentalidade moderna”. In: *Poemas*, de Murilo Mendes. São Paulo: Cosac Naify, 2014.

SCHNAIDERMAN, Boris. “Bakhtin, Murilo, prosa/poesia”. *Estudos avançados*, v. 12, n. 32, jan./abr. 1998.

SEGRE, Cesare. “Poesie de Murilo Mendes”.

Letteratura d'America, Roma, Bulzoni Editori, Estate, anno V, n. 23, 1984.

SIMÕES, João Gaspar. "Tempo espanhol e Poesias". *Diario de Noticias*, Lisboa, 9 jun. 1960. Republicado em *Crítica II. Poetas contemporâneos (1946-1961)*. Lisboa: Delfos, 1962.

SOUSA, Carlos Mendes de. "Conversar--escrevendo: João Cabral e Murilo Mendes". *Colóquio/Letras*, Lisboa, n. 200, jan. 2019.

STERZI, Eduardo. "O mapa explode". In: MENDES, Murilo. *Siciliana/ Tempo espanhol*. São Paulo: Cosac Naify, 2015.

____. "Murilo carioca. Espaço, metamorfose, catástrofe, poesia". *Letterature d'America*, ano XVI, n. 112, 2006.

TORRES, Alexandre Pinheiro. "Murilo Mendes. Um programa para o concreto". *Gazeta Musical e de todas as artes*, Lisboa, agosto 1961. Republicado em *Poesia: Programa para o concreto*. Lisboa: Ulisseia, 1966.

UNGARETTI, Giuseppe. "Prefazione". In: MENDES, Murilo. *Siciliana*. Caltanissetta-Roma: Sciascia, 1959. Reproduzido em *Razões de uma poesia*. Tradução de Lucia Wataghin. São Paulo: Edusp; Imaginário, 1994.

CRONOLOGIA

1901 Murilo Monteiro Mendes nasce no dia 13 de maio em Juiz de Fora (MG), filho do funcionário público Onofre Mendes e de Elisa Valentina Monteiro de Barros, dona de casa versada em canto e piano. Seu pai é escrivão do Registro Geral de Hipotecas e Transcrição de Imóveis da comarca local. A família reside na rua Direita, atual avenida Barão do Rio Branco. Tem dois irmãos, José Joaquim e Onofre Júnior.

1902 Em 20 de outubro, sua mãe morre de complicações no parto, aos 29 anos. Pouco depois, seu pai se casa com uma sobrinha de Elisa, Maria José Monteiro de Barros, que o futuro poeta adota como segunda mãe ("risquei do vocabulário a palavra 'madrasta'", dirá em *A idade do serrote*). A família se muda para a rua Marechal Deodoro, 508. Do novo casamento nascem mais cinco irmãos: Maria da Conceição, Vicentina, José Maria, Virgínia e Paulo.

1908 O poeta Belmiro Braga, seu vizinho, começa a lhe dar lições.

1910 Deslumbra-se com o cometa Halley. Numa entrevista, 35 anos depois, dirá: "Durante as três noites em que apareceu não dormi um minuto sequer e talvez tenha sido esse o primeiro instante em que me senti tocado pela poesia".

1916 Tendo feito o curso ginasial nos colégios Morais e Castro, Malta e Academia de Comércio, matricula-se na Escola de Farmácia de Juiz de Fora. Abandona o curso no final do primeiro ano.

1917 Muda-se para Niterói (RJ), matriculado no internato do Colégio Santa Rosa. Partidário da França na Primeira Guerra Mundial, desentende-se com os religiosos alemães do colégio. Foge do internato para assistir a Nijinski e os Ballets Russes de Diaguilev no Teatro Municipal do Rio. Consegue ver duas récitas.

Recusa-se a permanecer no internato, briga com a família. Passa alguns meses numa fazenda de parentes no interior mineiro.

1918 Retorna a Juiz de Fora. Tenta sem sucesso as profissões de telegrafista, guarda-livros e prático de farmácia, além de professor de francês na vizinha Palmira (atual Santos Dumont). Rompe com a família. Trabalha na Coletoria Federal da cidade.

1919 Passa um ano de dificuldades longe de casa.

1920 Começa a colaborar no jornal de Juiz de Fora *A Tarde*, na coluna "Crônica Mundana"; assina a maioria dos 28 textos com o pseudônimo De Medinacelli.

Seu irmão mais velho, o engenheiro José Joaquim, se muda para o Rio de Janeiro para trabalhar no Ministério da Fazenda e lhe consegue um emprego de arquivista na Diretoria do Patrimônio Nacional. Reconcilia-se com o pai.

1922 Ismael Nery, seu colega na Diretoria do Patrimônio, pinta o primeiro retrato do amigo.

Não se integra aos grupos modernistas, embora conheça vários participantes da Semana de Arte Moderna de São Paulo. "Em 1922 eu estava no Rio, olhando de longe e com simpatia o movimento, mas sem aderir oficialmente, porque nunca tive espírito gregário, o que sempre me impediu de fazer parte de qualquer grupo" (1945).

1925 Deixa o Ministério da Fazenda. Trabalha como escriturário no Banco Mercantil.

1928 Seu poema "República", posteriormente renomeado como "Quinze de novembro" (*Poemas*, 1930), aparece no sétimo número da *Revista de Antropofagia* de São Paulo.

É o marco inicial de sua intensa colaboração literária nas cinco décadas seguintes, com poemas, ensaios, crônicas, críticas e entrevistas, em periódicos como *Jornal do Brasil*, *Correio da Manhã*, *Diario de Noticias*, *O Cruzeiro*, entre outros.

1929 Deixa o Banco Mercantil. Fica sem emprego fixo até 1932. Publica "Canto novo" na revista *Verde*, n. 1, segunda fase, do grupo modernista de Cataguases, maio 1929. Colabora novamente na *Revista de Antropofagia* [segunda dentição, *Diário de S. Paulo*, 19 ago.] com quatro poemas: "Canção do exílio", "Cartão-postal", "Vocação" e "Nova cara do mundo".

1930 No fim do ano, publica seu livro de estreia: *Poemas* (Juiz de Fora: Estabelecimento Graphico Companhia Dias Cardoso). Custeado pelo pai do poeta, o volume reúne 66 poemas escritos entre 1925 e 1929.

Conhece Jorge de Lima, médico e poeta alagoano recém-chegado à capital, e se tornam amigos.

Alberto da Veiga Guignard pinta seu retrato.

1931 Recebe com *Poemas* o prêmio de poesia da Fundação Graça Aranha.

Candido Portinari o retrata em pintura e desenho.

1932 A *Revista Nova* (SP, ano II, n. 8, 15 dez.), dirigida por Paulo Prado e Antônio de Alcântara Machado, publica o auto *Bumba-meu-poeta*, escrito em 1930-1931. O poema dramático de 485 versos permanece inédito em livro até a edição de *Poesias* (1959), primeira reunião de sua obra, reorganizada criteriosamente pelo poeta.

Começa a trabalhar no cartório de seu primo Aníbal Machado, em Copacabana.

1933 *História do Brasil* é lançado pela Ariel Editora, com capa de Di Cavalcanti. O livro não será incluído em *Poesias* (1959).

1934 A morte do amigo Ismael Nery, em abril, vítima de tuberculose, provoca uma crise espiritual que desemboca na conversão (ou "volta", como prefere) ao catolicismo. Abandona as rodas boêmias.

Assume a "Coluna do Centro", do Centro Dom Vital, veiculada em *O Jornal*. A colaboração dura até julho de 1935.

Começa a se dedicar seriamente à leitura de filosofia, sobretudo Platão, Pascal, Kierkegaard e pensadores católicos.

Corresponde-se com o grupo da revista francesa *Esprit*.

1935 Com Jorge de Lima, publica *Tempo e eternidade* pela Livraria do Globo, de Porto Alegre. Seus poemas aparecem na segunda parte do volume, dedicado à memória de Ismael Nery. O lema do livro é "Restauremos a poesia em Cristo", suprimido na reedição das *Poesias* (1959).

"Descobre" a obra de Mozart.

1936 Como membro da Comissão de Literatura Infantil do Ministério da Educação e Saúde, integra o júri de um concurso literário do gênero com Jorge de Lima, Manuel Bandeira, José Lins do Rego, entre outros.

Nomeado inspetor de ensino secundário do Distrito Federal (município do Rio de

Janeiro) pelo presidente da República, deixa o cartório de Aníbal Machado.

1937 Inicia sua colaboração na revista *Dom Casmurro* (RJ, n. 8, 15 jul.) com o ensaio "Perfil do catolicão".

Com a poeta Adalgisa Nery, viúva de Ismael, escreve uma carta ao encarregado de negócios da Espanha no Brasil, protestando "contra a tentativa de destruição do regime democrático e ameaça de implantação do fascismo na Espanha. [...] Como católicos, lamentamos a violência de um lado e de outro".

Em novembro, depois do golpe do Estado Novo, desentende-se com a direção da *Dom Casmurro* acerca de um texto crítico ao integralismo. Desliga-se temporariamente da revista.

Em dezembro publica pela José Olympio *O sinal de Deus*, coletânea de poemas em prosa escritos em 1935. A editora chega a anunciar o lançamento do livro, que não ocorre. *O sinal de Deus* não figura na reunião da obra poética em 1959 e só reaparece, postumamente, em *Poesia completa e prosa* (1994).

1938 Publica *A poesia em pânico*, escrito desde 1936. A edição é custeada pelo autor e impressa pela Cooperativa Cultural Guanabara. A capa é uma fotomontagem realizada em parceria com Jorge de Lima e tem letreiros de Tomás Santa Rosa.

1939 Em junho, escreve um "autorretrato" para a *Revista Academica*, de Murilo Miranda: "Encara a poesia como fenômeno diário constante, permanente, eterno e universal. Considera seus poemas como 'estudos' que outros poderão desenvolver. Entende que o germe da poesia existe em todos os homens, competindo ao artista desenvolvê-lo nos outros. Crê na missão altíssima do poeta".

Em nome dos artistas brasileiros, discursa em saudação ao presidente Getúlio Vargas durante sua visita à exposição de Portinari no Museu Nacional de Belas Artes, em dezembro.

1940 Conhece Maria da Saudade Cortesão [1913-2010], poeta e tradutora, filha do historiador português Jaime Cortesão, que, em função da ditadura de Salazar, se exila com a família no Brasil.

1942 Publica *O visionário* pela José Olympio. Capa de Santa Rosa. O volume, datado de 1941, reúne 62 poemas escritos entre 1930 e 1933.

Com Carlos Drummond de Andrade, José Lins do Rego, Álvaro Lins, Rachel de Queiroz e outras figuras da intelligentsia brasileira, assina em junho um manifesto público contra o fascismo e o nazismo, instando o Palácio do Catete a declarar guerra ao Eixo.

Integra o júri do I Concurso Estudantil de Poesia de Guerra, organizado pela União Nacional dos Estudantes (UNE).

Frequenta a Pensão Internacional, em Santa Teresa, onde vive o casal de pintores Arpad Szenes e Maria Helena Vieira da Silva, também exilados no Brasil. Vieira da Silva e Szenes realizam os primeiros de muitos retratos do poeta e de Maria da Saudade. Os laços de amizade e o diálogo artístico entre os casais se prolongam até o final da vida.

1943 Seu pai morre.

Interna-se por seis meses no Sanatório Bela Vista, em Correias (RJ), para tratamento de tuberculose.

1944 Seu irmão José Joaquim morre de tuberculose.

Em junho, torna-se colaborador efetivo de *A Manhã*.

As metamorfoses sai pela recém-fundada

Editora Ocidente do Rio de Janeiro, de Adonias Filho. Com ilustrações de Portinari e capa de Santa Rosa, o livro é dedicado "À memória de Wolfgang Amadeus Mozart".

Em dezembro, refuta Drummond numa carta aberta em *A Manhã*. O poeta de Itabira escrevera em "Religião e poesia" (*Confissões de Minas*) que a religião "não trouxe nenhuma felicidade a Murilo Mendes; não lhe trouxe também nenhum enriquecimento ou plenitude poética [...]". Na resposta, Murilo garante que "a religião, querido poeta, é a chave do enigma da vida".

1945 *O discípulo de Emaús* sai pela Agir (Rio de Janeiro). Com dedicatória a Maria da Saudade, datado de 1943, é seu primeiro livro de prosa. O volume será reeditado em 1946.

Morre Maria José Monteiro Mendes, sua "segunda mãe".

Com dezenas de colegas escritores, assina um manifesto contra a tentativa getulista de prolongar a ditadura do Estado Novo. Pela mesma razão, interrompe provisoriamente sua colaboração em *A Manhã*.

Publica *Mundo enigma* pela Livraria do Globo, de Porto Alegre. O volume, dedicado a Maria da Saudade, é composto de dois livros: *Mundo enigma* (1942) e *Os quatro elementos* (1935). A capa traz um desenho de Vieira da Silva e, dentro, figura um retrato do autor por Arpad Szenes.

Adere à Sociedade dos Amigos da Democracia Portuguesa, antissalazarista.

1946 Empossado no conselho fiscal da Associação Brasileira de Escritores (ABDE).

Integra o conselho do recém-fundado Ateneu Garcia Lorca, dedicado à promoção da língua e da cultura espanholas e ao combate do franquismo, presidido por Carlos Drummond de Andrade.

Por influência de seus amigos José Linhares e Álvaro Ribeiro da Costa, ministros do Supremo Tribunal Federal, é nomeado escrivão da 4ª Vara de Família do Distrito Federal. Demite-se da inspetoria de ensino para assumir o cartório.

Publica sonetos na imprensa, compilados em *Sonetos brancos* (*Poesias*, 1959).

1947 Casa-se com Maria da Saudade Cortesão na igreja do mosteiro de São Bento, no Rio de Janeiro, numa cerimônia discreta.

Integra a delegação carioca no II Congresso Brasileiro de Escritores, em Belo Horizonte.

Poesia liberdade é publicado pela Agir (Rio de Janeiro). Dedicado "aos poetas moços do mundo", o livro tem duas partes, "Poesia liberdade" (1943) e "Ofício humano" (1944-1945).

1948 Eleito ao conselho deliberativo do recém-fundado Centro Brasil-França.

Entre 1948 e 1953, escreve os quinze poemas ou "meditações" de *O infinito íntimo*, inéditos até 1994.

1949 Viaja a Ouro Preto, onde concebe "Romance das igrejas de Minas" e outros poemas de *Contemplação de Ouro Preto* (1954), escritos em 1949-1950.

Desliga-se da ABDE com outros 120 associados, em protesto contra a ingerência comunista na entidade.

Participa do almoço em homenagem a Albert Camus, que visita o Brasil para um ciclo de conferências, e tornam-se amigos.

Em Paris, é publicado, em tiragem limitada, *Janela do caos*, com litografias de Francis Picabia.

1951 Esboça um autorretrato na seção "Flash" da coluna de João Condé na *Tribuna da Imprensa*: "Altura 1,83. Colarinho n. 39. Sapato n. 41. Pesa 82 quilos". "É católico romano e relaxado." "Não suporta os vizinhos que usam rádio alto." "É nervoso mas se controla muito." "Se pudesse recomeçar a vida, gostaria de ser arquiteto." "Ajuda a mulher em casa, devido ao seu senso de ordem." "Seu escritor preferido: Stendhal. Pintores brasileiros de sua predileção: Portinari, Pancetti, Cícero Dias, Ismael Nery, Di Cavalcanti, Guignard e Djanira." "Seu prato predileto: tutu de feijão à mineira." "Gosta também de música popular, de blues e sambas." "Só escreve à mão e muito rapidamente." "É amigo pessoal de Mozart, Stendhal, William Blake, El Greco e o Aleijadinho." "Viu certa vez Mozart estendido no chão de seu quarto às 16 horas, vestido de fraque azul." "Morrerá quando Deus quiser."

Murilo e Maria da Saudade compram um apartamento em Botafogo, na rua Farani, 61, no mesmo prédio de João Cabral de Melo Neto e Lêdo Ivo.

Flávio de Carvalho o retrata em pintura e desenho.

1952 Jorge de Lima publica *Invenção de Orfeu*, dedicado a Murilo Mendes, que sugere o título e escreve o apêndice do livro.

É membro fundador da Sociedade Carioca de Escritores, sucessora da ABDE. Jorge de Lima é eleito à presidência provisória da entidade.

Parte para a primeira viagem à Europa, com Maria da Saudade. A estada europeia se estende até julho de 1953.

Conclui os poemas de *Parábola*, dedicados a João Cabral de Melo Neto e inéditos até 1959.

1953 Designado pelo Ministério das Relações Exteriores para o curso de estudos brasileiros na Universidade de Madri, não chega a assumir oficialmente o cargo. A chancelaria espanhola o declara persona non grata por sua aberta oposição ao regime franquista. Retorna ao Brasil em julho.

Nova viagem à Europa, designado pelo Itamaraty para os cursos de estudos brasileiros nas universidades de Bruxelas, Louvain e Amsterdam. Adota Bruxelas como sua "base" no continente, onde permanece até 1955. Além dos ciclos universitários regulares, faz conferências em Antuérpia, Ghent, Haia e Utrecht.

Morre Jorge de Lima. Recebe a notícia em Bruxelas.

Pronuncia na Universidade Sorbonne, em Paris, uma conferência sobre poesia brasileira, destacando Jorge de Lima, com Albert Camus na plateia.

1954 Realiza um ciclo de conferências sobre cultura brasileira na Universidade de Bruxelas. Recebe a medalha de honra universitária da reitoria da instituição.

Contemplação de Ouro Preto é publicado pelo Serviço de Documentação do MEC. O livro inclui doze fotografias da cidade por Humberto Moraes, Franceschi e Erich Hess. É dedicado à memória dos pais do poeta.

1955 Faz conferências no Instituto de Altos Estudos da América Latina, em Paris, sobre as artes barroca e moderna no Brasil.

Em entrevista ao *Diario de Noticias*, declara: "A minha vocação é de universalismo, é de pertencer ao mundo; ao Brasil, e ao mundo ao mesmo tempo; foi por desejo de universalismo que eu me tornei católico".

Retorna ao Brasil em novembro.

1956 Participa do júri do V Salão Nacional de Arte Moderna, realizado no Rio de Janeiro pelo MEC.

Lançamento de um LP, pelo selo Festa, de Irineu Garcia, com poemas narrados na voz de Murilo Mendes. João Cabral de Melo Neto participa de metade do álbum. Capa de Poty e texto de Alceu Amoroso Lima.

1957 Viaja com Maria da Saudade para a Itália, onde assume o curso de estudos brasileiros da Universidade de Roma La Sapienza, substituindo Sérgio Buarque de Holanda, a serviço do Departamento Cultural do Itamaraty. Estabelecem-se definitivamente na capital italiana.

Nos anos seguintes, o apartamento na via del Consolato se torna um ponto de referência de artistas, escritores, músicos e intelectuais.

O editor Pierre Seghers publica em Paris *Office humain*, coletânea de cinquenta poemas traduzidos por Maria da Saudade e Dominique Braga. É o volume 39 da coleção Autour du Monde, que já editara Vinicius de Moraes.

Participa do Congresso Internacional de Críticos de Arte, em Nápoles. Também integram a delegação brasileira Sérgio Milliet, Mário Barata, Quirino Campofiorito e Mário Pedrosa.

1958 Além de lecionar na Universidade La Sapienza, é convidado por Luciana Stegagno Picchio a dar aulas na Universidade de Pisa. Cria cursos de literatura brasileira nas duas universidades.

1959 Publica seu primeiro livro na Itália, *Siciliana*. Sai em Palermo pela editora Sciascia, em edição bilíngue com tradução de Anton Angelo Chiocchio e prefácio de Giuseppe Ungaretti e um excerto de Manuel Bandeira sobre Murilo Mendes, extraído do seu livro *Apresentação da poesia brasileira*.

Lança *Poesias (1925-1955)* pela José Olympio, com capa de Luís Jardim. O volume inclui *Bumba-meu-poeta*, *Sonetos brancos*, *Parábola* e *Siciliana*, então inéditos em livro. Vários poemas são corrigidos e outros, eliminados. Conclui a nota introdutória: "Não sou meu sobrevivente, e sim meu contemporâneo".

Recebe o título de cidadão carioca, proposto pelo vereador Murilo Miranda (UDN) e atribuído pela Câmara Municipal do Rio.

Tempo espanhol sai pela Livraria Morais, de Lisboa, sendo o quinto volume da coleção Círculo de Poesia. O livro é dedicado ao "grande ibérico Jaime Cortesão, querido sogro e amigo".

1960 João Cabral de Melo Neto dedica a Murilo Mendes seu livro *Quaderna*, publicado em Lisboa.

1961 Viagem ao Brasil.

É publicado em edição bilíngue *Finestra del caos*, com tradução de Giuseppe Ungaretti, pela editora Vanni Schweiller, de Milão.

A antologia *Poesie* sai pela Nuova Accademia Editrice, de Milão, com edição de Ruggero Jacobbi e tradução de Jacobbi, Ungaretti, Luciana Stegagno Picchio e Anton Angelo Chiocchio.

1962 O primeiro número da *Revista de Cultura Brasileña* (Madri, jun.), publicação oficial da embaixada brasileira criada por João Cabral de Melo Neto e dirigida pelo poeta e tradutor Ángel Crepo, traz doze poemas de Murilo Mendes traduzidos e apresentados pelo poeta e crítico Dámaso Alonso.

1964 Murilo Mendes tem um longo estudo publicado no alentado volume *Alberto Magnelli*, livro consagrado sobre a obra do artista [Roma: Edizioni dell'Ateneo]. Pintor e poeta se corresponderam por duas décadas; um conjunto parcial dessas cartas consta do livro *Alberto Magnelli*, coleção Classiques du XXe Siècle [Paris: Editions du Centre Pompidou, 1989].

Vem ao Brasil a serviço do Itamaraty para colaborar na organização da representação brasileira na XXXII Bienal de Veneza.

Participa do júri da Bienal de Veneza e escreve a apresentação do catálogo da representação brasileira.

Em Lisboa, a Livraria Morais publica *Antologia poética* na coleção Círculo de Poesia, com seleção e introdução do autor.

Le Metamorfosi é publicado em Milão, em edição bilíngue, com tradução de Ruggero Jacobbi, pela editora Lerici, na coleção Poeti Europei.

1965 Participa do VIII Festival dei Due Mondi — Settimana della Poesia, em Spoleto, na Itália, do qual também participam Pablo Neruda, Rafael Alberti, Ted Hughes, Pier Paolo Pasolini e Ezra Pound.

Italianissima (*7 murilogrammi*) sai em Milão pela editora Vanni Schweiller. A *Revista de Cultura Brasileña* (Madri, n. 12, mar.) publica *Siete poemas inéditos* de Murilo com nota introdutória e tradução de Dámaso Alonso e Ángel Crespo.

1966 João Cabral de Melo Neto organiza uma antologia poética de Murilo Mendes para a Editora Sabiá (Rio de Janeiro), de Rubem Braga e Fernando Sabino, mas o livro acaba não sendo publicado. A *Antologia poética* com seleção de João Cabral de Melo Neto e introdução de José Guilherme Merquior sairá postumamente, dez anos depois, em coedição da Fontana e do Instituto Nacional do Livro.

1967 Viaja ao Canadá para participar do Encontro Internacional de Poesia, em Montreal.

1968 Publica *A idade do serrote* pela Sabiá. Livro de memórias da infância e da adolescência em Juiz de Fora, foi escrito em Roma em 1965-1966. A capa inclui a foto de um objeto do artista plástico Farnese de Andrade.

Escreve a maioria dos poemas de *Ipotesi* (1977, póstumo).

1970 *Convergência*, escrito em 1963-1936, sai pela Duas Cidades (São Paulo).

1971 *Poesia libertà*, antologia com organização, tradução e nota crítica de Ruggero Jacobbi, é publicada em Milão pela Accademia Sansoni, em edição bilíngue.

1972 É contemplado com o XI Premio Internazionale di Poesia Etna-Taormina, de 1 milhão de liras (cerca de 12,5 mil dólares em 2023), por *Poesia libertà*.

A José Olympio lança *Poliedro*, livro de prosa escrito em Roma em 1965-1966. Prefácio de Eliane Zagury, capa de Israel Pedrosa e fotografia do autor por Marianne Adelmann. As orelhas do volume são extraídas de uma crônica de Carlos Drummond de Andrade sobre a atribuição do Etna-Taormina.

Em agosto, viaja ao Brasil pela última vez.

Publicação pela editora Vozes (Petrópolis) de *Murilo Mendes*, de Laís Corrêa de Araújo, com cartas, fotografias e outros documentos inéditos.

1973 Recebe o Premio Letterario Internazionale Viareggio.

Sai em São Paulo a primeira série dos *Retratos-relâmpago*, editado pelo Conselho Estadual de Cultura e pela Secretaria de Cultura, Esportes e Turismo, na coleção Textos e Documentos. Escrito em Roma em 1965-1966 e dedicado a Antonio Candido, o livro de prosa é composto de 45 perfis de escritores, artistas e músicos. É sua última obra publicada em vida. A segunda série dos *Retratos-relâmpago* aparece em 1994.

1975 Morre no dia 13 de agosto de ataque cardíaco em Lisboa, onde passava férias com Maria da Saudade. É enterrado no Cemitério dos Prazeres. No ano seguinte é publicado *Mondo enigma*, com introdução de Carlo Vittorio Cattaneo, na coleção de poesia da editora Giulio Einaudi.

1994 É criado, na Universidade Federal de Juiz de Fora, o Centro de Estudos Murilo Mendes, posteriormente transformado em Museu de Arte Murilo Mendes.

ÍNDICE DE POEMAS

Esta obra foi composta por acomte em Euclid Flex e Lyon Text e impressa em ofsete pela Lis Gráfica sobre papel Pólen Natural da Suzano S.A. para a Editora Schwarcz em agosto de 2025